Klaus Müller

Auf Abwegen

Klaus Müller

Auf Abwegen

Von der Kunst der Ökonomen, sich selbst zu täuschen

PapyRossa Verlag

Meinen Lieblingen
FELI und MINI
eine Welt voller Glück

Luxemburger Str. 202, 50937 Köln
Tel.: +49 (0) 221 – 44 85 45
Fax: +49 (0) 221 – 44 43 05
E-Mail: mail@papyrossa.de
Internet: www.papyrossa.de

Umschlag: Verlag unter Verwendung eines
Fotos von Ratikova| depositphotos (ID: 196871556)
Druck: Interpress

Die Deutsche Nationalbibliothek verzeichnet diese Publikation in der Deutschen Nationalbibliografie; detaillierte bibliografische Daten sind im Internet über http://dnb.d-nb.de abrufbar

ISBN 978-3-89438-714-3

Inhalt

»Der häufigste Missbrauch des Denkens besteht darin, sich und anderen etwas vorzumachen.«
Ernst Ferstl

»Ich weiß, worüber ich nichts weiß.«
Platon, Apologie des Sokrates

Trugbilder

Ein Deutscher sei ein Mensch, so Theodor W. Adorno (1903-1969), der keine Lüge aussprechen kann, ohne sie selbst zu glauben.[1] Auch Ökonomen beherrschen die Kunst, sich selbst zu täuschen. Ich kenne keinen Kollegen, der durch seine wissenschaftliche Arbeit versuchen würde, andere zu täuschen, aber viele, die Meister darin sind, sich selbst hinters Licht zu führen. Menschen machen sich gern etwas vor. Meine Schulfreunde von einst glauben, die heute lebenden Alten, also sie selbst, sähen jünger aus, als die Alten in unserer Kindheit ausgesehen hatten. Täuschen sie sich bewusst selbst, um sich zu gefallen? Kann es nicht sein, dass die Kinder von heute uns Alte genauso sehen, wie wir als Kinder die Alten damals sahen? Wie soll man das herausfinden? Der Vergleich scheint leicht zu sein: Man bräuchte nur das Foto eines 70-jährigen des Jahres 1919 mit dem eines 70-jährigen des Jahres 2019 zu vergleichen. Aber da ist noch die Wahrnehmung. Ein Kind wird beide Bilder anders sehen als ein Erwachsener. Seit ich erwachsen bin, sehe ich mich täglich im Spiegel. Nie habe ich eine Änderung an mir wahrgenommen gegenüber dem Vortag. Und doch sehe ich jetzt, im Alter von 75 Jahren, ein Gesicht, das dem vor 50 Jahren kaum noch ähnelt. Als ich klein war, zeigte mir Oma ein Foto des Großvaters, der früh, vor meiner Geburt, gestorben war. Ich sah einen alten Mann auf dem Bild, einen, wie mir schien, sehr alten. Heute sehe ich auf dem Bild, das eingerahmt im Arbeitszimmer hängt, einen Burschen, der es fertig bringt, Tag für Tag jünger zu werden. Eine klare Selbsttäuschung. Opa auf dem Foto kommt mir im Laufe der Zeit immer jünger vor, weil ich älter werde.

Die Relativität des Alters: Wir waren 17 Jahre, unser Deutschlehrer Mitte 30. Er schien uns uralt. Er erzählte uns, dass sich Goethe 1821 in Marienbad in die 17-jährige Ulrike von Levetzow verliebt hatte. Wir waren uns einig:

---

1 www.aphorismen.de/zitat/41278, (8.1.2019)

Der Dichter musste verrückt gewesen sein, mit 72 Jahren, mehr als doppelt so alt wie unser »uralter« Lehrer, einem Mädchen, gerade so jung wie wir, einen Heiratsantrag zu machen und sich einzubilden, die Blutjunge könne ihn, den Greis, lieben. Diese Geschichte habe ich später meinen Studenten erzählt. Und hinzugefügt: »Heute, da ich so alt bin, wie Goethe damals gewesen war, halte ich sein Werben um die Levetzow noch immer für bescheuert.« Um nach einer kurzen Pause zu ergänzen: »Aber ich kann es jetzt immerhin verstehen«. Das war ein bisschen geflunkert, der Pointe und der zu erwartenden Heiterkeit wegen. Natürlich verstehe ich auch heute nicht, wie der Alte ein Mädchen zur Frau begehren kann, das seine Urenkelin sein könnte. Selbsttäuschungen begleiten unser Leben.

Wer kennt es nicht: Der Zug hält auf dem Bahnhof. Man blickt durchs Fenster und glaubt, nach einer Weile loszufahren. Dabei ist es der Zug auf dem Nebengleis, der sich in Bewegung setzt. Oder man denkt, der Nachbarzug setzt sich Bewegung, dabei steht er und wir fahren. Die Beispiele zeigen zweierlei: Wahrnehmungen können täuschen. Und was wir sehen, ist relativ, hängt ab von der eigenen Lage und Befindlichkeit. Die Landtagswahl 2018 in Bayern brachte der CSU mit zehn Prozent herbe Verluste. Nur noch 37 % der Wähler stimmten für sie, das schlechteste Ergebnis seit 1950, ein Debakel. Für SPD und FDP dagegen wäre die Zahl ein Traumergebnis gewesen, groß und unerfüllbar. Die Relativität betrifft auch Wahrnehmungen und Aussagen der Wissenschaftler. Sie und die Politiker sind wie Kinder. Den Satz »Ich habe mich geirrt« kennen sie nicht.[2] Während Politiker je nach Stimmung und Umgebung ihre Meinung ändern und plötzlich vehement ablehnen, was ihnen gestern als alternativlos galt, ohne freilich zuzugeben, sich getäuscht zu haben, ticken Wissenschaftler anders. Die meisten beharren stur auf ihrem Standpunkt. Getreu dem heldischen Prinzip: lieber glanzvoll scheitern als kläglich siegen. Ihre Meinung stirbt mit ihnen, es sei denn, ihre Schüler übernehmen sie. »Eine neue wissenschaftliche Wahrheit pflegt sich nicht in der

---

2 Ausnahmen bestätigen die Regel. Die SPD-Vorsitzende Andrea Nahles, Angela Merkel und Innenminister Horst Seehofer hatten im September 2018 beschlossen, den Verfassungsschutzpräsidenten Hans-Georg Maaßen aufgrund seiner Verfehlungen zum Staatssekretär zu befördern. Die Empörung in der Bevölkerung war groß, der Widerstand an der Partei-Basis massiv. Nahles wollte daraufhin den Beschluss rückgängig machen und sprach den für Politiker außergewöhnlichen Satz: »Wir haben uns alle drei geirrt«.

Weise durchzusetzen, dass ihre Gegner überzeugt werden und sich als belehrt erklären, sondern vielmehr dadurch, dass ihre Gegner allmählich aussterben und dass die heranwachsende Generation von vornherein mit der Wahrheit vertraut gemacht ist.« (Planck 1948: 22)

Giordano Bruno wurde für die Erkenntnis, dass der Weltraum unendlich sei, mit dem Tod auf dem Scheiterhaufen bestraft. Heute müssen die Gelehrten, anders als im Mittelalter und der frühen Neuzeit, nicht mehr um Leib und Leben fürchten. Aber Ökonomen, die vom Mainstream ihres Faches abweichen, haben massive Probleme zu publizieren, werden ignoriert und sind faktisch ohne Chancen auf eine akademische Karriere. Menschen sind rechthaberisch. Ihre »angeborene Eitelkeit«, sagt Schopenhauer, »will nicht haben, dass, was wir zuerst aufgestellt, sich als falsch und das des Gegners als Recht ergebe. Hiernach hätte nun zwar bloß jeder sich zu bemühen, nicht anders als richtig zu urteilen: wozu er erst denken und nachher sprechen müsste. Aber zur angeborenen Eitelkeit gesellt sich bei den Meisten Geschwätzigkeit und angeborene Unredlichkeit (…) und wenn sie auch hinterher merken, dass ihre Behauptung falsch ist und sie unrecht haben; so soll es doch scheinen, als wäre es umgekehrt.« (Schopenhauer 2014: 10f) Da jeder jeden überzeugen will, überzeugt am Ende keiner keinen.

Das Potenzial zur Selbsttäuschung ist hoch. Wer gern Rotwein trinkt, glaubt der Nachricht, dass dies dem Herzen gut tue, auch wenn das Gutachten des »Gesundheitsexperten« in Auftrag gegeben und bezahlt wurde von der Getränkeindustrie. Und fünf Tassen Kaffee am Tag gesund sein sollen, obwohl der »Experte«, der dies herausfand, vom Kaffeehändler bezahlt wird. Wir halten für wahr, was wir uns wünschen. Und wenn wir bestätigt bekommen, was wir glauben, wird aus dem Glauben Gewissheit. Mit Wahrheit hat sie noch längst nichts zu tun. Da war schon Xenophanes (um 570-470) skeptisch: »Sichere Wahrheit erkannte kein Mensch und wird keiner erkennen über die Götter und alle die Dinge, von denen ich spreche. Selbst wenn es einem einst glückt, die vollkommenste Wahrheit zu künden, wissen kann er sie nie. Es ist alles durchwebt von Vermutung.«[3]

Die Werbeindustrie beutet die Bereitwilligkeit der Leute, sich manipulieren zu lassen, erbarmungslos aus. Die Menschen wollen bestätigt bekommen,

---

3 Xenophanes und die Suche nach der Wahrheit, diepaideia.blogspot.com, 14.5.2015, (abgerufen am 18.8.2018)

was sie bereits glauben, um ihrer Unsicherheit zu entgehen. Marketinglehrer liefern praktische Tipps und Tricks und helfen, wissenschaftlich verbrämt, die Bereitwilligen hinters Licht zu führen. Immer wieder finden sich Teilnehmer zu sogenannten Kaffeefahrten, obgleich bekannt ist, dass sie dort gegen ein Gratis-Kaffeegedeck oder Mittagessen irgendwelches Konsumgerümpel für unverschämt überhöhte Preise kaufen sollen. Und dies unter psychischen Druck. Wie die Umworbenen sich freuen, wenn die Händler Ihnen 30 Prozent Rabatt und mehr gewähren! Sie wissen nicht, dass Verkäufer den Betrag vorher, unbemerkt für den Kunden, auf den Preis aufgeschlagen hatten. Fülle den gleichen Wein in fünf Gläser, etikettiere jedes Glas mit einem anderen Namen und Preis. Im Schnitt werden die Trinker behaupten, der teuerste Rebensaft habe am besten geschmeckt. Befragungen haben mehrfach bestätigt: Je höher der Preis, umso wertvoller wird das Gut gehalten. Das mag manchmal stimmen, oft aber täuschen sich die Leute, indem sie sich einreden, es wäre wahr, was sie glauben. Ein Weinkenner verriet mir, die Kunst des effizienten Weintrinkens bestünde darin, den Wein zu finden, der 35 € je Flasche kostet und so gut ist wie ein Wein für 1.000 €. Ich sagte, wenn es einen Wein gäbe, der 35 € kostet und so gut ist wie einer für 1.000 €, dann ist die Wahrscheinlichkeit groß, im Supermarkt eine Flasche für 3 oder 4 € zu finden, deren Inhalt so gut ist wie der einer Flasche für 35 €. Entrüstet widersprach mein Gesprächspartner. Aus Standesdünkel?

Thorstein Veblen (1857-1929), amerikanischer Ökonom und Soziologe, sprach vom »demonstrativen Konsum«. Sie trinken den teuren Wein nicht, weil er besser ist, sondern weil andere ihn sich nicht leisten können. Und gezwungen wären, neidisch und ehrfürchtig ihre Unterlegenheit anzuerkennen. Indem die Geldelite die sündhaft teuren Luxusgüter in auffälliger Weise konsumiert, unterstreicht sie ihre abgehobene soziale Position, genießt ihren Triumph über die anderen, die sich keine Luxusdinge leisten können. Sie nutzt den außergewöhnlichen, aufwändigen Konsum und müßigen Lebensstil als Macht- und Herrschaftsfunktion. Sie will mit ihm die Masse der Verbraucher deklassieren und ihre eigene Großartigkeit vorführen. Die Uhr für 10.000 € tickt nicht anders als die für ein paar hundert Euro, erhöht aber scheinbar den Wert dessen, der sie trägt. Kampf um Anerkennung, geführt mit den Mitteln eines übertriebenen Konsums. Die Superreichen haben sich zu allen Zeiten vom Rest der Welt abgesetzt. Wahnsinnig teuren Wein zu trinken, genügte dazu nicht. Aber feudale Landsitze, prunkvolle Paläste und über hundert Meter lange Motoryachten mit vom eigenen Security-Personal bewachten Häfen sind dagegen gut geeignet, sich selbst zu beeindrucken und der eigenen Macht zu vergewissern. Die Yacht »ist mehr als eine Phantasie von feudaler Souveränität, komplett mit Mannschaft und klarer Befehlsstruktur. Sie ist ein Staat für sich allein, und deswegen gibt es solche Schiffe – für Oligarchen, für Scheichs und für die wenigen Menschen der westlichen Welt, deren Reichtum so groß ist, dass er für ganze Volkswirtschaften ausreicht und also alle vorhandenen nationalen Ökonomien transzendiert, gewaltig und ungreifbar zugleich«.[4] Das ist die wahre Freiheit: Auf der Yacht entziehen sich Superreiche jeglicher Kontrolle, fühlen sich wie einst Captain Nemo oder Sir Francis Drake, die Herren der Meere. »An Bord realisiert sich eine eigene Gesellschaft, in der nicht nur die Gesetze eines demokratischen Rechtsstaates oder einer Finanzkontrolle nicht gelten, sondern auch die ›gewöhnlichen‹ Forderungen von Menschlichkeit und Vernunft.«[5] Die Reichen, Schönen und Prominenten wollen von den Verlierern bewundert werden für ihre Privatflugzeuge, Hubschrauber und U-Boote, für rassige Sportwagen, Übernachtungen auf Urlaubstrauminseln für 10.000 Dollar je Nacht und die Schlösser, die sie bewohnen, ausgestattet mit millionenschweren Kunstwerken. Doch der Glaube, die anderen damit zu blenden und zu beeindrucken, kann eine Selbsttäuschung sein. Er ist es, wenn die Unterschichten das Konsumgebaren der Großkotze abstoßend finden. Vulgär und obszön. Und erkennen, wie moralisch verkommen die Abgehobenen sind, keineswegs nur Zuhälter, Drogendealer, Waffenhändler und Mafiosi, aber mit ihnen eng verbandelt, wie man bei Chandler und Hammett lesen kann. Unsittlicher Reichtum, zusammengerafft von Ausbeutern, die ihren Mitarbeitern die Löhne kürzen und längere Arbeitszeiten verordnen, ergaunert durch Missbrauch, Betrug und Unterdrückung, hat seinen Glanz eingebüßt.

Sich selbst zu täuschen, heißt, sich etwas vorzumachen, sich einzureden, dass etwas ist, wie es nicht ist. Manchmal ist das von Vorteil. Wer wach liegt und sich zwingen will, einzuschlafen, wird es nicht schaffen. Wer sich einredet, wie schön es ist, wach zu sein und die Stille der Nacht zu genießen, wird dabei eindösen. Mehrfach im Selbstversuch bewiesen. Wobei der Beweis et-

---

4 Thomas Steinfeldt, Privatstaat auf dem Wasser. Die Reichen und ihre Yachten – über das Prinzip offshore, in: Süddeutsche Zeitung, 8.9.2015, S. 9.

5 Markus Metz, Georg Seeßlen, Mit dem Ferrari zum Ein-Euro-Laden, in: junge Welt, 6.8.2018, S. 13.

was Relatives ist, ein »sehr starkes Überwiegen von Wahrscheinlichkeiten«. (Raymond Chandler) Für Ökonomen ist die Selbsttäuschung das Mittel, um Recht zu behalten, auch wenn man subjektiv glauben mag, der Wahrheit auf der Spur zu sein. Viele Aussagen der Wirtschaftswissenschaften sind mystisch und paradox, fast alles ist umstritten. Es gibt viele Gewissheiten und wenige Wahrheiten. Dabei glaubt jeder, mitreden zu können: Ökonomie hieße, Angebot und Nachfrage regeln den Preis. Mehr zu wissen, sei unnötig. Selbst aus einem Papagei könne man einen gelehrten Nationalökonomen machen. Er muss nur die beiden Worte Angebot und Nachfrage kennen, soll der englische Historiker Thomas Carlyle (1795-1881) gesagt haben. Aber so einfach ist es nicht. Wirtschaftswissenschaftler handelten sich den Vorwurf ein, ihnen mangele es an Exaktheit, worauf einige von ihnen mit einer überzogenen Mathematisierung ihrer Disziplin reagierten. Dem Außenstehenden präsentieren sie sich mathematisch glänzend und inhaltlich desaströs. Sie erwecken den Eindruck, als gäbe es keine gefestigten Erkenntnisse. Zu jeder These findet sich die Antithese. These und Antithese gehen nicht auf in der Synthese einer neuen Position, obgleich dies möglich wäre, orientierte das Denken nicht auf das Einzelne, sondern, wie es Karl Marx wollte, auf das Ganze.

Die ökonomische Literatur ähnelt der Boulevard-Presse, die abwechselnd das eine sowie dessen Gegenteil für die menschliche Gesundheit empfiehlt. Da fragt man sich, ob die Ökonomik eine Wissenschaft ist. Oder nur ein Sammelsurium an Fehlurteilen, eine Häufung von Glaubensartikeln und die Kunst, sich selbst zu betrügen? »Ums Wissen scheint es (…) paradox bestellt zu sein. Es scheint ebenso notwendig wie unmöglich«, meint Wolfgang F. Haug, und fügt die Anekdote an, die man sich über Max Planck erzählt, der gesagt haben soll, er »habe anfänglich Wirtschaftswissenschaften studieren wollen, sei aber so schnell an die Grenzen seines Verstandes gestoßen, dass er alsbald auf die einfachere Physik umgesattelt habe.« (Haug 2006: 190f) Die Ökonomie, die noch der Letzte glaubt zu verstehen, erscheint uns kurioserweise unbegreiflich. Das hat zu tun damit, dass die menschliche Gesellschaft das komplexeste System ist, das wir kennen. Rückkopplungen zwischen den Handelnden und den von ihnen beeinflussten Größen bestimmen ihre Dynamik. Die Wirtschaft ändert sich, weil Menschen handeln, hoffen und sich fürchten. »Solche Rückkopplungen sind in der Naturwissenschaft nicht bekannt.« (Mainzer 2008: 13) Tatsächlich ist die Gesellschaft komplexer als die

Natur, ihre Zustände mannigfaltiger und widersprüchlicher, Rückkopplungen häufiger.

Komplizierte Zusammenhänge in den Naturwissenschaften lassen sich mit relativ einfachen Formeln ausdrücken und messen. So besagt das Ohmsche Gesetz, dass die elektrische Spannung U das Produkt aus der Stromstärke I und dem elektrischen Widerstand R ist: $U = I \cdot R$. Fast jeder kennt das von Albert Einstein 1905 im Rahmen der speziellen Relativitätstheorie entdeckte Naturgesetz $E = mc^2$, wenige nur verstehen es. Die Energie ist das Produkt aus Masse und der Lichtgeschwindigkeit im Quadrat. Aufgrund des hohen Werts der Letzteren können schon geringe Massen in hohe Energien umgewandelt werden. Die viel höhere Komplexität in den Sozial- und Wirtschaftswissenschaften – nicht gleichzusetzen mit einem höheren Grand an Kompliziertheit – ergibt sich daraus, dass hier Menschen agieren. Sie sind selbst hochkomplexe Geschöpfe, denken und tun heute dies und morgen das. Allenfalls kann man ihr durchschnittliches (Normal)verhalten simulieren und modellieren. Vergleicht man das ökonomische Werk von Karl Marx mit anderen Schriften über die Wirtschaft, stellt man fest, dass keine von ihnen den weiten Horizont erreicht und an die Komplexität herankommt, die das Marxsche Werk auszeichnet. Marxens Texte haben eine Komplexität, »gegen die Adam Smith *Wohlstand der Nationen* (…) oder Immanuel Kants *Kritik der reinen Vernunft* (…) geradezu einfach erscheinen.« (Petersen/Faber 2015: 151) In der Ökonomie muss eine Aussage nicht falsch sein, weil ihr Gegenteil stimmt. Die Wahrheitssuche ist verbunden damit, die Aussagen dessen, den man im Unrecht wähnt, zu widerlegen. In den formalen und Naturwissenschaften ist das gang und gäbe und meist berechtigt. Bei ökonomischen Streitfragen im Prinzip auch, kann aber oft in die Irre führen. Denn wer im formallogisch Entgegengesetzten verharrt, nur ein Entweder – Oder kennt, versteht nicht, die Widersprüche und die Relativität der sozialen Wirklichkeit zu denken.

Ökonomen irren, wenn sie Recht haben? Wie kann etwas wahr und falsch zu gleicher Zeit sein? Ist das nicht Unfug, ein logischer Widerspruch? Ja, wenn die sich ausschließenden Aussagen über ein und denselben Gegenstand in derselben Zeit und in ein und derselben Beziehung als wahr angenommen werden. Wer ein Ding in ein und derselben Beziehung lobt und schmäht, begeht einen Denkfehler. So sagt John St. Mill (1806-1873), dass die Profitrate nicht abhänge von den Produktionskosten oder dem Wert des Arbeitslohns, um gleich danach zu behaupten, dass die Profitrate im umgekehrten Verhältnis zu den Produktionskosten des Arbeitslohns stehe. Ein klassisches Beispiel für einen Verstoß gegen den Satz vom Widerspruch. Die Aussagen von Mill laufen, so Marx, darauf hinaus: »Obgleich es falsch ist, ist es doch wahr«, eine unlogische Wendung, »umso frappanter, als ihr Verfasser zugleich eine Wissenschaft der Logik geschrieben hat«. (MEW 26.3: 195)

Kein logischer Widerspruch liegt vor, wenn die sich ausschließenden Gedanken in verschiedenen Beziehungen, zu unterschiedlichen Zeiten, für andere Ebenen gelten oder sich auf bestimmte Teile einer Gesamtheit beziehen. Ökonomen irren, obgleich sie in gewisser Hinsicht zugleich recht haben können, weil sie das Einzelne, das unter bestimmten Prämissen Geltende, nicht als Teil des Ganzen relativieren, weil sie das Besondere mit dem Allgemeinen verwechseln. Sie sehen das Einzelne und nicht das Allgemeine, das in ihm steckt. Die sich so Einschränkenden können dennoch recht haben unter den von ihnen gewählten Prämissen. Unter anderen Konstellationen nicht. Sie sind keine Spinner, weil sie das Einzelne betrachten. Sie sind »Idioten«, weil sie das Einzelne nicht als Teil des Zusammenhangs sehen und darauf verzichten, im Einzelnen das Allgemeine zu suchen. Idiot soll keine Beschimpfung sein. Der Begriff »Idiotie« bedeutet im altgriechischen Wortsinn, sich auf das Private zu beschränken und sich öffentlichen Ämtern zu enthalten, frei übersetzt: das Einzelne, nicht das Ganze zu sehen. Der Satz, niedrige Zinsen erhöhen die Investitionen, ist richtig, wenn alle sonstigen Umstände für eine Erhöhung der Investitionen sprechen. Der Satz ist falsch, wenn die sonstigen Umstände stärker sind und dagegensprechen. Der Lohn kann, sagt Rodbertus (1805-1875), gemessen am Existenzminimum hoch sein oder fortwährend steigen, jedoch zugleich, gemessen an der Produktivität und an seinem Anteil am Produkt, sehr niedrig sein und fortwährend fallen. (Fehlberg 2017: 113)

Die Wirklichkeit erscheint den Ökonomen verworren, weil sie hochgradig komplex ist. Dabei sind konträre Meinungen normal. Und ohne Diskussion dessen, was strittig ist, kommt man nicht voran. Meinungen und Theorien kann man als Varianten der intellektuellen Voraussetzungen auffassen. Doch dies wäre zu wenig. Es wäre vor allem in vielen Fällen falsch. Die Unterschiede erklären sich, von Missverständnissen und mangelndem Scharfblick abgesehen, aus gegensätzlichen Interessen. Und aus dem Unvermögen wie dem fehlenden Willen, im Gegensätzlichen und Widersprüchlichen die Einheit des Ganzen zu erkennen. »Auf dem Gebiet der politischen Ökonomie begegnet die freie wissenschaftliche Forschung nicht nur demselben Feinde wie auf allen anderen Gebieten. Die eigentümliche Natur des Stoffes, den sie behandelt, ruft wider sie die heftigsten, kleinlichsten und gehässigsten Leidenschaften der menschlichen Brust, die Furien des Privatinteresses, auf den Kampfplatz.« (MEW 23: 16). Jeder interpretiert die Realität auf seine Weise. Manche glauben daher, die Ökonomik sei eine »Auslegungswissenschaft«. (OXI, 12/2017: 21) Rationales findet sich wenig. Quasi-religiöse Sekten verbreiten doktrinäre Glaubenssätze, vermitteln ein Zerrbild der Wirklichkeit. (Herrmann 2017: 12)

Marxistische und nichtmarxistische Politische Ökonomie haben unterschiedliche Begriffe für ein und dasselbe und benennen mit gleichen Begriffen Unterschiedliches. Ihre Aussagen sind so gegensätzlich, dass sie den meisten unvereinbar erscheinen. Doch in Teilen passt scheinbar Unversöhnliches durchaus zusammen und ergänzt sich. Gestritten wird auch innerhalb der rivalisierenden Gruppen. Ausgiebig verwiesen einige »Marxologen« aus Anlass des 200. Geburtstages ihres Forschungsobjekts auf dessen Lieblingsmotto, dass an allem zu zweifeln sei, wobei sie den Satz vor allem auf seine Lehre bezogen sehen wollten. Gern erwähnten sie Marxens Bekenntnis, kein Marxist zu sein und betonten, so als sei es die wichtigste Botschaft, dass der große Philosoph und Ökonom sein Werk nicht vollendet habe. Das ist alles richtig. Steckt dahinter aber die Absicht, die Marxsche Theorie als unfertig, überholt oder von Anfang an als falsch zu deklarieren, ist Vorsicht geboten. Was zahlreiche Journalisten in den Rang des Außergewöhnlichen heben, sind zunächst Selbstverständlichkeiten. Welch' großer Gelehrte hat je sein Werk als abgeschlossen betrachtet? Sie alle haben Probleme hinterlassen. Und hat sich Darwin etwa Darwinist genannt, Calvin Calvinist, Descartes Cartesianist, Keynes Keynesianist? Absurd, auch nur zu vermuten, Marx Ablehnung, Marxist zu sein, könne bedeuten, er habe seinen Ideen misstraut oder gar abgeschworen. Abgrenzen wollte er sich von denen, die sich Marxisten nannten und ihn nicht verstanden hatten. Die Aussage bezog sich auf eine konkrete Frage der innerparteilichen Auseinandersetzung in Frankreich, richtete sich gegen Auffassungen von Jules Guesde, der Reformen im Kapitalismus für unmöglich hielt und die Arbeiter und Arbeiterinnen sofort zur Revolution führen wollte. Wenn dies Marxismus sein soll, »dann weiß ich, dass ich kein

Marxist bin«, hatte Marx dazu gesagt.[6] Bestimmt wollte er keine »identitätsstiftende« Wahrheiten finden. Welcher Wissenschaftler will das? Aber wie jeder Forscher suchte er Wahrheiten, warum wäre er sonst Wissenschaftler? Was soll Wissenschaft, die kein Wissen schafft? Dass die Arbeitswerttheorie identitätsstiftend geworden ist, ist eine Eigenschaft, die bedeutende Wahrheiten nun mal so an sich haben.

Unter »Marxianern« ist der Inhalt der Kategorien Geld, Kreditgeld, Ware, Wert, Marktwert, individueller Wert, abstrakte, produktive und unproduktive Arbeit, die Entwicklung der Profitrate und vieles andere umstritten. Ich komme darauf zurück. Marx konnte sich nicht entschließen, die Bände 2 und 3 des »Kapital« zu veröffentlichen. Ist das Grund an allem zu zweifeln, was drinsteht? Die »aufgeklärten« Marxisten der »Neuen Marx-Lektüre« nehmen der Marxschen Politischen Ökonomie ihren historischen Gehalt und stellen nahezu alles zur Disposition: den Doppelcharakter der Ware und der warenproduzierenden Arbeit, die Wertformenanalyse, also die gesamte Wert- und Geldtheorie und damit die ökonomische Theorie Marxens insgesamt. Und tun dabei so, als wäre ihnen der Applaus des Meisters gewiss. Der von der »Neuen Marx-Lektüre« konstruierte Gegensatz zwischen ihm und Friedrich Engels – der sich nach erstmaliger Edition Marxscher Texte innerhalb des MEGA – Projekts erneut und endgültig als haltlos erwiesen hat – hätte Marx ratlos gemacht. Wie auch die Kapriolen, die ihr bei der Interpretation seiner Schriften unterlaufen. Er hätte, wie es seine Art war, wenn ihm etwas missfiel, mit einer deftigen Replik reagiert. Wir können sicher sein, dass er der »Neuen Marx-Lektüre« antworten würde: »Alles, was ich weiß, ist, dass ich kein Anhänger eurer Lektüre bin.« Dabei hat die »Neue Marx-Lektüre« in akademischen Kreisen ihre Anhänger. Unter dem Titel »Ein, zwei, viele Marx« gibt die Zeitschrift »OXI« einen Überblick über Denkschulen, die sich auf Karl Marx be-

6 Karl Marx selbst hat diese Worte nie schriftlich festgehalten; sie finden sich in verschiedenen Variationen in einigen Briefen seines Mitstreiters Friedrich Engels. Band III/30 der Marx-Engels-Gesamtausgabe ($MEGA^2$) gibt darüber auf S. 1128 eine Übersicht: Zuerst erwähnt Engels den Ausspruch in einem Brief an Eduard Bernstein vom 2./3. November 1882 (MEW 35, S. 388), anschließend acht Jahre später in einem Brief an Conrad Schmidt vom 5. August 1890 (MEW 37, S. 436), kurz danach erneut in einem Brief an Paul Lafargue vom 27. August 1890 (MEW 37, S. 450) und zuletzt in einem Schreiben an die Redaktion der »Sächsischen Arbeiter-Zeitung«, das die Zeitschrift »Der Sozialdemokrat« am 13. September 1890 abdruckte (MEW 22, S. 69).

ziehen.[7] Bezeichnend ist, dass sie die »orthodoxen« Marxisten im Westen ebenso unterschlägt wie die marxistischen Politökonomen in den sozialistischen Ländern. Der Marxismus-Leninismus wird als »zentralistische Anweisung zur Klassenideologie des Proletariats« verstanden. Erwähnenswert finden die Autoren nur DDR-Wissenschaftler, die Probleme mit dem »offiziellen Marxismus« hatten und Repressionen ausgesetzt waren. Die Debatten über Probleme der marxistischen Theorie fänden statt in Zeitschriften wie »Prokla«, »Krisis«, »Exit«, »Das Argument«. Das ist richtig. Aber nicht auch in »Z. Zeitschrift Marxistische Erneuerung«, »Marxistische Blätter«, »Sozialismus«, wo auch Autoren der »alten« Marx-Lektüre zu Wort kommen? OXI hebt die Protagonisten der westlichen »undogmatisch-emanzipatorischen Marx-Rezeption« hervor, vor allem die Autoren der sogenannten »Neuen Marx-Lektüre«. Deren Aversionen gegenüber dem vermeintlich dogmatischen östlichen Marxismus sind nervig. Der Streit zwischen ihr und der »ebenso eingängig wie unpräzise als Traditions- bzw. Arbeiterbewegungsmarxismus« abgekanzelten marxistisch-leninistischen Deutung des Marxschen Werkes dauert mittlerweile über fünf Jahrzehnte. Eine Annäherung ist nicht in Sicht. Die Gräben sind tiefer denn je. Die »Neue Marx-Lektüre« behauptet, die »orthodoxen Dogmatiker« hätten Marxens Lehre deformiert. Es ginge darum, zurückzukehren zu Marxens Texten. Die Auffassung ist in linken Kreisen verbreitet. Der »parteigelenkte Arbeiterbewegungsmarxismus« habe die Theorie von Marx und Engels falsch dargestellt und erst sein Fiasko ermögliche es, Marx zu entdecken und richtig zu lesen. Hans-Georg Backhaus glaubt zu wissen, dass der »orthodoxe Marxismus« »die Kernsätze der Werttheorie bis heute ignoriert und kollektiv beschwiegen (habe), der Rohentwurf (…) blieb den Theoretikern des Marxismus-Leninismus unzugänglich, der Text als Ganzes ein Buch mit sieben Siegeln.« (Backhaus 2018: 17) Die Vorwürfe sind derart lächerlich, dass sie, wären sie in ihrer Tragweite nicht so ernst, heiter und gelassen übergangen werden könnten. Man lese die Lehrbücher der Politischen Ökonomie des Kapitalismus, die in den sozialistischen Ländern erschienen sind, und vergleiche ihren Inhalt mit dem der drei Bände des »Kapital« und den »Grundrissen«. Wer dabei auch nur auf die geringste Dissonanz in Grundaussagen stoßen wird, dem vermache ich als Finderlohn die goldene Taschenuhr, die ich von meinem Urgroßvater ge-

7 OXI 5/2018, S. 18/19.

erbt habe. Der Ehrlichkeit und Vollständigkeit halber muss man hinzufügen: Wem von den »Ostmarxisten« die Entstellungen, Unterstellungen und Diffamierungen seiner Westkollegen gegen den Strich gehen, erinnere sich daran, dass die Marxisten-Leninisten seinerzeit gegenüber den linken Theoretikern im Westen freilich keinen Deut weniger arrogant gewesen waren. Zwei komplementäre Untugenden seien im Gange, meint Holger Wendt: »Neben der dogmatischen Fraktion, die jeden Zweifel an lieb gewonnenen Lehrsätzen vom Tisch wischt, existiert eine andere, sich als undogmatisch definierende, die dazu neigt, jeden Zweifel am Zweifel als Dogmatismus zu verschreien.« Dagegen helfe nur, »alle vorgetragenen Punkte ernsthaft prüfen, aber die Möglichkeit in Betracht ziehen, dass der Fehler nicht auf der Seite des Marxismus, sondern auf der Seite seiner Kritiker liegt (...) die einzige Möglichkeit, die Skylla eines blinden Dogmatismus ebenso zu umschiffen wie die Charybdis eines verabsolutierten, zum Selbstzweck erhobenen und in der Konsequenz wissenschaftsfeindlichen Antidogmatismus.« (Wendt 2018: 32f)

Tatsächlich sind seit langem Neo- und Pseudomarxisten damit beschäftigt, das Werk von Karl Marx systematisch zu entstellen und Akzeptiertes erneut grundlos in Frage zu stellen. Irrtümer und Fehldeutungen der »Neuen Marx-Lektüre« sind umfangreich. Angetreten, die Dogmen des Offizialmarxismus zu entlarven, erhebt sie haltlose Vorwürfe, die längst selbst zu Dogmen erstarrt sind. Dazu zählt der Streit darüber, welche Forschungs- und Darstellungsmethoden Marx wählt. Die »neuen Marxleser« meinen, es sei ausschließlich die logische Methode, die »alten Marxleser« sagen, Marx wende die dialektische Methode an. Sie schlösse logische und historische Elemente ein. »Während die ›Neue Marxlektüre‹ das gegenwärtige Sein des Kapitalismus von seinem Werden und Vergehen trennt (...), betont Marx nachdrücklich den Zusammenhang von Entstehung, Existenz und Vergehen.« (Wendt 2018: 28) Das historische Element in Marxens Werk anzuerkennen, heißt nicht, das logische auszuschließen. Die logische Methode ist keine Begriffsanknüpfungsmethode, die Begriffe aus Begriffen entwickelt. Auch wenn Marx nicht von der logischen Methode spricht, ohne Begriffsbestimmungen, Vergleiche, Analysen, Synthesen, Abstraktionen und Verallgemeinerungen ist sein Werk undenkbar. Es darauf zu reduzieren und ihm das Historische abzusprechen, dagegen ein Fauxpas der »Neuen Marx-Lektüre«. Dialektik – das ist auch die Einheit von Logischem und Historischem. Marx wendet sie im »Kapital« meisterhaft an. Das schließt zwangsläufig formallogische Passagen ein. Beispiel: Die Beziehungen zwischen konstantem Kapital c, variablem Kapital v, der Mehrwertmasse m, der Mehrwertrate m' und der Profitrate p' diskutiert Marx formallogisch und gleichzeitig untersucht er ihre Entwicklung in der Realität. Historisch und logisch sind Gegensätze, die sich bedingen, die zusammengehören, keine voneinander unabhängigen »Ebenen«, wie die Neue Marx-Lektüre annimmt, die den Zusammenhang zwischen der Geschichte und der Logik auflöst.

Wer Marxens Ansichten kennenlernen will, muss seine Texte lesen. Er muss es genau tun und Einzelnes in die richtigen Zusammenhänge bringen. Ich weiß, das ist simpel, doch jeder, der sich für Marx interessiert, sollte, was er bei ihm liest, vergleichen mit der Auslegung durch die »Neue Marx-Lektüre«. Die Differenzen fallen auf. Die Autoren der »Neuen Marx-Lektüre« kennen sie. Um sich gegen Kritik zu immunisieren, lasten sie sie Marx an. Er habe Fehler begangen, ihm seien Ungenauigkeiten unterlaufen, seine Aussagen seien voller Ambivalenzen. Sie versuchen sich gegen Kritik zu immunisieren, indem sie behaupten, man könne die Richtigkeit einer Deutung nicht durch Zitatenfischen in Marx-Engels-Texten herausfinden, wie es für den dogmatischen Marxismus üblich gewesen sei. Soll heißen, mit Marx, wörtlich genommen, darf man ihnen nicht kommen. Was Marx hätte sagen wollen oder sagen müssen, wissen allein die Autoren der »Neuen Marx-Lektüre«. Auf die Idee, dass sie selbst falsch liegen könnten, kommen sie nicht. Fern ist ihnen der Gedanke, dass die eigne Interpretation fehlerhaft sein könnte. (Quaas 2016: 44) Marx gegen Marx ausspielen – das ist der letzte Versuch, die eigene Fehlinterpretation zu retten. Offenbar geht es ihnen allein darum, ihre Behauptungen durchzusetzen, selbst dann, wenn ihnen klar ist, dass sie mit Marxens Aussagen nicht belegt werden können. Wären wir Menschen »von Grund aus ehrlich, so würden wir bei jeder Debatte bloß darauf ausgehen, die Wahrheit zu Tage zu fördern, ganz unbekümmert, ob solche unserer zuerst aufgestellten Meinung oder der des Anderen gemäß ausfiele: dies würde gleichgültig, oder wenigstens ganz und gar Nebensache sein. Aber jetzt ist es Hauptsache.« (Schopenhauer 2014: 10) Einigen Disputanten geht es nicht darum, die Wahrheit zu finden, sondern recht zu behalten. Marx vor seinen falschen Freunden zu schützen, ist geboten.

Streit auch unter bürgerlichen Ökonomen: Der Zoff zwischen »Keynesianern« und ihren neoliberal-monetaristischen Kontrahenten über die Zusammenhänge zwischen der Geldmenge und den Preisen, den Zinsen, der

Beschäftigung und der Geldpolitik ist legendär. Die Rivalen der herrschenden Lehre eint zwar das Grundinteresse, unternehmerfreundliche Erklärungen und Therapien zu liefern. Dennoch unterscheiden sie sich bei der theoretischen Widerspiegelung der ökonomischen Praxis. Das hat Vorteile. So bieten sie ein Reservoir an Ansichten, denen sich das Kapital aufgrund seines spezifischen Interesses in unterschiedlicher Weise bedienen und das es wahlweise entsprechend der sich wandelnden wirtschaftlichen Situationen nutzen kann. Für den Wandel werden so einigermaßen plausible, weil unterschiedliche Erklärungen bereitgehalten. Bürgerliche Ökonomen differenzieren zwischen einer angebots- und einer nachfrageorientierten Wirtschaftslehre, nehmen so ausdrücklich, nicht müde werdend, ihre »Wertneutralität« zu betonen, Partei für jeweils eine der beiden Marktseiten und die dort handelnden Akteure. Neben Privatinteressen, Missverständnissen, Ehrgeiz und Missgunst gibt es zwei weitere Gründe dafür, dass die Realität verschieden interpretiert wird. Erstens hat das zersplitterte Denken, die Konkurrenz der Auffassungen über ökonomische Sachverhalte mit der Beschaffenheit der objektiven Realität zu tun.

Die Wirkungs- und Variantenvielfalt ökonomischer Erscheinungen ist enorm. Sie ist quasi die »materielle Grundlage« für das zerfaserte Denken über sie. Die meisten Ökonomen versuchen nicht, die ökonomische Welt zu begreifen, wie sie existiert: komplex und ganzheitlich, in unaufhörlicher, wechselseitiger Beeinflussung aller ihrer Elemente, deren Zusammenspiel eine ungeheure Vielfalt gegensätzlicher Erscheinungen entstehen, vergehen und wiederkommen lässt. Sie bevorzugen es, sich selbst zu täuschen. Sie neigen dazu, sich ihre Informationen so zu suchen und zu deuten, dass ihre Erwartungen und Interessen erfüllt werden. Ökonomen favorisieren spezifische Momente des Ganzen, ignorieren Fakten, die nicht zu ihrem Weltbild passen. Sie lassen nicht ab von ihren vorgefassten Ansichten, beharren auf ihrem Glauben, obwohl sie zumindest ahnen, dass er falsch sein könnte. Sie sind verliebt ins Detail, versteifen sich auf simple Ursache-Wirkungsbeziehungen, vertrauen blind Korrelationen. Das Gegenteil einer These schließen sie per se aus. Der Hang zu einfachen, monokausalen Erklärungen dominiert das Denken. Die Unfähigkeit, das Ganze als Gesamtheit sich gegenseitig bedingender, sich ausschließender und durchdringender Elemente und Seiten der Wirklichkeit zu verstehen, erklärt den desolaten Zustand der bürgerlichen theoretischen Ökonomie. Für die vernetzten Zusammenhänge der ökonomischen Wirklichkeit, für indirekte Wirkungen und Rückwirkungen interessiert sich kaum jemand.

Vernetzte Strukturen und komplexe Vorgänge verlangen »zu ihrem Verständnis ein Denken in Zusammenhängen, das sich an der Struktur organisierter Systeme und ihrer speziellen Dynamik orientiert.« (Vester 2007: 16) Ökonomen sehen, was sie sehen wollen. Und sie wollen sehen, was ihnen gefällt. (Sachse 2014) Ihre Bilder trügen. Sie sind einseitig, mehrdeutig, schief. Die Welt der Ökonomen – sie ist eine Welt aus lauter Trugbildern. Das bedeutet nicht, dass die Schulen der bürgerlichen Ökonomik nicht auch Rationales böten. Die jeweiligen Kontrahenten versuchen, es regelmäßig zu widerlegen. Der Relativität der Einzelaussage ist sich kaum ein Ökonom bewusst. Wenigen ist klar, dass es nötig ist, die Komplexität des ökonomischen Ganzen in den Mittelpunkt zu rücken, reduktionistisches Denken zu ergänzen und in ganzheitliche Betrachtungen einzubinden. Die Erforschung der Komplexität steht in den Wirtschaftswissenschaften am Anfang. Sie will herausfinden, wie durch die Wechselwirkung der Menschen in Unternehmen, Haushalten, Märkten und Organisationen Ordnungen, Chaos und Zusammenbrüche entstehen, Gleichgewichte und Ungleichgewichte sich ablösen. Sie kann Hinweise geben, wie Wirtschaftspolitik eingreifen, gestaltend wirken und Konflikte vermeiden helfen kann.

Neben dem mangelnden Gefühl für die Komplexität des Ganzen wie des Einzelnen existiert ein zweiter Grund für die Zerrissenheit des ökonomischen Denkens. Er war über ein Jahrhundert lang typisch für die Unterschiede im Herangehen der Ökonomen an ihren Gegenstand. Viele lassen sich blenden vom Offensichtlichen. Sie bleiben ausschließlich dem Wahrnehmbaren verhaftet. Sie halten tiefschürfende Untersuchungen für entbehrlich. Sie verzichten auf die Suche des in den oberflächlichen Erscheinungen verborgenen Wesens und sind überzeugt, das Empirische spreche für sich, sei Beweis genug. Dabei wissen wir seit Friedrich Hegel (1770-1831), dass wir unterscheiden müssen zwischen der Erscheinung und dem Wesen des sinnlich Erfassbaren. Der Schein kann täuschen und das Wesen des Widergespiegelten verhüllen. Die alltägliche Erfahrung nimmt nur ihn wahr. Von ihrem Standpunkt aus ist wissenschaftliche Wahrheit oft paradox. Fast zwei Jahrtausende glaubten die Gelehrten, dass sich die Sonne um die Erde dreht, bis Kopernikus, Kepler und Newton zeigten, dass hinter dem falschen Schein die Erdbewegung steckt. Für die Nationalökonomie ist die Hegelsche Unterscheidung von fundamentaler Bedeutung: »Es gilt hier (…), dass, was der gemeine Menschenverstand irrationell findet, das Rationelle, und sein Rationelles die Irrationalität selbst ist«. (MEW 25: 787)

In der Ökonomik wimmelt es von Paradoxien und Einfaltspinsel glauben, je paradoxer die Sache ist, desto weniger wahr sei sie. Der Profit scheint dem Gesamtkapital zu entspringen, doch resultiert er aus dessen variablem Teil, mit dem die Arbeitskräfte entlohnt werden. Der Arbeiter scheint dem Kapitalisten seine Arbeit zu verkaufen und es sieht so aus, als sei der Lohn der Preis für diese Arbeit. Er verkauft aber seine Arbeitskraft und der Lohn ist der Geldausdruck des Wertes der Arbeitskraft. Ihn erhält er *unter der Voraussetzung*, dass er den *vollen* Arbeitstag arbeitet. Daher scheint es, als ob er für die ganze und nicht für die kürzere Zeit entlohnt würde, in der er ein Äquivalent seines Tageswertes schafft. Die Welt der Ökonomen ist eine komplexe Welt. Bei ihrer Erfassung sind Reduktionen unvermeidlich. Doch nicht die notwendigen selektiven Wahrnehmungen sind das Problem, nicht das Bemühen, das Einzelne zu verstehen, sondern im Verkürzten das Ganze, das Absolute zu sehen. Die Komplexität ist eine Eigenschaft von Systemen. Die Ökonomie ist ein System. Der Autor will zum Verständnis des komplexen, dynamischen Systems Volkswirtschaft beitragen. Er befasst sich mit strittigen Fragen, die seit Jahrhunderten die ökonomische Literatur prägen und geht ein auf Entstellungen der Marxschen Lehre durch die Anhänger der »Neuen Marx-Lektüre«.

I. Alles hängt von Allem ab

1. Volkswirtschaft

System

Die Volkswirtschaft ist ein System. Das griechische Wort »sýstema« bedeutet ursprünglich eine Zusammenstellung zu einem Ganzen. Später verband man mit dem Begriff die Vorstellung einer gewissen Ordnung. Andere gebräuchliche Ausdrücke, die »Gleiches« oder »Ähnliches« ausdrücken, sind »Ganzheit«, »Organismus«, »Struktur« oder »Totalität«. Berühmte naturwissenschaftliche Ordnungssysteme sind das Linnésche System der Pflanzen und Tiere (1735) und das Mendelejewsche Periodensystem der Elemente (1871). Der französische Philosoph Paul-Henri Thiry d'Holbach (1723-1789), schrieb: »Sehr mannigfaltig und in unendlich verschiedener Weise miteinander verbundene Stoffe erhalten und vermitteln unaufhörlich unterschiedliche Bewegungen. Die verschiedenen Eigentümlichkeiten dieser Stoffe, ihre verschiedenen Verbindungen, ihre notwendig darauf folgenden so mannigfachen Wirkungsarten machen für uns das Wesen der Dinge aus; und aus diesen unterschiedlichen Wesen ergeben sich die verschiedenen Ordnungen, Stufen, Systeme, die diese Dinge einnehmen, deren Gesamtsumme das ist, was wir Natur nennen (…) Die Natur ist nur eine unermessliche Kette von Ursachen und Wirkungen, die sich unaufhörlich wechselseitig auseinander ergeben.« (Holbach 1960: 17,31)[8]

Es ist das Wesen eines komplexen dynamischen Systems, das Holbach hier beschreibt: Eine Gesamtheit, die aus vielen Elementen besteht, die sich wechselweise auf unterschiedlichste Art verknüpfen und unterschiedlichste Wirkungen hervorbringen können. Was Holbach über die Natur sagt, gilt sinngemäß für die Gesellschaft und ihre Bereiche, wie für die Wirtschaft,

8 zit. bei www.michael-giesecke.de/cms/images/pdf/bericht2007.pdf, S. 10, (2.3.2018)

das ökonomische System. Friedrich Hegel schrieb, ein Inhalt habe »allein als Moment des Ganzen seine Rechtfertigung«, außer demselben sei er »eine unbegründete Voraussetzung oder subjektive Gewissheit.« (Hegel 1830: § 14, 48) Wir werden später sehen, dass viele ökonomische Inhalte gerade nicht als Teil eines Ganzen gesehen werden. Man versucht sie aus sich selbst heraus zu verstehen. Doch da die Erscheinungen, auch die ökonomischen, nicht isoliert voneinander existieren, müssen Versuche scheitern, sie isoliert verstehen zu wollen. Verstanden werden können sie nur als Momente größerer Zusammenhänge, zum Beispiel als Teil einer Gesamtheit gesellschaftlicher Verhältnisse mit ihren eigentümlichen Verhaltensweisen der Menschen. Isolierte, aus ihrem Zusammenhang gerissene Deutungen sind daher im Hegelschen Sinne unbegründet und subjektiv. Wissenschaftlichkeit erfordert die Betrachtung des Ganzen.

Ein System ist eine Menge, eine Klasse oder ein Bereich von Objekten, zwischen denen Relationen bestehen. Die Gesamtheit der Relationen eines Systems ist dessen Struktur. Wir stoßen gleich am Anfang unserer Überlegungen auf einen Sachverhalt, der uns durchgängig beschäftigen wird: auf die Relativität der Erscheinungen und Aussagen. Denn auch die Begriffe System, Teilsystem oder Subsystem sind relativ. Sie sind nur in Bezug aufeinander erkennbar. Was innerhalb eines Systems als Element auftritt, kann innerhalb eines anderen Systems den Charakter eines komplexen Teilsystems besitzen. Das ist ein spezieller Fall der Dialektik von Teil und Ganzem, der weiter unten eingehend untersucht wird. Ein Element ist die letzte nicht mehr aufteilbare Einheit. So sind in der Chemie die Atome Elemente im Sinne des Systembegriffs. In der Atomphysik hingegen sind sie selbst komplizierte Systeme. Menschen sind die Elemente der gesellschaftlichen Systeme. Sie sind selbst komplexe Systeme, die sich wiederum aus ebensolchen Subsystemen zusammensetzen: dem physisch-anatomischen System (Gehirn, Herz, Blutkreislauf, Haut usw.), dem psychischen, dem sozialen System. Das Gehirn wiederum ist komplex und kompliziert.

Für ökonomische Analysen reicht es nicht, den Menschen als solchen zu betrachten oder eine gewisse Spezies von ihm zu unterstellen. Ohne wenigstens grobe Differenzierungen gelingen keine plausiblen Aussagen. So müssen wir unterscheiden zwischen bewusstem Verhalten und unbewusstem. Auch das Unbewusste im Menschen besitzt Steuerungspotenzial. Erfolgt menschliches Tun und Unterlassen bewusst, kann dies rational, gefühlsmäßig oder irrational sein. Mit dem »Homo oeconomicus« unterstellen »neoklassische« Ökonomen eine Kunstfigur, deren Realitätsferne von ihnen selbst eingestanden wird. Trotzdem: Die Frage, was wäre wenn, d. h. wie würde das System reagieren, wenn ihre Elemente vollkommen rational handelnde Individuen wären, kann für die Forschung eine sinnvolle Frage sein. Die Teilsysteme komplizierter und komplexer Systeme bilden eine strukturelle Ordnung, eine Systemhierarchie. In Technik und Naturwissenschaften gelingt es mit mathematischen Methoden die statischen und dynamischen Kausal- und Wechselwirkungen zu erfassen. Die Gesellschaft ist komplexer und komplizierter als Natur und Technik. Die mit systemtheoretischen Konstruktionen, v. a. mit mathematischen Methoden verbundenen Abstraktionen und Vereinfachungen erlauben es hier oft nur, eng begrenzte Teilprozesse oder gewisse Aspekte ökonomischer Sachverhalte theoretisch abzubilden.

Große Systeme wie die Volkswirtschaft müssen in Teilsystemen untersucht werden. Aus der Wechselwirkung der Teilsysteme ergibt sich die Art und Funktionsweise des Ganzen. Auf der Ebene der Teilsysteme, der Mikroebene treffen Menschen individuelle Entscheidungen. Voraussehbar sind diese allenfalls in sehr engen Grenzen. Menschen sind keine Automaten, Moleküle oder Zellen. Sie treffen Entscheidungen, rationale und irrationale, handeln zuweilen intuitiv, spontan, emotional, ohne Überlegung. Dennoch erzeugt ihr Verhalten auf der Gesamtebene, der Makroebene, Trends, Tendenzen und Zustände, die auf das Verhalten der Individuen zurückwirken. Statistische Verteilungsfunktionen, deren Dynamik mit stochastischen Gleichungen beschrieben wird, helfen, sie zu erfassen. Die Rückkopplung zwischen der Mikro- und der Makroebene des ökonomischen Systems ermöglicht dessen Selbstorganisation. Menschen in gesellschaftlichen Systemen verfolgen mehrere Ziele, sprechen verschiedene Sprachen, besitzen mehrere Strukturen, z. B. technologische, leitungsmäßige, informationelle, informelle u. a. Bei der Analyse des Produktionsbetriebes müssen wir die Ziele der Subsysteme Einkauf, Material, Fertigung, Vertrieb usw., wie Kostensenkung und Umsatzsteigerung, von denen des Gesamtsystems – Rendite, Sicherheit, Liquidität – unterscheiden. Das ist wichtig, weil Ziele sich widersprechen können, es folglich Kriterien einer Zielhierarchie bedarf, die den Kompromiss ermöglichen.

Spezielle Sprachen der Teilsysteme sind: die technologische Sprache für die Fertigung, die juristische Sprache für Belege und Verträge, Programmsprachen für Dienstleistungen und die Ausarbeitung der Pläne. Es ist bekannt, dass der Dialog und das Verständnis zwischen Betriebswirt und Techniker zuweilen schwierig sind. Welche Fehler sind im Umgang mit komplexen Systemen typisch? (siehe Dörner 1975 und Vester 2007: 35-39)

Erster Fehler: Man konzentriert sich auf das Einzelne. Zum Beispiel ist es üblich, wirtschaftliche Krisen in erster Linie als ein Fehlverhalten der Politik zu deuten. Der US-amerikanische Nobelpreisträger Paul Krugman meint, die Zahl der Beschäftigten könne erhöht werden, wenn nur der Zins gesenkt werde. Marktversagen resultiere ausschließlich aus mangelnder Liquidität. Man müsse nur die Geldschleusen öffnen, dann werde alles gut. Zu Rezessionen käme es, weil Fehler gemacht würden. Demnach gelte: keine Fehler – keine konjunkturellen Schwankungen. »Richtige« Politik hätte Missstände vermeiden und überwinden können. Die Illusion ist verbreitet, Zentralbanken könnten durch die Festlegung von Geldmengen und Zinsen wirtschaftliche Stabilität sichern und Wohlstand schaffen. Krisen werden wahlweise und willkürlich auf unterschiedlichste Einzelursachen zurückgeführt und der Wald vor lauter Bäumen wird übersehen. Mit seinen Sätzen gesellt sich Krugman zu denen, die er kritisiert, zu den Schmalspurökonomen, den großen Vereinfachern. (Krugman 1998: 18,25,45,130,160) Was er ihnen vorwirft, trifft ihn selbst: »Wir sollten freilich nie überrascht sein, aus Prominentenmund ökonomischen Unfug zu vernehmen.« (Krugman 1998: 62) Reduktionismus, in der Theorie vorherrschend, behindert die ganzheitliche Erfassung der ökonomischen Wirklichkeit.

Zweiter Fehler: Die Genese und die Struktur des Systems, die Vernetzung seiner Elemente und die sich daraus ergebende Dynamik werden nicht beachtet.

Dritter Fehler: Man versteift sich auf Schwerpunkte, betrachtet Vereinzeltes und Unterschiedliches als ausschlaggebend und untersuchungswürdig, einmal die Geld- und Finanzsphäre, ein andermal die Güterproduktion, mal Investitionen – mal Konsumtion, die Geldmenge oder den Zins, das Angebot oder die Nachfrage, ohne die Zusammenhänge zwischen ihnen und zu anderen Teilsystemen in angemessener Weise – wenn überhaupt – zu berücksichtigen.

Vierter Fehler: Der Glaube an die Gestaltbarkeit komplexer Systeme ist stark. »Die Macht, das System verändern zu dürfen, und der Glaube es durchschaut zu haben«, schreibt Vester, führen »zu einem diktatorischen Verhalten, welches für komplexe Systeme völlig ungeeignet ist.« (Vester 2007: 37) Komplexe Systeme organisieren und steuern sich selbst. Eine Zentralbank kann beispielsweise nicht die Volkswirtschaft regulieren. Sie ist Teil des Systems und verhält sich entsprechend dessen Anforderungen. Sie kann nicht gegen den Strom schwimmen, sondern muss mit ihm ziehen. (Müller 2015: 457-486)

Fünfter Fehler: Typisch ist, dass die Suche nach Nebenwirkungen vernachlässigt wird. Im Fokus steht meist eine eindimensionale Kausalität zwischen zwei oder wenigen Faktoren. Dass die Veränderung einer Größe auch Zustände beeinflussen kann, die außerhalb des betrachteten Zusammenhangs liegen, fällt unter den Tisch.

Sechster Fehler: Nur das Wahrnehmbare gilt als wahr. Die widersprüchlichen Beziehungen zwischen Erscheinung und Wesen, zwischen Einzelnem und Allgemeinem bleiben unberücksichtigt. Missverständnisse und Verwirrungen resultieren daraus, dass sich Untersuchungen auf Äußeres beschränken. Das Innere interessiert nicht. Analysiert wird die Hülle. Goethes Faust scheiterte am Anspruch, zu erkennen, was die Welt im Innersten zusammenhält. Die »moderne Wissenschaft« hat aufgehört, sich dem Anspruch zu stellen.

Was, wie, für wen

Unternehmen produzieren zwei Arten von Gütern: Produktionsmittel und Konsumtionsmittel. Produktionsmittel sind Arbeitsmittel – Maschinen, Werkzeuge, Automaten, Geräte, Gebäude, Verkehrsmittel u. a. – und Arbeitsgegenstände, das Material, die Rohstoffe. Letztere formt der Mensch mit Hilfe der Arbeitsmittel zu Gütern um, die als neue Produktionsmittel oder als Konsumtionsmittel produktive, individuelle und gesellschaftliche Bedürfnisse befriedigen. Die Produktionsmittel, auch Investitionsgüter genannt, werden von Unternehmen nachgefragt, Konsumtionsmittel von Haushalten bzw. individuellen und institutionellen Verbrauchern. Die Güter müssen, nachdem sie produziert wurden, ausgetauscht und verteilt werden, bevor sie verwendet werden können. Dieser gewaltige, lebendige arbeitsteilige Organismus des unaufhörlichen Erzeugens, Tauschens, Verteilens, Investierens und Konsumierens innerhalb nationaler Grenzen ist die Volkswirtschaft. Ihre Aufgabe ist, die Menschen mit Gütern und Leistungen zu versorgen. Produktion (Erzeugung), Austausch (Zirkulation), Verteilung (Distribution) und Konsumtion (Verbrauch) sind die Phasen, die die volkswirtschaftliche Reproduktion ununterbrochen durchläuft. Diese Phasen existieren nicht nur nacheinander, sondern auch nebeneinander. Wird produziert, dann zugleich auch getauscht, verteilt, verbraucht. Viele Elemente sind daran beteiligt: Kapitalisten und Lohnarbeiter, einfache Warenproduzenten, die wie die Handwerker und Bauern Eigentümer der Produktionsmittel sind und selbst produzieren, Unternehmen, Verwaltungen und Haushalte, Produzenten, Händler und Konsumenten, Sparer und Investoren, Verkäufer und Käufer, Leiter und Mitarbeiter, Lieferanten und Abnehmer, Gläubiger und Schuldner… eine Gesamtheit zusammengehöriger, erzeugender, verteilender, tauschender, verbrauchender, steuernder Teilsysteme, ein riesige Zahl von Elementen – Bereiche, Institutionen, Organe, Menschen, die sich wechselseitig beeinflussen.

3,5 Millionen Unternehmen, 40 Millionen Haushalte, über 82 Millionen Menschen, 44 Millionen Erwerbstätige, viele staatliche und nichtstaatliche Organisationen gibt es in Deutschland. Schon die Aufzählung zeigt, dass die Beziehungen zwischen den Systemelementen widersprüchlich sind. Die Elemente schließen sich aus, sind Gegensatz. Produktion ist Erzeugung, Konsumtion ist Verbrauch. Sie bedingen sich aber auch, setzen sich voraus. Ohne Produktion kein Verbrauch. Ohne Verbrauch bedürfte es keiner Produktion. Ohne Kapitalist keine kapitalistischen Lohnarbeiter. Ohne die letzten kein Kapitalist. Zugleich bilden die Gegensätze eine Einheit in dem Sinne, dass sie ineinanderfließen und identisch sind. Die Produktion von Gütern ist immer zugleich produktive Konsumtion von Arbeitsmitteln, Arbeitsgegenständen und Arbeitskräften. Der Verbrauch von Konsumtionsmitteln ist zugleich »Produktion« der Arbeitskraft. Und die Produktion ist stets auch Aneignung des Produzierten in bestimmten Relationen, ist also Verteilung. Ob ein Ding Arbeitsgegenstand, Arbeitsmittel, Produkt oder mehreres davon gleichzeitig ist, kommt dem Ding nicht als solchem zu. Es widerspiegelt seine Funktion im Produktionsprozess. Das Produkt des Arbeitsprozesses kann Gegenstand oder Mittel einer anderen oder seiner eigenen Produktion sein.

Die Dualität der Produktion bedeutet, dass auch seine wichtigsten Elemente zweifach bestimmt werden müssen, einmal aus der Sicht der Produktivkräfte, d. h. als Mensch-Natur-Beziehungen, zum anderen als Produktionsverhältnisse, als Mensch-Mensch-Beziehungen. Vom Standpunkt der Produktivkräfte ist die Produktion Arbeitsprozess, dessen Resultat ist der

Gebrauchswert, die Arbeit, die ihn hervorbringt, ist konkrete Arbeit. Aus der Sicht der Produktionsverhältnisse erscheint der gleiche Prozess anders, als Wertbildungs- und Verwertungsprozess. Dessen Resultate sind der Wert, einschließlich des Mehrwerts, die Arbeit, die beide bildet, ist abstrakt. Die unvollständige Aufzählung zeigt ferner, dass hinter den Elementen und Phasen der Volkswirtschaft letztlich Menschen stecken, deren Verhalten nur teilweise berechenbar ist und die im Zusammenwirken ihre unterschiedlichen Interessen zur Geltung bringen wollen. Der Unternehmer will niedrige Löhne zahlen, der Arbeiter wünscht hohe, angemessene. Der Gläubiger wünscht hohe Zinsen, der Schuldner geringe. Der Lieferant will hohe Preise, der Abnehmer kleine. Die Interessenkonflikte sind objektiv und unvermeidlich. Sie können skurrile Formen annehmen.

Die auf dem Profitstreben beruhenden Einzelinteressen können gegen die Gesamtinteressen wirken. Charles Fourier (1772-1837), herausragender Mann des utopischen Sozialismus in Frankreich, hat diesen Widerspruch scharfzüngig formuliert: »Der Arzt« – so müsste man heute hinzufügen: die Pharmakonzerne – »wünsch(en), dass es so viele Krankheiten wie möglich geben möge, denn er (sie) würde(n) zugrunde gerichtet sein, wenn alle Welt ohne Krankheit stürbe; dasselbe geschähe den Advokaten, wenn jeder Streit schiedsrichterlich auszugleichen wäre. Der Geistliche ist interessiert, dass es viele Tote gibt, und zwar viele reiche Tote, Beerdigungen á 1.000 Franken. Der Richter ersehnt jährlich wenigstens 45.000 Verbrechen und dass möglichst in jeder Familie ein gerichtliches Verfahren durchgeführt wird, damit die Gerichtshöfe stets beschäftigt, also notwendig sind. Der Wucherer wünscht Hungersnot, der Weinhändler und Glaser Hagel, der die Ernte vernichtet und alle Scheiben in den Häusern zertrümmert. Architekten und Baumeister ersehnen Feuersbrünste, die Teile der Stadt in Schutt und Asche legen.« (nach Klemm, Bartsch 1983: 121 und Thal 1976: 63)

Heute hoffen die Betreiber von Reparatur- und Servicewerkstätten, dass es täglich auf den Straßen »knallt« und die überschuldeten Kommunen, dass die Verkehrsteilnehmer möglichst viele Ordnungswidrigkeiten begehen. Die Investmentbank Goldman Sachs rät der Pharmaindustrie in der am 10. April 2018 veröffentlichten Studie »Die Genom-Revolution« davon ab, Kranke zu heilen. Menschenleben zu retten und Patienten gut zu versorgen, seien ein schlechtes Geschäftsmodell, wie der US-Sender CNBC am 11. April berichtete. »Die Möglichkeit, Behandlungen zu entwickeln, die nach nur einer

Anwendung die Heilung vollbringen, ist einer der attraktivsten Aspekte der Gentherapie«, schrieb die Goldman-Sachs-Analystin Salveen Richter. Solche Behandlungen hätten allerdings im Vergleich zu Behandlungen von chronischen Krankheiten ganz andere Prognosen in Bezug auf wiederkehrende Umsätze. »Obwohl dieses Angebot einen enormen Wert für die Patienten und die Gesellschaft hat, könnte es eine Herausforderung für die Entwicklung der Genom-Medizin darstellen, die einen nachhaltigen Geldfluss suchen«, fügte die Analystin an.[9] Wozu Ärzte und Pillendreher, wären alle Menschen gesund? Wozu Polizei, Richter und Anwälte, gäbe es keine Kriminellen? Wer von der Unvollkommenheit der Welt lebt, hat kein Interesse, sie zu bessern.

Seit Fourier ist das liberalistische Credo widerlegt, dass dem Gemeinwohl am besten gedient sei, wenn alle konsequent egoistisch handelten. Kann die Wissenschaft über die Volkswirtschaft wertneutral sein? Das ist der vordergründige Anspruch eines Teils von ihr. Doch die Ökonomen nehmen die Interessen bestimmter Gruppen von Menschen oder Klassen wahr. Entweder gezielt oder unbewusst, intuitiv, manchmal subjektiv ungewollt, doch stets eindeutig. Marxistische, linke, linksliberale Denker und Autoren vertreten die Interessen der Arbeiter, der Schwachen, der Habenichtse und Unterdrückten. Neoliberale, bürgerliche Autoren stehen auf der Seite der Vermögenden, der Eigentümer an den Produktionsmitteln, der Bezieher von gigantischem arbeitslosen Einkommen. Sie sind unternehmerfreundlich. »Bürgerlich«, so wird behauptet, sei »ein Wort, das so, wie es im politischen Sprachgebrauch der Linken oft verwendet wird, in Wahrheit überhaupt nichts bezeichnet: ein leerer Signifikant, den mit Sinn aufzuladen denen überlassen bleibt, die die Adressaten sind.«[10] Dabei gibt es nur eine einzige entscheidende Frage und Frontlinie, wie der Schriftsteller Feridun Zaimoglu sagt: »Bin ich mit Kopf und Herz bei den Armen oder bei den Reichen?«[11] Marx und Engels verwenden den Begriff keineswegs ohne Unterleib, quasi sinnfrei. Sie meinen mit ihm eine unternehmerfreundliche Ökonomie, unterscheiden eine wissenschaftliche und eine unwissenschaftliche Fraktion. »Soweit sie bürgerlich ist, d. h. die kapitalistische Ordnung statt als geschichtlich vorübergehende Entwicklungsstufe, umgekehrt als absolute und letzte Gestalt der gesellschaft-

9 Kranke Geschäfte, www.jungewelt.de, (19.4.2018)

10 Tom Strohschneider, Begriff ohne Unterleib, neues deutschland, 26./27.5.2018, S. 21

11 neues deutschland, 21./22.7.2018, S. 18

lichen Produktion auffasst, kann die politische Ökonomie nur Wissenschaft bleiben, solange der Klassenkampf latent bleibt (…)«. (MEW 23: 19f) Ihr letzter große Repräsentant, David Ricardo (1772-1823), habe den Gegensatz der Klasseninteressen »naiv als gesellschaftliches Naturgesetz aufgefasst. Damit war aber auch die bürgerliche Wissenschaft der Ökonomie bei ihrer unüberschreitbaren Schranke angelangt (…) Mit dem Jahr 1830 trat die ein für allemal entscheidende Krise ein. Die Bourgeoisie hatte in Frankreich und England die Macht erobert. Von da an gewann der Klassenkampf, praktisch und theoretisch mehr und mehr ausgesprochne und drohende Formen. Er läutete die Totenglocke der wissenschaftlichen bürgerlichen Ökonomie. Es handelte sich jetzt nicht mehr darum, ob dies oder jenes Theorem wahr sei, sondern ob es dem Kapital nützlich oder schädlich, bequem oder unbequem, ob polizeiwidrig oder nicht. An die Stelle uneigennütziger Forschung trat bezahlte Klopffechterei, an die Stelle unbefangner wissenschaftlicher Untersuchung das böse Gewissen und die schlechte Absicht der Apologetik.« (MEW 23: 20f)

Ein gutes Beispiel gibt »der wegen seiner ökonomischen Wissenschaft und seines schönen Stils« an die Universität Oxford berufene Nassau William Senior (1790-1864): Die Unternehmer der Baumwollindustrie aus Manchester hatten ihn 1836 beauftragt, ein wissenschaftliches Gutachten zu erstatten zum Fabrikgesetz, das eine bescheidene Verkürzung der Kinderarbeitszeit vorsah. Senior »bewies« in seinem Aufsatz, dass die Verkürzung der täglichen Arbeitszeit von 12 auf 11 Stunden zum Wegfall des Profits führe. Profit würde in der verhängnisvollen »letzten Stunde« geschaffen, während die übrige Arbeitszeit dazu diene, die Kapitalausgaben zu ersetzen. Der Chemiker und Ökonom Andrew Ure (1778-1857) fügte hinzu, »dass Fabrikkinder und junge Personen unter 18 Jahren, welche man nicht volle 12 Stunden in die warme und reine Moralluft der Fabrikstube bannt, sondern eine Stunde früher in die gemütskalte und frivole Außenwelt verstößt, von Müßiggang und Laster um ihr Seelenheil geprellt werden.« (MEW 23: 241, Fn 32a) Senior hat sich später für die Verkürzung der Arbeitszeit, insbesondere für die der Kinder, ausgesprochen. Parteilich auch die Empfehlungen der sogenannten Sachverständigen heute. Für viel Geld übergeben die fünf »Wirtschaftsweisen« der Bundesregierung jährlich ihr Gutachten, in dem sie Jahr für Jahr empfehlen, was im Interesse des Kapitals und der Eliten liegt: Deregulierungen, Steuerentlastungen, Privatisierung, Abbau sozialer Leistungen, Lohnzurückhaltung…

Wo divergierende Interessen aufeinanderprallen, muss es einen Mechanismus des Ausgleichs geben. Eine Analogie im menschlichen Organismus zu sehen, ist nicht so abwegig, wie es auf dem ersten Blick scheinen mag. Die verschiedenen Bereiche des Körpers sind über den Blutkreislauf und die Nervenbahnen miteinander verbunden. Die zentrale Steuerung über das Großhirn ist mit dezentralen Steuerungselementen in den Organen des Körpers verknüpft. Die Kombination aus zentraler und dezentraler Steuerung hält das komplizierte System Mensch anpassungsfähig und am Leben. Ist es Zufall, dass ein Arzt, der Franzose François Quesnay (1694-1774) den Geld- und Kapitalkreislauf entdeckte? Mit seinen berühmten fünf Zick-Zacks, die hundert Jahre unverstanden blieben, hat er einen festen Platz in der Geschichte des ökonomischen Denkens erobert. Inspirierte ihn die Kenntnis des Blutkreislaufs, den der Engländer William Harvey (1578-1657) entdeckt hatte, nach einem Geld- bzw. Kapitalkreislauf im Wirtschaftskörper zu suchen? Wir können es nur vermuten. Ein schönes Gleichnis ist es.

Die Steuerung des Systems Volkswirtschaft löst drei Fragen: Was soll produziert werden? Auf welche Weise? Und für wen? Fragen, die banal klingen und nicht erahnen lassen, welche ungeheure Komplexität hinter ihnen steckt. Betrachten wir nur ein einziges Gut: Brot. Wie viele Brote sollen gebacken werden? Die Zahl kann relativ leicht ermittelt werden, kennt man die Größe der Bevölkerung und die Essgewohnheiten der Menschen. Wie der Mangel an Lehrern in Sachsen zeigt, ist dies keineswegs ausgemacht. Das Kultusministerium scheiterte offenbar mehrmals an der Aufgabe, selbst bei Kenntnis der Geburtenzahlen und der Altersstruktur der Lehrerschaft den sich daraus ergebenden Lehrerbedarf für die kommenden Jahre zu ermitteln.

Zurück zum Brot. Wir haben jetzt in ein Wespennest gestochen. Der englische Philosoph John Locke (1632-1704) notiert: »In das Brot, das wir brechen, sind nicht allein die Mühe des Pflügers, die Anstrengungen des Schnitters und Dreschers und der Schweiß des Bäckers einzurechnen; der Beitrag all derer, die die Ochsen zähmten, die das Eisen schmiedeten und die Steine gruben, die das Holz fällten und zimmerten, damit man den Pflug, die Mühle, den Ofen oder all die zahlreichen anderen Gerätschaften herstellen konnte, deren das Korn von seiner Aussaat als Saatkorn bis zu seiner Verwandlung in Brot bedurfte, muss ja auch auf das Konto der Arbeit gesetzt und als deren Werk gewertet werden…« (Locke 1980: 127). Frage auf Frage stellt sich uns: Wie viele Bäcker und Bäckereien werden benötigt? Wie viel Mehl, Müller und Mühlen? Wie viel landwirtschaftliche Fläche für den Getreideanbau? Wie viele und welche Landmaschinen? Wie groß müssen die Kapazitäten des Landmaschinenbaus sein? Und wie viele Backöfen müssen gebaut werden? Wie viele Ofensetzer, wie viele Steine werden benötigt? Wie viele Ziegeleien? Werkzeuge? Holz? Eisen? Forstarbeiter? Werkzeugmacher? Ergo: In vielen Branchen bedarf es fleißiger Hände, um die Voraussetzungen dafür zu schaffen, dass Brot gebacken werden kann. Und es gibt eine Rückkopplung: Um Brot backen zu können, müssen Arbeiter in vielen Branchen mit Brot versorgt werden. Wie viele Brote, um all die Arbeiter zu ernähren?

Branchen

Wir können eine Gruppe von Menschen unterschiedlich ordnen, erhalten in Abhängigkeit vom Unterscheidungskriterium vielfältige Strukturen. Einteilungen sind möglich nach Alter, Geschlecht, Wohnsitz, Beruf, sozialer Herkunft, Zugehörigkeit zu Parteien und Organisationen, Weltanschauung und Religion, Haarfarbe, Körpergröße, Schuhgröße, Nasenlänge … Die Relativität – wir kommen auf sie weiter unten ausführlicher zurück – wird deutlich: Andere Kriterien – andere Einteilungen und Ordnungen. Jede Systematisierung ist relativ und in gewisser Weise willkürlich. Wie kann man eine Volkswirtschaft sinnvoll gliedern? Eine Möglichkeit geht aus von der Art der erbrachten Leistung: Im Primärsektor, der Urproduktion, werden Rohstoffe gewonnen. Er umfasst die Unternehmen der Land-, Forstwirtschaft und Fischerei, im weiteren Sinne auch die des Bergbaus. Im Sekundärsektor oder industriellen Sektor werden die Rohstoffe verarbeitet. Zum »verarbeitenden Gewerbe« gehören Unternehmen, die Produktions- und Konsumtionsmittel herstellen: Nahrungs- und Genussmittel, Textilien und Bekleidung, Metalle, Lederwaren, Holzwaren und Möbel, Papier, Chemikalien, Pharmaka, Glas, Keramik, optische Erzeugnisse, Spielzeug, elektrische und elektronische Anlagen, Maschinen, Anlagen, Bauten, Fahrzeuge, Energie … Der Tertiärsektor umfasst die Dienstleistungen, wird Dienstleistungssektor genannt: Handel und Gaststättengewerbe, Verkehr, Nachrichtenübermittlung, die Leistungen der Banken und Versicherungen, Reinigung, Reparaturen, Vermietung, die Tätigkeiten der freien Berufe – Rechtsanwälte, Berater z. B. – sowie Leistungen staatlicher Verwaltungen und Organisationen ohne Erwerbszweck. Die Drei-Sektoren-Hypothese der Volkswirtschaftslehre ist in den letzten Jahren, bedingt durch den Bedeutungszuwachs und die Ausdifferenzierung des tertiären Sektors, abgewandelt worden. Für einen Quartärsektor gibt es verschiedene Vorschläge. Entweder werden hier alle Informationsdienstleistungen ausgewiesen – daher Informationssektor – oder alle Dienste, die für Freizeit und Unterhaltung wichtig sind. Manchmal ist von einem Quintärsektor die Rede. Einige machen mit ihm auf die Bedeutung der Entsorgungswirtschaft aufmerksam – Müll, Schrott, Kläranlagen, Recycling –, andere wiederum ordnen ihm Tourismus, Freizeitgestaltung, Wellness und Gesundheitsleistungen zu.

Die Volkswirtschaft ist ein dynamisches System. Am Wandel ihrer Struktur können wir dies gut erkennen. Gemessen sowohl an der Zahl der in den Sektoren Beschäftigten als auch an der Leistungserbringung zeigt sich, dass im Laufe der letzten 150 Jahre die Bedeutung des primären Sektors zurückging, die des tertiären Sektors stark gestiegen ist. Im Dienstleistungssektor wiederum wachsen die einzelnen Branchen unterschiedlich: stark die unternehmensorientierten Dienste wie Informations- und Kommunikationsleistungen, Logistik und Finanzen, schwächer Einzelhandel und Gastgewerbe, das sogar stagniert. Der Anteil der im sekundären Sektor Beschäftigten an der Gesamtzahl der Erwerbstätigen in Deutschland steigt etwa bis 1980, geht seitdem zurück und beträgt seit 2010 etwa 25 Prozent. Der weltweit zu beobachtende Strukturwandel hat mehrere Ursachen: Höhere Pro-Kopf-Einkommen verschieben die Nachfrage von den Grundbedürfnissen zu höherwertigen Konsumgütern und Dienstleistungen. Bei landwirtschaftlichen Produkten gibt es Sättigungstendenzen. Der demografische Wandel führt zu einem höheren Bedarf an Betreuungs- und Pflegeleistungen. Produkt- und Prozessinnovationen verändern das Angebot. Die Produktion von Textilien und Bekleidung wird in das kostengünstigere Ausland verlagert. Maschinenbau und Autoindustrie erhöhen ihre Exporte. Politische Entscheidungen beeinflussen den Strukturwandel. Beispiel: Subventionen im Kohlebergbau laufen allmählich aus, der Ausbau alternativer, erneuerbarer Energien soll unterstützt werden. Zölle und andere internationale Handelshemmnisse verändern Export-, Import- und Produktionsstrukturen.

Unternehmen

Das Unternehmen oder der Betrieb ist ein wichtiges Teilsystem der Volkswirtschaft. Es besteht selbst aus Teilsystemen, den Abteilungen oder Ressorts. Das Leistungssystem eines Unternehmens umfasst die Subsysteme Materialbeschaffung und Lagerung, Fertigung, Forschung und Entwicklung, Vertrieb, Marketing. Weitere Systeme des Betriebes sind Finanzierung, Investition und Zahlungsverkehr, Personal, Information, Rechnungswesen, Controlling, Unternehmensführung. Die Unternehmen und ihre Bereiche verfolgen spezielle Ziele. Oberstes Ziel des Unternehmens ist die langfristige Gewinnmaximierung und die Sicherung einer möglichst hohen Profitabilität. Die Unterziele der Ressorts können sich ergänzen. Sinken die Fertigungskosten, steigen bei gleichen Umsätzen die Gewinne. Sie können sich aber auch behindern. Die Intensivierung der Werbung und des Kundendienstes steht im Widerspruch zur Minimierung der Kosten. Umsatzsteigerung und Ausdehnung der Produktion stehen im Widerspruch zur Verringerung des Materialverbrauchs. Zielkonflikte kann es auch geben zwischen Rendite, Liquidität und Sicherheit. Aufgabe der Führung ist es, die Unterziele so aufeinander abzustimmen, dass das Hauptziel des Unternehmens erreicht wird. Die Unternehmen sind in mehrfacher Weise in die Gesamtwirtschaft eingebunden: Über den Beschaffungsmarkt werden Arbeitskräfte, Maschinen, Anlagen und Werkstoffe besorgt. Es müssen die günstigsten Lieferanten gefunden werden. Auf den Geld- und Kapitalmärkten wird zeitweise freies Geldkapital angelegt und zusätzlich benötigtes geliehen. An den Staat werden Steuern, Gebühren, Beiträge gezahlt. Vom Staat kann das Unternehmen unter bestimmten Voraussetzungen Zuschüsse – Subventionen – erhalten. Entscheidend sind die Beziehungen zum Absatzmarkt. Hier steht die produzierte Ware vor ihrem »Salto mortale«. Findet sich kein Käufer, war die Produktion umsonst, der Geldrückfluss stockt, Kapital geht verloren. Deshalb sind Unternehmen bemüht, den Markt zu pflegen, Kunden zufrieden zu stellen, sie an sich zu binden und neue zu gewinnen. Dass dabei auch zu unlauteren Mitteln gegriffen wird, liegt in der Natur der Sache. Wir erleben Nahrungsmittelskandale in schöner Regelmäßigkeit. Manipulierte Abgastests sind Legende. So wichtig der Blick aus dem Betrieb hinaus ist – zu den Beschaffungsmärkten, den Finanzmärkten, den Absatzmärkten und zum Staat –, die volkswirtschaftlichen Aspekte des Ganzen werden so nur unvollständig wahrgenommen. Begeben wir uns auf den Standpunkt des Marktes, dorthin also, wo Anbieter und Nachfragende aufeinandertreffen, ergeben sich neue Einsichten.

Märkte

Das Marktsystem: ein Gewusel an Personen, Informationen, Gütern, Geld. Die ökonomische Welt erscheint uns aus der Himmelsperspektive – aus überbetrieblicher Sicht – wie ein Ameisenhaufen, wie ein bewegliches Durcheinander. Erst der genauere Blick lässt uns erkennen, dass es sich um ein geordnetes Chaos handelt. Wir blicken jetzt nicht mehr aus dem Betrieb in dessen Umwelt. Der überbetriebliche Standpunkt, den wir gerade bezogen haben, zeigt uns, wie die Betriebe ihre Beziehungen untereinander und zu den Haushalten gestalten. Das ist mehr als das, wofür sich der »reine« Betriebswirt interessiert. Es ist die einzelwirtschaftliche Betrachtung der zwischenbetrieblichen Beziehungen: Wir sehen, wie sich die Erzeuger der Produkte und deren Konsumenten begegnen. Auf dem Markt tauschen Anbieter und Nachfragende Informationen sowie Güter und Leistungen aus. Der Markt ist das zentrale Vermittlungs- und Verknüpfungsglied zwischen Produktion und Konsumtion. Gemeint ist nicht direkt das bunte Treiben der Händler und das Gewimmel der Kauflustigen, die, bepackt mit Taschen, Rucksäcken und Plastikbeuteln, sich vorbeizwängen an Verkaufsständen und Regalen, die überquellen von Waren aller Art. Der Markt ist, sachlich und abstrakt gesehen, das Aufeinandertreffen von Angebot und Nachfrage, ohne konkrete Raum- und Zeitvorstellungen. Trotzdem ist Marktanalyse eine spannende Sache. Es gibt Güter-, Faktor-, Immobilien-, Devisenmärkte. Es gibt offene und geschlossene Märkte, Polypol-, Oligopol- und Monopolmärkte, vollkommene und unvollkommene Märkte… Auf allen Märkten vollziehen sich gleiche und ähnliche Prozesse. Aber es gibt auch Unterschiede und Besonderheiten.

Die Mikroökonomik untersucht Beziehungen zwischen Unternehmen und Haushalten auf einzelwirtschaftlicher Ebene. Mikroökonomische Größen sind Einzelwerte: Preis, Lohn, Profit, Nachfrage, Zins, Konsum usw. Makrogrößen sind Niveauwerte. Niveauwerte sind Durchschnitte, z. B. Durchschnittspreis, Durchschnittslohn… Makrogrößen sind auch Summenwerte – Preissumme, Lohnsumme, Profitsumme, Konsumsumme, Investitionssumme oder Gesamtproduktion – sowie Verteilungsgrößen – Anteil der Löhne und der Profite am Volkseinkommen, Anteile des Konsums, der Investitionen, der sozialen Leistungen, der Exporte und Importe jeweils am Bruttoinlandsprodukt. Die zentrale Frage der Mikroökonomik ist, wie sich Tauschverhältnisse auf den Märkten ergeben. Der Preis ist das Tauschverhältnis zwischen der Ware und dem Geld. Die Kernfrage lautet: Wie bilden sich auf den Märkten die Preise für Güter und Leistungen? Wir stoßen bei der Beantwortung auf das Wechselverhältnis zwischen der Nachfrage, dem Angebot und dem Preis, auf ein kompliziertes System sich widersprüchlich und gegenseitig beeinflussender Faktoren, die Determinanten des Angebots und der Nachfrage darin eingeschlossen.

Die Unterschiede am Beispiel des Preises: Die Makroökonomik ermittelt und begründet das Preisniveau und dessen Änderungen, die Höhe und Änderung des Durchschnittspreises aller oder vieler Güter in einer Volkswirtschaft. Und sie ermittelt die Preissumme aller Güter und Leistungen, das Bruttoinlandsprodukt zu laufenden Preisen. Die Mikroökonomik dagegen ermittelt und begründet allgemein, wie der Marktpreis für ein Gut zustande kommt. Sie erklärt die Relationen zwischen den Preisen, die Preisstrukturen. Der Betriebswirt hat auf die Bildung des Marktpreises keinen direkten Einfluss. Der Marktpreis ist für ihn eine gegebene Größe – in Grenzen selbstverständlich –, an denen er seine betriebswirtschaftlichen Entscheidungen ausrichtet. Das trifft nicht zu für Monopole und die als Oligopole bezeichneten Quasi-Monopole, die kraft ihrer marktbeherrschenden Position die Preise diktieren. Grundsätzlich bezweckt die Kalkulation des Preises im Betrieb, jene Größe zu finden, die alle Kosten deckt, die bei der Produktion der Ware anfallen, und dem Unternehmer einen angemessenen Profit abwirft. Ob dieser Preis am Markt durchgesetzt werden kann, ist zunächst offen. Die Preiskalkulation im Unternehmen dient somit der Ermittlung der unteren Grenze des betriebswirtschaftlich akzeptablen Preises. Ein höherer Preis ist stets willkommen, sofern die Kräfteverhältnisse am Markt ihn ermöglichen.

Auf den Märkten geht es zuweilen hoch her und einiges erschließt sich dem Bürger selbst durch Beistand der sogenannten Experten nicht: Die Benzinpreise steigen, obwohl, in Dollar bewertet, die Einkaufspreise für Rohöl sinken. Die Mieten steigen, obwohl Tausende Wohnungen leer stehen. Menschen müssen Überstunden machen, obwohl viele keinen Arbeitsplatz finden. Das Bruttoinlandsprodukt sinkt, obwohl alle wirtschaftliches Wachstum wollen. Eine Landeswährung wird durch eine Gemeinschaftswährung ersetzt, wodurch die Preise für viele Güter steigen, obwohl Politiker angekündigt hatten, sie würden sinken. Viele klagen über den Euro, der eine Teuerungswelle mit sich gebracht habe, dabei steigt die neue Währung gegenüber dem Dollar. Die Regierung legt ein Konjunktur- und Beschäftigungsprogramm auf, obwohl sie und Ökonomen behaupten, dies bringe nichts. Die Preise steigen, obwohl die Zentralbank die Zinsen erhöht, um die Inflation zu drosseln. Die Wirtschaft dümpelt vor sich hin, obwohl die Zentralbank die Zinsen senkt, um Investitionen anzuregen. Leistungsbilanzdefizite oder Leistungsbilanzüberschüsse nehmen zu, obwohl die Staaten ein Gleichgewicht des Außenhandels anstreben. Der Staat lenkt Milliarden zu den großen Banken, um sie vor dem Untergang zu retten, obwohl sich bei diesen das Geld der Volkswirtschaft konzentriert. Die Staatsverschuldung nimmt zu, obwohl sie begrenzt und vermindert werden soll. Unternehmen erhalten staatliche Investitionszuschüsse, obwohl sie Milliardengewinne einfahren.

»Durchschnittslüge«

Mark Twain sagt, es gäbe drei Arten von Lügen: Lügen, verdammte Lügen und Statistiken. Und Winston Churchill wird der Satz unterschoben: »Ich traue nur der Statistik, die ich selbst gefälscht habe.« Makroökonomische Werte sind neben Summen- und Verteilungsgrößen auch Niveau- also Durchschnittsgrößen. Ein Elefant, der vielleicht 100 Jahre wird, und die Eintagsfliege werden im Durchschnitt 50 Jahre alt. Das ist keine Lüge, aber besagt auch nicht viel. Der Durchschnitt ist eine reale Größe, seine Ermittlung ist keine Fälschung. Wohl aber ist seine Aussagekraft beschränkt. Das muss man wissen, will man die Durchschnittszahl korrekt interpretieren. Wochenlange Trockenheit, kein Regen, ausgetrocknete Flussbetten, danach Hochwasser, Überschwemmungen. Der Durchschnitt übers Jahr betrachtet mag dennoch stimmen. Doch was besagt das? Ein anderes Beispiel: Eine Gruppe besteht aus 50 Personen. Jede Person hat Ersparnisse von 10.000 €. Das ist zugleich das Sparniveau, die durchschnittlichen Ersparnisse je Person. Die Gruppe besitzt Ersparnisse von

50 x 10.000 € = 500.000 €

500.000 € : 50 Personen = 10.000 € je Person.

Wir nehmen jetzt eine Änderung vor: Die Gruppe besteht weiterhin aus 50 Personen. 49 Personen besitzen 1.000 € Ersparnisse, insgesamt 49.000 €. Die 50. Person besitzt auch 1.000 € und zusätzlich durch Erbschaft oder Glücksspielgewinn noch 1.000.000 € obendrauf, insgesamt 1.001.000 €. Daraus ergibt sich folgende durchschnittliche Ersparnis:

1.001.000 € + 49.000 € = 1.050.000 €

1.050.000 € : 50 Personen = 21.000 € je Person.

Der Durchschnitt hat sich mehr als verdoppelt, obwohl 49 von 50 Personen (98 Prozent) nur noch zehn Prozent des ursprünglichen Sparguthabens besitzen. Wir sehen, wie der Durchschnitt das tatsächliche Bild der Verteilung der Ersparnisse verfälscht, obwohl die Durchschnittszahl korrekt ermittelt wurde. Im Jahre 2002 besaß jeder Deutsche, der älter als 17 Jahre alt war, durchschnittlich ein Vermögen von 81.000 €. Aber die reichsten zehn Prozent besaßen zwei Drittel des Vermögens, dreißig Prozent fast nichts oder sind verschuldet. Werden alle Personen nach ihrem Vermögen in aufsteigender Reihenfolge sortiert, war bei einem Nettovermögen von 15.000 € bereits der Scheitelpunkt erreicht. Das ist der Median, das Vermögen der Person, die genau in der Mitte steht. Links von ihr stehen die Leute, die weniger Vermögen haben, rechts die, die mehr besitzen. Die Anzahl der Leute, deren Vermögen größer als der Median ist, ist so groß wie die, deren Vermögen kleiner ist.

Die reichsten 85 Menschen besitzen so viel wie die ärmere untere Hälfte der Weltbevölkerung, so viel wie 3,5 Milliarden Menschen. Nach wie vor gravierend sind die Lohnunterschiede zwischen Ost und West. Fast 30 Jahre nach dem Anschluss der DDR an die BRD verdienen die Leute im Osten noch immer fast 30 Prozent weniger. Abzulesen am Median, der die Einkommensbezieher in zwei Hälften trennt und im Gegensatz zum Durchschnittslohn aussagefähiger ist, weil die Extremverdiener weniger ins Gewicht fallen. Die Bundesagentur für Arbeit gibt den Median des Bruttolohnes für Bürokaufleute in Deutschland mit 3.125 €, in Hessen mit 3.418 € und in Sachsen mit 2.579 € an. Die mittleren Einkommen für Maurer betragen in Deutschland 2.954 €, in Bayern 3.144 € und in Sachsen 2.095 €. Für Elektromechaniker lauten die Werte: Deutschland 3.302 €, Bayern 3.486 € und Sachsen 2.253 €.[12] Leserzuschriften an die Chemnitzer Freie Presse zeigen, dass die offiziellen Werte für Sachsen von den meisten für zu hoch gehalten werden.[13]

Die von der Statistik ermittelten Inflationsraten geben an, wie sich die Preise im Durchschnitt verändert haben. Diesem Verbraucherpreisindex liegt ein Warenkorb zugrunde, der aus 750 repräsentativen Waren besteht. Das Statistische Bundesamt gewichtet sie nach der vermuteten Ausgabenstruktur eines deutschen »Durchschnittshaushalts«, bestehend aus zwei, drei

---

12 https://entgeltatlas.arbeitsagentur.de, (15.8.2018)

13 Freie Presse, Chemnitz, 15.8.2018, S. B1

Personen. Im Warenkorb sind Ausgaben für Wohnung – Miete, Strom, Gas, Wasser, Brennstoffe – (32 Prozent), Verkehr (13 Prozent), Freizeit, Unterhaltung und Kultur (11 Prozent), Nahrungsmittel (10 Prozent), Bildung, Gesundheit, Pflege, Bekleidung, Schuhe und vieles mehr erfasst.[14] Die wenigsten glauben, dass die offizielle Inflationsrate stimmen kann. Sie erleben beim Einkauf ganz andere Preissteigerungen. Auch hier stoßen wir auf die Problematik des Durchschnitts. Denn der Warenkorb der unteren Einkommensgruppen entspricht nicht dem der Besserverdienenden. Die Ausgaben für Lebensmittel und Wohnen liegen bei den Geringverdienenden weit über 50 Prozent – und nicht wie im offiziellen Warenkorb unterstellt bei 42 Prozent –, sie haben für Kleidung und Freizeit weniger Geld. Das sind 56 Prozent aller Haushalte. Der Warenkorb eines Junggesellen oder einer Alleinstehenden entspricht nicht dem einer Familie, der Warenkorb eines 80-Jährigen nicht dem eines 25-Jährigen. Mithin ist die Inflation, jene Durchschnittszahl, für die meisten Haushalte falsch, weil ihre Ausgabenstruktur mehr oder weniger von der durchschnittlichen Ausgabenstruktur abweicht, die dem offiziellen Warenkorb zugrunde liegt. Von der Inflation sind die einzelnen Haushalte also völlig unterschiedlich betroffen. Der in diesem Zusammenhang gebrauchte Begriff der »gefühlten« Inflation verwässert das Problem. Er ist diffamierend, weil er sagen soll, dass die wahrgenommene Inflation falsch ist. Die »wirkliche« Inflation sei niedriger. Doch fühlt man nicht, dass man für die gleichen Waren mehr ausgeben muss, sondern bemerkt es am Inhalt der Geldbörse. Und für den Einzelnen ist das entscheidend und nicht ein irgendwie ermittelter Durchschnitt.

Der Zusammenhang ist auch an der Entwicklung der Reallöhne erkennbar. Von 2001 bis 2009 sanken die Reallöhne in Deutschland um 5,7 Prozent, von 2010 bis 2016 nahmen sie um 9,6 Prozent zu. Das sind Durchschnittszahlen. Sie vertuschen die wachsende Ungleichheit zwischen den Beschäftigten. Wie oben erwähnt, wirkt sich die Inflation unterschiedlich auf die Bevölkerungsgruppen aus. So waren im Jahr 2015 die realen Bruttolöhne der unteren 40 Prozent der Einkommensbezieher zum Teil deutlich niedriger als 1995, heißt es in einer Studie des Bundeswirtschaftsministeriums. Seit den 1990er Jahren haben Haushalte mit niedrigen Einkommen reale Einkommensverluste in Höhe von fünf bis zehn Prozent erlitten. Haushalte mit hohem Ein-

14 www.inflation-deflation.de/warenkorb, (6.3.2018)

kommen hätten Einkommenszuwächse von über 25 Prozent erzielt.[15] Nach Angaben des Deutschen Instituts für Wirtschaftsforschung (DIW) sind die Realeinkommen in Deutschland von 1991 bis 2015 um 15 Prozent gestiegen. Im zweituntersten Zehntel stagnierten sie, im untersten Zehntel gingen sie zurück. Das oberste Zehntel konnte seine Einkommen um 30 Prozent steigern. In der Mitte liegen die Zuwächse bei fünf bis 20 Prozent. Gründe für die gespaltene Entwicklung sind der wachsende Niedriglohnsektor, der steigende Anteil alter Menschen mit niedrigen Renten und die Zuwanderung.[16]

Die Menschen lebten immer länger, sagt man uns. Und müssten deshalb auch länger arbeiten. Die erste Botschaft ist erfreulich, deckt sich mit unseren Wünschen und wird deshalb von fast allen geglaubt. Die zweite, daran geknüpfte Forderung, ist nicht so erfreulich und wird von den meisten abgelehnt. Richtig ist, dass die Lebenserwartung gestiegen ist. Lebenserwartung ist die Zahl der Jahre, die ein Mensch *durchschnittlich* leben wird. Man könne es daran erkennen, dass die Leute immer älter würden. Stimmt das? Zweifel sind angebracht. Wahr ist, dass hunderttausende Menschen vor dem Rentenalter sterben. So waren nach Angaben des Statistischen Bundesamtes im Jahr 2014 mehr als 135.000 der in einem Jahr gestorbenen Menschen in Deutschland 65 Jahre oder jünger (rund 16 Prozent aller Gestorbenen). Mehr als 185.000 waren 70 Jahre oder jünger (22 Prozent). Mehr als jeder Fünfte würde das angestrebte Renteneintrittsalter von 70 nicht erreichen, sehr viele kurz darauf sterben. Ginge es nach einigen Politikern, könnten Arbeitende nahtlos umsiedeln: vom Arbeitsplatz zum Friedhofsplatz. Wie aus der Antwort der Bundesregierung auf eine Frage der linken Abgeordneten Sabine Zimmermann hervorgeht, starben von 2005 bis 2014 rund 1,4 Millionen Menschen (16 Prozent) vor Erreichen des 65. Lebensjahres.[17] Das durchschnittliche Alter der Menschen nimmt nicht zu, weil alle älter würden, sondern vor allem deshalb, weil heute weniger Kinder geboren werden als früher, die den Durchschnitt senken. Die Anzahl der Kinder im Alter bis zu sechs Jahren ging in Deutschland von 6,1 Millionen im Jahre 1970 auf 3,6 Millionen im Jahre 2015 zurück. Ihr Anteil an der Bevölkerung sank

15 Zypries entdeckt die Lohnungleichheit, www.jungewelt.de, (23.8.2017)

16 neues deutschland, 25.5.2018, S. 5

17 Mehr als jeder Fünfte würde Rente mit 70 nicht erreichen, www.sueddeutsche.de, (20.6.2018)

von 7,8 auf 4,4 Prozent. Der Anteil der unter Fünfzehnjährigen betrug 1970 14 Prozent, 2015 nur noch 8 Prozent.[18] Viele Kinder – niedriger Altersdurchschnitt, wenige Kinder – hoher Durchschnitt. Berücksichtigt werden müsste auch, dass bis zum Jahr 1993 die Jahrgänge in den Ruhestand gegangen sind, die am Zweiten Weltkrieg teilgenommen haben und von denen Millionen nie das Rentenalter erreicht haben. Über sechs Millionen tote Soldaten und Zivilisten allein in Deutschland, nicht mitgezählt jene, die an den Spätfolgen in der Nachkriegszeit starben. Erst ab 1994 gehen die Jahrgänge 1929 und danach in Rente, die keine Ausfälle durch den Krieg zu verzeichnen hatten. Allein schon deshalb steigt die Anzahl der Rentner und Alten seit Mitte der 1990er Jahre. Bis zu diesem Zeitpunkt war ihre Anzahl kriegsbedingt, gemessen an der Lebenserwartung, um einige Millionen zu niedrig. Die Anzahl der über 70-Jährigen ist in Deutschland von 1990 bis 2013 von 8,1 auf 13,1 Millionen gestiegen.[19] Dazu haben auch die hohen Geburtenzahlen der Nachkriegsjahre beigetragen. Die damals Geborenen befinden sich jetzt im hohen Erwerbsalter und scheiden nach und nach aus der Erwerbstätigkeit aus. Ab den 1970er Jahren sinkt die Zahl der Geburten in Deutschland. Die Anzahl der Alten wird daher ab 2030 abnehmen.

In einer Studie des Robert-Koch-Instituts wird gezeigt, dass Gesundheitschancen und Krankheitsrisiken sozial ungleich verteilt sind. Menschen mit niedrigem Sozialstatus sind häufiger von chronischen Krankheiten, Beschwerden oder Behinderungen betroffen und schätzen ihre eigene Gesundheit schlechter ein. »Frauen und Männer mit geringem Einkommen, niedriger Bildung oder Berufen, in denen schlechte Arbeitsbedingungen herrschen, haben letztendlich auch eine geringere Lebenserwartung als sozial bessergestellte Teile der Bevölkerung. Zwischen der niedrigsten und der höchsten Einkommensgruppe in Deutschland werden heute Unterschiede in der Lebenserwartung (bei Geburt) von 8,4 Jahren bei Frauen und 10,8 Jahren bei Männern berichtet. Auch für die Lebenserwartung ab dem Renteneintritt mit 65 Jahren bestehen erhebliche soziale Differenzen.«[20] Kriege,

---

18 www.destatis.de/DE/Publikationen/StatistischesJahrbuch/Bevoelkerung.pdf, S. 31, (9.7.2018)

19 www.destatis.de/DE/PresseService/Presse/Pressekonferenzen/2015/bevoelkerung/Pressebroschuere_Bevoelk2060.pdf, S. 11, (1.8.2018)

20 Gesundheit in Deutschland – die wichtigsten Entwicklungen – Kurzfassung des Berichts »Gesundheit in Deutschland 2015«, Robert Koch Institut, www.rki.de, (18.12.2018)

Seuchen und Katastrophen beeinflussen die Lebenserwartung. In den meisten afrikanischen Ländern beträgt die Lebenserwartung der Männer um die 50 Jahre, die der Frauen ist zwei/drei Jahre höher; in Swasiland, Botswana, Lesotho Angola, Liberia, Sierra Leone, Mosambik und Sambia liegt sie unter 40 Jahren. Grund sind die schlechte medizinische Versorgung und verbreitete Armutskrankheiten sowie die Infektionskrankheiten Aids, Malaria und Tuberkulose. Die meisten Kinder sterben heute vor ihrem ersten Geburtstag in unterentwickelten Ländern wie Afghanistan, Mali, Somalia, Zentralafrikanische Republik, Guinea Bissau, Tschad, Niger, Angola, Burkina Faso, Sierra Leone, Pakistan… Die Ernährung ist kärglich, die medizinische Versorgung schlecht, von Hygiene kann keine Rede sein. Steinzeitliche Jäger und Sammler wurden im Schnitt 30 Jahre alt, vermuten Wissenschaftler. Die neolithischen Ackerbauern und Viehzüchter erreichten etwa 20 Jahre. Das enge Zusammenleben von Mensch und Tier brachte es mit sich, dass Krankheitserreger vom Vieh auf die Viehzüchter übersprangen und sich erstmals in der Geschichte massiv ausbreiteten. Seuchen wie Pest und Cholera brachen aus. Im Mittelalter betrug die Lebenserwartung eines Mannes etwa 30 Jahre. Frauen, für die jede Geburt ein tödliches Risiko war, wurden durchschnittlich 25 Jahre alt. Daraus wird oft gefolgert, dass in früheren Zeiten im Gegensatz zu heute nur sehr wenige Menschen sehr alt wurden. Mit 40 habe man als alt gegolten. Ein Fehlschluss, wie ein Blick auf die Lebensdaten berühmter Personen zeigt: Von den griechischen Geistesriesen wurden Demokrit 89, Platon 80, Sokrates 70, Aristoteles »nur« 62 Jahre alt, die bedeutendsten antiken Tragödiendichter Aischylos knapp 70, Euripides weit über 70, Sophokles gar über 90, der athenische Politiker Solon um die 80, der Stoiker Kleanthes sogar 99, auch der Philosoph Xenophanes fast 100 – allesamt lebten vor unserer Zeitrechnung. Der Kirchenlehrer Albertus Magnus starb im Jahr 1280 mit 80 Jahren, Galileo Galilei 1642 mit fast 78, Voltaire 1778 mit 84[21], Goethe wurde 82, Ulrike von Levetzow, die letzte Frau, die er umwarb, starb 1899 mit 95 Jahren, Giuseppe Verdi war 87, als er 1901 starb. Die niedrige Lebenserwartung im Mittelalter und Altertum schloss nicht aus, dass viele Menschen sehr alt werden konnten. Die niedrige Lebenserwartung früherer Zeiten ergab sich vor allem aus der hohen Kindersterblichkeit. Früh verstorbene Kinder

21 Nach Angaben von Michael Heinrich wäre Voltaire 11 Jahre später im Revolutionsjahr gestorben. (Heinrich 2018a: 262)

drücken den Durchschnitt. Im Mittelalter wurde nicht einmal die Hälfte der Kinder 14 Jahre alt. Über 20 Prozent überlebten nicht das erste Jahr. Wer Kindheit und Jugendzeit überstanden hatte und von Krieg und Seuchen verschont blieb, konnte durchaus ein gesegnetes Alter erreichen. In vielen Ländern stieg die Lebenserwartung mit dem Wohlstand, strengeren Hygienevorschriften und Umweltstandards, einer besseren medizinischen Versorgung und durch lebensverlängernde Maßnahmen, die ermöglicht wurden durch die moderne Medizintechnik. Menschen ernährten sich gesünder, bewegten sich mehr, reduzierten ihren Verbrauch von Alkohol und Nikotin. Trotzdem sterben viele sehr früh. Herz- und Kreislauferkrankungen, die Zunahme der Krebserkrankungen sind die Kehrseite des zivilisatorischen »Fortschritts«. Dass sie zu tun haben könnten mit der Umweltbelastung durch Schadstoffe und dem exzessiven Einsatz chemischer Stoffe in unserem Leben, vor allem in der Lebensmittelproduktion, ist mehr als eine Vermutung.[22] Durchschnitte sind korrekte statistische Werte, wenn ihre Eingangsdaten es sind. Und doch sind sie tückisch. Sie sagen, wie die Beispiele zeigen, oft wenig über die Realität aus.

2. »Auslegungswissenschaft«

Relativ

Meinen verehrten Klassenlehrer irritierte ich zu seinem 90. Geburtstag mit der Bemerkung, er werde relativ immer jünger. Als wir 15-jährige Schüler waren, war er mit 30 doppelt so alt, also 100 Prozent älter als wir. Jetzt sind wir 75 Jahre alt. Unser Lehrer ist nur noch 20 Prozent älter. Relative Zahlen können tückisch sein. Mit ihnen kann man sich prima selbst täuschen und andere manipulieren. Selbst wenn die Prozentangaben stimmen, verschleiern sie oft den Sachverhalt. Sagt der Kleingärtner: »Meine Kirschenernte hat sich gegenüber dem Vorjahr verdoppelt.« Der Nachbar neidisch: »Wahnsinn. Gratuliere! Was hast Du mit so vielen Kirschen gemacht?« »War nicht schwer, im letzten Jahr hing eine Kirsche am Baum, dieses Jahr zwei.« Vor einigen Jahren hieß es, 2050 werde es 85,4 Prozent mehr Schlaganfälle, 42,4 Prozent mehr Krebskranke und 29,4 Prozent mehr Diabetiker ge-

22 vgl. Gifte in Lebensmitteln, www.gesundheitstabelle.de, (20.6.2018)

ben, weil »der Anteil der über 65-Jährigen stark zunehme – und mit ihnen altersabhängige Krankheiten. Daran ist richtig, dass der *Anteil* der Älteren zunimmt, und zwar wegen der Abnahme des Kinderanteils an der Bevölkerung. Dass der Anteil der Älteren steigt, heißt nicht, dass auch ihre Zahl zunimmt. Was offenbar niemand auffällt: Wie soll die Zahl der Älteren laufend zunehmen, wenn laufend weniger Kinder geboren werden? Sie kann es vorübergehend, dann, wenn die Babyboom-Jahrgänge ins Rentenalter kommen. Fakt ist, dass die Zahl – nicht der Anteil – der über 65-Jährigen wegen der geburtenschwachen Jahrgänge abnehmen wird. Berechnungen, dass bestimmte Erkrankungen ansteigen und dadurch die Kosten im Gesundheitswesen steigen würden, beruhen auf der Verwechslung von Anteil und absoluter Zahl. Sie sind unbegründet. So kann man Menschen grundlos ängstigen.

Britische Zeitungen hatten mitgeteilt, dass sich bei Frauen das Risiko verdoppele, eine Thromboembolie zu erleiden, wenn sie die Antibabypille nehmen. Viele Frauen setzten daraufhin die Pille ab, wodurch Schwangerschaften und ihre Abbrüche zunahmen. Hätten sie das absolute Risiko gekannt, wäre es vermutlich nicht dazu gekommen. Forscher hatten festgestellt, dass von 14.000 Frauen, die keine Pille nehmen, eine an Thromboembolie erkrankt. Mit Pille sind es zwei. Was wenig, was viel ist, bedarf eines Bezugspunktes. Im Falle des Alters ist der absolute, nicht der relative Unterschied wichtig. Manchmal ist die relative Zahl aussagekräftiger, manchmal sagt die absolute Zahl mehr. Man muss beide als eine Einheit sehen, sie jeweils aufeinander beziehen.

Kann man über Fakten streiten? Natürlich nicht, sagen die meisten. Doch man kann sie von unterschiedlichen Standpunkten aus beurteilen. Der am Bahnsteig stehende Beobachter nimmt den vorbeibrausenden ICE anders wahr als der Passagier am Fenster des Zuges, der mit gleicher Geschwindigkeit auf dem parallel verlaufenden Nebengleis fährt. Das objektiv Wahre wird subjektiv gespiegelt. Oft kann ein Fakt gegensätzlich interpretiert werden. Maßgeblich ist der Blickwinkel, den wir auf ihn haben. 100 Männer in der Disco sind zu viele, wenn 20 Frauen anwesend sind. 100 Männer in der Disco sind zu wenige, wenn 300 Frauen einen Mann suchen.

Ökonomische Erscheinungen sind relativ, die Ökonomik ist eine Relativitätstheorie par excellence und es verwundert, dass die Ökonomen dies, wenn auch nicht bestritten, so doch kaum beachtet haben. Viele ihrer Aussagen bedürfen eines Kriteriums, damit wir sie beurteilen können. Ein Umsatz von zwei Milliarden Euro ist gut, wenn im Vorjahr nur eine Milliarde Euro erzielt worden war; er ist schlecht, wenn es damals drei Milliarden Euro gewesen sind. Ein Gewinn von einer Million Euro kann niedrig und hoch zugleich sein. Für Unternehmer ist er zu niedrig, wenn er nicht reicht, Investitionen zu finanzieren. Für die Arbeiter ist er zu hoch, wenn er mit einem Lohn verbunden ist, der zu gering ist, den notwendigen Konsum zu bezahlen.

Nicht immer ist die relative Zahl aussagekräftiger als die ihr zugrunde liegende absolute, wie der erwähnte Altersunterschied zwischen Lehrer und Schüler oder der Zusammenhang zwischen der Antibabypille und dem Auftreten von Embolien zeigen. Manchmal ist die relative Zahl aber doch aussagefähiger: Erreichen drei Betriebe im gleichen Zeitraum einen Gewinn jeweils in Höhe von 100.000 Euro, könnte man denken, dass sie gleichermaßen erfolgreich sind. Stellt sich heraus, dass der erste den Gewinn mit einem Kapitaleinsatz von einer, der zweite mit zwei und der dritte mit einer halben Million Euro erzielte, sieht das jedoch ganz anders aus. Die Profitrate des ersten Betriebes beträgt 10, die des zweiten 5 und die des dritten Betriebes 20 Prozent. Die Profitrate ist ein relativer Gewinn: Der Profit wird in Prozent des eingesetzten Kapitals ausgedrückt. Eine Profitrate von 10 Prozent bedeutet, dass 1 € Kapital 10 Cent Profit abwirft, eine Rate von 20 Prozent 20 Cent, eine von 5 Prozent 5 Cent. Marx glaubte, dass die Profitrate tendenziell sinke. Einige schlossen daraus, dass der Kapitalismus zusammenbrechen müsse. Schließlich erstrebt jeder Kapitalist eine hohe Verwertung seines Kapitals. Er will, dass das Verhältnis seines Profits zum eingesetzten Kapital möglichst groß ist. Marx und Engels heben hervor, dass Rate und Masse des Profits sich gegenläufig entwickeln. In einer wachsenden Wirtschaft wird mehr Mehrwert geschaffen, weil das variable Kapital zunimmt, wenn auch nicht so stark wie das konstante. Es wird absolut mehr, aber relativ weniger Mehrwert produziert, gemessen an der Mehrwertmasse, die hätte erzeugt werden können, wäre Arbeit nicht durch Sachkapital substituiert worden. Die Behauptung, das Gesetz des tendenziellen Falls der Profitrate bringe die historische Begrenztheit der kapitalistischen Produktionsweise zum Ausdruck, ist richtig. Sie war aber von vornherein eine Übertreibung. Was ist daran systemgefährdend, wenn das Kapital, anstatt eine Million Euro zu investieren und einen Profit von 100.000 Euro zu erreichen, eine Milliarde Euro einsetzt, mit der es einen Überschuss von zehn Millionen Euro erzielt? Die Profitrate ist von zehn auf ein Prozent gesunken, die Profitmasse aber ist hundertmal höher als vorher. Die Ablösung manueller Arbeit durch dampf- und motorgetriebene Maschinen bis hin zu Teil- und Vollautomatisierungen galt einzig dem Ziel, durch Wachstum auf ungesättigten Märkten die Profite zu erhöhen. Die Senkung der Profitraten war ungewolltes Ergebnis dieses Strebens. Kapitalisten nehmen es in Kauf, wenn nur die Profitmasse steigt. Sie stecken sich die Masse, nicht die Rate, in die Tasche. Der Übergang vom Manufaktur- zum Industrie- und digitalen Kapitalismus zeigt, dass der Kapitalismus einen Rückgang der Rate bei gleichzeitigem Anstieg der Masse an Profit gut verträgt. Ob die Profitrate hoch oder niedrig ist, lässt sich letztlich auch nur durch Vergleichen feststellen. Eine Profitrate in Höhe von 20 Prozent wäre niedrig, wenn sonst Werte von 25 Prozent erreicht würden; sie wäre hoch, wenn in vergleichbaren Anlagesphären 10 Prozent üblich sind.

Unternehmer können jeglichen Lohn für zu hoch und jeglichen Gewinn für zu gering halten. Wenn illegale Beschäftigung nur 6 € pro Arbeitsstunde kostet und sämtliche Lohnnebenkosten spart, ist eine legale Beschäftigung, die 9 € pro Arbeitsstunde kostet, noch immer zu teuer. Wenn allein Lohnkosten Standortentscheidungen begründeten, müsste Kapital von Deutschland, wo die Löhne in einer Branche vielleicht 10 € pro Stunde betragen, nach Tschechien wandern, wo dieselbe Arbeit nur 7 € kostet, von da nach Ungarn, wo noch einmal 2 € gespart werden können. Aber auch im Pusztaland wird Kapital nicht sesshaft werden, wenn weiter östlich, z. B. in Moldawien oder der Ukraine, lediglich noch 3 € gezahlt werden muss. Schließlich landet Kapital in der Mongolei, wo es genügen mag, die Arbeiter täglich mit einer lauwarmen Mahlzeit abzuspeisen. Kostensenkungen bedeuten Gewinnsteigerungen und für letztere gibt es aus Unternehmersicht keine Obergrenzen. Ob die Vergütung zu hoch, zu niedrig, angemessen oder nicht ist, lässt sich so gerade nicht ermitteln. Löhne müssen oder können gemessen und bewertet werden am Preisniveau, an der Produktivität, an der Höhe der anderen Kosten, am Gewinneinkommen der Unternehmer, natürlich auch am Lohnniveau in anderen Ländern, wobei die Löhne dort wiederum nicht unabhängig von anderen ökonomischen Größen, wie den Preisen, der Produktivität usw., zu betrachten sind.

Unternehmen wollen möglichst wenige Menschen zu geringen Löhnen beschäftigen. Gleichzeitig aber möchten sie immer mehr Waren zu immer höheren Preisen verkaufen. Wieso will niemand merken, dass dies nicht aufgehen kann? Das »Institut der deutschen Wirtschaft« behauptet, hohe soziale

Leistungen – die ihre Empfänger eher für zu niedrig halten – hätten die Investitionen abgewürgt. Was in den Sozialkonsum fließe, fehle für den Erhalt und den Aufbau der produktiven Kapazitäten. Fritz Helmedag moniert die unterstellte Kausalität: Es spreche vielmehr »einiges dafür, dass in Deutschland (…) die Sozialleistungen im Verhältnis zum Bruttoinlandsprodukt gerade deshalb recht hoch sind, *weil* die privaten und öffentlichen Investitionen deutlich zurückgefahren wurden.« (Helmedag 2006: 547)

Afanassjew und Kanke betonen, dass die Relativität der Zeit mit dem Namen von Marx keineswegs weniger als mit dem von Einstein zusammenhänge. »Jeder von ihnen hat, bezogen auf sein Wissensgebiet, die Relativität der Zeit und ihre Bedingtheit durch materielle Prozesse ermittelt.« (Afanassjew, Kanke 1987: 138) Die Dualität des ökonomischen Prozesses, seiner Voraussetzungen und Resultate, schließen die Duplizität des ökonomischen Zeitbegriffs ein. Die marxistische Wirtschaftstheorie enthält »den historisch ersten, wissenschaftlich begründeten und durch die Praxis geprüften Beweis dafür, dass es keine Zeit schlechthin gibt, und dass man sich bei der Analyse des Zeitproblems nicht auf die Behandlung allein der physikalischen Zeit beschränken darf.« (ebenda) Die »Kalenderarbeitszeit«, die natürliche Zeit drücke die Produktivkraftseite, das Verhältnis des Menschen zur Natur aus. Sie ist das Maß der konkreten Arbeit, die Gebrauchswerte hervorbringt. Die gesellschaftlich notwendige Arbeitszeit bringe die Produktionsverhältnisse zum Ausdruck, sie erweise sich als spezifische Zeit eines sozialen Bezugssystems. Die gesellschaftliche Arbeitszeit, prinzipiell in Dimensionen der natürlichen Arbeitszeit ausdrückbar, praktisch nur mit Hilfe des Geldes, ist im Unterschied zur natürlichen eine spezifisch soziale Zeit, ist das »Zeitmaß der Produktionsverhältnisse« der Menschen oder »die gesellschaftliche Form der Kalenderarbeitszeit.« (ebenda: 136) Die Relativität der ökonomischen Zeit anzuerkennen, bedeutet, einzusehen, dass ungleiche Mengen einer Qualität – der individuellen Arbeit – gleiche Mengen einer anderen Qualität – der gesellschaftlichen Arbeit – entsprechen können und umgekehrt. So kann eine Stunde individueller Arbeitszeit zur Herstellung eines Produkts mehr oder weniger als eine Stunde gesellschaftlich notwendiger Arbeitszeit sein.

Nur die abstrakte, gesellschaftliche Arbeit bildet Wert. Die Konsequenz daraus ist, dass ungleiche individuelle Arbeit, sofern sie gleiche gesellschaftliche Arbeit darstellt, die gleiche Wertgröße hervorbringt. Die Relativität der Zeit in der Ökonomik ergibt sich daraus, dass vom Standpunkt der Mensch-

Natur-Beziehung der Zeitinhalt sich anders darstellt als von Standpunkt der Beziehungen, die Menschen untereinander eingehen, um ihre Verhältnisse mit der Natur zu regeln. Diese doppelte Bestimmtheit des ökonomischen Zeitbegriffs widerspiegele somit die Existenz der beiden Erscheinungsformen der Arbeit, der konkreten und abstrakten. Während in der Philosophie die Relativität der Erscheinungen vor allem innerhalb der Wahrheitsdiskussion ausgiebig behandelt wird – absolute bzw. relative Wahrheit – wird ihre Bedeutung für wirtschaftswissenschaftliche Fragen unterschätzt. Dabei hätte die Beachtung der Relativität ökonomischer Theorien der Erkenntnis dienen und eine Reihe von Kontroversen gegenstandslos machen können. Probleme, wie das Verhältnis von Durchschnitts- und Grenzaufwand bei der Ermittlung der Wertgröße, wie der Zusammenhang und die Abgrenzung von Geld und Geldkapital, wie die umstrittenen Wirkungen von Größenänderungen ökonomischer Kategorien auf andere – wie wirken sich zum Beispiel Änderungen der Zinsen aus auf Investitionen, Geldhaltung, Geldwanderung, Währungskurs, Zahlungsbilanz usw. – und viele andere, sind schwerlich lösbar, ohne die Relativität theoretischer Aussagen anzuerkennen.

Die Lehre über die Wirkungen ökonomischer Kategorien muss, wie das für jede philosophische Entwicklungsauffassung zu Recht betont wird (Hörz 1987: 195), die Relativität der Ziele und Wirkungen akzeptieren. Möglichkeiten gibt es, deren Grenzen selten durch die »reine« Kausalität zwischen einer Ursache und deren Wirkung bestimmt sind, sondern durch ein variables Bedingungsgefüge gezogen werden, das beide umgibt. Die Beachtung der Relativität ökonomischer Aussagen kann helfen, paradoxe Erscheinungen zu enträtseln und den Vorwurf zu entkräften, es seien logische Widersprüche zugelassen worden.

Die marxistische Ökonomik enthält viele solcher scheinbaren Widersprüche. Der absolute Mehrwert ist relativ, »denn er bedingt eine Entwicklung der Arbeitsproduktivität, welche erlaubt, die notwendige Arbeitszeit auf einen Teil des Arbeitstages zu beschränken. Der relative Mehrwert ist absolut, denn er bedingt absolute Verlängerung des Arbeitstages über die zur Existenz des Arbeiters selbst notwendige Arbeitszeit.« (MEW 23: 533f) Oder: »Kapital kann also nicht aus der Zirkulation entspringen und es kann ebenso wenig aus der Zirkulation nicht entspringen. Es muss zugleich in ihr und nicht in ihr entspringen.« (MEW 23: 180f) Wer die Dialektik zwischen Produktion und Zirkulation, die Komplexität des Ganzen nicht erkennt, überdies nicht zwischen Wesen und Erscheinung, Allgemeinem und Besonderem zu differenzieren versteht, hat Mühe, den Marxschen Satz zu dechiffrieren. Zu ihnen gehört Michael Heinrich, dessen Bücher, einige davon in hohen Auflagen erschienen, die akademische Diskussion über Marx in Deutschland zu prägen scheinen. Zwar kann man wie er aus der scheinbar unlogischen und verwirrenden Formulierung Marxens schließen, dass »reine Produktionstheorien von Wert und Mehrwert genauso falsch (sind) wie reine Zirkulationstheorien«. (Heinrich 2017: 427f) Doch das Urteil trifft nicht den Kern des von Marx Gemeinten, weil es die unterschiedliche Bedeutung der Zirkulation und der Produktion für die Kapital- und Mehrwertschaffung übergeht. Dabei ist die rabulistische Logik, wie der Hegelleser Marx sie liebte, leicht aufgelöst: Mehrwert und Kapital entspringen nicht der Zirkulation, weil in ihr der Mehrwert nur verteilt und angeeignet werden kann. Bestünde die Gesellschaft nur aus Händlern und Finanzmarktakteuren, entstünde kein Quäntchen Wert. Mehrwert und Kapital entspringen doch der Zirkulation, weil der Kauf der Ware Arbeitskraft die Voraussetzung der Mehrwertproduktion ist und weil der Verkauf der Waren den Mehrwert glücklich in Geldform umwandelt. In diesem weiteren Sinne, im Sinne der Voraussetzungen und der Realisierung, »entspringt der Mehrwert der Zirkulation«. Im engeren Sinne entspringt er ihr nicht, sondern der Produktion. Es handelt sich um Aussagen, deren Vereinbarkeit mit der formalen Logik nur durch Begreifen ihres Relativitätsgehalts verstanden werden kann.

Die objektive ökonomische Realität ist vielgestaltig. Ökonomische Größen steigen, fallen oder bleiben unverändert. Alles hängt von den sie umgebenden Bedingungen ab. Die Realität ist das Ganze, für das zu verschiedenen Zeiten unterschiedlichste, auch gegensätzliche Anordnungen der ökonomischen Variablen beobachtet werden können. Es gibt Situationen, wo steigende Arbeitslosigkeit mit sinkenden Preisen und sinkende Arbeitslosigkeit mit steigenden Preisen verknüpft sind. Auch die Verbindung hoher Arbeitslosigkeit mit steigenden Preisen und niedriger Arbeitslosigkeit mit sinkenden Preisen sind empirisch nachgewiesen. Deshalb lautet die Frage nicht, ob sich Inflation und Arbeitslosigkeit ausschließen oder bedingen. Sie lautet, unter welchen ganzheitlichen Bedingungen das eine und unter welchen dessen Gegenteil eintritt.

Die Erklärung der vielgestaltigen ökonomischen Oberfläche, die ihre Strukturen, Konturen und Profile unaufhörlich ändert, zwingt dazu, die

Dinge in ihrer Relativität zu sehen. Ähnlich wie bei dem »Raum«, der mit Begriffen wie Ausdehnung, Anordnung, Zuordnung korrespondiert, und der »Zeit«, die gedanklich verbunden wird mit Reihenfolge, Phasen, Stadien, Dauer kann in der Ökonomie eine strukturelle und eine dynamische Relativität unterschieden werden, zwischen denen es fließende Übergänge gibt. Raum und Zeit, Anordnung und Dauer sind selbst sowohl absolut als auch relativ. Als Existenzformen der sich bewegenden Materie unterliegen die Eigenschaften des Raumes und der Zeit Wandlungen. Die Relativität der theoretischen Aussage ergibt sich daraus, dass ihr Inhalt auch vom Ort, aus dessen Sicht, und vom Zeitpunkt abhängt, zu dem ein Gegenstand beobachtet und eine Aussage über ihn getroffen wird. Sagen wir, dass sich ein Körper im Raum bewegt, so bedeutet das nur, dass er seine Lage in Bezug auf andere Körper ändert. Der Pilot wirft aus einem Flugzeug einen Stein. Vom Flugzeug aus gesehen, fällt der Stein auf einer Geraden, von der Erde aus gesehen, auf einer Kurve, einer Parabel. (Landau, Rumer 1985: 13) Wir sehen, dass der Ball, den wir eben vom Dach des Hauses warfen, in gerader Linie zu Boden fällt. Stellen wir uns vor, wir sähen den Vorgang von der Sonne aus. Da die Erde unser Blickfeld durchquert, beschreibt der Ball einen Kreisbogen, während er fällt. »Nur wenn die Erde relativ zur Sonne still stünde, würde der Ball eine gerade Linie beschreiben«. (Kahan 1997: 144) Die Bewegungsformen eines Körpers hängen davon ab, von welcher Position aus wir sie wahrnehmen. Eine Sekunde ist etwa einen Herzschlag lang. Physikalisch, etwas genauer also, sind eine Sekunde 9.192.631.770 Schwingungen eines Cäsium-Atoms. Vier Wochen sind vier Wochen, eine Stunde eine Stunde. Aber die Zeit des Wartens, wo und auf wen auch immer – auf den Arzt, den Geliebten, den Bus, den Weihnachtsmann, den Urlaub – erscheint uns länger, als sie ist. Die Tage der Kindheit schienen uns, selbst später noch, ewig lang gewesen zu sein. Je älter wir werden, umso stärker wird der Eindruck, dass die Zeit immer schneller vergeht. »Die Zeit vergeht nicht schneller als früher, aber wir laufen eiliger an ihr vorbei«, schrieb George Orwell (»1984«).

Die Chemnitzer Psychologin Isabell Winkler untersucht die Faktoren, die die Wahrnehmung der Zeit beeinflussen und verfälschen können. Das können Ablenkung, emotionale Aktivierung oder körperliche Anstrengungen sein. Lenkt man sich ab, scheint die Zeit schneller zu vergehen. Musik, Filme, Videos und Bordverpflegung verkürzen die Flugdauer. Kinder erleben Vieles zum ersten Mal und besonders intensiv. Daher scheint ihnen die Zeit langsam zu vergehen. Im Erwachsenenalter dagegen, sagt Winkler, »müssen mehrere Dinge gleichzeitig erledigt werden und man kann sich nicht die Zeit nehmen, sich auf Einzelheiten zu konzentrieren. Rückblickend werden dann meist weniger Elemente des Erlebten erinnert und die Zeitspanne als kürzer wahrgenommen.«[23] Der Verzicht darauf, Blick- und Zeitpunkt anzugeben, von dem das Ganze oder Teile von ihm betrachtet werden, erschwert die Bewertung einer Aussage. Die Anerkennung der Relativität unserer Kenntnisse bedeutet nicht, wie der Relativismus die Existenz einer objektiven Realität, die es unabhängig vom Bewusstsein des Menschen gibt, zu leugnen. »Die materialistische Dialektik von Marx und Engels schließt unbedingt den Relativismus in sich ein, reduziert sich aber nicht auf ihn, d. h., sie gibt die Relativität aller unserer Kenntnisse zu, aber nicht im Sinne der Verneinung der objektiven Wahrheit, sondern in dem Sinne, dass die Grenzen der Annäherung unserer Kenntnisse an diese Wahrheit geschichtlich bedingt sind.« (LW 14: 131f)

Einseitig

Problematisch wird es, wenn Argumentationen auf Informationen beruhen, die nur vage Vermutungen sind. Seit Jahrzehnten wird behauptet, dass ein Mangel an Fachkräften herrsche oder eintreten werde. Wendet man sich dem Thema sachlich zu, sieht alles viel weniger dramatisch aus. Dass der eine oder andere Betrieb eine Stelle nicht besetzen kann, weil gerade die passende Fachkraft fehlt, ist unstrittig. Ebenso, dass nicht jeder Arbeitslose zu jeder offenen Stelle passt. Einem arbeitslosen Schiffsbauingenieur in Rostock ist nicht geholfen, wenn im Erzgebirge ein Traktorist gesucht wird. Darum geht es nicht. Es geht um generelle Trends! Ausgangspunkt wackliger Prognosen ist die heutige Arbeitsplatzausstattung mit Fachkräften. Sie wird mit der Frage verknüpft, wie viele Arbeiter in den nächsten Jahren ausscheiden und durch jüngere ersetzt werden müssen. Dabei werden das *heutige* Produktionsniveau und die *heutige* Produktionsstruktur unterstellt. Da aufgrund der niedrigen Geburtenzahlen der Ersatz in vollem Umfang nicht gelingen kann, vergrößere sich die Schere zwischen Bedarf und Angebot an Fachkräften. So gut, so schön, zum Teil auch logisch. Relativierungen sind jedoch nötig. Worin besteht der Fehler, besser die Einseitigkeit der These?

---

23 Stephan Lorenz, Wie die Zeit vergeht, Freie Presse, Chemnitz, 11.8.2018, S. 3.

Verschiebt sich die Struktur der Bevölkerung zugunsten der Alten, ändern sich auch das Volumen und die Struktur der Nachfrage nach Konsumgütern und davon abgeleitet die nach Investitionsgütern. Nicht nur das Angebot an Fachkräften sinkt. Auch ihr Bedarf und dessen Struktur. Zugespitzt: Wenn 80 Prozent der Leute über 70 sind, werden, sofern die Bevölkerung wenig wächst, konstant bleibt oder abnimmt, weniger Möbel, Autos, Smartphones, Sportgeräte, Lebensmittel, Piercings und Tattoos benötigt, dafür mehr Pharmaka, Pflegeleistungen und Inkontinenz-Slips. Ob und wenn überhaupt, wo es zu Fachkräftelücken kommen wird, ist also keineswegs ausgemacht.

Zahlen, wenn auch verwirrend und widersprüchlich, sprechen eine andere Sprache. Von einem Fachkräftemangel kann keine Rede sein. Zwar behauptet der Verein Deutscher Ingenieure (VDI), es fehlten in Deutschland über 80.000 Ingenieure. Die Zahl ist eine errechnete Schätzung. Der VDI multipliziert die der Bundesagentur für Arbeit gemeldeten Stellen mit sieben, weil er annimmt, es werde ihr nur jede siebte freie Stelle gemeldet. Spätesten hier erahnt man, dass der angebliche Fachkräftemangel ein Mythos ist. Überdies besteht der Verdacht, dass Unternehmen offene Stellen angeben, die sie nicht haben, um ihren sozialen Ruf zu retten. Die Ausrede: Nichtexistierende Stellen blieben unbesetzt, weil sich kein geeigneter Bewerber fände. Für diese Lesart spricht auch, dass nach Angaben des Deutschen Instituts für Wirtschaftsforschung (DIW) in den akademischen Berufen über den Bedarf hinaus ausgebildet wird. Die Zahl der Absolventen der Ingenieurwissenschaften an deutschen Hochschulen ist von Jahr zu Jahr gestiegen.[24] Die Zahl der arbeitslosen Hochschulabsolventen auch. Betroffen vom Anstieg der Arbeitslosigkeit sind vor allem IT-Experten, Humanmediziner, Physiker und Chemiker.[25] Im Jahresdurchschnitt 2017 waren 194.000 Personen mit akademischem Abschluss arbeitslos gemeldet.[26] Jährlich verlassen rund 100.000 Deutsche die Bundesrepublik – viele, um im Ausland ihr Arbeitsglück zu finden.[27]

---

24 Anzahl der Absolventen in der Fächergruppe Ingenieurwissenschaften an Hochschulen in Deutschland in den Prüfungsjahren von 2005 bis 2017, www.statista.com (18.8.2018)

25 Wolfgang Kühn, Das Märchen vom Fachkräftemangel, neues deutschland, 6.1.2016, S. 16

26 https://statistik.arbeitsagentur.de/Statischer-Content/Arbeitsmarktberichte/Berufe/generische-Publikationen/Broschuere-Akademiker.pdf, S. 25, (20.06.2019)

27 Der Fachkräftemangel ist ein Mythos, in: WirtschaftsWoche 1.11.2017, www.wiwo.de, (18.6.2018)

Wahr

»Wahrheit«, »Fakten«, »Empirie«, »Realität« – sind die Wörter Synonyme? Wer dies so sieht, ist der Meinung, was wahr ist, müsse man auch wahrnehmen können, müsse erlebbar, fühlbar, greifbar sein. Ganz so einfach ist es nicht. Das Empirische kann täuschen und etwas muss nicht richtig sein, weil das Gegenteil von ihm erwiesenermaßen falsch ist. Die Notwendigkeit und die Berechtigung, die Relativität zu beachten, wenn ökonomische Erscheinungen untersucht werden, ergibt sich aus der Daseinsweise der Materie und aus erkenntnistheoretischen Problemen ihrer Widerspiegelung. Die Dialektik von Teil und Ganzem, Element und System, Subsystem und Totalität, Äußerem und Innerem, Form und Inhalt, Erscheinung und Wesen, Konkretem und Abstraktem, Einzelnem, Besonderem und Allgemeinem, diese unumstrittene Strukturiertheit materieller Existenz trifft auch zu auf die Daseinsweise der ökonomischen Realität. Sie begründet die Komplexität eines in steter Wechselbeziehung seiner Elemente und Teile existierenden Mechanismus, der bei relativer Stabilität seiner Grundzusammenhänge, der ökonomischen Gesetze, ein außerordentlich wandelbarer, sich erneuernder und entwickelnder Organismus ist. Die Vielgestaltigkeit der ökonomischen Welt ist mit einem Blick, mit einer Aussage nicht erfassbar. Komplexität und Variabilität erschweren die Beschreibung der Struktur und der Dynamik, verhindern die gedankliche Erfassung der Totalität. Je allgemeiner das Urteil über die hochgradig komplexe ökonomische Welt, umso größer die Chance, Grundzusammenhänge auszudrücken, je näher ist der Urteilende der allgemein-absoluten Wahrheit, desto weiter entfernt aber auch jener Sphäre, die der Beobachtung und Wahrnehmung zugänglich ist. Allgemein-absolute Wahrheiten als adäquate Widerspiegelung des Wesens können nur durch Abstrahieren vom konkret Wahrnehmbaren gefunden werden. Sie sind trotzdem nicht identisch mit »abstrakten Wahrheiten« im Sinne von Lebensfremdem. Konkret-absolute Wahrheiten sind identisch mit der vollständigen Übereinstimmung zwischen dem Erkenntnisobjekt und dem Resultat der Erkenntnis. Die Aussage, dass Profit Mehrwert ist, ist eine durch Abstraktion gewonnene allgemeine Wahrheit, die abstrakt ist im Gegensatz zu konkret wahrnehmbaren Merkmalen und zugleich absolut ist im Gegensatz zu relativ, weil sie eine vollständige, unter definierten Bedingungen gültige Erfassung des Wesens darstellt. Je spezifischer und kleiner der zu betrachtende Sachverhalt, je unvollständiger seine Einordnung in die ihn enthaltene Ganzheit, desto relativer die Wahrheit.

Einen Zusammenhang zwischen dem Leitzins der Zentralbank und dem Wachstum der Produktion oder der Höhe der Beschäftigung kann man sich vielleicht irgendwie erklären. Zwischen den betrachteten Größen sind aber viele Variable im Spiel, von deren Ausprägung und Mitwirkung abhängt, ob und auf welche Weise Zinsentscheidungen der Notenbank die Gütersphäre erreichen und dort etwas ändern. Vernachlässigen wir diese Gesamtheit an gemeinsam wirkenden Faktoren, gelangen wir im besten Fall zu Teilerkenntnissen. Sie sind prinzipiell richtig, aber unvollständig. Sie sind im Vergleich zur absoluten Wahrheit – der vollkommenen Totalerkenntnis der Wirklichkeit – relativ wahr. Nicht nur in der zeitlichen Perspektive zeigt sich die Relativität von Aussagen über die Wirklichkeit. Sie ist auch eine Funktion des Ortes oder der Ebene, von denen aus man außerhalb des Betrachtungsobjekts oder gedanklich innerhalb von ihm die Ganzheit des Objekts wahrzunehmen versucht.

Historizität und Allseitigkeit der Betrachtung begründen die Relativität der Aussagen über ein Objekt. Das Objekt kann seine innere und äußere Beschaffenheit im Laufe der Zeit ändern. Ein komplexes Ganzes, wie die ökonomische Realität, kann von vielen Punkten aus betrachtet werden, die unterschiedliche Ansichten und Einsichten gewähren. Der Beobachter kann das Haus von oben und unten sehen, kann Vorder-, Rück-, Drauf- und Seitenansichten zeichnen oder er kann Querschnittsbeschreibungen anfertigen und damit Bilder des komplexen Ganzen bieten, die zwar komplementär sind, sich in ihrer Aussage aber wesentlich unterscheiden. Ähnlich hängt das Bild, das der Theoretiker von der ökonomischen Realität entwirft, davon ab, von welchem Standpunkt aus er die Realität beschaut. Die Angebots- und Nachfragebetrachtung scheidet die reduktionistische Ökonomik in eine nachfrageorientierte Theorie und Politik keynesianischer und in eine angebotsorientierte Theorie »neoklassischer« Provenienz. Die bedingte Geltung eines Bildes oder einer Aussage über die Wirklichkeit ist damit eine logische Konsequenz der Beziehungen zwischen dem Subjekt – dem Betrachter – und dem Objekt – dem Betrachtungsgegenstand. Diese sich aus der Subjekt-Objekt-Relation ergebende Bedingtheit von Aussagen hat nichts mit Subjektivismus zu tun. Im Gegenteil, sie unterbindet ihn, indem sie bei der Bewertung von Aussagen über die Realität das Subjekt-Objekt-Bezugssystem einbezieht. Das Bewusstwerden der Bedingtheit kann helfen, unausgewogene, unangemessene, unfertige Urteile zu erkennen und zu vermeiden.

Das Vorhandensein und die Anordnung der Elemente und Ebenen sind objektiv, so dass sich die dem Betrachter daraus bietenden unterschiedlichen Sichten des Ganzen gleichfalls objektiv sein müssen. Das ist nicht zu verwechseln mit der Möglichkeit, dass Objektives, in Abhängigkeit von der Beschaffenheit des Bewusstseins, differenziert widergespiegelt werden kann. Es geht nicht um ein »Fürwahrhalten«, sondern um das subjektiv unabhängige »Wahrsein«. Die Relativität einer ökonomischen Kategorie oder eines ökonomischen Prozesses ergibt sich also nicht nur aus dem in der Erkenntnistheorie als Axiom geltenden Satz, dass die Kategorie oder der Prozess nur innerhalb eines objektiven allgemeinen oder speziellen Zusammenhangs existieren und wirken kann, und nur die Einordnung des Betrachtungsgegenstandes in die ihn enthaltene Gesamtheit eindeutige Aussagen ermöglicht. Sie ist auch eine Konsequenz aus der Existenz unterschiedlicher Bezugssysteme, die der Widerspiegelnde mit dem Widerzuspiegelnden bilden kann.

Die Anerkennung der Relativität entzieht sich dem Vorwurf einer relativistischen Verbiegung des real Existierenden, wie sie für den Relativismus zutrifft, indem sie sich nicht auf sich selbst reduziert und die relative Wahrheit mit Wahrheit schlechthin gleichsetzt, sondern Teil der Dialektik zwischen Absolutem und Relativem bleibt. Der Relativismus, für den alles relativ ist und alles *nur* davon abhängt, von welchem Standpunkt es betrachtet wird, begeht den Fehler, die Objektivität des Betrachteten zu leugnen. Die Relativität der Widerspiegelung der objektiven Realität zu akzeptieren, bedeutet keineswegs die idealistische Lehre anzuerkennen, nach der jegliche Erkenntnis nur relativ, ausschließlich in Bezug auf das erkennende Subjekt gültig sei. Der Unterschied zwischen Relativismus und dem Relativitätsgehalt der Dialektik ist fundamental. Der Relativismus kennt weder eine objektive, noch eine allgemeingültige und absolute Wahrheit. Die Relativität zu betonen, heißt im Unterschied dazu nicht, die absolute Wahrheit zu negieren oder sie als einen unerreichbaren Idealfall zu interpretieren. Relativität heißt Teil, nicht Ganzheit, heißt Unvollständigkeit. Mit ihr wird die Teilerkenntnis als ein Element der totalen Erkenntnis betont, die Bedingtheit des Wahren als ein Bestandteil der absoluten Wahrheit. In scharfem Kontrast zum Konventionalismus, der die subjektive Übereinkunft als die Grundlage der Wahrheit ansieht, existiert für denjenigen, der die Relativität als erkenntnistheoretisches Problem auch vom Bezugssystem zwischen Betrachter und Betrachtungsobjekt abhängig macht, die Wahrheit objektiv. Der Widerspiegelungsinhalt ist nur dann wahr, wenn er mit der Realität übereinstimmt. Der Relativitätsgedanke steht nicht nur nicht im Widerspruch zu diesem Prinzip, sondern betont es auf besondere Weise. Das bedeutet, dass das sich im Bewusstsein Widerspiegelnde nur wahr und gültig sein kann, wenn sein Inhalt weder vom einzelnen Menschen noch von der Menschheit abhängt. Da es dem Betrachter in der Regel verwehrt ist, die Gesamt- oder Wesenssicht auf Anhieb zu erreichen oder verbal auszudrücken, muss er Teilansichten zusammenstellen, die in ihrer Zusammenfügung an die absolute Wahrheit heranführen.

Dass die ökonomische Realität von verschiedenen Standorten aus unterschiedliche Einblicke in das Gesamtsystem gewährt, ist kein Beweis für die subjektive Bestimmung des zu Erkennenden, sondern deutet auf die Zusammensetzbarkeit der objektiven Wahrheit hin. Von den verschiedenen Standpunkten gewonnene konträre Ansichten sind relativ, weil unvollständig, annähernd, partiell. Sie sind wahr, sofern sie begrenzte richtige Einsichten in die Beschaffenheit eines außerhalb und unabhängig vom Bewusstsein befindlichen Sachverhalts gestatten.

Für den metaphysisch denkenden Theoretiker dagegen existiert ein Ding, ein Prozess, ein Sachverhalt oder sie existieren nicht. Das nichtmarxistische ökonomische Denken bewegt sich im Wesentlichen im oberflächlichen Angebots-Nachfragekontext. Es befördert Einsichten, die oft gegensätzlich sind. Ursache und Wirkung werden in starrem Gegensatz zueinander gesehen und es entstehen ökonomische Theorien, die durch gegensätzliche Kausalitäten und Konstruktionen scheinbar in unlösbarem Gegensatz zueinander stehen. Diese begrenzte Oberflächensicht, für die oft allein der »gesunde Menschenverstand« reicht, »stößt«, so Friedrich Engels, »doch jedes Mal früher oder später auf eine Schranke, jenseits welcher sie einseitig, borniert, abstrakt wird und sich in unlösliche Widersprüche verirrt, weil sie über den einzelnen Dingen deren Zusammenhang, über ihrem Sein ihr Werden und Vergehen, über ihrer Ruhe ihr Bewegung vergisst, weil sie vor lauter Bäumen den Wald nicht mehr sieht« (MEW 19: 204)

Richtig und falsch

Die Dialektik befasst sich mit dem Gesamtzusammenhang aller Dinge und Erscheinungen der Wirklichkeit. Sie allein ist zur Erfassung einer sehr widersprüchlichen, in ihren Erscheinungen auch gegensätzlichen ökonomischen Realität geeignet. Die Dialektik bildet die Wechselbeziehungen der Systemelemente, deren Hierarchie und die inneren Zusammenhänge ab, die den verschiedenen Seiten, Bereichen, Elementen und ihren Bewegungen zugrunde liegen. Sie ist mehr als eine bloße Darstellungsmethode. Sie erklärt, wie die Identität mit sich in die Verschiedenheit umschlägt (Hegel) und sich die Formen der Materie ineinander verwandeln. Dabei ist zu unterscheiden zwischen einer Verwandlung als Vorgang in der Realität und einer scheinbaren Verwandlung als Ausdruck der Relativität der Widerspiegelung. Im Rahmen der Systembetrachtung werden hierarchische Stufen eines Systems unterschieden. Es ist möglich, eine Ganzheit als Teil oder Element der nächsthöheren Stufe zu betrachten. Zwar existiert das Betrachtungsobjekt nur einmal auf der betreffenden Stufe. Als solches ist es objektiv Teil und Ganzes. Dass es einmal als Teil eines Ganzen, ein andermal selbst als ein Ganzes im Bewusstsein erscheint, ist Folge des Standortwechsels, den der Betrachter vollzieht und im Interesse der allseitigen Erfassung der Ganzheit auch vollziehen muss. Die Dialektik ist nach Lenin zugleich die »Lehre von der Relativität des menschlichen Wissens« (LW 19.: 4f), die den Gesamtzusammenhang aller Dinge und Erscheinungen der Wirklichkeit ermittelt.

Es gibt Ökonomen, die in stark vereinfachter Auslegung der Theorie-Praxis-Relation an der Gültigkeit einer theoretischen Aussage, die einen ausgewählten Zusammenhang betrifft, zweifeln, wenn jene Aussage (scheinbar) nicht empirisch belegt werden kann. Dafür lassen sich Dutzende von Beispielen anführen. So gilt, dass die Staatsverschuldung inflationär wirkt, doch gehen in den 80er Jahren in den wichtigsten Ländern die Preissteigerungsraten zurück, obwohl die Staatsverschuldung zunimmt. Ein hoher und steigender Währungskurs lässt die Handelsbilanz passiv, ein niedriger und sinkender Kurs aktiv werden. Die Realität bestätigt den logischen Zusammenhang scheinbar nicht. Auch die Staatsverschuldung und das Zinsniveau korrelieren positiv und Ökonomen sind überrascht, wenn die Praxis die empirischen Belege verweigert. In der bürgerlichen politischen Ökonomie führt der Gegensatz zwischen der theoretischen Aussage und dem praktischen Befund regelmäßig zur Veränderung des Gewichts theoretischer Konzepte im akademischen Streit und für die Rechtfertigung der Wirtschaftspolitik. In der marxistischen Diskussion ist die Unsicherheit darauf zurückzuführen, dass trotz Anerkennung der Dialektik deren Instrumentarium nicht sorgfältig genutzt wird. Unbeachtet bleibt meist, dass alle ökonomischen Kategorien in mehr oder weniger enger, direkter, indirekter – über andere Kategorien vermittelter – unmittelbarer und mittelbarer Wirkung und Wechselwirkung stehen. Wird die Kategorie A aber von n Kategorien beeinflusst, hat es keinen Sinn, die empirische Bestätigung für den Zusammenhang zwischen A und einem beliebigen Faktor aus der Menge n zu suchen, ohne den Einfluss der anderen Größen mitzudenken. Die Realität ist die Ganzheit und da allem Existierenden widersprüchliche Seiten, Momente und Tendenzen innewohnen, ist das Resultat der Bewegung einer Kategorie A z. B. bestimmt durch die Gesamtheit der sie widersprüchlich hervorrufenden und beseitigenden, verstärkenden und abschwächenden Faktoren einschließlich der Rückwirkungen. Jede Kategorie wirkt zurück auf jene, durch die sie bestimmt und beeinflusst wird. Vermittelt über diese Rückwirkung gibt es eine sich an der Umwelt orientierende Selbstbewegung des Dings. Die Allseitigkeit eines Gegenstandes, Wechselwirkungen und Vermittlungen, Entwicklung, Veränderung, »Selbstbewegung« sind Elemente einer Realität, deren Dinge und Erscheinungen gegensätzliche Seiten und Eigenschaften aufweisen, die der Gesamtheit jene Vielgestaltigkeit und Gegensätzlichkeit verleihen, die nicht partiell und aus begrenzter Sicht, sondern nur durch eine ganzheitliche Betrachtung vollständig erklärbar ist.

Die logische Konsistenz einer theoretischen Aussage ist empirisch überprüfbar. Voraussetzung dafür ist, dass in der praktischen Untersuchung vom Einfluss der anderen Bestimmungsfaktoren abstrahiert werden kann. Das bedingt die Kenntnis zumindest der wesentlichen dieser Faktoren und das Wissen um ihr relatives Gewicht. Erschwert wird die Analyse dadurch, dass die Art und die Intensität der Einwirkung eines Elements auf ein anderes auch davon abhängen, wie die Beschaffenheit des Gesamtumfelds der Einflussfaktoren ist. Die Wirkung eines Faktors auf einen zweiten ist sowohl vom momentanen Zustand dieses zweiten als auch von dem der anderen Einflussfaktoren abhängig. So wirkt die Staatsverschuldung nur unter bestimmten Bedingungen inflationär, kann die Zentralbank durch expansive Geldpolitik nur unter bestimmten Bedingungen die privaten Unternehmen zur Aufnahme weiterer Kredite drängen usw. Daher ist es bedenklich, die Anerkennung oder die Ablehnung eines »reinen« theoretischen Zusammenhangs zwischen zwei oder wenigen ökonomischen Größen abhängig zu machen von der Möglichkeit, diesen Zusammenhang in der »reinen« Form nachweisen zu können, wenn man nicht zugleich beachtet, wie er eingebunden ist in den realen Gesamtzusammenhang der Dinge.

Marx und Engels haben in Auseinandersetzung mit bürgerlichen Theoretikern eine Reihe von Verstößen gegen das formal-logische Gesetz vom Widerspruch aufgedeckt. (z. B. MEW 1: 9; MEW 2: 170; MEW 26.3: 80, 194f oder MEW 24: 195) In einer durch die Einheit und den Kampf der Gegensätze existierenden Realität besitzt die Verbindung einer Aussage mit ihrer Negation nicht von vornherein die Merkmale eines logischen Widerspruchs. Zwar kann ein Merkmal einem Gegenstand nicht zukommen und nicht zugleich nicht zukommen, aber dies ist nur richtig in derselben Beziehung. In verschiedenen Beziehungen und Zeiten, in einem anderen Sinn können gegensätzliche, sich ausschließende, Urteile gleichermaßen wahr sein. Die Verknüpfung von aus verschiedener Sicht getroffenen Urteilen lässt die erstaunlichsten Paradoxa entstehen, die nur als solche erscheinen, weil angenommen wird, die gegensätzlichen Urteile seien in demselben Sinne, für dieselbe Zeit und für dieselbe Beziehung gemeint. Die »rastlose Bewegung des ruhenden Geldes« ist nur scheinbar ein logischer Widerspruch. Das Geld ruht als Münze oder Banknote in Tresoren, es ist zugleich in ständiger Bewegung zwischen verschiedenen Eigentümern, zwischen denen es mittels Überweisung von Konto zu Konto im laufenden Zahlungsverkehr wandert, ohne den Ort seiner Aufbewahrung ändern zu müssen.

Das Kapital kann nicht der Zirkulation entspringen, weil die Verwertung allein dadurch möglich ist, dass sich Arbeitskräfte und Produktionsmittel in der Produktion vereinen. Es muss aber zugleich in der Zirkulation entspringen, wenn die Zirkulation als Gesamtprozess gesehen wird, der neben Kauf und Verkauf die Produktion einschließt. Oder wenn die Zirkulation im engeren Sinne als die Voraussetzung für die Produktion und die Realisierung des Mehrwertes gesehen wird. Auch die Dialektik von Geldarten und Geldfunktionen, Geld und Geldkapital wird oft verkannt. Geld und Geldkapital sind sowohl Gegensatz als auch identisch und verwandeln sich ineinander. Identisch zu sein, setzt das Anderssein voraus. Die Gleichheit von Geld und Geldkapital hat daher ihre qualitative Ungleichheit zur Voraussetzung, sonst existierten Gleichheit und Identität – mit etwas Anderem – nicht, sondern werden durch Einmaligkeit – der Identität mit sich – ersetzt.

Der Gegensatz erscheint zunächst offensichtlich, da Banken einerseits zeitweilig freies Geldkapital sammeln, um es anderen, die es benötigen, leihweise zu überlassen. Andererseits bilden sie Depositen vom Einkommen ihrer Kunden, über die die Deponenten verfügen können, wenn sie das

Depositum für den Konsum beanspruchen wollen. Nach Tooke und Wilson wäre das erste Zirkulation von Kapital, das zweite Zirkulation von Geld. Marx zeigt das Unzureichende dieser Auffassung. (MEW 25: 417, 458) Geld als Geld ermöglicht den Warentausch. Es ist im Tausch stets Zirkulations- oder Zahlungsmittel, gleichgültig ob Revenue oder Kapital übertragen werden. Es bleibt Geld, auch wenn es sich in Geldkapital verwandelt. Dabei kann es für den einen Tauschpartner »nur« Geld, für den anderen Geldkapital sein. Geld ist Geldkapital für den Verkäufer und Geld für den Käufer, wenn ein kapitalistisches Produktions- oder Handelsunternehmen Waren an einen Konsumenten verkauft. Geld wird Geldkapital, wenn es mit dem Anspruch auftritt, sich zu verwerten. Diesen Anspruch kann es nur einlösen, wenn es weiterhin Geld bleibt und dessen Funktionen wahrnimmt. Deshalb ist es falsch zu sagen, das Geldkapital löse das Geld ab. Dass ein Ding – Münze, Note, Gold, Kontoeintrag usw. – beides ist oder sein kann, bedeutet gerade nicht, das eine durch das andere zu ersetzen. Geld als Geld und Geld als Kapital bleiben, auch wenn sie zusammenfallen, hinsichtlich ihrer funktionellen Bestimmung Gegensatz.

Das Erfinden von logischen Scheinwidersprüchen ist durchaus keine Spielerei, erdacht, um jemanden zu irritieren oder sein Interesse zu wecken. Die formal-logische Vereinbarkeit verbal gegensätzlicher Urteile ist das eine, ob man mit ihr dem ökonomischen Problem inhaltlich gerecht wird, das andere. Das kann, muss aber nicht per se so sein. Marxistische Politökonomen diskutieren z. B. darüber, ob die Wertgröße ein Extrem oder ein Durchschnitt ist. Generell wird anerkannt, dass die Wertgröße als gesellschaftlich notwendige Arbeitszeit ein Durchschnitt ist. In den extraktiven Bereichen der Volkswirtschaft aber bilden, wie Marx für die landwirtschaftliche Produktion zeigt, nicht die durchschnittlichen, sondern die auf dem schlechtesten, in die Nutzung einbezogenen Boden erforderlichen Arbeitsaufwendungen – und das sind die höchsten – die Wertgröße. Da die Wertgröße identisch ist mit dem Kehrwert der volkswirtschaftlich dominierenden Arbeitsproduktivität, lautet die Frage, ob die durchschnittliche oder die niedrigste Produktivität wertbestimmend ist. Abgesehen vom politökonomischen Sachverhalt, interessiert hier die Frage, ob die Wertgröße beides zugleich sein kann, Extrem- und Durchschnittswert. Das scheint dem »gesunden Menschenverstand« zu widersprechen. Ein formallogischer Widerspruch? Offenbar nicht, und die Erklärung dafür ist nicht so eigenartig, wie vermutet werden könnte. Auch bei der Lösung dieses Rätsels müssen wir fragen, aus welcher

Sicht der ökonomische Sachverhalt betrachtet wird. Aus der Sicht der individuellen Arbeitszeitquanten kann das höchste, wie in der Landwirtschaft und im rohstoffgewinnenden Sektor, wertbestimmend sein. Aus der Sicht der permanenten Schwankungen der Nachfrage und des Angebotes, des Wertes und der Preise erscheint dagegen der Wert stets als Durchschnittsgröße, egal, ob die niedrigsten, mittleren oder höchsten individuellen Arbeitszeitquanten wertbestimmend sind. Köhler, der eigentlich der Auffassung ist, dass der Wert eine Durchschnittsgröße und nicht ihr Gegenteil, eine Grenzgröße, ist, schreibt in Anlehnung an Lenin korrekt, dass ein Schwankungszentrum der Preise und damit ein Mittelwert, zugleich auch Extremwert sein kann. (Köhler 1986: 46)

Gegensätzliche Urteile – eine Größe ist ein Durchschnittswert, dieselbe Größe ist ein Extremwert – sind zugleich wahr, weil die konträren Aussagen in einem anderen Sinn gemeint sind und Einsichten in den objektiven Sachverhalt vermitteln, die aus unterschiedlicher Perspektive möglich sind. Weshalb es in den extraktiven Bereichen der Volkswirtschaft die höchsten Arbeitszeitquanten bzw. die niedrigste Produktivität sind, die Werte bestimmen, hängt damit zusammen, dass dort die Mechanismen des Ausgleichs aufgrund der Monopole des Eigentums und der Bewirtschaftung nicht so wirken wie in der verarbeitenden Industrie.

Strafzölle, Vergeltungszölle, Vergeltungszölle auf Vergeltungszölle… Handelskonflikte können eskalieren, kriegerische Auseinandersetzungen eingeschlossen. Protektionismus, Maßnahmen zum Schutz der heimischen und zur Schwächung andere Volkswirtschaften gelten, wenn nicht als schädlich, zumindest als rüde. Weitgehender Konsens: Protektionismus schadet dem Welthandel. Doch heißt das nicht, dass freier Handel automatisch gut oder besser wäre. Das hängt davon ab, wem es gelingt, in Freihandelsabkommen seine Interessen durchzusetzen und anschließend davon zu profitieren. Dass dies in aller Regel die stärkeren Nationen sein werden, kann angenommen werden. Freihandelsabkommen haben das Ziel, den Absatz der Waren in anderen Ländern zu erleichtern und die Standards der großen Monopole durchzusetzen. Sie zerstören in schwächeren Staaten durch Billigimporte heimische Märkte. Freihandel nimmt unterlegenen Ländern den Schutz und stärkt die Kapitale in den dominanten Volkswirtschaften. Deshalb können Zölle in schwächeren Ländern angebracht sein, wenn sie dort helfen, die Wirtschaft zu entwickeln und die nationalen Märkte dem Zugriff der Starken zu entziehen.

II. Das Ganze

1. Monokausaler Selbstbetrug

Kann man recht haben und trotzdem irren? Stephen Hawkings suchte die Weltformel.[28] Er fand sie nicht. Die Suche nach einfachen Erklärungen, nach dem Prinzip, das alles erklärt, hat Menschen seit jeher fasziniert und Wissenschaftler angespornt. In Japan soll angeblich der grüne Tee lebensverlängernd sein, in Frankreich der Rotwein, in Italien das Olivenöl, in Korea der Ginseng, in den Schweizer Alpen vielleicht das Bergsteigermüsli, auf Sardinien die Inzucht… Wie auch immer: Die Hoffnung vieler Gelehrter, die wahre Ursache aller Phänomene, durch einfache, universell geltende, zeitlos richtige Gesetze zeigen zu können, erfüllte sich nicht. Komplexe Sachverhalte auf eine einzige Ursache zurückzuführen, ist Scharlatanerie. Die angeblichen Beweise? Rotweintrinker erkrankten seltener am Herzen. Vielleicht weil sie an Leberzirrhose kaputtgehen, bevor sie einen Infarkt bekommen? Hat man es untersucht? Die Physiker suchen keineswegs nach der einfachen, monokausalen Lösung, die es nicht gibt. Sie wollen vielmehr scheinbar Unvereinbares zusammenfügen, die Komplexität erfassen. Das Erfordernis komplexer Analysen resultiert aus der ganzheitlichen Daseinsweise der Realität. Die Grundeigenschaften komplexer Systeme betreffen sowohl das Gesamtsystem Volkswirtschaft als auch die Subsysteme und die einzelnen Elemente des Systems. Komplexität ist nicht gleichbedeutend mit Kompliziertheit, Durcheinander, Unberechenbarkeit, Verwirrung, Unkontrollierbarkeit, obgleich sie mit all dem verbunden sein kann. Nahezu jedes gewichtige Problem ist komplex. Chaos und Komplexität entziehen sich nicht dem Verständnis der Menschen, erfordern aber eine neue Art von Verständnis. Das gilt auch für die Wirtschaftswissenschaften.

---

28 Er wollte die Quantenmechanik, also die Theorie kleinster Teilchen, mit Einsteins Allgemeiner Relativitätstheorie zu einer großen Theorie, zur Weltformel, zusammenzufügen, seit Jahrzehnten ein Traum vieler Physiker.

Dietrich Dörner erläutert an Merkmalen der fiktiven Kleinstadt Lohhausen, die eine Uhrenfabrik hat und irgendwo in einem deutschen Mittelgebirge liegen könnte, wie man im Einzelnen Recht haben kann und im Ganzen irrt. (Dörner 2007: 32, 130-133) Zentrale Größe sei die Zufriedenheit der Einwohner. Von ihr hinge alles andere ab: Zufriedene Arbeiter sind weniger krank, arbeiteten viel. Produktivität und Qualität der Arbeit seien hoch. Die Uhrenfabrik mache gute Umsätze, erziele hohe Einnahmen, schaffe neue Arbeitsplätze, zahle angemessene Löhne. Ihre gut bezahlten Beschäftigten leisteten sich bessere Wohnungen, es werde viel gebaut im Städtchen. Zufriedene Eltern helfen ihren Kindern bei den Schularbeiten. Dadurch stiegen die Schulleistungen der Kinder, es reifen fähige Arbeiter heran, die hochklassige Produkte herstellten. Zufriedene Einwohner schonten die öffentlichen Anlagen, beschädigten keine Parkbänke und Straßenlaternen, schonten so den Stadtsäckel. Im Einzelnen mag das alles zutreffen, im Ganzen jedoch ist der Blick einseitig, falsch und in die Irre führend. Zwar wird das gesamte System erfasst, aber indem alle seine Merkmale auf nur eine Variable zurückgeführt werden, »in gefährlicher Weise unvollständig«. (Dörner 2007: 132) Man müsse sich nur um die Zufriedenheit der Einwohner kümmern, alles andere löse sich dann von selbst. Schlüsse aus einer solchen reduktionistischen Sicht sind Kurzschlüsse und wenig hilfreich. Die Vernetzung der Faktoren, ihre Wechselbeziehungen und Rückkopplungen werden nicht berücksichtigt. Dabei ist die Zufriedenheit der Leute selbst das Ergebnis der anderen Systemelemente: Gute Arbeit, ein bezahlbares Wohnangebot, gepflegte städtische Anlagen und die Lernerfolge der Kinder erhöhen sie. Aber auch negative Rückkopplungen sind möglich: Die Attraktivität der Arbeits- und Lebensbedingungen führt zu einem Zuzug von Menschen. Der Wohnraum wird knapp wird, die Mieten steigen, die Schulklassen sind überfüllt, die Leistungen nehmen ab, die Arbeitslosigkeit und die Belastung der öffentlichen Einrichtungen nehmen zu. Die Menschen werden unzufriedener. »Die Zufriedenheit der Einwohner ist also in Wirklichkeit eingekapselt in ein ganzes Netz von positiven und negativen Rückkopplungen, und zu wissen, was damit auf Dauer geschieht, ist gar nicht so einfach«. (Dörner 2007: 133)

Wir wollen das Problem an einem weiteren Beispiel betrachten, an der Arbeitslosigkeit: An ihrem Zustandekommen wirken mehrere Faktoren mit. *Erstens* muss gefragt werden, mit welchen Faktoren die Nichtbeschäftigung von arbeitsfähigen Menschen in einer Volkswirtschaft zu tun haben könnte. Alle »verdächtigen« Einflussfaktoren sind interessant, auch, wie stark sie auf die zu erklärende Größe wirken. Bereits eine unvollständige Aufzählung zeigt die Vielfalt: Güternachfrage, Technischer Fortschritt und Produktivität, Investitionen, Löhne, Gewinne, Profitraten, Bevölkerungswachstum, Importe, Steuern, Sparen … *Zweitens* muss man analytisch ermitteln, wie jeder einzelne Bestimmungsfaktor die Arbeitslosigkeit beeinflusst, positiv, negativ, stark oder schwach. Dies ist nicht immer eindeutig. Erhöhen oder verringern Importe die Beschäftigung? Liegt die hohe Arbeitslosigkeit an zu hohen oder an zu niedrigen Löhnen? Im Gegensatz zur herkömmlichen Lehre sprechen ältere und neuere empirische Befunde dafür, dass in Zeiten hoher Löhne die Arbeitslosigkeit niedrig ist und hohe Erwerbslosenzahlen meist mit niedrigen Löhnen verknüpft sind (Phillips 1958; Quaas, Klein 2011: 360-366). Das hat zu tun mit der unterschiedlichen Bedeutung der Löhne für den einzelnen Betrieb und für die gesamte Volkswirtschaft. Liegt die Arbeitslosigkeit daran, dass Erweiterungsinvestitionen zu gering oder Rationalisierungsinvestitionen zu hoch sind? *Drittens* meint der Ganzheitsaspekt auch, dass die Einflussfaktoren selbst wiederum erklärungsbedürftig sind: Warum ist die Nachfrage nach Konsumgütern zu gering, das Sparen zu hoch? Warum ist das Einkommen gesunken? Warum ist die Profitrate zurückgegangen? Diese Fragen führen zu einer Ursachenhierarchie, welche die Art der Abhängigkeit der einzelnen Ursachenelemente zeigt. *Viertens* beeinflussen sich die Einflussfaktoren auch untereinander. So könnte die Nachfrage nach Konsumgütern zu gering sein, um einen erwünschten Beschäftigungsstand zu erreichen, weil die Arbeiter infolge nachlassender Investitionen weniger Einkommen beziehen oder der wissenschaftlich-technische Fortschritt anhält, weil Löhne stark gestiegen sind. *Fünftens* wirkt der zu erklärende Faktor auf die Größen zurück, die seine Höhe bestimmen. So kann die Nachfrage nach Konsumgütern zu gering sein, *weil* die Arbeitslosigkeit zu hoch ist. Investitionen unterbleiben, weil zu viele Menschen erwerbslos sind und als potenzielle Reserve zur Verfügung stehen. Die Löhne und die Kaufkraft wachsen gemessen am Angebot zu langsam, weil Arbeitslosigkeit die Möglichkeit erschwert, die Löhne angemessen zu erhöhen. Die positive Rückkopplung: Die Arbeitslosigkeit erzeugt sich in gewisser Weise selbst.

Wir können die Merkmale komplexer Systeme verallgemeinern. (Vgl. Mitchell 2008; Mainzer 2008; Müller 2019: 8-23): Das System besteht aus einer **Vielzahl von Variablen**, zahlreichen Komponenten und Proportionen auf unterschiedlichen Ebenen. Eine zu erklärende Größe wird durch mehrere Faktoren bestimmt, deren spezifische Einflüsse unterschiedlich hoch und variabel sind. Sehr viele Ursachen bzw. Elemente sind an ökonomischen Erscheinungen beteiligt und begründen eine Streubreite von Möglichkeiten. Man denke an die große Zahl von Faktoren, die den zyklischen Verlauf der Wirtschaft beeinflussen. Amerikanische Ökonomen hätten 230 gezählt. (Schmölders 1955: 37): Sonnenflecken und kosmische Strahlen, die Banken und das Geld, die Zinsen und Preise, die Investitionen, die Nachfrage, das Sparen, verstopfte Absatzwege, die Verteilung der Einkommen und der Vermögen, Profite, Innovationen und Extraprofite, die Profitrate, Geiz, Stimmungen, der Zufall, Scheckziehungen in New York, Waggonladungen, Verkehr im Panamakanal… Kaum eine der sich im Zyklus ändernden ökonomischen Größen fehlt. Aus den vielen, sich wechselseitig beeinflussenden Faktoren wählen Konjunkturforscher bestimmte aus, die sie in den Rang einer Ursache des Krisenzyklus heben. (Müller 2017: 46-105) Was bestimmte Veränderungen oder Ursachen bewirken, hängt von vielen Bedingungen, Voraussetzungen und begleitenden Faktoren ab. So ist es z. B. absurd zu behaupten, ein Preisanstieg in Höhe von drei Prozent senke die Arbeitslosigkeit um ein Prozent. Derartige Berechnungen haben mit der Realität wenig zu tun. Sie sind monokausaler Selbstbetrug. Der Hang zu einfachen Erklärungen ermöglicht keine vollständige Erkenntnis, wo die Elemente eines komplexen Organismus selbst komplexe Systeme sind. Der Ausgleich unterschiedlich hoher Profitraten der Zweige zu einer allgemeinen Durchschnittsprofitrate vermittels der zwischenzweiglichen Konkurrenz, wie sie Marx begründete (Marx 1973: 164-209) ist ein Modell. Das Marxsche Modell abstrahiert wie jedes Modell von mehreren Einflussfaktoren und Bedingungen. Ohne ihre Beachtung bliebe unverständlich, weshalb empirische Tests es scheinbar nicht bestätigen. (vgl. Fröhlich 2009 und Müller 2015: 79-85, Müller 2016: 77-86)

Die Bestimmungsfaktoren einer Erscheinung sind wiederum erklärungsbedürftig, wobei man beachten muss, dass sie oft gegenseitig aufeinander einwirken. Einseitige Kausalitäten sind selten. In komplexen Systemen begegnet uns eine Vielfalt von interaktiv erzeugten Erscheinungen. Fast immer gibt es **Rückwirkungen** der zu erklärenden ökonomischen Größen auf ihre Determinanten. Die Elemente des Systems können sich dabei gegenseitig verstärken oder abschwächen. So ergeben sich diffuse Zusammenhänge und

Wechselwirkungen, in denen Ursache und Wirkung keine starren Gegensätze sind, sondern beständig ihre Plätze wechseln. Im großen Maßstab: Wechselwirkungen zwischen Produktivkräften und Produktionsverhältnissen treiben die Entwicklung voran. Der kleinere: Der Zins beeinflusst nicht nur die Nachfrage nach Geld bzw. Krediten. Er reagiert auch auf Änderungen dieser Nachfrage (vgl. Müller 2015: 457ff). Das Gleiche betrifft auch Zusammenhänge zwischen Preis und Güternachfrage, Lohn und Beschäftigung u. v. a. m. Bei wechselseitigen Verknüpfungen muss man herausfinden, was starke und schwache Wirkungsrichtungen sind. Die jeweilige Stärke der Einwirkung ist in der Regel unterschiedlich hoch. Unterschiedliche Kopplungen und Freiheitsgrade der Agentien, historisch-logische Stringenz einerseits und Zufälle andererseits ermöglichen verschiedenste Zustände, alternative Abläufe, diverse Relationen zwischen den Komponenten und mannigfaltige Ergebnisse.

Variabilität und Variantenreichtum sind groß. So können niedrige Zinsen die Investitionstätigkeit anregen, unter anderen Bedingungen dagegen wirkungslos bleiben. Ein Hochpreisniveau ist sowohl mit einem Nachfrage- als auch mit einem Angebotsüberschuss vereinbar, folglich auch mit Nachfrage- und Angebotsdefiziten. Gleiches trifft für ein Niedrigpreisniveau zu. Endogene Prozesse und exogene Anpassungen an die Systemumgebung sind Ausdruck dafür, dass komplexe System lernfähig, **dynamisch** sind, sich selbst organisieren und steuern können. Das ständige Auf und Ab der Wirtschaftsaktivität, die »notwendige Periodizität der Zusammenbrüche« (Schumpeter 1997: 323) zeigen, dass in zeitlichen Abständen Widersprüche und Disproportionen aufbrechen, die zeitgleich korrigiert werden. Die Funktion der zyklischen Krise besteht darin, strukturelle Verwerfungen, z. B. zwischen Angebot und Nachfrage nach Gütern, zu bereinigen und so den Fortgang der volkswirtschaftlichen Produktion zu ermöglichen.

In komplexen, **nichtlinearen** Systemen können kleine Veränderungen bei bestimmten Elementen zu großen Wirkungen bei anderen Elementen oder im globalen System führen. Der Fall der Aktienkurse kann eine Weltwirtschaftskrise auslösen, wie der Schlag des Zitronenfalters auf dem Fichtelberg einen Tornado in der Südsee. Das Zusammenwirken der Elemente in dichten Kausalnetzen ist nicht eindeutig voraussehbar. Definitive Voraussagen über Wirkungen und Veränderungen sind nicht möglich. Bestenfalls unter Vorbehalt. Widersprüchliche, variable Verhaltensmuster charakterisieren ein labiles, chaotisches System. Der Ausgang der Änderungen ist **offen**. Je höher die Zahl der Elemente eines Systems, umso größer ist die Komplexität, um so vielgestaltiger können seine Ausprägungen sein und umso schwerer ist es, zuverlässige Voraussagen zu treffen. So ist es erheiternd, wenn Forschungsinstitute ihre Wachstumsprognosen für das nächste Jahr in Zehntelprozentpunkten verkünden, um sie stets kurz darauf zu korrigieren. Exakte Voraussagen sind oft Quacksalberei. Begründete Vermutungen und Wahrscheinlichkeiten reichen aber oft, das Richtige zu tun und Fehlverhalten zu korrigieren.

Kippelemente im Klimasystem der Erde – auftauende Permafrostböden, die sich erwärmenden Methanhydrate auf dem Meeresboden und die großen Ökosysteme wie der Amazonas-Regenwald – könnten die Erde in eine Heißzeit stürzen. Dabei würde sich die Erde langfristig um vier bis fünf Grad Celsius erwärmen – nicht wie im Pariser Klimaabkommen vereinbart auf maximal zwei Prozent – und der Meeresspiegel um 10 bis 60 Meter steigen. Bei einer bestimmten Erwärmung könnten kritische Prozesse ausgelöst werden, die ohne menschliches Zutun eine noch stärkere Erwärmung bringen, ein auf lange Sicht sich selbst verstärkender Klimawandel. Ob und wann genau das passiert, weiß niemand. Kippelemente sind vergleichbar mit Felsbrocken am Strand, so Hans Joachim Schellnhuber, Direktor des Potsdam-Instituts für Klimafolgenforschung. Würden diese mit der Zeit unterspült, könnte irgendwann schon die Landung einer Fliege an einer neuralgischen Stelle ausreichen, um die Brocken kippen zu lassen. »Ist die Erderwärmung weit genug fortgeschritten, reicht vielleicht schon eine kleine Veränderung aus, um diese Elemente in einen ganz anderen Zustand zu stoßen.«[29] Die Erde ist heute im Schnitt gut ein Grad wärmer als vor Beginn der Industrialisierung. Zwar kennt niemand die exakte Erdtemperatur, bei der eine Kaskade von Kippelementen die Erde in eine Heißzeit stürzen würde, aber »die Risiken zu ignorieren, könnte katastrophal für den Planeten werden«, so Jonathan Overpeck von der University of Michigan.[30] Deshalb ist klar: Die auf der Nutzung fossiler Brennstoffe beruhende Art des Produzierens und Konsumierens muss beendet werden. Die Dekarbonisierung steht an. Je schneller wir wegkommen von Kohle, Erdöl und Erdgas, umso besser. Zwar löst ein

29 Freie Presse, Chemnitz, 13.8.2018, S. A4

30 ebenda

Klimagipfel den anderen ab, doch getan wird zu wenig. Dieselskandal, die Erhöhung der Grenzwerte für Schadstoffemissionen[31] und ungesühnte Verstöße gegen Abgasvorschriften zeigen, dass Wirtschaft und Politik die Bürger und sich selbst betrügen.

Eine Besonderheit komplexer Systeme ist die **Emergenz**: Die Wirkungen und Merkmale eines Prozesses auf höherer Organisationsebene wie der Volkswirtschaft können nicht aufgrund von Merkmalen und Wirkungen auf niedrigeren Ebenen, der Unternehmen und Haushalte, vorausgesagt bzw. erklärt werden. Gesamtwirtschaftliche Phänomene kann man nicht aus einzelwirtschaftlicher Sicht hinreichend genau erfassen. Auf übergeordneten Ebenen können sich Ordnungen bilden und Zustände entstehen, die nicht durch die Eigenschaften der Systemelemente oder durch ihre Summe erklärbar sind, sondern nur durch die spezifische Art ihrer Wechselwirkungen. Das Wechselspiel der Teile führt zu Systemeigenschaften, welche die Teile selbst nicht besitzen. Das Ganze kann man nicht auf die Summe seiner Teile reduzieren. »Die Welt ist ein reichhaltiges, vielgestaltiges, verwobenes Gefüge aus vielen Erklärungen und Erklärungsebenen, die integriert werden müssen, um zur Grundlage für effiziente Voraussagen und Handlungen zu werden.« (Mitchell 2008: 30)

2. Korrelation und Kausalität

Irrtum

Was ist Ursache, was Wirkung? Kann die Antwort darauf schwer sein? Die Wirkung ist das zweite von zwei Ereignissen, die gemeinsam und in der gleichen Reihenfolge auftreten. Ein Stein fällt vom Dach auf den Kopf eines Menschen. Das ist die Ursache, die Gehirnerschütterung die Wirkung. Aber nicht immer ist die Sache so einfach. Ambrose Bierce (1842-1914) urteilt scharfsinnig: »Das erste Ursache und das zweite Wirkung zu nennen, ist nicht sinnvoller, als wenn einer, der nie einen Hund anders denn bei der Verfolgung eines Kaninchens gesehen hat, das Kaninchen zur Ursache des Hundes erklärte.« Ähnlich sieht das Voltaire (1694-1778), der Aufklärer und

31 Das EU-Parlament hat 2016 beschlossen, den Stickstoffdioxidgrenzwert für neue Pkw-Dieselmotoren von den 2007 ursprünglich beschlossenen 80 mg/km auf 168 mg/km zu erhöhen. Von 2020 an gilt für neue Diesel-Pkw ein Grenzwert von 120 mg/km.

geniale Spötter: »Wenn ein Arzt hinter dem Sarg eines Patienten geht, folgt manchmal tatsächlich die Ursache der Wirkung.« Das zeitliche Nacheinander zweier Ereignisse allein beweist nicht, dass zwischen ihnen eine Kausalität besteht, und wenn es eine geben sollte, nicht welcher Art sie ist. In komplexen Systemen ist die Art der Kausalität keineswegs stets offensichtlich. Meist gibt es mehrere Bestimmungsgründe für einen Sachverhalt und die Dinge beeinflussen sich gegenseitig. So ist in allen komplexen Systemen nicht nur die entscheidende, sondern auch oft die schwierigste Frage: Was ist Ursache, was Wirkung? Irritationen gibt es in beide Richtungen. Zum einen wird aus dem gleichzeitigen Auftreten zweier Ereignisse gefolgert, das eine müsse die Ursache des anderen sein. Zum anderen gibt es Zweifel an logisch begründeten Kausalitäten, wenn sie statistisch scheinbar nicht belegt werden können. Denn liegt eine theoretisch plausibel begründete Ursache-Wirkungsbeziehung vor, dann erwartet man, dass der Zusammenhang statistisch gezeigt werden kann. Eine Doktorandin sagte mir, es bestünde kein signifikanter statistischer Zusammenhang zwischen den Personalkosten im Pflegebereich und dem Ergebnis pro Stunde. Sie hatte sich mit der Wirtschaftlichkeit in der Altenpflege beschäftigt und Korrelationskoeffizienten berechnet. Darunter versteht man ein Maß für den Zusammenhang zwischen zwei Merkmalen. Der Koeffizient kann Werte annehmen zwischen -1 und +1. Ist er minus 1, bedeutet das, es besteht ein vollständig negativer Zusammenhang: steigt die eine, fällt die andere Größe und umgekehrt. Ist er +1, bedeutet das, es besteht ein vollständig positiver Zusammenhang: steigt oder fällt eine Größe, dann steigt oder fällt die andere auch. Ein Korrelationskoeffizient von Null besagt, dass es zwischen den beobachteten Merkmalen keinen Zusammenhang gibt. Man braucht keinen Korrelationskoeffizienten, um zu verstehen, dass die Beziehung zwischen Kosten und Gewinn negativ ist. Auch nicht, um einzusehen, dass die Kosten den Gewinn und nicht der Gewinn die Kosten beeinflusst. Dies auch empirisch zu zeigen, kann aber schwieriger als erwartet sein. Die Realität ist komplex. Der Gewinn wird nicht nur durch die Kosten bestimmt.

Die Naturwissenschaften kennen das Experiment unter kontrollierten Bedingungen. Alle Faktoren mit Ausnahme des zu untersuchenden werden konstant gehalten. Im Labor bereitet das oft keine Schwierigkeiten. Die Wirtschaftswissenschaften besitzen keine so großartigen Bedingungen, wenn sie Aussagen empirisch testen wollen. Ökonomen können nicht die unter Laborbedingungen durchgeführten Versuche der Chemiker und Physiker nachahmen. Sie können Störfaktoren nicht einfach technisch abschalten. Sie müssen sie gedanklich ausschalten. Im Beispiel hatte die Doktorandin nicht beachtet, dass bei einem Kostenanstieg die Gewinne steigen oder gleich bleiben können, wenn gleichzeitig die Erlöse bzw. die Preise entsprechend zulegen. Stets besteht die Gefahr, aus dem Zusammentreffen zweier Ereignisse, ohne Prüfung und ohne theoretische Analyse, zu schließen, es müsse ein kausaler Zusammenhang zwischen den beobachteten Größen bestehen. Wobei meist willkürlich angenommen wird, dass das eine die Ursache, das andere die Wirkung sei.

Mein Lehrer Günter Fabiunke nannte ein einprägsames Beispiel: Die Anzahl der Eheschließungen und der Alkoholkonsum steigen gleichzeitig. Sollte zwischen beiden Tatsachen ein Zusammenhang bestehen? Wenn ja, welcher? Heiraten immer mehr junge Leute, weil sie im Rausch nicht mehr klar denken können? Oder besaufen sie sich, weil sie der Ehestress nervt? Die Gleichzeitigkeit zwischen Hochzeiten und Schnapsnasen beweist nichts, kann Zufall sein. Bei Wikipedia ist das Problem unter dem Lemma »cum hoc ergo propter hoc« (lat. mit diesem, also deswegen) beschrieben. Dort findet der Leser weitere lustige Beispiele dafür, wie aus Korrelationen irrtümlich Kausalitäten werden:[32] Jugendliche essen viel Schokolade. Jugendliche haben Akne. Also: Schokoladenkonsum verursacht Akne. Dabei gibt es vier Möglichkeiten: Die genannte, weil Schokolade Inhaltsstoffe hat, die Akne auslösen, etwa Fette oder Zucker. Oder Akne erhöht den Appetit auf Schokolade. Oder Hormonausschüttungen im Jugendalter bewirken sowohl den Heißhunger auf Schokolade als auch mehr Pickel auf der Haut. Und schließlich könnten der erhöhte Verbrauch an Schokoerzeugnissen und die Zunahme des Hautausschlags rein zufällig sein. Welche der vier Alternativen zutrifft, bedarf weiterer Untersuchungen.

In Europa nimmt seit Jahrzehnten die Anzahl der Störche und die Zahl der Geburten ab. Bringt also doch der Storch die Babys? Die gemeinsame Ursache beider Erscheinungen sind die wirtschaftlichen und sozialen Änderungen. Intensivere Landwirtschaft, verstärkter Siedlungs- und Straßenbau reduzieren den Lebensraum der Störche. Gleichzeitig wächst der Wohlstand und sinken weltweit die Geburten. Man könnte denken, dass die Weltbevölkerung an das Alter der britischen Queen gekoppelt sei. Beide Größen steigen. Ein satirisch-

32 Wikipedia, Stichwort: Cum hoc ergo propter hoc, (6.8.2018)

ironisches Beispiel ist die Aussage des Physikers Bobby Henderson, die Erde erwärme sich, Orkane und andere Naturkatastrophen nähmen zu, weil die Zahl der Piraten seit Beginn des 19. Jahrhunderts sinke. Henderson parodiert mit dem bewusst falsch gezogenen Schluss die amerikanischen Kreationisten, die die biblische Schöpfungsgeschichte wortwörtlich für wahr halten.

Oft berichtet die Presse über Korrelationen, als ob es sich um direkte Kausalitäten handele[33], obwohl eine Gemengelage direkter und indirekter Zusammenhänge besteht: Zuwanderer sind krimineller, Lärm im Haus macht Kinder dümmer, wer mehr schläft, bleibt schlank, glückliche Menschen sind gesünder, zweimal in der Woche Sex und man sieht im Schnitt 14 Jahre jünger aus, Leute mit weniger Haaren sind reicher, mit zunehmender Schuhgröße steige die Intelligenz … Scheinkausalitäten, Fehlschlüsse, die leicht als solche zu erkennen sind. In der Ökonomie ist das oft komplizierter als in den genannten Fällen. Gesunder Menschenverstand allein reicht oft nicht, hinter das Geheimnis der Beziehungen zu kommen. Unter bestimmten Bedingungen ist es so, dass steigende Preise zum Rückgang der Nachfrage bzw. der Käufe führen. Eine Korrelation vermag aber nicht zu sagen, ob die Nachfrage sinkt, weil die Preise stiegen oder ob die Unternehmer die Preise erhöhten, weil die Nachfrage schrumpfte. Beides ist möglich und erklärbar. Gibt es mehrere Einflussfaktoren auf die Nachfrage nach einem Gut – Präferenzen, Einkommen, Bedürfniswandel, Kundenzahl, Nutzen … –, ist der Preis nicht die einzige Erklärung für die Höhe der Nachfrage. Das Okunsche Gesetz – nach dem amerikanischen Ökonomen Arthur Melvin Okun (1928-1980) – beschreibt eine Korrelation zwischen Produktionswachstum und Arbeitslosigkeit. Es ist kein ökonomisches Gesetz, sondern allenfalls eine statistische Regelmäßigkeit. Die Hauptaussage des »Gesetzes« besteht darin, dass ein über eine bestimmte Rate hinausgehendes Wirtschaftswachstum mit einem Rückgang der Arbeitslosenquote einhergehe. Ist das Wirtschaftswachstum zu niedrig, steige die Arbeitslosenquote. Interessant ist, dass den Ökonomen keineswegs klar ist, was Ursache und was Wirkung ist. Zum einen, so argumentiert man, führe die Steigerung der Produktion zu einem Mehrbedarf an Arbeitsplätzen, wodurch die Arbeitslosigkeit sinke. Zum anderen wird die Kausalität umgekehrt gesehen: Die Zunahme der Arbeitslosenquote um einen Prozentpunkt führe zu einer Verringerung des realen Bruttoin-

33 Wikipedia, Stichwort: Korrelation, (6.8.2018)

landsproduktes um zwei Prozent und damit zu einer Reduzierung des Auslastungsgrades der Produktionskapazitäten ebenfalls um zwei Prozent. Der Einfluss der Arbeitslosigkeit auf die gesamtwirtschaftliche Produktion entstehe durch ein geringeres Einkommen der Arbeitslosen, die entsprechend weniger ausgeben. Folglich werde besonders die private Konsumnachfrage als Hauptdeterminante des Bruttoinlandsprodukts belastet.[34]

Wilhelm Lorenz weist mit Recht darauf hin, dass der Zusammenhang zwischen Wirtschaftswachstum und Arbeitslosigkeit nicht aus sich selbst heraus vollständig erklärt werden kann. Er wird von weiteren Faktoren beeinflusst, so von der Produktivität, der Arbeitszeit und dem Angebot an Arbeitskräften.[35] Steigen Produktivität und/oder die Arbeitszeit, dann muss die Erwerbslosigkeit nicht zurückgehen, weil das Mehr an Produkten mit der bisherigen Zahl der Arbeitskräfte erzeugt werden kann. Zusammenfassend lässt sich sagen, dass die Gleichzeitigkeit zweier Ereignisse keineswegs beweist, dass zwischen ihnen kausale Verbindungen bestehen und welcher Art sie sein könnten. Theoretisch muss untersucht werden, welche der folgenden Beziehungen der statistischen Beobachtung zugrunde liegen:

1. A verursacht B
2. B verursacht A
3. A und B haben eine gemeinsame Ursache C
4. A und B treten zufällig zur gleichen Zeit auf, ohne dass ein Zusammenhang zwischen ihnen besteht
5. A und B beeinflussen sich wechselseitig, wobei sie sich a) gegenseitig verstärken und b) gegenseitig abschwächen können und c) A stärker auf B einwirkt als B auf A oder d) B stärker auf A einwirkt als A auf B

Bevor wir uns ausgewählte Wechselwirkungen näher ansehen, einige Bemerkungen zu zwei einfachen, doch hart umstrittenen Kausalitäten.

Preis und Geldmenge

Korrelationen bestätigen den Gleichlauf der Preise und Geldmengen. Da Preise Geldbeträge sind, ist es naheliegend, eine Kausalität zwischen beiden Größen anzunehmen. Doch welche Größe ist originär, welche abgeleitet? Der Streit darüber, ob die Preise die Geldmenge bestimmen oder umge-

---

34 Gablers Wirtschaftslexikon, Okunsches Gesetz, wirtschaftslexikon.gabler.de (6.8.2018)

35 wilhelm-lorenz.de/makroo/Wirtschaftskreislauf/Okuns%20Gesetz.htm, (6.8.2018)

kehrt die Geldmenge die Preise, lässt sich zurückführen auf die Auseinandersetzung zwischen der Banking-Schule und der Currency-Schule, die in der Geschichte des ökonomischen Denkens für Furore gesorgt hat und die bis heute in immer neuen Variationen debattiert wird. Die Vertreter der »Currency-Theorie« John R. Mac Culloch (1789-1864), Samuel J. L. Overstone (1796-1883), David Ricardo, Robert Torrens (1780-1864) glaubten, dass die Geldmenge ursächlich, das Preisniveau von ihr abgeleitet sei. Die Vertreter der Banking-Theorie Thomas Tooke (1774-1858) und John Fullarton (um 1780-1849) behaupteten umgekehrt, dass die Preise die Geldmenge bestimmten. Die Geldmenge passe sich an die Preise und damit an den schwankenden Bedarf der Wirtschaft an. Sie begründeten dies damit, dass die Banken Geld ausgeben, indem sie Warenwechsel diskontieren, d. h. Warenwechsel zum Diskontsatz kaufen. So deckten sie den Kreditbedarf der Produzenten und Konsumenten. Die Erhöhung der Preise, steigende Geschäftsumsätze und eine wachsende Kreditnachfrage gingen der Erhöhung des Notenumlaufes voraus. Die Wirtschaft könne gar nicht mit Geld überversorgt sein. In den Auffassungen zwischen Keynesianern – den Fiskalisten – und Monetaristen wiederholt sich heute der alte Streit, wenn auch im Detail modifiziert und durch neue Argumente angereichert. Die »Currency«-Position wird von den Monetaristen vertreten. Keynesianer halten die »Banking«-Theorie für richtig. Die konträren Auffassungen können wir mit der Quantitätsgleichung verdeutlichen, wobei M = Geldmenge, V = Umlaufgeschwindigkeit des Geldes (darunter versteht man die Häufigkeit, mit der gleichnamige Geldeinheiten in einer Periode zu Zahlungen eingesetzt werden), Q = Handelsvolumen, P = Preisniveau): $M \cdot V = Q \cdot P$

Currency-Interpretation: *Ursache* = $M \cdot V$
(die zahlungswirksame Geldmenge)
Wirkung = $Q \cdot P$ (Preisniveau und Preissumme des Güterangebots)

Banking-Interpretation: *Ursache* = $Q \cdot P$
Wirkung = $M \cdot V$

Erstaunlich, dass die Gelehrten sich jahrhundertelang streiten darüber, was zwischen Preisen und Geldmengen primär und was abgeleitet ist. Dabei genügt ein wenig gesunder Menschenverstand, das Problem zu verstehen. Wenn wir einem Käufer 1.000 Euro geben, ist noch kein Preis gestiegen und er muss es auch nicht zwingend tun. Es verbessern sich nur die Möglichkeiten, dass er steigt. Erhöht sich der Preis der Ware um einen bestimmten Betrag, dann ist, will jemand die Ware kaufen, zwingend zusätzliches Geld in dieser Höhe erforderlich. Es geht beim Geldumlaufgesetz bzw. bei der Quantitätsgleichung des Geldes nicht um irgendeine beliebige Geldmenge. Es geht um jene, die gebraucht wird, um die Waren zu bezahlen. Der Preis ist das Bestimmende, das Vorausgesetzte, die Höhe der Geldmenge ist abhängig von der Preissumme. Höhere Preise erfordern mehr Geld, niedrigere Preise weniger bei unterstellter Geldumlaufgeschwindigkeit. Variationen der Geldmengen verändern die Preise nicht zwingend. Zuviel Geld *kann* gar nicht zirkulieren. Geld, das nicht zirkuliert, das keine Waren bezahlt, ist kein Bestandteil der Geldmenge, nach der im Geldumlaufgesetz gefragt wird. Es ist immer so viel Geld im Umlauf, wie zur Bezahlung der Preise benötigt wird. Geld zirkuliert, heißt nur, dass es Waren bezahlt. Das setzt voraus, dass die Waren Preise haben. Der Preis geht logisch dem Geld voraus. Geld geht zum Preis, nicht umgekehrt. Es ist so wie beim Wettlauf zwischen Hase und Igel. Der Igel – Preis – ist schon da. Eine Relativierung ist möglich. Vermutet ein Verkäufer, dass jemand viel Geld besitzt, könnte er von diesem einen höheren Preis verlangen als von einem armen Schlucker.

Massive Wertsenkungen der Edelmetalle infolge ihrer produktiveren Gewinnung führten in der Geschichte mehrmals zur Erhöhung der Preise. Sie widerspiegelten veränderte Wertrelationen zwischen Geld- und gewöhnlichen Waren, wurden oberflächlich als Folge einer gewachsenen Geldmenge interpretiert. Lexika nennen die Preisrevolution des 16. Jahrhunderts eine der ersten großen Inflationen. In Europa wurde der Silberbergbau wiederbelebt. Gold und Silber aus Amerika strömten nach Europa. Die europäische Edelmetallgeldmenge stieg. Der Geldtheoretiker Jean Bodin (1530-1596) und die monetaristischen Ökonomen machten den Überfluss an Gold und Silber für die Preissteigerungen in Frankreich und anderen europäischen Ländern verantwortlich. Diese waren vergleichbar mit der schleichenden Inflation heute: So stiegen die Weizenpreise in Toulouse, Paris, Brügge oder Köln im jährlichen Durchschnitt zwischen 2,2 und 3 Prozent. »Dabei erhöhten sich die Preise für Güter des täglichen Bedarfs noch stärker als die der gewerblichen Erzeugnisse oder der Löhne, die konstant blieben. Die

Lohnempfänger erlitten … einen Reallohnverlust; denn die Ausgaben für Brot machten einen immer größeren Teil des Familienbudgets (um 1600 ca. die Hälfte des Einkommens einer fünfköpfigen Maurerfamilie) aus.« (North 2009: 92) Die Vorstellung ist abwegig, dass es zu den Preissprüngen auf den Gütermärkten – z. B. bei Kraftstoffen, Öl, Strom usw. – infolge einer Geldmengenpolitik der Zentralbank kommt. Das hieße, dass es sie bei einer anderen Geldpolitik nicht gegeben hätte. Die Ursachen für den Anstieg der Preise sind – sieht man von spekulativen Preisblasen an den Börsen ab – nicht eine verfehlte Geldpolitik der Zentralbank – die es geben kann –, auch nicht Aufwandsveränderungen bei der Güterherstellung. Durch den Anstieg der Produktivität sind aufwandsbedingte Erhöhungen der Kosten die Ausnahme geworden. Die Preise vieler Güter haben mit den Aufwendungen, die bei der Herstellung der Produkte anfallen, wenig zu tun. Preise, die proportional den Kosten folgen, sind rar. Mit Preisen sollen zwar die Kosten gedeckt, vor allem aber vermutetes Liquiditätspotenzial an Märkten abgeschöpft werden. Oligopolen und Monopolen, dominierend in nahezu allen Branchen, gelingt das mühelos. Ihre Marktmacht ermöglicht es ihnen, die Preise von den Kosten zu lösen, d. h. hohe Gewinnspannen zu kalkulieren. Die Lohnkosten für die Produktion von einem Paar Sportschuhen, die für 120 € verkauft werden, betragen z. B. 2,50 €. Materialkosten beruhen weniger auf den Einstandspreisen für Vorprodukte, sondern auf Verrechnungspreisen, in die vermutete künftige Preissteigerungen eingerechnet werden. Abschreibungen, die den Periodenverbrauch der Anlagegüter ausdrücken, werden noch kalkuliert, wenn der ursprüngliche Anschaffungswert längst über den Absatz der Produkte auf den Märkten freigesetzt und »zurückverdient« worden ist. Die Preise steigen nicht, weil die Herstellungsaufwendungen zunehmen, sondern weil erwartete Preissteigerungen in die Kosten kalkuliert werden. In steigenden Preisen widerspiegeln sich Gewinnansprüche und inflationäre Ängste. Sie werden über die Geldversorgung monetär abgesichert.

Zinsen und Preise

Die gängige Zins-Preis-Hypothese – der Zins beeinflusse über die Geldmenge das Preisniveau negativ – ist zweifelhaft. Hohe Zinsen = niedrige Preise und niedrige Zinsen = hohe Preise? Die Behauptung, Banken könnten durch hohe Zinsen Preisstabilität wahren oder zurückgewinnen, und sinkende Zinsen riefen umgekehrt ein hohes Preisniveau hervor, retteten so die Menschheit vor der bösen Deflation, verkennt entscheidende Determinanten der Preisbildung. Die herrschende Lehre hat sich darauf versteift: Steigen die Zinsen, dann müsste die Geldmenge sinken und die Bereitschaft der Banken nachlassen, Kredite zu gewähren. Dann könnten die Preise nicht weiter zulegen. Folglich gehörten hohe Zinsen und niedrige Preise zusammen. Hohe Zinsen – eine wirksame Waffe gegen die Inflation? Das kann manchmal sein. In vielen Fällen ist es eher ein törichtes Argument. Ziemlich eigenartig, dass selbst linke Ökonomen von dieser Torheit beeindruckt sind. Dabei belegen empirische Untersuchungen schon seit Thomas Tooke, dass die langfristigen Kapitalmarktzinsen und das Preisniveau positiv miteinander verbunden sind. Der englische Nationalökonom A. H. Gibson hatte dies für England in der Zeit von 1820 bis 1920 nachgewiesen und u. a. Wolfgang Filc später für die Bundesrepublik Deutschland bestätigt. (Filc 1992: 85ff)

John M. Keynes hielt die Gleichläufigkeit von Zins und Preisniveau für paradox. (Keynes 1983: 458) Er nannte sie »Gibson-Paradox«. Dabei existieren vernünftige Gründe, die zeigen, dass der Zusammenhang alles andere als paradox ist. Richtig sind zunächst zwei Aspekte: Zinsen beeinflussen unter sonst gleichen Umständen die Geld- und Kreditnachfrage negativ; Geldmengen und Preise korrelieren positiv. Worauf jeder ökonomische Laie käme, fiel dem Starökonomen des 20. Jahrhunderts angeblich nicht ein: Zinsen sind Kosten und werden auf Preise übergewälzt. Auf Märkten, auf denen Monopole und Oligopole dank ihrer Marktmacht den Preiswettbewerb ad absurdum geführt haben, ist dies üblich. Preise und Preissteigerungen fallen mittel- und langfristig umso höher aus, je höher die Zinsen sind. Hohe Zinsen bedeuten hohe Preise und hohe Preise erfordern einen Anstieg der Geldmenge. Geldtheoretiker und Geldpolitiker ignorieren unverdrossen diesen Zusammenhang. Auch aus einem weiteren Grund ist ihre Meinung fraglich. So kann man beobachten, dass die Zahlungs- und Tilgungstermine umso kürzer werden, je stärker die Zinsen steigen, von denen man erhofft, dass sie die Geldmenge reduzieren und so die Inflation dämpfen. Man vereinbart kürzere Zahlungs- und Tilgungstermine, um der erwarteten Geldentwertung zuvorzukommen und später zu höheren Zinsen auszuleihen. Das bedeutet, dass die Umlaufgeschwindigkeit des Geldes steigt. Und das heißt: Weniger Geld wird benötigt.

Selbst wenn durch die Zinspolitik eine Verringerung der Geldmenge erreicht werden könnte, ist zu befürchten, dass der immerhin denkbare preisberuhigende Effekt nicht eintritt, weil die Umlaufsgeschwindigkeit des Geldes zunimmt. Die Zins-Preis-Kausalität ist ergänzungsbedürftig auch aus der Sicht der Transmissionsrichtung. Der Zins beeinflusst nicht nur die Nachfrage nach Geld oder nach Krediten, er reagiert auch auf Änderungen dieser Nachfrage. Im Aufschwung wird die steigende Nachfrage auf den Gütermärkten dazu führen, dass die Preise erhöht werden, wenn das Angebot nicht mithalten kann. Der Geld- und Fremdkapitalbedarf erhöht sich. Ein Zinsanstieg folgt. In rezessiven und depressiven Wirtschaftsphasen ist es umgekehrt: Die zurückgehende Nachfrage auf den Gütermärkten bewirkt bei gegebenem Angebot, dass Preise fallen oder das Tempo der Preissteigerungen zurückgeht. Der Fremdkapitalbedarf nimmt ab, die Zinsen sinken. Auch umgekehrt (Preis = Ursache, Zins = Wirkung) ist der Preis-Zins-Zusammenhang also positiv.

Die zyklisch bedingten Zinsschwankungen als das Produkt von Entscheidungen der Zentralbank zu deuten und als Anlass zu sehen, die Weisheit ihrer Direktoren zu rühmen, ist erheiternd, weiß man, dass sich ohne Zutun der Zentralbank vollzieht, was als deren Erfolg gepriesen wird. Unklar ist ferner, ob die Banken ihre Kreditvergabe als Reaktion auf die Anhebung des Notenbankzinses einschränken und ausweiten, wenn der Notenbankzins gesenkt wurde. Und wenn, dann wird eine Zinserhöhung stärker und schneller weitergegeben als eine Senkung, die Sollzinsen eher erhöht oder später gesenkt als die Habenzinsen. Was geschieht, hängt von vielen Faktoren ab. Der Komplexität sind sich Geldtheoretiker durchaus bewusst: Eine Rolle spielen u. a. die Interessenkonstellationen zwischen der Zentralbank, den Geschäftsbanken und Unternehmen, die Stellung der Banken im Finanzsystem ebenso wie die Bankenmacht, der Interbankenwettbewerb und der Wettbewerb mit anderen Finanzintermediären. Relevant sind auch die Bankenstrukturen wie z. B. das Verhältnis zwischen Klein- und Großbanken, Liquiditätsgrade, Regeln der Besicherung, Kreditsicherheiten, Kreditwürdigkeit, Risikosicherungspotenziale, die Art der Verbindung zwischen Banken und Bankkunden (z. B. Hausbankprinzip), das Verhältnis längerfristiger gegenüber kurzfristigen Finanzierungs- und Anlageformen, das Verhältnis zwischen Innen- und Außenfinanzierung, Informationsausstattung, Informationskosten, die Umlaufgeschwindigkeit des Geldes, Unternehmensgrößen… (ausführlich in: Görgens, Ruckriegel, Seitz 2014: 272-347) Der sich bei den Unternehmen bildende Kreditbedarf ist auch für die Kreditvergabe entscheidend.

3. Wechselwirkungen

Produktivkräfte und Produktionsverhältnisse

Ursachen und Wirkungen sind relativ. Sie sind »Vorstellungen«, sagt Engels, »die nur in der Anwendung auf den einzelnen Fall als solche Gültigkeit haben, dass sie aber, sowie wir den einzelnen Fall in seinem allgemeinen Zusammenhang mit dem Weltganzen betrachten, zusammengehen, sich auflösen in der Anschauung der universellen Wechselwirkung, wo Ursachen und Wirkungen fortwährend ihre Stelle wechseln, das, was jetzt Wirkung, dort oder dann Ursache wird und umgekehrt.« (MEW 19: 204f) Die Wechselwirkung ist ein Zusammenhang zwischen Objekten und Prozessen, Kategorien etc. der Realität, bei der ein Glied auf andere Glieder einwirkt und von diesen beeinflusst wird. Einige Variable spielen eine aktive, andere eine reaktive Rolle. Kritische Elemente sind mit vielen Variablen verbunden, reagieren auf kleine Änderungen im System und lösen Effekte aus. Puffernde Komponenten sind mit wenigen Variablen verknüpft, nehmen wenig Impulse auf und wirken kaum auf andere. (vgl. Vester 2007: 230ff)

Das Universum stellt ein System von Wechselwirkungen dar. »Die ganze uns zugängliche Natur bildet ein System, einen Gesamtzusammenhang von Körpern, und zwar verstehen wir unter Körpern alle materiellen Existenzen (…) Darin, dass diese Körper in einem Zusammenhang stehen, liegt schon einbegriffen, dass sie aufeinander einwirken, und diese ihre gegenseitige Einwirkung ist eben die Bewegung.« (MEW 20: 355) Jeder Erfahrungsgegenstand ist begrenzt. Jenseits seiner Grenze gibt es Anderes. Der Gesamtzusammenhang ist der Wahrnehmung unzugänglich. Er kann nur theoretisch und methodisch mit Modellen erschlossen werden. Dies leistet die universelle Widerspiegelungstheorie. Sie versteht die Welt als ein System der Wechselwirkungen aller ihrer Teile und Elemente.

Die Produktionsweise ist die Basis der Gesellschaft. Über ihr erhebt sich der Überbau, eine Gesamtheit an politischen, juristischen, moralischen und philosophischen Anschauungen sowie die ihnen entsprechenden Institutionen: Parteien, Staat, gesellschaftliche Organisationen. Die Produktionsweise ist die Einheit von Produktivkräften und Produktionsverhältnissen. Produktivkräfte sind die Beziehungen, die Menschen in der Produktion mit der Natur eingehen: Menschen mit ihren Produktionserfahrungen und Arbeitsfertigkeiten, die Arbeitsmittel – Maschinen, Anlagen, Gebäude, Werkzeuge, Verkehrswege, Verkehrsmittel – und die Arbeitsgegenstände (Rohstoffe, Material, Halbfabrikate). Arbeitsmittel und Arbeitsgegenstände sind die Produktionsmittel. Produktionsverhältnisse sind die Beziehungen, die Menschen in der Produktion untereinander eingehen. Produktivkräfte existieren nie ohne Produktionsverhältnisse, es sei denn, es hat einen wie Robinson Crusoe auf eine Insel verschlagen, der seinem Freitag noch nicht begegnet ist. Am wichtigsten, weil alles andere prägend, sind die Eigentumsverhältnisse. Wechselbeziehungen zwischen Produktivkräften und Produktionsverhältnissen sowie zwischen Basis und Überbau bestimmen die Entwicklung der Gesellschaftsformation, die Ablösung der einen durch die andere eingeschlossen. »Auf einer gewissen Stufe ihrer Entwicklung geraten die materiellen Produktivkräfte der Gesellschaft in Widerspruch mit den vorhandenen Produktionsverhältnissen (…), innerhalb deren sie sich bisher bewegt hatten. Aus Entwicklungsformen der Produktivkräfte schlagen diese Verhältnisse in Fesseln derselben um. Es tritt dann eine Epoche sozialer Revolution ein. Mit der Veränderung der ökonomischen Grundlage wälzt sich ganze ungeheure Überbau langsamer oder rascher um (…). Eine Gesellschaftsformation geht nie unter, bevor alle Produktivkräfte entwickelt sind, für die sie weit genug ist, und neue höhere Produktionsverhältnisse treten nie an die Stelle, bevor die materiellen Existenzbedingungen derselben im Schoß der alten Gesellschaft selbst ausgebrütet worden sind.« (MEW 13: 9)

Die Produktivkräfte sind das treibende Element. Mit ihnen beginnen die Veränderungen. Die Produktionsverhältnisse folgen. »Nicht *was* gemacht wird, sondern *wie*, mit welchen Arbeitsmitteln, unterscheidet die ökonomischen Epochen. Die Arbeitsmittel sind nicht nur der Gradmesser der Entwicklung der menschlichen Arbeitskraft, sondern auch Anzeiger der gesellschaftlichen Verhältnisse, worin gearbeitet wird.« (MEW 23: 194f) Jede Epoche hat ihre eigene Technik, Arbeitswerkzeuge, die für sie typisch sind und sie von anderen Epochen unterscheidet. Faustkeil und sich selbst steuernde Werkzeugmaschinen – beides sind Produktionsinstrumente. Zwischen ihnen liegen Epochen technologischer Änderungen.

Umwälzungen der Produktionstechnik ändern das gesellschaftliche Leben. Die Produktionsverhältnisse der Urgemeinschaft spielten am Anfang eine positive Rolle. Ohne das Gemeineigentum und ohne gemeinschaftliches Tun hätten die Menschen nicht überleben können. Sie hätten die Produktivkräfte nicht vorangebracht. Aber gerade durch die Fortschritte bei den

Produktivkräften erwiesen sich ab einem bestimmten Stand die urgemeinschaftlichen Produktionsverhältnisse, die an die isolierte Existenz kleinerer Gruppen gebunden war, als zu eng. Der Übergang von Stein- und Knochenwerkzeugen zu Werkzeugen aus Metallen, zuerst aus Kupfer, dann Bronze, später Eisen, führte zum Zerfall der Urgemeinschaft, zur zunehmenden Teilung der Arbeit und zur Entstehung eines Mehrprodukts. Das Privateigentum an Produktionsmitteln etablierte sich, die Klassengesellschaft entstand.

Die Sklavenhalterordnung war ein ungemein brutales Regime und doch ein Fortschritt. Die Kooperation in der Arbeit, die gemeinsame Ausführung der Arbeitsaufgaben überwand Grenzen, die dem Einzelnen gesetzt waren. Nun war es möglich, Gebäude zu errichten, so groß wie nie zuvor, Lasten zu heben, die die Kräfte einzelner überstiegen. Gemeinsam bauten die Menschen Dämme, Befestigungen, Bewässerungskanäle, Brücken. Nach Herodot waren am Bau der Cheops-Pyramide in Gizeh über hunderttausend Menschen beteiligt. In der Antike wurden viele neue Güter produziert, auch neue Werkzeuge und mechanische Vorrichtungen, wie Wasserhebewerke, Mittel, um Steine und Erze zu zerkleinern und zu spalten. Die neuen Arbeitsmittel brachten das Bauwesen voran und unterstützten die Arbeit der Sklaven in den Werkstätten und Gruben. Auf der anderen Seite war das Interesse, die Technik zu verbessern, gering, da es ausreichend billige Sklaven gab. Die Sklaven wurden gnadenlos geschunden, Freude an der Arbeit konnten sie nicht empfinden. Für den sorgsamen Umgang mit den Werkzeugen hatten sie kein Verständnis.

Die feudale Gesellschaft entstand im Frühmittelalter durch eine Verschmelzung der sich auflösenden antiken Gesellschaft und der germanischen Gesellschaften. Hervorstechende Merkmale des neuen Systems waren Leibeigenschaft und Hörigkeit. Die leibeigenen Produzenten waren rechtlich abhängig vom Feudalherrn. Die »Sklaven des Mittelalters« waren die am stärksten ausgebeutete Gruppe der Landbevölkerung. Die unfreien Bauern mussten Naturalien an den Grundherrn abgeben – Holz, Getreide, Eier, Fleisch – und an bestimmten Tagen auf den Ländereien der Grundherren arbeiten. Ohne Entgelt. Die unentgeltliche Arbeit – der Frondienst – war der Grundpfeiler des mittelalterlichen Wirtschaftssystems. Die Bauern pflügten mit ihrem eigenen Gespann die Äcker ihres Herrn, luden und fuhren Holz, Heu, Futter und Dung. Sie vernachlässigten in dieser Zeit ihre eigenen Äcker. Oft kostete dies ihre Existenz. Zu den Handdiensten zählten Unkraut jäten,

Steine lesen und Bauarbeiten am Haus und auf dem Hof des Herrn. Leibeigene konnten verkauft und misshandelt, anders als der Sklave aber nicht getötet werden. Um heiraten zu können, benötigten sie die Zustimmung ihres Herrn. Leibeigene ohne Besitz an Boden zählten zum Gesinde des Feudalherrn. Unter ihnen befanden sich auch Handwerker. Ein Leibeigener, der als Bauer Boden bewirtschaftete, war infolge der Bindung an den Boden zugleich Höriger. Ihm fehlten die Mittel, sich zu verteidigen. So überschrieb er seinen Besitz dem Grundherrn, der ihm militärischen Schutz zusagte. Als sich die Geldwirtschaft im 10. bis 13. Jahrhundert entfaltete, konnten die Bauern die Frondienste mit Geld auslösen. Nur den wenigsten gelang es. Die meisten hatten kein Geld. Im Spätmittelalter erhielten die Hörigen eine Chance, sich aus den Diensten zu befreien. Sie mussten ein Jahr in der Stadt zu leben, ohne dass der Grundherr sie dort aufspürte und zur Rückkehr zwang. »Stadtluft macht frei«, hieß es. (Müller 2018: 11f)

»Die Handmühle ergibt eine Gesellschaft mit Feudalherren, die Dampfmühle eine Gesellschaft mit industriellen Kapitalisten«, schrieb Marx. (MEW 4: 130) Im 16. Jahrhundert ergänzen kapitalistische Manufakturen die handwerkliche Produktion ab und ebnen den Übergang von der Handarbeit zur maschinellen Großproduktion. Es ist die Werkzeugmaschine, die Arbeitsmaschine, von der die industrielle Revolution am Ende des 18. und am Anfang des 19. Jahrhunderts ausgeht. Mit dem Siegeszug der Maschinen, der neuen technologischen Arbeitsteilung in der Fabrik, der massenhaften Ausbeutung der Lohnarbeiter wurde der feudalen Produktionsweise der Todesstoß versetzt. Könige und Feudalherren unterstützten durch eine merkantilistische Wirtschaftspolitik ungewollt ihren eigenen Untergang. (Müller 2018a: 633-647) Der mit Maschinen arbeitenden kapitalistischen Großproduktion waren weder die Kleinproduktion der Handwerker und Bauern noch die auf der Arbeit der Leibeigenen beruhende gutsherrliche Wirtschaft gewachsen.

Der Kapitalismus des 19. und des frühen 20. Jahrhunderts hat großartige Leistungen vollbracht. Seine schärfsten Kritiker sind voller Lob: »Die Bourgeoisie hat in ihrer kaum hundertjährigen Klassengesellschaft«, schrieben Marx und Engels im »Manifest der Kommunistischen Partei«, »massenhaftere und kolossalere Produktivkräfte geschaffen als alle vergangenen Generationen zusammen. Unterjochung der Naturkräfte, Maschinerie, Anwendung der Chemie auf Industrie und Ackerbau, Dampfschifffahrt, Eisenbahnen, elektrische Telegraphen, Urbarmachung ganzer Weltteile, Schiffbarmachung der Flüsse, ganze, aus dem Boden gestampfte Bevölkerungen – welches frühere Jahrhundert ahnte, dass solche Produktionskräfte im Schoß der gesellschaftlichen Arbeit schlummerten.« (MEW 4: 467) Marx und Engels wiederum ahnten wohl kaum, dass sich der Aufschwung der Produktivkräfte im Kapitalismus beschleunigt fortsetzen würde: Automobile, Rundfunk und Fernsehen, Elektronik und Petrochemie, Mikroelektronik und Computertechnologie, Mobilfunk, Internet, Flugzeuge und Raumfahrt, Bio- und Gentechnologien, Digitalisierung der Produktion – die technische Entwicklung in historisch so kurzer Zeit ist atemberaubend. Und dies alles innerhalb der kapitalistischen Produktionsverhältnisse, die sich als anpassungsfähig erwiesen.

Der Kapitalismus hat sich über Jahrhunderte hinweg gewandelt. Die Formen des Kampfes um die Schaffung und Aneignung des Mehrprodukts änderten sich. Der Wandel betrifft Produktionsverhältnisse und Produktivkräfte. Die Ausdehnung der kapitalistischen Großproduktion und die stürmische Entwicklung der Produktivkräfte führten in der Mitte des 19. Jahrhunderts zur Bildung von Aktiengesellschaften. Der Bau großer, technisch stark ausgerüsteter Betriebe mit einem hohen Anteil an fixem Kapital erforderte immense Kapitalinvestitionen. Sie überstiegen die ökonomische Kraft der Einzelkapitalisten. Selbst der Bankkredit konnte nicht helfen. Um die Rückzahlung zu sichern, ist er begrenzt auf das Vermögen der einzelnen Kapitalisten und wird nur für eine bestimmte Zeit eingeräumt. Aktiengesellschaften überwinden die Grenzen des Bankkredits. Sie zentralisieren durch Ausgabe und Verkauf der Aktien riesige Kapitale bei sich und müssen sie nicht zurückzahlen. Dadurch machen sie überschüssige Einzelkapitale anlagefähig, die es jeweils für sich alleine nicht sind. »Die Welt wäre noch ohne Eisenbahnen, hätte sie solange warten müssen, bis die Akkumulation einige Einzelkapitale dahin gebracht hätte, dem Bau einer Eisenbahn gewachsen zu sein. Die Zentralisation hat dies, vermittels der Aktiengesellschaften, im Handumdrehn fertiggebracht.« (MEW 23: 656) Ein eindrucksvolles Beispiel dafür, wie positiv die sich durch die Produktivkraftentwicklung erzwungene Änderung der Produktionsverhältnisse auf die Produktivkraft zurückwirken kann. Marx nennt das Kapital in Form der Aktiengesellschaften »Gesellschaftskapital (Kapital direkt assoziierter Individuen) im Gegensatz zum Privatkapital (…). Es ist die Aufhebung des Kapitals als Privateigentum innerhalb der Grenzen der kapitalistischen Produktionsweise selbst.« (MEW 25: 452)

Wählt man die Produktivkräfte als Kriterium der historischen Differenzierung, kann man unterscheiden zwischen einem Manufaktur-, Industrie-, Fließband- und einem digitalen Kapitalismus. Der für letzten auch verwendete Begriff des »High-Tech-Kapitalismus« (Haug 2003: 2012) ist unscharf, gab es doch höchst entwickelte Technik zu jeder Zeit. »High-Tech« ist ein inhaltsleerer Begriff. Er kann stets nur historisch-konkret bestimmt werden. Der Faustkeil verkörperte Hunderttausende von Jahren technisches Spitzenniveau. Im digitalen Kapitalismus verschwindet das Fließband ebenso wenig, wie die Maschine, als das Fließband kam. Maschinen ersetzten einst menschliche Muskelkraft. »Was Tätigkeit des lebendigen Arbeiters war, wird Tätigkeit der Maschine.« (MEW 42: 600). Die digitale Maschinerie und künstliche Intelligenz ersetzen nun zunehmend die geistige Potenz des Menschen. Sie übernehmen die Messung und Auswertung der Informationen über den Arbeitsprozess sowie dessen Planung und Steuerung. (Barthel, Rothenbach 2017: 251). Der Arbeiter wird »Anhängsel« der Computersysteme, die seine Tätigkeit steuern und lückenlos überwachen. (Seppmann 2017: 151)

Das Wesen der Produktionsverhältnisse – das private Eigentum an Produktionsmitteln – ist unverändert erhalten geblieben. Gewandelt haben sich dessen Formen, vor allem die wachsende Macht und Konzentration dieses Eigentums. Wählt man es als Kriterium der historischen Differenzierung, kann man unterscheiden zwischen dem Kapitalismus der freien Konkurrenz, dem Monopolkapitalismus und dem staatsmonopolistischen Kapitalismus, wo sich Monopole und Oligopole den vielfältigen, wenn auch widersprüchlichen, Beistand des Staates, dessen helfenden Eingriff in den Reproduktionsprozess, sichern. Viele nennen den heutigen Kapitalismus »Finanzmarktkapitalismus«. Um Quantitatives hervorzuheben, kann eine Unterscheidung in Handels-, Industrie-, Dienstleistungs- und Finanzmarktkapitalismus sinnvoll sein. Das Wachstum der Finanzdienstleistungen übertrifft bei weitem das der produktiven Sphäre. Was sich dadurch geändert hat, sind volkswirtschaftliche Strukturen, sind Formen, Abläufe, Proportionen und die Art von Ungleichgewichten. Doch Finanzmärkte bleiben bei aller relativen Selbständigkeit der produktiven Sphäre untergeordnet. Im produktiven Sektor der Volkswirtschaft werden Werte und Mehrwerte erzeugt, bevor die Akteure auf den Finanzmärkten auf sie zugreifen, mit ihnen handeln und spekulieren können.

Rückkopplungen

Die »Wissenschaft zeigt uns die Welt nicht so, wie wir sie gerne hätten oder wie wir fürchten, dass sie schlimmstenfalls sein könnte, sondern so, wie sie mit uns wechselwirkt.« (Dath 2018: 1f) Rückwirkungen des zweiten Systems auf das erste heißen in kybernetischen Systemen Rückkopplungen. Sie können die Erstwirkungen schwächen und kompensieren oder verstärken. Im ersten Fall handelt es sich um negative, im zweiten um positive Rückkopplungen. Die negative Rückkopplung – auch Gegenkopplung – ist ein fundamentales Prinzip in der belebten Natur. Verbreitet ist sie in der Technik, besonders in der Regelungstechnik. Sie bewirkt, dass sich die Elemente gegenseitig schwächen, die Unterschiede verringern und sich ein System seinem Gleichgewicht nähert. Eine negative Rückkopplung kann positiv sein. In der Wirtschaft könnte unter idealen, d. h. nichtmonopolistischen Bedingungen das Wechselspiel zwischen Preisen, Angebot und Nachfrage ein Marktgleichgewicht herbeiführen. Die Preise beeinflussen die Nachfrage und das Angebot, die Nachfrage und das Angebot beeinflussen die Preise. Daraus ergibt sich, dass sowohl niedrige als auch hohe Preise mit einer hohen und niedrigen Nachfrage sowie mit einem hohen und niedrigen Angebot vereinbar sind. Ein hohes Angebot an Waren und eine niedrige Nachfrage bewirken, dass die Preise fallen. Die Preise wirken zurück, schwächen den Widerspruch zwischen Angebot und Nachfrage ab. Falllende Preise verringern das hohe Angebot und erhöhen die niedrige Nachfrage. Ein niedriges Angebot an Waren und eine hohe Nachfrage führen dazu, dass die Preise steigen. Steigende Preise bewirken, dass sich das kleine Angebot vergrößert und die hohe Nachfrage zurückgeht.

Allein ein scheinbar simpler Zusammenhang zwischen dem Einkommen, der Nachfrage und den Preisen ist in Wirklichkeit sehr komplex und Voraussagen schwierig. So könnte ein Anstieg des Einkommens die Nachfrage nach Gütern erhöhen. Daraufhin könnten die Preise dieser Güter steigen. Der Preisanstieg dämpft rückwirkend die Nachfrage. Der tatsächliche Zuwachs der Nachfrage ist kleiner als der Zuwachs, der bei unverändertem Preis eingetreten wäre. Das gilt auch für den Erlös. Der erreichte Erlöszuwachs ist kleiner als der erreichbare. Allerdings steigt der Erlös nicht nur, weil mehr verkauft wird, sondern auch weil die Waren zu höheren Preisen veräußert werden. Die relative Erlösminderung durch den relativen Rückgang der Absatzmenge könnte kompensiert und überkompensiert werden durch den Anstieg der Preise. Was unter dem Strich steht, hängt davon ab, ob der negative Mengeneffekt einer Preissteigerung auf die Erlöse größer oder kleiner als der positive Effekt steigender Preise auf die Erlöse ist.

Ähnlich der Zusammenhang zwischen Investitionen und Zinsen: Zinsen sind ein – nicht, wie Keynes in seinem Modell unterstellte, der einzige – (Woll 2011: 327f) Bestimmungsfaktor der Investitionen. Investitionen bestimmen umgekehrt das Zinsniveau mit. Einige erklären den Krisenzyklus damit, dass ökonomische Größen »schwingen«. So begründeten niedrige Zinsen, dass sich die Investitionen belebten und das wirtschaftliche Wachstum zunehme. Die Konjunktur brummt. Im Aufschwung steigen die Zinsen. Am Ende sind sie sehr hoch. Nun werde weniger produziert und investiert. Die Wirtschaft stürze in die Rezession, wodurch die Zinsen wieder sinken würden. So lösten Auf- und Abschwünge in endloser Kette einander ab. Die positive Rückkopplung – auch Mitkopplung – kann Kettenreaktionen auslösen. Die Elemente stärken sich gegenseitig. Das kann nützlich sein. Eine hohe Produktion führt zu mehr Beschäftigung, mehr Beschäftigung zu höheren Löhnen, höhere Löhne wieder zu einer höheren Produktion usw. Zugleich können die Ergebnisse unerwünscht sein. Die sich selbstverstärkende Produktion führt zur Erschöpfung der Ressourcen, durch die sie limitiert wird, und zu einer unvertretbaren Belastung der natürlichen Umwelt. Positive Rückkopplungen können gefährlich und negativ sein: Eine Branche gerät in eine Strukturkrise. Die Unternehmer legen Produktionskapazitäten still und entlassen Arbeitskräfte. Die Arbeitslosigkeit steigt, die zahlungsfähige Nachfrage sinkt. Der Nachfragerückgang schwappt über auf andere Sektoren der Wirtschaft. Was mit der Strukturkrise und der Freisetzung von Arbeitskräften in einem Zweig begann, greift auf andere Wirtschaftszweige über. Es entsteht noch mehr Arbeitslosigkeit, die die Krise weiter verstärkt und bis zu einem Desaster der gesamten Volkswirtschaft führen kann.

Zwei Objekte wirken nicht nur direkt oder unmittelbar aufeinander ein. Wirkt das eine Objekt auf ein anderes, dieses auf ein drittes und das dritte wiederum auf das erste, bestehen indirekte Wechselwirkungen zwischen erstem und drittem Objekt. Wechselwirkungen sind Kausalketten, bei denen die Objekte abwechselnd Ursache und Wirkung sind. Die monokausal denkenden »Experten« nehmen sie nicht wahr. Auch deshalb findet heftiger Streit unter ihnen statt. Die Nachfrage auf den Gütermärkten, Löhne und Investitionen bestimmen die Nachfrage nach Arbeitskräften und die Zahl der Beschäftigten. Arbeitslose gibt es, weil die Nachfrage auf den Gütermärkten zu gering ist. Umgekehrt: Die Nachfrage nach Gütern ist gering, weil es Arbeitslose gibt. Investitionen unterbleiben, weil die Arbeitslosigkeit hoch ist und die Arbeitslosigkeit ist hoch, weil Arbeitsplätze schaffende Investitionen zu gering sind. Die Erwerbslosigkeit wirkt zurück auf ihre Bestimmungsfaktoren. Ursachen der Arbeitslosigkeit sind zu einem Teil auch Wirkungen der Arbeitslosigkeit.

In der Geschichte des ökonomischen Denkens hält seit dem späten 18. Jahrhundert bis heute der Streit darüber an, ob die Geldmenge das Preisniveau oder das Preisniveau die Geldmenge bestimmt. Die damit zusammenhängende Frage, ob die Geldmenge eine exogene oder endogene Größe ist, entzweit die Ökonomen. Transmissionsmodelle verfolgen den Weg eines Geldmengen- oder Zinsimpulses bis in die Produktion. Der Frage, wie autonome Änderungen dort auf die monetäre Sphäre wirken, wird kaum Beachtung geschenkt. Dabei beeinflussen sich monetäre und güterwirtschaftliche Sphären wechselseitig und vieles deutet darauf hin, dass in diesem Spiel der güterwirtschaftliche Sektor originär ist und den Geldsektor dominiert. Entgegengesetzte Wirkungen ergänzen die herkömmlichen Transmissionslehren. Eine Umkehrung der Ursache-Wirkungsbeziehungen ist plausibel, die Fokussierung auf Ausstrahlungen des Geldsektors auf die produzierenden Unternehmen einseitig. (Müller 2015: 469-473) Beispiele dieser Art finden sich zuhauf in der ökonomischen Literatur. Die Ermittlung einfacher Kausalitäten ist notwendig. Sie muss aber durch holistische Untersuchungen ergänzt werden. Einige der gerade erwähnten Wechselwirkungen wollen wir jetzt etwas näher betrachten.

Unbegründete Ängste

Seit Jahren geht ein Gespenst in der Geldwelt um: die Deflation. Schlimmer als ihr Gegenteil, die Inflation, bedrohten sinkende Preise das Leben der Menschen, heißt es. Auch linke Ökonomen malen das Schreckensbild an die Wand: Konsumenten, die erwarteten, dass die Preise fallen, würden nicht kaufen. Unternehmer, denen die Kunden wegbleiben, erzielten weniger Gewinn, schränkten daraufhin die Produktion ein, investierten nicht und entließen Arbeitskräfte. Die Abwärtsspirale aus sinkenden Preisen, zurückgehenden Käufen und ausbleibenden Investitionen treibe die Wirtschaft in den Ruin. So wird die Angst vor einer Deflation geschürt. Sie ist unbegründet, der Versuch abwegig, sie mit der Weltwirtschaftskrise empirisch zu »beweisen«.

In den Überproduktionskrisen sinken Preise und Löhne, die Arbeitslosigkeit nimmt zu. Betriebe gehen pleite, die Produktion bricht ein. Wer dies sieht, muss es noch nicht verstanden haben. Auf die Kausalität kommt es an. Was ist Ursache, was Wirkung? Sinkt die Produktion, weil die Preise fallen? Oder fallen die Preise, weil die Produktion zu hoch ist? Was ist Ursache, was Wirkung und Rückwirkung? Was originär, was abgeleitet? Der Fall der Preise in der Krise ist stets die *Wirkung* der Überproduktion und des Überangebots an Waren, nie deren Ursache. Und die niedrigen Preise ermöglichen es armen Leuten, sich satt zu essen und Waren zu kaufen, auf die sie wegen der hohen Preise bisher verzichten mussten. Kaufwünsche werden wahr, Kino, Theater, Urlaub und Auto plötzlich wieder erschwinglich. Niedrige Preise, wie sie sich gegen Ende einer Krise einstellen, könnten, wenn die Bedingungen insgesamt herangereift sind, helfen, die Wirtschaft von neuem zu beleben und Investitionen in Gang bringen, die aus der Krise herausführen. Selbst wenn sie mit einer geringeren Gewinnspanne – Gewinn pro Produkt – verbunden wären, könnte durch den Mehrabsatz der Gewinn insgesamt für den Anbieter steigen. Das Beispiel zeigt, dass sinkende Preise keineswegs für die Unternehmen schlimm sein müssen. Vor allem aber zeigt es, dass man Kausalitäten nicht empirisch beweisen kann. Zu beweisen, was Ursache und was Wirkung ist, gelingt nur mit einer soliden ökonomischen Theorie.

Kurs und Bilanz

Handelsbilanz und Währungskurs sind Kategorien, die sich, umgeben von vielen Einflussfaktoren gegenseitig beeinflussen. Auf welche Art? Die Handelsbilanz eines Landes stellt die Ausgaben für Güterimporte den Einnahmen aus Güterexporten gegenüber. Man unterscheidet ausgeglichene, positive (aktive) und negative (passive) Handelsbilanzen. Unter Währungskurs verstehen wir den Preis einer nationalen Währungseinheit, ausgedrückt in Fremdwährungen, das Austauschverhältnis zweier Währungen. Er ist der Außenwert der Währung, im Gegensatz zum Binnenwert, der die Kaufkraft der Währungseinheit ausdrückt. Die Abwertung – Kurssenkung – begünstigt die Exporte, weil sie es ermöglicht, den Angebotspreis in Fremdwährung zu senken, ohne dass dadurch die Erlöse in Inlandswährung zurückgehen. Sie verteuert zugleich die Importe, bewirkt so tendenziell, dass sich Überschüsse in der Handelsbilanz vergrößern und Defizite verringern. Nachhaltige Kurssenkungen müssten zu einer positiven Handelsbilanz führen.

Umgekehrt: Die Aufwertung – Kursanstieg – erzwingt Preiserhöhungen in Fremdwährung. Dies hemmt die Exporte und begünstigt die Importe, die sie verbilligt. Nachhaltige Kurssteigerungen müssten zu einer negativen Handelsbilanz führen. Wir konfrontieren das logische Ergebnis mit der Realität: Von Ausnahmen abgesehen zeigt sich, dass Länder mit niedrig bewerteten Währungen Handelsbilanzdefizite aufweisen (viele östliche und afrikanische Länder, die USA, Großbritannien). Länder mit hoch bewerteten Währungen erzielen Handelsbilanzüberschüsse (Deutschland, China). War aufgrund der theoretischen Analyse nicht das Gegenteil zu erwarten? Widersprechen sich theoretische Aussage und empirische Realität? Scheinbar ja. Dafür gibt es mehrere Gründe. Zunächst könnten andere Faktoren den Einfluss des Kurses auf die Handelsbilanz überlagern. Die Handelsbilanz wird außer vom Währungskurs beeinflusst von Preisen, Kosten, Güterqualität, Lieferservice, Verfügbarkeit, Substitutionsmöglichkeiten, Präferenzen, historischen Beziehungen, Traditionen, schwebenden Verträgen, Werbung, Public Relations, Manipulationen, protektionistischen Maßnahmen, Exportförderung, politischen Beziehungen, konjunkturellen Lagen, geld- und fiskalpolitischen Maßnahmen, Spekulationen, Preis- und Kursänderungserwartungen und anderen Faktoren. Sie wirken zum Teil direkt als auch über den Kurs indirekt auf die Handelsbilanz. Wirken sie direkt, kann jede von ihnen den Einfluss des Kurses auf die Bilanz aufheben. Ihre indirekte Wirkung auf die Handelsbilanz ergibt sich über ihren Einfluss auf die Kurselastizitäten der Export- und Importnachfrage (kurz: Export- und Importelastizitäten). Die Kurselastizität der Exportnachfrage gibt an, wie stark die Nachfrage nach Exportgütern auf die Veränderung des Kurses reagiert. Die Kurselastizität der Importnachfrage gibt an, wie stark die Nachfrage nach Importgütern auf die Änderung des Kurses reagiert.

Unter Beachtung der Elastizitäten müssen wir das Gesagte präzisieren: Der Exportwert in Inlandswährung wird im Ergebnis einer Abwertung normalerweise steigen. Nur bei einer Elastizität der ausländischen Exportnachfrage von Null bliebe er gleich. Der Importwert in Inlandswährung kann abhängig von der Importelastizität steigen, fallen und konstant bleiben. Die Abwertung des Euro führt zu einer Erhöhung des positiven Handelsbilanzsaldos oder zu einer Verringerung des negativen Saldos, wenn die Importelastizität größer als 1 ist. Das ist eine hinreichende Bedingung. Ist die Elastizität der Importnachfrage kleiner als 1, denken wir an die hohe Importabhängigkeit rohstoffarmer Länder, kann die Handelsbilanz im Gleichgewicht bleiben, negativ oder positiv werden. Eine Abwertung wird die Handelsbilanz verbessern, wenn die Summe aus den absoluten Werten der Elastizitäten der Import- und Exportnachfrage größer als 1 ist. Das ist die Marshall-Lerner-Bedingung. Die Abwertung einer Währung muss also nicht zu einer Verbesserung der Handelsbilanzposition des betreffenden Landes führen, auch wenn dies die normale Reaktion sein dürfte. Ist die Summe der Elastizitäten kleiner als 1, reagiert die Handelsbilanz anormal auf eine Abwertung der Inlandswährung: der Importwert steigt stärker als der Exportwert. Die Marshall-Lerner-Bedingung gilt für den Fall, dass die Handelsbilanz vor der Kursänderung ausgeglichen war. Nur dann entsprechen gleiche Prozentuale Veränderungen des Exportwertes und des Importwertes auch gleichen absoluten Beträgen. Und sie ist nur richtig, wenn von den Angebotselastizitäten abstrahiert wird. (vgl. Rose, Sauernheimer 1999: 80-87).

Eine ganzheitliche Analyse muss weitere Aspekte einbeziehen, die zu einer Korrektur der geschilderten Zusammenhänge führen können. Dazu gehört, wie die Importnachfrage auf eine Änderung des Euro-Exportgüterpreises und wie das Exportangebot auf eine Variation des Euro-Importgüterpreises reagieren, d. h. wie groß die Kreuzpreiselastizitäten sind. Auch muss man berücksichtigen, dass die Verbesserung der Handelsbilanz zu einer Zunahme des Volkseinkommens führen kann. Steigt dadurch die Nachfrage nach Importgütern, könnte der positive Effekt auf die Handelsbilanz gemindert oder sogar aufgehoben werden. Die Verteuerung der Importgüter im Zuge einer Abwertung der Inlandswährung könnte – unterstützt durch eine expansive Geldpolitik – auf das Preisniveau des Binnenmarktes durchschlagen, wodurch die Wettbewerbsvorteile auf den Auslandsmärkten wieder verschwinden könnten.

Bilanz und Kurs

Der Kurs beeinflusst nicht nur die Handelsbilanz, sondern auch die Handelsbilanz den Kurs. Dabei kann der Einfluss der Handelsbilanz auf den Kurs den des Kurses auf die Handelsbilanz übertreffen. Ein Handelsbilanzüberschuss bewirkt, dass die Nachfrage nach Währungen des betreffenden Landes über dessen Angebot steigt. Die Währung wertet auf. Der Kursanstieg bremst rückwirkend die Vergrößerung der Überschüsse in der Handelsbilanz. Ein Handelsbilanzdefizit bewirkt, dass die Nachfrage nach Währungen des Landes unter dessen Angebot sinkt. Die Währung wertet ab. Die Abwertung der Währung wirkt zurück und bremst die Erhöhung der Handelsbilanzdefizite. Auch hier gilt: Der Währungskurs ist nicht das Resultat der Handelsbilanz allein. Der Einfluss der Handelsbilanz kann von untergeordneter Bedeutung sein. Zinsunterschiede zwischen den Währungen, Preis- und Kostenrelationen, Kapitalexporte und Kapitalimporte, Kursänderungserwartungen, Devisenspekulationen und andere Einflussgrößen auf den Kurs könnten von stärkerem Gewicht sein.

Fazit: Empirisch sind gegensätzliche Konstellationen zwischen der Handelsbilanz und dem Währungskurs möglich, selbst wenn man vom Einfluss weiterer Faktoren auf beide Größen absieht. Überschüsse und Defizite in der Handelsbilanz sind jeweils mit hohen als auch mit niedrigen Währungskursen vereinbar:

Ursache	**Wirkung**
1. Niedriger oder sinkender Kurs	+ Handelsbilanzüberschuss
2. Hoher oder steigender Kurs	+ Handelsbilanzdefizite
3. Handelsbilanzüberschüsse	+ Hohe bzw. steigende Kurse
4. Handelsbilanzdefizite	+ Niedrige bzw. sinkende Kurse

Der empirische Befund zeigt, dass in der Realität die Konstellationen 3 und 4 dominieren. Der Zustand der Bilanz bestimmt den Kurs. Die Umkehrkausalität – Kurs ist Ursache, Handelsbilanz die Wirkung – dämpft den beherrschenden Ursache-Wirkungszusammenhang. Tendenziell kann das Wechselspiel zwischen Bilanzen und Kursen zu einem Gleichgewicht zwischen Exporten und Importen führen. Der Gleichgewichtskurs widerspiegele nach Gustav Cassel (1866-1945) die Kaufkraftparität zweier Währungen: 1 € = 1,20 $, weil die Waren, die 100.000 € kosten, auch für 120.000 $ zu haben sind. Dies ist eine weitere Vereinfachung. Der Kurs und die Handelsströme werden nicht nur durch die nationalen Unterschiede der Güterpreise bestimmt.

Löhne und Beschäftigung

Für »neoklassische« Ökonomen ist klar: Löhne bestimmten die Beschäftigung. Niedrige Löhne begünstigten, hohe Löhne erschwerten sie. Dem Denkschema »Weniger Lohn→ höhere Gewinne → mehr Investitionen → mehr Arbeitsplätze liegt die »Kartoffelmarktheorie« zugrunde. Der Arbeitsmarkt funktioniere so wie der für Kartoffel, Kraut und Rüben. Steigende Preise: das Angebot nehme zu, die Nachfrage sinke. Sinkende Preise: die Nachfrage nehme zu, das Angebot ab. Empirische Belege widersprechen der Auffassung, man könne den schlichten Zusammenhang eins zu eins auf den Arbeitsmarkt übertragen. Die Debatten in den 1960er Jahren zur Kapitaltheorie erschütterten sie auch logisch. In der sog. Cambridge-Cambridge-Kontroverse wurde die Position widerlegt, dass die Senkung der Löhne und ein Anstieg der Profite zwingend zu arbeitsintensiveren Fertigungen, also zu mehr Beschäftigung führten. (Grunert 2002) Doch die Mär gilt nach wie vor als *die* ökonomische Erkenntnis schlechthin. Gewerkschaften erzwängen überhöhte Löhne, erzeugten so Arbeitslosigkeit, weil sie die Arbeit teurer machten. Nur wenn die Arbeit billiger werde, würden die Unternehmer mehr Arbeitskräfte beschäftigen. Das ist die Quintessenz des »neoklassischen« Lohn-Beschäftigungs-Modells. Der neuseeländisch-britische Ökonom Alban W. Phillips hatte für fast ein Jahrhundert (1862-1957) den empirischen »Gegenbeweis« erbracht: Die Arbeitslosenquoten stiegen, wenn die nominalen Löhne sanken. Am niedrigsten waren die Arbeitslosenquoten bei hohen Nominallöhnen. (Phillips 1958: 283-299) Die herrschende Lehre musste dies auf das Höchste erregen. Der Zusammenfall von hohen und steigenden Löhnen mit niedriger und sinkender Arbeitslosigkeit passte nicht in ihr Konzept.

Was jetzt begann, ist »Anschauungsmaterial für Vorgehensweise und politische Funktion einer Form von Wirtschaftswissenschaft, die es hinsichtlich apologetischer Leidenschaft und argumentativer Skrupellosigkeit mit jedem fundamentalchristlichen Bible-Belt-Evangelisten aufnimmt«. (Wendt 2017: 182) Bürgerliche Ökonomen drechselten aus dem ihnen unangenehmen Zusammenhang, den Phillips' Zahlen belegen, Zug um Zug ein Argument gegen hohe Löhne, versuchten mit absurden Spitzfindigkeiten ihr Arbeitsmarktmodell zu retten. (vgl. Müller 2015: 419-426) Alle, die sich an dieser unglaublichen Apologetik beteiligten, bekamen die höchste Auszeichnung, die die Wirtschaftswissenschaften vergeben, den Nobelpreis: Samuelson, Solow, Friedman, Phelps, Sargent und Sims sowie Lucas. Spätere Untersuchungen bestätigten die Richtigkeit der Ergebnisse, die Phillips gefunden hatte. (z. B. Quaas, Klein 2011: 364)

In den Lehrbüchern wird verschwiegen, dass die von Phillips und später von anderen Ökonomen belegte Beziehung zwischen den Nominallöhnen und der Arbeitslosigkeit in der ökonomischen Theorie seit Jahrhunderten bekannt war. Adam Smith, David Ricardo und Karl Marx hatten sie begründet: Löhne folgen der Beschäftigungsdynamik. Ihre Höhe ist nicht Ursache, sie ist Wirkung der Arbeitslosigkeit. Die Beschäftigung bzw. die Arbeitslosigkeit sind abhängig von Produktion und Akkumulation: »Die Größe der Akkumulation ist die unabhängige Variable, die Lohngröße die abhängige, nicht umgekehrt«. (MEW 23: 648) Dabei war sich Marx der Rückwirkung des Lohnes, also der Wechselwirkung zwischen ihm und der Beschäftigung, bewusst: »Die Akkumulation erschlafft infolge des steigenden Arbeitspreises, weil der Stachel des Gewinns abstumpft. Die Akkumulation nimmt ab. Aber mit ihrer Abnahme verschwindet die Ursache ihrer Abnahme, nämlich die Disproportion zwischen Kapital und exploitabler Arbeitskraft. Der Mechanismus des kapitalistischen Reproduktionsprozesses beseitigt also selbst die Hindernisse, die er vorübergehend schafft. Der Arbeitspreis fällt wieder auf ein den Verwertungsbedürfnissen des Kapitals entsprechendes Niveau, ob dieses nun unter, über oder gleich mit dem Niveau, welches vor Eintritt des Lohnzuwachses als normal galt.« (MEW 23: 648)

Außerdem: Unternehmer stellen Arbeiter nicht aufgrund niedriger Löhne ein, sondern wenn die Aussichten günstig sind, die durch die Arbeiter produzierten Waren profitabel am Markt abzusetzen. Produktion und Investitionen bedürfen der Nachfrage. Mangelt es an Kaufkraft, unterbleiben sie. Die Ökonomen der »Neoklassik« bestreiten es: Einkommenszuwächse versickerten gemäß der marginalen Spar-, Steuer- und Importquote. Höhere Löhne bedeuteten höhere Kosten und so höhere Preise und sinkende Nachfrage. Dies koste Arbeitsplätze. Es werde das Gegenteil von dem erreicht, was beabsichtigt worden war. (Franz 2003: 281) Fritz Helmedag hat diese Einwände genannt, was sie sind: Milchmädchenrechnungen. Denn das Versickerungsargument gegen die Forderung, den privaten Verbrauch zu stärken, ignoriert kreislauftheoretische Zusammenhänge und die Wirkungen des Multiplikators. Steuern und Sozialbeiträge sind nicht per se stillgelegte Kaufkraft, sondern erhöhen über Ausgaben das Nachfragepotenzial. Der Konsum von Importwaren ermöglicht ausländischen Partner, deutsche Exporte zu finanzieren. Die vermeintlichen Ausfälle sind temporärer Natur. Mittel- und langfristig stützen sie eher das Kaufkraftargument anstatt es zu widerlegen. (Helmedag 2004: 513) Das Argument, Lohnerhöhungen wären eine Kostenbelastung, führten zu Preiserhöhungen oder/und Entlassungen, ist dann falsch, wenn die Lohnsteigerungen unter dem Produktivitätsanstieg bleiben. Im Gegenteil: Dann sinken die Stückkosten und erhöhen sich die Stückgewinne. Nur wenn die Lohnsteigerungen den Produktivitätszuwachs übertreffen, steigen Stückkosten und sinken Stückgewinne. Die Einkommensverteilung änderte sich dann zugunsten der Lohnempfänger. Selbst eine expansive Lohnpolitik – die Löhne steigen stärker als Produktivität und Preise zusammen – ist unter bestimmten Bedingungen mit einer Verbesserung der Gewinnsituation der Unternehmen vereinbar. (vgl. dazu Müller 2018: 87-97) Axiomatischer Teil der marxistischen Akkumulationstheorie: Die Entwicklung der Löhne ist eine Resultante der Beschäftigung. Löhne sind bestimmt durch die Nachfrage nach Arbeitskräften, können rückwirkend die Akkumulation hemmen und die Möglichkeiten der Beschäftigung erschweren, wenn sie die Verwertung des Kapitals beeinträchtigen.

Was zeigt uns die bürgerliche Interpretation des Zusammenhangs zwischen den Löhnen und der Beschäftigung von Arbeitskräften? Der erste, der »Nachfrageaspekt«, wird von Keynesianern betont. Hohe Löhne seien zwar mit hoher Beschäftigung, also einer geringen Erwerbslosigkeit, unter Einschluss des Lohn-Preis-Zirkels aber eben auch mit hohen Preisen verbunden. Arbeitslosigkeit und Inflation wären austauschbar. Die aus der Angebotssicht argumentierenden Theoretiker – wie die Neomonetaristen und die Vertreter der sogenannten »rationalen Erwartungen« – sagen umgekehrt, hohe Löhne verringerten die Beschäftigung, erhöhten die Arbeitslosigkeit und trieben zugleich die Preise in die Höhe. Arbeitslosigkeit ließe sich nicht mit Inflation beseitigen. Beiden, sich als absoluten Gegensatz begreifenden Deutungen, ist gemeinsam, außerstande zu sein, das von ihnen hervorgehobene Gegensätzliche als zu einer Einheit zugehörig zu verstehen. Während die formale Logik die Vereinbarkeit der beiden Aussagen ausschließt – hohe Löhne sind mit einer hohen Beschäftigung und hohe Löhne sind mit einer niedrigen Beschäftigung verknüpft –, erfasst die dialektische Logik die Relativität der Beziehung. Sinkende bzw. niedrige Löhne können Ausdruck dafür sein, dass die Nachfrage nach Arbeitskräften zurückgeht, weil Produktion und Investitionen erschlaffen. Rückwirkend können sie die Abnahme der Arbeitskräftenachfrage bremsen und unter günstigen volkswirtschaftlichen Gesamtbedingungen aufhalten. Es kann also richtig sein, dass sinkende Löhne eine abnehmende Beschäftigung begleiten. Sie sind dann Wirkung der nachlassenden Nachfrage nach Arbeitskräften. Es kann aber auch richtig sein, dass sinkende Löhne für eine kurze Zeit eine Zunahme der Beschäftigung begünstigen. Sinkende Löhne unterstützen die Bereitschaft der Unternehmer, Arbeitskräfte einzustellen. Bei entsprechender Konsequenz der Gewerkschaften können die Löhne im Maße der Zunahme der Beschäftigung selbst wieder steigen. Steigende Löhne sind demnach Wirkung einer zunehmenden Nachfrage nach Arbeitskräften. Rückwirkend können sie diese Nachfrage aber dämpfen.

Auch der Umkehrschluss zeigt also: Steigende Löhne sind mit einer abnehmenden und mit einer zunehmenden Nachfrage nach Arbeitskräften vereinbar. Im ersten Fall ist die Arbeitskräftenachfrage Wirkung, im zweiten Fall Ursache der Lohnentwicklung. Welche Seite in dieser Wechselbeziehung, in der die Elemente abwechselnd Ursache und Wirkung werden, in welchem Maße die jeweils andere beeinflusst bzw. selbst von der anderen beeinflusst wird, hängt als quantitatives Problem ab von der erreichten Relation und vom Zustand des diese Relation beeinflussenden Umfelds an Bedingungen. Das qualitative Problem ist aber das der Priorität, der bestimmenden Seite jener Einheit von Gegensätzen. Hier ist es so, dass der Lohn durch die Beschäftigung und diese durch den Umfang der Akkumulation bestimmt wird. Die Größe der Akkumulation ist selbst in erster Linie eine Funktion des Verwertungsgrades und des Verwertungsniveaus. *Sie* sind letztlich die entscheidenden Ausgangs- und Bestimmungsfaktoren, weil sie das Ziel des Handelns kapitalistischer Unternehmer am prägnantesten ausdrücken. Verwertung und Akkumulation sind die bestimmenden Seiten, die Rückwirkung des Lohnes auf die Akkumulation und die Größe der Beschäftigung sind davon abgeleitet.

Heiteres Rätselraten

Die Diskussion über die Geldpolitik zeigt alle Aspekte des Dilemmas wie in einem Prisma: den Irrtum, man könne komplexe Systeme gestalten, das Problem auf ausgewählte Aspekte beschränken und die Wechselbeziehungen ignorieren. Können Zentralbanken die Geldmenge und den Zins bestimmen? Wenn ja, können sie dadurch das Wirtschaftswachstum anregen, die Beschäftigung der Arbeitskräfte sichern, die Entwicklung der Preise kontrollieren und ein außenwirtschaftliches Gleichgewicht garantieren? Was ist dominant: Der Einfluss monetärer Größen auf die Produktion oder die der Produktion auf die Geldsphäre? Die Bestandsaufnahme der Diskussion zu diesen Fragen fällt chaotisch bis belustigend aus. Henryk Keisch (1913-1986) erzählt eine schöne Anekdote in der Zeitschrift »Die Weltbühne«: Der französische Parlamentspräsident Edgar Faure (1908-1988) beriet mit dem Gouverneur der Bank von Frankreich, was man gegen das Gespenst der Inflation tun könne. Nachdem sie stundenlang Dokumente studiert, Bilanzen hin und her geschaukelt, Jahresberichte gewälzt und Zahlenkolonnen addiert hatten, einigten sie sich, ohne Zögern das Notwendige zu unternehmen. Der Gouverneur erhob sich: »Herr Ministerpräsident, ich danke Ihnen für Ihre Bereitschaft, mich in meiner schwierigen Entscheidung zu unterstützen. Es macht Freude, mit einem sachverständigen Staatsmann zusammenzuarbeiten.« Edgar Faure lächelte: »Aber, mein Lieber, was dachten Sie denn von mir. Ich müsste ja der letzte Trottel sein, wollte ich mich ihren Vorschlägen und Ansichten verschließen. Für jeden, der nur ein bisschen von Wirtschaft versteht, liegt es auf der Hand, dass wir den Diskontsatz radikal senken müssen.« Der Diskontsatz – von ital. disconto, zu lat. discomputare für abrechnen –, ist der Zinssatz, zu dem eine Bank Wechsel an die Zentralbank verkaufen, d.h. rediskontieren kann. Damit kann sie sich kurzfristig Liquidität verschaffen. Der Diskontsatz wurde mit Wirkung seit 1. Januar 2002 durch den Basiszinssatz abgelöst. Der Gouverneur, inzwischen an der Tür angelangt, die Hand auf der Klinke, wandte sich noch einmal um. »Sie wollen sagen erhöhen. Ja, es liegt auf der Hand, aber nicht jeder versteht das auf Anhieb. Deshalb bin ich so glücklich, dass Sie, Herr Ministerpräsident, meine Ansicht teilen.« »Augenblick mal«, entgegnete Edgar Faure. »Was sagen Sie da? Wir waren uns doch einig. Der Diskontsatz ist der Schlüssel zu allem. Er muss gesenkt werden.« »Ja, er ist der Schlüssel zu allem. Also, darüber waren wir uns einig, er muss erhöht werden.« »Gesenkt!« »Erhöht!« »Gesenkt! Das drückt auf die Preise!« »Erhöht! Das drückt auf die Preise!« »Sehen Sie«, schließt Edgar Faure, wenn er vertrauten Freunden zu vorgerückter Stunde diese Episode erzählt und dabei an seiner Pfeife saugt, »sehen Sie, das nenne ich eine wissenschaftlich betriebene Wirtschaftspolitik!«

Experten wissen nicht, wie man Geldpolitik betreiben und was man mit ihr bewirken kann. Alles wird für möglich gehalten, sichere Kenntnisse fehlen. Die Notenbanken versorgen die Wirtschaft mit Zentralbankgeld und bestimmen dessen Menge. Die erste Aussage ist richtig, die zweite naheliegend – und falsch. Möchtegern-Experten versuchen den Eindruck zu erwecken, als hinge die Geldpolitik der Zentralbanken davon ab, was deren Präsidenten wollen. Doch der Einfluss der Mächtigen auf die zirkulierende Geldmenge und das Zinsniveau einer Volkswirtschaft ist überschaubar.

Egal, ob sie Bernanke, Yellen oder Powell, Duisenberg, Trichet oder Draghi heißen, ob sie Harvard, Yale oder eine x-beliebige Schule besucht haben, ob sie Ökonomen, Juristen oder Lehrer sind. Sie legen die Leitzinsen fest, kaufen und verkaufen Wertpapiere. Ihre Entscheidungsspielräume sind eng. Töricht die Vorstellung, sie zögen die Wirtschaft wie am Gängelband hinter sich her. Umgekehrt: Zentralbanken befinden sich im Schlepptau der Produzenten, Investoren, Verbraucher und der Geschäftsbanken. Die Manager in den Notenbanken können die Märkte nicht dirigieren. Sie und die von ihnen gelenkten Institutionen sind Teil einer Realität, auf deren Änderungen sie reagieren. Sie können dabei falsch liegen. Ihnen aber die Schuld zu geben für die großen ökonomischen Krisen und Depressionen überbewertet ihren Einfluss gewaltig.

Der amerikanische Wirtschaftswissenschaftler John K. Galbraith wusste, dass die Zentralbanken den Zins und die Geldmenge nicht steuern. Das Gegenteil zu behaupten, sei frommes Wunschdenken. Er hielt die Vorstellung für aberwitzig, die Zentralbankräte müssten nur an den Stellschrauben Geldmenge und Zins drehen, um die Wirtschaft auf Wachstum, Wohlstand und sozialen Ausgleich zu justieren. Und drehten sie in die falsche Richtung, wären Wirtschafts- und Finanzkrisen die Folge. Galbraith sprach den Zentralbanken sowohl im positiven als auch im negativen Sinne die vermeintliche Macht ab. Er war ein großer, hellsichtiger Ökonom, der, anders als viele Mainstream-Apologeten, nie Aussichten auf den Nobelpreis hatte.

Warum können die Zentralbanken die Menge des Geldes nicht bestimmen, das sie selbst ausgeben? Nationale Währung gelangt beispielsweise durch den Kauf von Devisen in den Umlauf. Im System fester Wechselkurse sind Zentralbanken zur Intervention verpflichtet. Sie müssen Devisen kaufen und verkaufen, wenn dies als notwendig erscheint, um den Kurs stabil zu halten. Wie viel sie kaufen müssen, hängt von der Höhe des Kurses und von der Stärke des Devisenzustroms und nicht vom Willen der Zentralbank ab. Wie viele Devisen die Zentralbank gegen nationales Geld wechseln muss, ist abhängig von den Güter- und Dienstleistungsexporten und den Kapitalimporten. Dahinter stecken millionenfache private Entscheidungen. Die Ausgabe von Zentralbankgeld durch den Kauf von Wertpapieren gelingt, wenn die Geschäftsbanken und Unternehmen solche Papiere verkaufen wollen. Zentralbanken sind darauf angewiesen, dass die Banken bei ihren geplanten Deals mitwirken. Haben diese keinen zusätzlichen Geldbedarf, weil die

Kreditnachfrage der Unternehmen und Haushalte gering ist, scheitert der Versuch der Zentralbank, den Bankensektor mit billigem Geld zu fluten. Die Hoffnung trügt, die Akteure der Wirtschaft würden kaufen und produzieren, versuchte man, sie mit Money zu überschwemmen. Selbstdarstellungen der Zentralbank, besonders die Ankündigung von Geldmengenzielen, täuschen Machbarkeit vor. Dieses seit Mitte der 1970er Jahre auch in Europa gängige Ritual entlarvt die sogenannte Geldpolitik als reine Scharlatanerie. Die Europäische Zentralbank (EZB) setzt das von der Bundesbank praktizierte Theater leicht verändert fort, tauscht allenfalls die Kulissen im potemkinschen Dorf. Sie tut so, als setze sie sich Geldmengenziele, die sie konsequent anstrebe. Nichts dergleichen passiert. Über die Höhe und Entwicklung der Geldmenge entscheidet keine Zentralbank. Die zirkulierende Geldmenge wird bestimmt durch das Wachstum der Produktion, den Preisanstieg und die Umlaufgeschwindigkeit des Geldes. Darauf hat die Zentralbank keinen direkten Einfluss. Entscheidend ist das Verhalten der Unternehmen und Konsumenten. Zentralbanken versuchen, die mögliche Veränderung dieser Bestimmungsfaktoren zu schätzen und daraus auf das voraussichtliche Wachstum der Geldmenge zu schließen, meist in Form einer Bandbreite, eines »Zielkorridors« von zwei bis drei Prozent. Die »Vorgabe« der Ziele ist nichts anderes als ein heiteres Ratespiel. So zu tun, als entscheide die Zentralbank innerhalb dieses Procedere über die Höhe der zirkulierenden Geldmenge, ist irreführend. Über sie entscheidet der Bedarf der Wirtschaft.

Warum kann die Zentralbank nicht das Zinsniveau bestimmen? Die Zinsen variieren in Abhängigkeit von Angebot und Nachfrage auf den Finanzmärkten. Diese werden bei aller relativen Selbständigkeit bestimmt durch Änderungen auf den Gütermärkten. Die Nachfrage steigt im Aufschwung auf allen Märkten, mit ihr die Preise und Zinsen. In der Krise sinken Nachfrage, Preise und Zinsen. Schon einmal, in der großen Depression der 1930er Jahre standen in den USA und Großbritannien die kurzfristigen Zinsen nahe Null. Auch die langfristigen Sätze lagen auf historischen Tiefstständen. In den USA endet die Ära sehr niedriger Zinsen in den 1950er Jahren; seit der Jahrtausendwende ist sie zurück. Japan hat seit Mitte der 1990er Jahre Niedrigstzinsen. Wenn wegen Angebotsüberschüssen auf den Finanzmärkten die Nachfrage nach Krediten der Zentralbank sinkt und die Geschäftsbanken Überschüsse zur ihr transferieren, wird diese früher oder später mit der Rücknahme ihrer Zinsen reagieren.

Mainstream-Ökonomen, mitunter sogar linke Autoren, loben die Zentralbank, wenn diese in der Rezession die Zinsen senkt und im Aufschwung erhöht. Mit Mut, Klugheit oder mit Besonnenheit hat diese Politik nichts zu tun. Eher mit Zwang. Die Zinskorrekturen vollziehen sich vorher auf den Märkten von allein. Die Notenbanken geben dem von den Finanzmärkten kommenden Druck nach, auch wenn, das soll nicht bestritten werden, ihre Ankündigungen Bewegungen der Marktzinsen auslösen können. Der Versuch, gegen die Kräfte des Marktes zu steuern, wäre chancenlos. Erhebt die Zentralbank Negativzinsen auf Einlagen, weil sie will, dass die Geschäftsbanken ihr Geld nicht zu ihr bringen, sondern den Unternehmen und Verbrauchern leihen, ist noch kein einziger Euro oder Dollar als Kredit in den Umlauf gelangt. Die expansive Geldpolitik der EZB bewirkt, dass die Buchgeldbestände bei den Geschäftsbanken wachsen. Sie kann keine Nachfrage schaffen. Billiges Geld kommt bei den produzierenden Unternehmen nicht an, wenn diese nicht bereit sind, es anzunehmen.

Der Zins ist Teil des Profits; er muss erwirtschaftet werden. Welcher Unternehmer nimmt einen Kredit, selbst einen zinslosen, wenn er die mit ihm produzierten Waren nicht absetzen kann? Banken können Kredite vergeben, wenn die Unternehmen und privaten Haushalte sie wollen. Und wenn diese die Geschäftsbanken mit ihren Ertragsprognosen und Sicherheiten überzeugen. Wo niemand oder Wenige Kredite brauchen, sind die Zinsen mickrig. Die Zentralbanker glauben, das Pferd von hinten aufzäumen zu können: Niedrige Zinsen, billiges Geld erhöhe die Kreditnachfrage und könnte die Wirtschaft in Schwung bringen. Unlogisch ist das nicht, funktioniert aber nur unter zusätzlichen Voraussetzungen. Selbstverständlich nehmen die Leute lieber Kredite zu niedrigen als zu hohen Zinsen auf. Was eine erleichterte Versorgung mit Zentralbankgeld bringt, hängt ab von der Lage auf den Gütermärkten. Ein Unternehmen will Kredite und ist kreditwürdig, wenn seine Produkte nachgefragt werden und es mit Gewinn produziert. Ist der Bedarf gesättigt und die Leute haben kein Geld, um zu kaufen, brauchen die Unternehmen keine Kredite. Die Banken bleiben auf ihren Überschüssen sitzen. Das ist der Grund, weshalb das Geschäft mit Bankkrediten trotz niedriger Zinsen stagnieren kann. An seine Stelle tritt die Spekulation. Überreichliche Liquidität ergießt sich über die Finanzmärkte. Kurse steigen, und es bilden sich die berüchtigten Blasen.

Der Anlagenotstand ist kein kurzzeitiges Phänomen. John M. Keynes

(1883-1946) und Jean Fourastié (1907-1990) ahnten, dass es langfristig an profitablen Möglichkeiten mangeln würde, Geld anzulegen. Die Sättigung der kaufkraftstarken Haushalte, die durch Produktinnovationen und Werbung gebremst, aber nicht aufgehalten werden kann, Arbeitslosigkeit und Prekarisierung, der Rückgang der Bevölkerungszahl begründen eine anhaltende Konsum- und Investitionsschwäche. Das Wirtschaftswachstum in entwickelten Volkswirtschaften geht in Stagnation über. Sollte sich dies bewahrheiten, wofür die seit Jahren sinkenden Wachstumsraten in den entwickelten Ländern sprechen, werden die Zinsen nahe Null bleiben. Es kommt, wie Keynes vermutete, der »sanfte Tod des Rentiers«, eine Zeit, in der niemand mehr von Zinsen leben kann. Goldene Jahre werden das nicht sein, denn nach wie vor steht der Profit über allem. Egal, was die Notenbankpräsidenten denken oder wollen und die Kritiker ihnen vorwerfen.

Umgekehrte Transmission

Der Theorie ist das Dilemma nicht entgangen. Sie gibt zu, dass die Zentralbankgeldmenge nicht direkt von der Zentralbank gesteuert werden kann. Ganz im Gegenteil: Zentralbanken stellen stets so viel Geld zur Verfügung, wie Banken und Publikum benötigen. Sie können darüber hinaus zusätzliches Geld vorhalten, aber nicht erzwingen, dass es abgerufen wird. Man hätte aufgrund dieser Einsicht erwarten können, dass verstärkt die tatsächlichen Wechselbeziehungen zwischen der Sphäre des Geldes und der Güterproduktion erforscht würden. Doch dies erfolgt nicht. Alle Lehrbücher der Geldtheorie und Geldpolitik beschreiben unbeeindruckt von den realen Gegebenheiten in aller Ausführlichkeit, über welche Wege Geldmengen- und Zinsimpulse der Zentralbanken die Güterwirtschaft erreichen und welche Wirkungen sie dort auslösen. Natürlich kann man so fragen, solange man sich bewusst ist, dass Geldmenge und Zins keine Größen sind, die irgendeine Institution administrativ vorgibt, sondern endogene, monetäre Resultate wirtschaftlichen Handelns, auf das sie zurückwirken. Es geht um die Rückwirkung des Monetären auf das Güterwirtschaftliche, wobei die Zentralbank keine unbedeutende Rolle spielt. Die wirtschaftlichen Bedingungen, auf die ein Geldimpuls trifft, können so vielfältig sein, dass dessen Wirkungen im Voraus nicht beurteilt werden können. »Wie diese Übertragungswege, die Transmissionsmechanismen, zwischen monetären Impulsen und bestimmten realen oder nominalen Größen genau aussehen und welche zeitlichen

Verzögerungen (time lags) bestehen, ist weder theoretisch noch empirisch klar.« (Görgens, Ruckriegel, Seitz 2014: 272) Das ist kein Wunder: Schließlich werden Produktion, Investition, Preise und Beschäftigung nicht nur durch Geldmengen und Zinsen bestimmt. Zwar kann man Modelle konstruieren, die den Weg durch Restriktionen so abstecken, dass sich der Impuls ungehindert fortzupflanzen vermag und das vorgegebene Ende des Weges erreicht. Die Wirkungskette ist dann zumindest theoretisch so vorstellbar.

Die Modelle, so unterschiedlich sie auch konstruiert sein mögen, laufen im Kern darauf hinaus, dass durch ein Wachstum der Geldmenge und Zinssenkungen die *produktiven* Anlagen bevorzugt werden, weil sich deren Rendite relativ dadurch verbessert, dass die der anderen Anlagen, z.B. auf den Geld- und Geldkapitalmärkten, sich verschlechtert. Und dass durch die Verringerung der Geldmenge und steigende Zinsen die *produktiven* Anlagen ausgelassen werden, weil sich deren Rendite relativ dadurch verschlechtert, dass die der anderen Anlagen, z.B. auf den Geld- und Geldkapitalmärkten, sich verbessert. Die Unterschiede in der Interpretation des Transmissionswegs zwischen Monetaristen und Keynesianern betreffen die Annahmen, die für die Fortsetzung des monetären Impulses getroffen werden. Im Keynesianismus ist der Grad der geldpolitischen Wirksamkeit von den Zinselastizitäten abhängig. Bei hoher Zinselastizität der Investitionen könnten eine expansive Geldmengenpolitik und niedrige Zinsen Investitionen und Produktionen beleben. Bei niedriger Zinselastizität der Geldnachfrage würde der monetäre Impuls lediglich zur Aufstockung der Bargeldbestände führen und den Zins auf hohem Niveau belassen. Das sind reine Tautologien. Sie »erklären« das zu Erklärende mit sich selbst. Eine Wissenschaft, die sich mit der Feststellung von Tautologien begnügt, begeht Suizid. Ist die Zinselastizität hoch, heißt das, dass die Investitionen stark auf die Änderung der Zinsen reagieren. Ist sie niedrig, ist die Reaktion schwach. Die Frage, die zu untersuchen wäre, lautet anders: *warum* sind die Zinselastizitäten der Investitionen manchmal hoch und ein anderes Mal niedrig? Diese Frage würde den Weg freimachen zur Erkenntnis der Gesamtzusammenhänge. Dass die konstruierten Wirkungsketten von Substitutionsbeziehungen zwischen den Vermögensarten so oder so ähnlich ablaufen können, ist nicht widerlegbar, solange die engen Modellprämissen akzeptiert werden. Dass sie so ablaufen müssten, ist keineswegs zwingend. Angezweifelt werden können viele Teilwirkungen in jenen ersonnenen Wirkungsketten.

Die herkömmlichen Transmissionsdeutungen beruhen auf monokausalen, wenn auch zu Wirkungsketten verflochtenen Beziehungen. Sie ignorieren weitgehend, dass andere Abläufe und Blockaden realistisch sind. Die Profitabilität der verschiedenen Anlagearten wird als ein Problem des Verhältnisses zwischen dem Angebot und der Nachfrage betrachtet, was sie auch, aber nicht nur ist. Ob zusätzliches Geld auf den Finanzmärkten in Form längerfristiger Einlagen, Kredittilgungen oder den Erwerb von Bankschuldverschreibungen aufgesogen wird, in Konsumtionsmittel verwandelt oder produktiv angelegt wird, und wie sich dabei Zins-, Profit- Mehrwertraten und Preise ändern, hängt von einem Bedingungsgefüge ab, das selbst variabel ist. Absatzchancen, die Marktmacht der Anbieter, der Neuigkeitsgrad der Produkte und Leistungen, zahlungsfähige Nachfrage und Nachfragepräferenzen, Sättigungsgrade, technischer Fortschritt und Produktivität sowie Kapitalzusammensetzungen bestimmen die Profitrate, von der Produktion und Akkumulation sehr viel mehr abhängen, als von Geldmengen und Bankzinsen. Verallgemeinerungen sind daher spekulativ, beruhen auf rudimentären Annahmen. Monetäre Impulse, kommt es überhaupt zu ihnen, beeinflussen bestenfalls Kreditkosten, Liquidität, Kassenbestände und so die Finanzierbarkeit der Investitionen. Die Bereitschaft, sie vorzunehmen, Geldkapital in produktives Kapital zu verwandeln, ist damit keineswegs hinreichend bestimmt. Mehrjährige Niedrigzinsphasen in vielen Ländern zeigen es.

Transmissionsmodelle simulieren den Weg eines Geldmengen- oder Zinsimpulses bis in die Produktion hinein. So umfangreich und gut begründet die Zweifel am Zustandekommen der Impulse und an den ihnen nachgesagten Wirkungen auch sind, sie sind nicht der entscheidende Einwand gegen diese Art von Ökonomik, die keine Wechselbeziehungen kennt. Man muss zunächst anerkennen, dass sich monetäre und güterwirtschaftliche Sphäre wechselseitig beeinflussen. Und dann fragen, welche Seite im Wechselspiel Priorität besitzt. Ich kenne kein Lehrbuch, das diese Frage stellt. Vieles (z. B. Dimensionen, Abläufe) spricht dafür, dass der güterwirtschaftliche Sektor originär ist und dominiert, der Geldsektor davon abgeleitet ist, reagiert und zurückwirkt. Es kann durchaus Konstellationen geben, bei denen der Einfluss des Geldsektors auf die Güterproduktion stärker ist als die Einflüsse der letzten auf den ersten. Grundsätzlich aber dominieren die güterwirtschaftlichen die monetären Verhältnisse und nicht umgekehrt. So ergeben sich entgegengesetzte Wirkungsketten, die die herkömmliche Geldwirkungs- und Transmissionslehren zwar nicht widerlegen. Sie ergänzen sie und zeigen, dass eine Umkehrung der Ursache-Wirkungsbeziehungen plausibel und die Fokussierung einzig auf Ausstrahlungen des Geldsektors auf die produzierenden Unternehmen einseitig ist.

Unternehmen und Haushalte entscheiden über ihre Investitions- und Konsumausgaben, begründen damit die volkswirtschaftliche Gesamtnachfrage, nach der sich die monetären Größen richten. Die Zentralbanken reagieren und wirken auf die Prozesse, die ihr Verhalten bestimmen. Man kann sich vorstellen, dass im konjunkturellen Aufschwung folgendes geschieht: Eine anhaltende und steigende Nachfrage nach Konsumgütern und Dienstleistungen, verursacht durch eine Zunahme der Massenkaufkraft, Präferenzwandel und neue Produkte, unterstützt durch niedrige Sollzinsen für Kredite, hohe Wertpapierkurse und niedrige Wertpapierrenditen – die Nachfrage nach Wertpapieren lohnt sich nicht – stimulieren Produktion und Güterangebot. Die verstärkte Nachfrage der Konsumenten nach neuen Gütern und Dienstleistungen führt, abhängig vom Grad der Kapazitätsauslastung, zu einer verstärkten Nachfrage der Unternehmen nach Produktionsfaktoren und Vorprodukten. Die massenhafte Anlage von neuem Kapital ist jetzt zu günstigen Profitraten möglich. Die Investitionen nehmen zu. Dadurch steigt auch die Nachfrage nach Bankkrediten und die Bereitschaft der Banken, sie zu gewähren. Der erhöhte Bedarf an fremden Finanzierungsmitteln resultiert aus dem Mengenwachstum auf den Konsumgüter- und Investitionsgütermärkten und daraus, dass die Zunahme der wirtschaftlichen Aktivität mit Preissteigerungen bei Konsumgütern, Dienstleistungen und Investitionsgütern verbunden ist. Mehr Geld wird benötigt, um den Aufschwung zu finanzieren. Auf die verstärkte Nachfrage der Unternehmen und Konsumenten nach Krediten reagieren die Geschäftsbanken, indem sie die Sollzinsen erhöhen. Der Anstieg der Banksollzinsen ist zugleich Voraussetzung und Anreiz für die Banken, die gestiegene Kreditnachfrage zu befriedigen. Die Erträge der Banken steigen und mit ihnen die Erwartung, dass dies eine Weile so bleibt. Die zunehmende Bereitschaft der Banken bei steigenden Sollzinssätzen die Kreditgewährung zu erleichtern und zu erhöhen, begründet zusätzlichen Refinanzierungsbedarf. Abhängig ist dieser auch von der freien Liquiditätsquote und der Entscheidung, deren Größe zu ändern. Der zusätzliche langfristige Refinanzierungsbedarf der Banken, hervorgerufen durch die Belebung der Investitionen, bewirkt bei gegebenem Angebot am Geldkapitalmarkt, dass die Kapitalmarktzinsen steigen. Der Anstieg der Zinsen am Geldkapitalmarkt kann durch Arbitragevorgänge auf den Geldmarkt überschwappen. In dem Maße wie die Kapitalmarktzinsen steigen, lohnt es sich, die Kapitalmarktkredite durch revolvierende kurzfristige Engagements zu substituieren, wodurch die Zinsen am Geldmarkt ebenfalls steigen werden. Der Anstieg der Marktzinsen verschlechtert die Refinanzierungsbedingungen am Geld- und Kapitalmarkt und veranlasst die Geschäftsbanken, verstärkt das Kreditangebot der Zentralbanken zu nutzen. Die sich zur Zentralbank verlagernde Kreditnachfrage ist der Grund, dass sich auch die Zentralbanken früher oder später zur Erhöhung ihrer Zinsen entschließen werden. Der vom Markt kommende Druck ist die Ursache dafür, dass die Zentralbank ihre Zinsen korrigiert.

Mit umgekehrten Vorzeichen laufen die Anpassungen zwischen der Güterwirtschaft und der monetären Sphäre in einer konjunkturellen Krise. Etwa so, die Aufeinanderfolge kann variieren: Die zyklische Überproduktion an Gütern, Überakkumulation an Kapital, Reallohnrückgang und das Zurückbleiben der zahlungsfähigen Nachfrage und ein hohes Zinsniveau – der Aufschwung wurde v. a. durch Kredite finanziert – führen dazu, dass die Profitrate abnimmt, die Umsätze zurückgehen und die Produktion eingeschränkt wird. Die zurückbleibende Nachfrage nach Konsumgütern und Dienstleistungen führt dazu, dass auch die Nachfrage nach Investitionsgütern, Vorprodukten und Vorleistungen abnimmt. Die Neuanlage von Kapital ist ohne Sinn, weil unprofitabel geworden. War der zu Ende gegangene Aufschwung mit einer spekulativen Blasenbildung an den Warenbörsen verbunden, sind die negativen Signale aus der Produktion ein Grund, dass die Spekulanten Angst vor der eigenen Courage bekommen und verstärkt verkaufen. Der Herdentrieb setzt ein und bewirkt, dass die Blasen platzen. Der Verlust an Börsenwerten wirkt negativ auf Konsum- und Investitionsbereitschaft zurück. Die flächendeckenden Überschüsse auf den Güter- und Faktormärkten führen dazu, dass die Nachfrage der produktiven Investoren nach Bankkrediten sinkt. Der gesunkene Bedarf an fremden Finanzierungsmitteln resultiert aus dem Mengenrückgang auf den Gütermärkten und daraus, dass die Abnahme der wirtschaftlichen Aktivität damit verbunden ist, dass die Preissteigerungen geringer ausfallen, partiell Preise auch sinken. Kredite werden nicht nachgefragt, weil kein zusätzliches Geld in dieser Situation benötigt wird. Fällt dies alles mit einer Kreditkrise zusammen, können faule Kredite von den Schuldnern nicht zurückgezahlt werden, entsteht allerdings ein hoher Geldbedarf im Finanzsektor. Der Staat schanzt angeschlagenen Banken Milliardenbeträge zu, um sie vor dem Ruin zu retten. Das Geld wird vom Kapitaldienst aufgesaugt. Das güterwirtschaftliche Problem lösen sie nicht. Produktive Geldkreisläufe kommen so nicht in Gang. Die abgeschwächte Nachfrage der Unternehmen und Verbraucher nach Krediten veranlasst die Geschäftsbanken, die Sollzinsen senken. Der Rückgang dieser Zinsen ist Wirkung der gesunkenen Kreditnachfrage. Mit ihm verbinden die Banken die Hoffnung, den Nachfragerückgang zu bremsen, denn je niedriger die Nachfrage nach Krediten, umso geringer ist der Bankenertrag. Die abnehmende Möglichkeit, bei sinkenden Sollzinsen Kredite zu gewähren, senkt den Refinanzierungsbedarf der Banken. Der rückläufige Bedarf der Geschäftsbanken an Refinanzierungsmitteln, hervorgerufen durch das Nachlassen der Investitionstätigkeit, wird bei gegebenem Angebot am Geldkapitalmarkt die Kapitalmarktzinsen sinken lassen. Der Rückgang der Zinsen am Geldkapitalmarkt kann durch Arbitragevorgänge auf den Geldmarkt überschwappen. In dem Maße, wie die Kapitalmarktzinsen sinken, lohnt es sich, Überschüsse am Geldmarkt anzubieten, wodurch auch die Zinsen dort sinken werden. Der Rückgang der Marktzinsen verbessert die Refinanzierungsbedingungen an den Geld- und Kapitalmärkten. Er veranlasst die Geschäftsbanken, verstärkt das Kreditangebot dieser Märkte zu nutzen und Angebotsüberschüsse zur Zentralbank zu verlagern. Diese Veränderungen führen dazu, dass sich Zentralbanken früher oder später zur Senkung ihrer Zinsen entschließen werden.

Die Leitzinssenkungen der Zentralbanken sind Reaktion auf Impulse, die von den Märkten kommen. Die Hoffnung, dass die Banken mehr Kredite vergeben, weil sie sich zu null oder zu ganz wenig Kosten Geld bei ihren Notenbanken holen können, erfüllt sich so lange nicht, wie die Unternehmen keine Kredite brauchen. Während des Abschwungs kommt es zu positiven, die Rezession abschwächenden Rückkopplungseffekten. Die Verringerung der Zinssätze und damit der Renditen für Zinspapiere bei steigenden Wertpapierkursen – abnehmende Kreditnachfrage = abnehmendes Wertpapierangebot – führen dazu, dass die gesamtwirtschaftliche Güternachfrage aufhört, weiter zu sinken. So und verstärkt durch andere Faktoren, erzeugt die Rezession die Voraussetzung für ihr Ende. Die Rezession wird sich abschwächen und zu Ende gehen. Das wird auch dadurch bewirkt, dass in dem Maße, wie Rezession und Kaufzurückhaltung noch dominieren, das wachsende Antirezessionspotenzial an materiellen und finanziellen Ressourcen, verbunden mit einem niedrigen Preisniveau auf den Güter- und Faktormärkten, die Nachfrage der Unternehmen auf diesen Märkten und – zeitlich verzögert – auch die Nachfrage auf den Geld- und Geldkapitalmärkten steigen lassen wird.

Die Geldtheorie ignoriert die Einflüsse des güterwirtschaftlichen auf den monetären Sektor. Sie ist sich bis heute unklar über die Stellung der Geldpolitik im widersprüchlichen Zusammenhang zwischen den Elementen der monetären und güterwirtschaftlichen Sphäre. Vorhandenes Partialwissen muss angereichert und systematisch nach seinem inneren Zusammenhang geordnet werden. Einige Anstöße dazu habe ich an anderer Stelle zu geben versucht. (Müller 2015: 473-486)

4. Vier plus Vier ist gleich Drei?

Teil und Ganzes

Die Relativität der Verhältnisse zeigt sich auch darin, dass Kategorien, Prozesse und ihre Wirkungen unterschiedliche Aspekte und Eigenschaften aufweisen in Abhängigkeit davon, ob man sie aus der Einzelperspektive oder aus Ganzheitssicht betrachtet. Auf die Wirtschaft bezogen: Wir müssen gleiche Kategorien und Vorgänge unterschiedlich beurteilen, je nachdem ob wir uns für ihre betriebswirtschaftlichen, mikroökonomischen oder makroökonomischen Eigenschaften interessieren. Wir stoßen auf eine ungewöhnliche Dialektik zwischen dem Teil und dem Ganzen, auf widersprüchliche Wechselbeziehungen, die nicht auf die Ökonomie beschränkt sind. Aristoteles soll der Erste gewesen sein, der erkannt habe, dass das Ganze nicht gleich der Summe der Teile ist. Vier plus vier also doch nicht gleich acht? Die Summe aller Betriebe ist die Gesamtheit der Betriebe einer Region oder einer Volkswirtschaft, insofern, rein rechnerisch gesehen, ist sie doch das Ganze. Aber die Summe ist nicht das Wesen des Ganzen. Die Quantität schlägt um in eine neue Qualität.

Als begeisterter Junge wartete ich im ausverkauften Stadion auf die Ankunft der Friedensfahrer. Im Stadion gab es damals, in den 1950er Jahren, von der Tribüne abgesehen, nur Stehplätze. Die Leute waren Stunden vor der

Zielankunft der Rennfahrer da, um sich gute Plätze zu sichern. Die meisten hatten sich gesetzt, weil langes Stehen ermüdet. Kurz vor dem großen Ereignis erhoben sich die Ersten, um besser sehen zu können, wenn die Radrennfahrer in der Stadioneinfahrt auftauchten. Sie behinderten die Sicht der hinter ihnen Sitzenden, die nach vergeblichen Protesten, sich nach und nach auch erhoben, um nicht schlechter zu sehen. Innerhalb weniger Minuten waren alle Zuschauer aufgestanden. Um besser sehen zu können, der Erzielung eines Vorteils wegen, oder um nicht schlechter sehen zu müssen, der Vermeidung eines Nachteils wegen. Das Ergebnis war frappierend: Nachdem sich alle erhoben hatten, sah keiner besser als er vorher im Sitzen gesehen hatte. Sie mussten erkennen, dass Handlungen, die dem Einzelnen Vorteile bringen oder Nachteile ersparen, und die glücken, solange Einzelne es tun, ergebnislos bleiben oder zu ungewollten Ergebnissen führen, wenn alle es tun. Tun alle, was aus der Sicht des Einzelnen richtig ist, tritt kein Vorteil ein, weder für den Einzelnen, noch für alle Einzelnen, die Gesamtheit. Die vorübergehenden Vorteile schwinden, überwunden geglaubte Nachteile kehren zurück. Die missliche Lage ist ohne Eingriffe von außen irreversibel. Keiner will sich wieder setzen, denn der Erste, der sich setzt, hat einen Nachteil. Er sieht schlechter oder nichts mehr. Den Ersten, der seine Handlungen korrigiert, wird es nicht geben. Eine zentrale Steuerung könnte Erfolg haben: Über den Stadionlautsprecher müssten die Zuschauer aufgefordert werden, sich wieder zu setzen.

Das Problem nennt man Emergenz, von emerge, auftauchen. Sie ist ein weiteres Merkmal komplexer Systeme. Die Wechselbeziehungen zwischen den Teilen führen auf einer höheren Ordnung des Systems zu neuen Eigenschaften, die die Teile nicht besitzen. Von Emergenz spricht man, wenn auf der Ebene des Gesamtsystems eine Eigenschaft *auftaucht*, die keine seiner Teile aufweist. Ein System besteht aus mehreren Ebenen. Die Emergenz betrifft das Verhältnis der Ebenen, z. B. zwischen den einzelnen und allen Zuschauern, zwischen Teil und Ganzem, zwischen Mikro- und Makroebene – für die Wirtschaftswissenschaften eine fundamentale Unterscheidung. Die Wirkungen auf höheren Organisationsebenen können nicht linear aus Wirkungen auf unteren Ebenen abgeleitet werden. Prozesse, Handlungen, die Wechselwirkungen der Kategorien auf unteren Ebenen führen auf der Gesamt- bzw. oberen Ebene zu neuen Erscheinungen, z. T. zu unerwarteten Eigenschaften, die aus Sicht der unteren Ebene unverständlich sind. Natrium und Chlor sind zwei giftige Substanzen. Ihre chemische Verbindung ergibt kein doppelt so starkes Gift, sondern das relativ harmlose Kochsalz NaCl, Natriumchlorid. Die Merkmale des Wasserstoffs und die des Sauerstoffs verschwinden, wenn sich beide Elemente zu Wasser zusammenfügen. Die Eigenschaften des Wassers unterscheiden sich von denen seiner Ausgangsstoffe. Sie entstehen erst durch das Zusammenwirken der Komponenten, dann, wenn sich die Elektronenhüllen der Wasserstoff- und Sauerstoffmoleküle gegenseitig durchdringen.

So ähnlich auch das Bewusstsein: es beruht auf neuronalen Prozessen, die selbst über kein Bewusstsein verfügen. Die Zelle ist noch kein Mensch, der Wald noch kein Baum, der Betrieb ist nicht die Volkswirtschaft. Weitere Beispiele für Emergenz sind Verkehrsstaus, Insektenkolonien und Vogelschwärme. Die V-Form eines Vogelschwarms resultiert nicht daraus, »dass ein Vogel als Anführer ausgewählt wird, hinter dem sich die anderen Vögel einreihen. Vielmehr resultiert das Verhalten jedes Vogels aus dem Verhalten der ihm benachbarten Vögel. Die V-Form ist weder geplant noch zentral gesteuert, sie resultiert aus einfachen paarweisen Interaktionsregeln. Höherstufige Regelmäßigkeiten sind so oft das Resultat einfacher Regeln und lokaler Interaktion auf einer niedrigeren Stufe.« (Sawyer 2011: 188)

Die Sozialwissenschaften sind reich an emergenten Sachverhalten. Soziale Makrophänomene werden als »emergent bezeichnet, wenn sie in einem Prozess durch die Operation der Systemteile oder der Elemente auf der Mikroebene hervorgebracht werden und diesen gegenüber »neue« oder »andersartige« Eigenschaften aufweisen.« (Mayntz 2011: 166) Der französische Soziologe Émile Durkheim hielt es für falsch, soziale Phänomene nur als die Summe individueller Handlungen zu begreifen. Verborgene Kräfte und Zusammenhänge bewirkten, dass die Resultate des Handelns mit deren Motiven wenig oder nichts zu tun haben. Auch Max Weber (1864-1920) nannte es eine Grundtatsache aller Geschichte, dass das Resultat politischen Handelns »oft in geradezu paradoxem Verhältnis zu seinem ursprünglichen Sinn steht.« (Weber 1919: 64f) Friedrich Engels hat, ohne von Emergenz zu sprechen, das Problem klar benannt. Er wusste, dass Konflikte zwischen Einzelnen zu unvorhergesehenen Resultaten führen konnten. »Denn was jeder Einzelne will, wird von jedem anderen verhindert, und was herauskommt, ist etwas, was keiner gewollt hat«, schrieb er an Joseph Bloch. (MEW 37: 462-465) Das ist ein Aspekt der Selbstorganisation sozialer Systeme, denen oft eine chaotische Dynamik zugrunde liegt und deren Entwicklung meist nicht vorausgesagt noch von außen geplant und gesteuert werden kann.

Das Rätsel scheint kompliziert zu sein: Wie kann eine Eigenschaft höherer Ordnung, der Volkswirtschaft, aus Vorgängen auf niederen Ordnungen, aus dem Verhalten der Betriebe und Haushalte, der Produzenten und Verbraucher erklärt werden, zugleich aber etwas Neues sein, das den Eigenschaften und dem Tun der Akteure auf den niederen Ebenen widerspricht? Und wie wirkt das Ganze kausal auf seine Teile, die Produzenten, Investoren, Konsumenten usw. zurück? So haben Wirtschaftskrisen ihre Ursache im Grundwiderspruch des Kapitalismus. Die Unternehmen organisieren ihr Tun perfekt, planen pedantisch ihre Vorhaben, organisieren effizient ihre Produktion. Von der Forschung über die Arbeitsvorbereitung und Produktion bis zum Absatz haben sie alles im Griff. Alle Abläufe sind bestens koordiniert. Millionen Unternehmer und Manager entscheiden, was sie kaufen, produzieren und verkaufen wollen. Aber individuelle, freie, mehr oder weniger rationale Entscheidungen, Planung und Organisation in den Betrieben führen zu Chaos, Irrationalität und Willkür in der Volkswirtschaft. Selbst wenn sie alle wüssten, was sich maximal verkaufen lässt, ist die Kollision unvermeidlich. Denn jeder produziert gegen jeden, will der Erste unter Vielen sein, will mehr verkaufen als die anderen. Die Konkurrenz und die Jagd nach Profiten stoßen die Volkswirtschaft in Anarchie. Unordnung und Planlosigkeit im großen Maßstab sind die Kehrseite einzelwirtschaftlicher Gründlichkeit. Individuell sorgsam bedachte Festlegungen erweisen sich als falsch. Der Markt versagt der individuellen Arbeit die gesellschaftliche Anerkennung. Pedanterie im Einzelnen blockiert das Miteinander, lähmt das Ganze. Konjunkturen, der Wechsel von Prosperität und Krise, die Zyklen der Industrie, des Handels und des Kredits, das Schwanken der Marktpreise und Zinsen sind das Ergebnis des bewussten, rationalen und irrationalen Handelns der einzelnen Wirtschaftsakteure. Doch sind sie nicht von ihnen gewollt. Sie erscheinen »ihnen als übermächtige, sie willenlos beherrschende Naturgesetze, (die) sich ihnen gegenüber als blinde Notwendigkeit geltend machen.« (MEW 25: 839) Der Widerspruch spitzt sich periodisch zu zwischen dem, was privat produziert und dem, was gesellschaftlich benötigt wird. Er eskaliert in der Krise, die das Gleichgewicht vorübergehend wiederherstellt, indem sie die Einzelakteure zu Anpassungen an das von ihnen ungewollt herbeigeführte Desaster zwingt. Über das selbstbestimmte, individuelle Handeln setzen sich Zusammenhänge durch, die ähnlich einem Kräfteparallelogramm in der Physik, so Engels, zu gesamtwirtschaftlichen Ergebnissen führen, die vom einzelnen Unternehmen weder gewollt noch voraussehbar sein müssen und in ihrer Gesamtwirkung als fremde Macht den Einzelakteuren gegenüberstehen.

Renate Mayntz wünscht, dass Menschen, wenn sie es schon nicht wissen, wenigstens abschätzen sollten, »zu was ihr Tun führt oder wozu es beitragen kann.« Denn anders als Atome, Zellen, Pflanzen und Tiere sind Menschen »mitverantwortlich für das – nicht immer wünschenswerte – Neue, das ständig in komplexen sozialen Systemen entsteht.« (Mayntz 2009: 132) So wünschenswert und ethisch berechtigt es sein mag, ist es doch wenig aussichtsreich, von Unternehmen zu verlangen, ihre Entscheidungen über ihr betriebswirtschaftliches Kalkül hinaus freiwillig von fernen, unsicheren oder auch bekannten Wirkungen ihres Handelns abhängig zu machen. Der Einzelne verdrängt oder übersieht die zeitlich verzögerten gesamtwirtschaftlichen Wirkungen seines Tuns oder Unterlassens. Das ist ihm nur bedingt vorzuwerfen. Sein Anteil am gesamtwirtschaftlichen Ergebnis ist oft kaum wahrnehmbar oder messbar und die Komplexität schwer zu durchschauen. Kurzfristig positive individuelle Effekte wie Profit und Wachstum werden stärker wahrgenommen als langfristige negative Gesamteffekte wie Überproduktion und Umweltzerstörung. Der Widerspruch zwischen betriebswirtschaftlicher Vernunft bzw. Logik und volkswirtschaftlicher oder gesamtgesellschaftlicher Irrationalität ist offensichtlich. Das heißt nicht, dass die neoklassische Fundamentalprämisse rationalen Verhaltens auf der Mikroebene realistisch wäre. Es bedeutet nicht, dass es keine betriebswirtschaftliche Unvernunft gäbe und auch nicht, wenn Vernunft des Einzelnen Unvernunft des Ganzen bedeutet, dass gehofft werden könnte, unvernünftiges Tun des Einzelnen bedinge die Vernunft des Ganzen. So abwegig wie diese Hoffnung scheinen mag, ist sie nicht. Auch das verkünden Ökonomen seit Jahrhunderten, dass egozentrisches, rücksichtsloses Handeln des Einzelnen am besten das Gemeinwohl befördere.

Der Gegensatz zwischen einzelwirtschaftlichem Tun und gesamtwirtschaftlicher Wirkung ist eine immanente Wesenseigenschaft des kapitalistischen Wirtschaftssystems. Marx hat die Doppeldeutigkeit des Fortschritts benannt: »Jeder Fortschritt der kapitalistischen Agrikultur ist nicht nur ein Fortschritt in der Kunst, den Arbeiter, sondern zugleich in der Kunst, den Boden zu berauben, jeder Fortschritt in Steigerung seiner Fruchtbarkeit für eine gegebene Zeitfrist zugleich ein Fortschritt im Ruin der dauernden Quellen dieser Fruchtbarkeit (…) Die kapitalistische Produktion entwickelt daher nur die Technik und Kombination des gesellschaftlichen Produktionsprozesses, indem sie zugleich die Springquellen allen Reichtums untergräbt: die Erde und den Arbeiter.« (MEW 23: 529f) Im nächsten Abschnitt nenne ich einige weitere Beispiele für die Emergenz des ökonomischen Systems.

Durchkreuzt

Die Leute täuschen sich selbst, indem sie ihr Untersuchungsobjekt nur aus einer Perspektive, meist aus der des Frosches, betrachten. Erhöhen einzelne Unternehmer die Preise, kann das vorteilhaft für sie sein, sofern die Nachfrage nicht einbricht. Steigen jedoch die Preise aller ver- und gekauften Waren im gleichen Verhältnis, hat keiner einen Vorteil. Allenfalls hat er die Illusion, seine Lage verbessert zu haben. Sein Zusatzgewinn war nur nominal, nicht real. Denn was er im Verkauf gewinnt, geht ihm beim Kauf wieder verloren. Der Einzelne glaubt, nicht ganz zu Unrecht, reicher zu werden, indem er spart. Sparen macht ihn vermögend, unabhängig und ermöglicht ihm, hochwertige Konsumgüter zu erwerben. Aus Ganzheitssicht stellt sich das Sparen anders dar. Es kann Angebotslücken widerspiegeln oder einen Nachfrageausfall anzeigen, von dem, wie Keynes beschrieben hat, depressiv wirkende Impulse auf die Wirtschaft ausgehen können. Je mehr jeder Einzelne spart, also nicht konsumiert, umso mehr wird nicht nur die Nachfrage nach Konsumtionsmitteln zurückgehen, sondern auch die der Produktionsmittel. Es wird weniger produziert und Arbeitskräfte entlassen. Was dem Einzelnen nützt, ihn reicher werden lässt, das Sparen, führt dazu, dass die Gesellschaft verarmt, wenn es alle über ein bestimmtes Maß hinaus tun.

Unternehmer erzielen höhere Profite, wenn sie kostengünstig produzieren, indem sie die Löhne senken, zumal nur im Ausnahmefall ihre Arbeiter die Produkte kaufen, die sie selbst herstellen. Wäre das anders, würden höhere Löhne für den Kapitalisten die Voraussetzung sein, mehr Produkte verkaufen zu können. Die gestiegenen Löhne flössen in das Unternehmen zurück. Führten Lohnerhöhungen zu einer Mehrnachfrage nach Produkten des betreffenden Betriebes, wird dagegen eingewandt, könnten Unternehmer, anstatt höhere Löhne zu zahlen, ihren Arbeitern gleich die Produkte, z. B. Autos, Kaffeemaschinen oder Sommerblusen, schenken. Unlogisch ist das nicht, auch wenn der Begriff »Geschenk« unangebracht ist, schließlich haben die Arbeiter die Produkte hergestellt. Vor allem ist es ein treffendes Beispiel dafür, dass man in die Irre läuft, wenn man betriebswirtschaftliche Zusammenhänge in reiner Form auf die volkswirtschaftliche Ebene überträgt. Was für den Betrieb nicht gilt, ist für die Volkswirtschaft richtig: Die Gesamtheit der Bürger kauft die von ihr hergestellten Erzeugnisse, von Ex- und Importen abgesehen. Individuelle Lohnerhöhungen bedeuten für den Betrieb einen Kostenanstieg, bewirken aber keine höhere Nachfrage nach seinen Erzeugnissen, zumindest in der Regel nicht. Lohnerhöhungen für alle oder viele Beschäftigte einer Volkswirtschaft erhöhen dagegen die Nachfrage nach Waren dieser Gesamtheit.

Den Gesetzen der Logik scheinbar zuwider sind sich ausschließende, weil gegensätzliche Urteile – steigende Löhne verschlechtern und steigende Löhne verbessern die Verwertung des Kapitals. Die dialektische Logik vermag hingegen zu zeigen, dass sie eben doch vereinbar sind, sofern man ihre Relativität beachtet. Die sich widersprechenden Aussagen gelten für jeweils andere Beziehungen, einmal für das individuelle, zum anderen für das Gesamtkapital, einmal für die kurze, zum andern für die »lange« Zeit. Wer sagt, geringere Löhne sind gut für den Unternehmer, hat recht, solange er den Zusammenhang betriebswirtschaftlich, aus der Sicht des einzelnen Produzenten, beurteilt. Er irrt, wenn derselbe Vorgang volkswirtschaftlich, aus der Sicht des Ganzen oder aller Produzenten, gesehen wird. Senken alle Unternehmer die Löhne, reduzieren sie die zahlungsfähige Nachfrage. Sie können sich für einen Moment über niedrigere Kosten freuen. Die Freude währt nicht lange, denn die kostengünstiger produzierten Waren kann man nicht mehr vollständig zu den bisherigen Preisen absetzen. Unternehmer bleiben auf Überschüssen sitzen, erleiden Verluste. Was dem Einzelnen Vorteile bringt, erzeugt Ärger, wenn alle es tun.

Joan Robinson, die kluge britische Ökonomin, hat das klar benannt. In ihrem großen Werk »The Accumulation of Capital« bezeichnet sie es als »ein elementares Paradoxon des Kapitalismus. Jeder Unternehmer für sich genommen zieht aus einem niedrigen Reallohn einen Vorteil, bezogen auf sein eigenes Produkt. Alle Unternehmer zusammen aber werden von einer beschränkten Aufnahmefähigkeit der Warenmärkte betroffen, die aus niedrigen Reallöhnen entspringt.« (Robinson 1965: 99, zit. bei Hofmann 1971: 281) Manchmal sagt man, das Ganze sei mehr als die Summe seiner Teile. Verschwinden aber die Vorteile, die Einzelne erzielen – wie die Anmerkungen zu Preisen, Löhnen, Sparen zeigen –, wenn alle dasselbe tun, dann ist das Ganze offenbar weniger als das Einzelne.

Die Werbung ist für kapitalistische Unternehmen unverzichtbar. Jeder kämpft gegen jeden, will ein Stück des Kuchens, lieber ein großes als ein kleines, lieber einen Krümel als gar nichts. Er wehrt sich verbissen gegen die anderen, die ihn durch Werbung und Manipulation vom Futternapf verdrängen wollen. Doch gerade auf weitgehend gesättigten Märkten ist Werbung, volkswirtschaftlich gesehen, ohne Sinn, so bitter nötig sie im Überlebenskampf ums goldene Kalb für jeden einzelnen Unternehmer sein mag. Denn absetzen insgesamt wird man allenfalls die Menge, mit der die Nachfrage befriedigt werden kann, egal ob mit oder ohne Werbemaßnahmen. Ein Beispiel: Zehn Produzenten von Zahncreme bedienen den Markt. Keiner wirbt. Jeder hat seine Kunden und verkauft eine bestimmte Menge an sie. Da beginnt einer durch Werbung in besonderer Weise auf sich aufmerksam zu machen. Glückt es ihm, Kunden anderer Hersteller abzuwerben, reagieren die Konkurrenten mit »Vergeltungswerbung«. Am Ende werben alle zehn Produzenten mit dem Ergebnis, dass sie zusammen nicht mehr verkaufen als vor ihren Werbeaktionen. Ein Mehrabsatz aller wäre nur realistisch, entschlössen sich die Käufer, sich nicht nur morgens und abends die Zähne zu putzen, sondern auch mittags und nach dem Kuchen am Nachmittag. Wer bezahlt die volkswirtschaftlich sinnlose Werbung? In der Tschechischen Republik kostet eine Flasche Bier 30 Kronen. Der Chef einer Brauerei antwortete auf die Frage, wie viel die Herstellung des Bieres kostet: 0,65 Kronen. Der »Rest« sind »Transaktionskosten«, die für die Erzeugung des Verlangens nach Bier und dessen Befriedigung aufgewendet werden müssen. (Sedlacek, Graeber 2015: 43) Die Schnitzer im Erzgebirge erhielten einst Hungerlöhne. Ihre Familien lebten in tiefstem Elend. Armut und tägliche Not waren ihr Schicksal, steinreich von ihrer Kunst wurden die Händler und Auftraggeber. Sie verkauften die Holzkunst um das Fünfzigfache, teilweise für mehr als das Hundertfache dessen, was sie den Handwerkern zahlten. Werbung verschlingt Geld, bezahlt von den Konsumenten der Produkte, das aus volkswirtschaftlicher Sicht für weitaus Sinnvolleres verwendet werden könnte. Und doch kann dem einzelnen Kapitalisten kein Vorwurf gemacht werden. »Der Schwachsinn des Ganzen setzt sich aus lauter gesundem Menschenverstand zusammen«, sagt Theodor W. Adorno, der große Philosoph. Dass Werbung oft einfach Betrug ist, sei nur am Rande erwähnt. Jeder kennt die »Weidemilch« von Kühen, die nie auf einer Wiese grasten. Oder den Bergbauernkäse, erzeugt auf Bauernhöfen, gelegen in tiefen Tälern. Die Verpackungen, auf denen Himbeeren, Walnüsse und prächtige Steinpilze prangen, aber Produkte enthalten, in denen neben Minimengen der Früchte – wenn überhaupt – vor allem Kunstaromen und Pestizide drin sind. Die Politiker schauen weg, wenn die Industrie lügt. Wenigstens kann man Hitparaden der dreistesten Werbelügen veranstalten. So hat die Verbraucherorganisation Foodwatch aus einer großen Auswahl fünf Kandidaten für den Wettbewerb um den größten Etikettenschwindel im Lebensmittelhandel nominiert: Glacéau Smartwater von Coca Cola ist nicht besser als ein normales Mineralwasser, aber bis zu siebenmal teurer. Dennree Bratöl Olive besteht zur Hälfte aus Sonnenblumenöl. Edeka Erbsen Eintopf – laut Etikett ohne Geschmacksverstärkung – enthält zehn Zusatzstoffe. Heinz Kids Tomato Ketchup ist vierzig Prozent teurer als der exakt gleiche Ketchup für Erwachsene. Schwartau Corny Milch wirbt mit einem Plus an Calcium und besteht zur Hälfte aus Fett und Zucker.[36]

Jeder Unternehmer strebt nach Extraprofit. Extraprofit erzielt, sieht man von den unbegrenzten Möglichkeiten ab, zu betrügen und zu manipulieren, wer kostengünstigere, produktivere Technik als Erster nutzt und mit neuen, verbesserten Produkten die Kunden erfreut. Da alle anderen die Vorteile auch genießen wollen, imitieren sie den dynamischen Unternehmer, wie Schumpeter den Neuerer nennt. Das Ergebnis: Die Extraprofite verschwinden, wenn alle das Gleiche tun. Der Extraprofit ist nur eine zeitweilige Erscheinung und dennoch dauerhaft, weil verschwindende und entstehende Extraprofite sich überlagern. Die Konkurrenz beseitigt ihn und erzwingt ihn immer wieder neu. Neoliberale Ökonomen behaupten sogar, der vollständige Wettbewerb würde den Profit schlechthin weg konkurrieren. Das ist merkwürdig und stößt sich an der Realität. Was verschwindet, ist nicht der Profit, sondern der Extraprofit. Dass selbst ein großer Ökonom wie Schumpeter dem Trugschluss aufsitzt, ist verwunderlich. Gewinne erziele nur der dynamische Unternehmer, der Innovator, meint er. Der Profit sei Ergebnis von Neuerungen. Ohne sie verschwände er. Was passiert, wenn alle nach maximalem Profit streben? Angebot- und Nachfrageänderungen, ausgelöst durch Kapitalverlagerungen aus gering profitablen in hochprofitable Zweige, bewirken tendenziell, dass keiner den höchsten, sondern alle einen

36 Freie Presse, Chemnitz, 7.11.2018, S. A6

durchschnittlichen Profit erzielen. Es bestehe, so Friedrich Engels, »ein kolossales Missverhältnis zwischen den vorgesteckten Zielen und den erreichten Resultaten, dass die unvorhergesehenen Wirkungen vorherrschen, dass die unkontrollierten Kräfte weit mächtiger sind als die planmäßig in Bewegung gesetzten. Und dies kann nicht anders sein, solange die wesentlichste geschichtliche Tätigkeit der Menschen (…) die gesellschaftliche Produktion, erst recht dem Wechselspiel unbeabsichtigter Einwirkungen von unkontrollierten Kräften unterworfen ist und den gewollten Zweck nur ausnahmsweise, weit häufiger aber sein gerades Gegenteil realisiert.« (MEW 20: 323)

Von emergenten muss man die statistischen Eigenschaften unterscheiden. Das ist nicht immer einfach. »Obwohl Alter, Einkommen, Mobilität und Arbeitslosigkeit individuelle Eigenschaften sind, werden die daraus abgeleiteten statistischen Kennzeichen, wie die demographische Struktur einer Gesellschaft, die Einkommensverteilung oder die Arbeitslosenrate durch hochkomplexe Kombinationen sozialer Prozesse hervorgebracht.« (Mayntz 2011: 166) So ist der Wert des volkswirtschaftlichen Gesamtprodukts – das Bruttoinlandsprodukt – nicht identisch mit der Summe der betrieblichen Bruttoprodukte. Das Bruttoinlandsprodukt ist ein statistisches Maß, das auf betrieblichen Transaktionen beruht, aber nur der gesamten Volkswirtschaft zukommt. Man ermittelt es, indem man von den betrieblichen Bruttowerten die Vorleistungen, den Wert der gegenseitigen Lieferungen der Unternehmen, abzieht. Sonst käme es zu Doppel- und Mehrfachzählungen.

5. Alles ist anders

Wir sehen nicht alles

Alles ist anders als es uns erscheint. Das mag übertrieben sein. Unbestritten aber ist, dass wir vieles anders wahrnehmen als es ist. Friedrich Hegel hat auf den Unterschied zwischen dem Wesen und der Erscheinung aufmerksam gemacht. Das Wesen ist das Notwendige und Allgemeine der Erscheinungen. Das Wesen ist relativ stabil, beständig. Es ist mit den Sinnesorganen nicht erkennbar. Wollen wir es erkennen, müssen wir die Erscheinungen analysieren und versuchen, sie zu begreifen, ihre Ursachen begründen, ihre Genese aufspüren und ihre Wirkungen ermitteln. Es ist die Aufgabe der Wissenschaft, in den Erscheinungen ihrer Objekte das Wesen der Objekte aufzudecken. »Alle

Wissenschaft wäre überflüssig«, notiert Marx, »wenn die Erscheinungsform und das Wesen der Dinge unmittelbar zusammenfielen.« (MEW 25: 825) Die Erscheinung ist instabil, beweglich, hat den Charakter des Einzelnen und Zufälligen. Sie ist identisch mit den äußeren Eigenschaften der Dinge, Prozesse usw., die uns zugänglich sind durch unsere Sinne, unsere Anschauungen, die unmittelbare Erfahrung. Die Erscheinung widerspiegelt das Wesen oft verkehrt. Die inneren, wesentlichen Widersprüche, die dem ökonomischen Organismus innewohnen, sind zu trennen von den der alltäglichen Erfahrung zugänglichen, nicht selten täuschenden Erscheinungen. (MEW 16: 129) Was wir sehen, ist wahr. Aber es ist nicht das Wesen dessen, was wir sehen. Was wir sehen, ist in einem anderen Sinne wahr als das, was wir nicht sehen. Daraus ergibt sich so manches Paradoxe. Nur Einfaltspinsel beharren darauf, dass nur wahr sein könne, was unseren Sinnesorganen zugänglich ist. Bleibt man ausschließlich dem Oberflächlichen verhaftet, verfängt sich in der Welt der Erscheinungen, sind närrische Schnitzer nahezu unvermeidbar. Da lässt sich kühn behaupten, Marx, wie auch Smith und Ricardo, hätten keine vernünftige Geldtheorie zustande gebracht, weil sie nie begriffen hätten, dass Geld »Nichts« sei, entstanden aus dem »Nichts«. (Herrmann 2017: 136, 138) Ein solches Verständnis des Geldes ist nicht nur ganz und gar oberflächlich, merkwürdig und albern. Es zeigt, dass bestimmte Erscheinungen – hier die Möglichkeit der Geschäftsbanken, Kredite ohne vollständige Deckung durch Bargeldreserven zu gewähren – für das Wesentliche genommen werden. Und es übersieht, dass selbst dann das so geschaffene Geld der Geschäftsbanken nichts Substanzloses wäre. Es existiert zumindest als Zahl auf einem Konto, als ein belegter Speicherplatz in Rechenwerken. Das Nichts hat also durchaus eine Substanz. Doch der Irrtum liegt tiefer: Jene »Geldtheoretiker« ahnen nicht einmal, dass es neben den Erscheinungen noch ein Wesen geben muss. Der Unterschied zwischen den beiden dialektisch verknüpften Kategorien ist ihnen fremd. Der Vorwurf an Marx übersieht überdies, dass gerade er es war, der die Ablösung der Geldware aus der Zirkulation durch Kreditgeld und diverse Geldzeichen beschrieben und erklärt hat.

Ähnlich kurios ist die Ansicht, das Geld erzeuge sich selbst, zu der man vielleicht durch eine oberflächliche Betrachtung des Geschehens an der Börse und den Finanzmärkten gelangen könnte. Benjamin Franklin (1705-1790) behauptete, Geld sei von einer zeugungskräftigen und fruchtbaren Natur. »Geld kann Geld erzeugen und die Sprösslinge können noch mehr erzeugen und so fort (…). Wer ein Mutterschwein töten, vernichtet dessen ganze Nachkommenschaft bis ins tausendste Glied. Wer ein Fünfschillingstück umbringt, mordet alles, was damit hätte produziert werden können: ganze Kolonnen von Pfunden Sterling.« (zit. bei Braun 2012: 361) Derartigen Unsinn, selbst wenn er im übertragenen Sinne gemeint gewesen sein könnte, kann nur glauben, wer oberflächlich Wahrnehmbares für bare Münze nimmt und sich scheut, ein wenig zu denken. Gesunder Menschenverstand reicht.

Das Bewusstwerden des Zusammenspiels von Innerem und Äußerem ist eine Grundvoraussetzung für das Verständnis dessen, was geschieht. Die nahezu allen bürgerlichen Modellen als ein Axiom zugrunde liegende Lohn-Preis-Spirale widerspiegelt die auch von marxistischen Ökonomen nicht bestrittene Tatsache, dass erkämpfte Lohnerhöhungen den Kapitalisten Vorwand für die Erhöhung ihrer Preise sind und die Arbeiter die gestiegenen Preise als einen Grund ihrer Lohnforderungen betrachten, um wenigsten die Reallöhne zu sichern. (vgl. Müller 2018: 103-107) So schaukelten sich Löhne und Preise, einer Spirale gleich, nach oben. Die inneren, wesentlichen Zusammenhänge zeigen aber, dass Erhöhungen der Löhne nicht die Größe des geschaffenen Neuwerts verändern. Sie ändern nur dessen Aufteilung in Löhne und Profite. Kapitalisten sind bestrebt, Verteilungskorrekturen zugunsten der Arbeiter zu verhindern. Sie schöpfen über Preiserhöhungen den ihnen abgetrotzten Lohnzuwachs wieder ab. Die Wesensbetrachtung des Problems zeigt, dass die Sicherung und Erhöhung der Profite die Ursache dafür ist, dass die Unternehmer die Preise erhöhen und so die Reallöhne senken. Die Erhöhung der Löhne bei konstanten Preisen ist möglich, allerdings zu Lasten des Mehrwerts. Steigen die Löhne im Ausmaß der Produktivität, nicht einmal das. Dann steigen nämlich auch die Profite. (vgl. Müller 2018: 87ff)

Selbst eine vollständige Beschreibung der Oberflächenphänomene, die weder möglich, noch notwendig ist, ist nicht geeignet, die innere Organisation des Systems zu zeigen. Vollständige Beschreibung wird in einem anderen Sinn verstanden: als die Wesenserfassung der ökonomischen Realität, als idealer Durchschnitt, als die Resultante der Abweichungen, die zufällig auch mit der Wirklichkeit übereinstimmen kann. Dass sich Erscheinungen nicht aus sich selbst heraus erklären, macht ihr Mystisches, das Geheimnisvolle aus. Marx sagt Fetisch dazu.

Die Grundfrage allen Tausches: Was bekomme ich für meine Ware? Wie groß ist die Gegenleistung? Warum kriegt man für einige Waren viel, für andere wenig? Es ist naheliegend, dass Forscher die Lösung in den natürlichen Eigenschaften der Ware suchten und nicht überraschend, dass sie sie so verfehlten. Man muss die gesellschaftlichen Beziehungen aufdecken, die der Ware, ihrem Tausch, dem Geld, dem Profit usw. zugrunde liegen. Die gesellschaftlichen Verhältnisse, die Menschen untereinander bei der Produktion eingehen, nehmen die »phantasmagorische«, d.h. die zauberhafte oder trügerische Form eines Verhältnisses von Dingen an. (MEW 23: 86) Der gesellschaftliche Charakter der privaten Arbeit wird als Natureigenschaft der Waren zurückgespiegelt. Die Menschen sehen den Dingen nicht deren gesellschaftliche Grundlagen an. Die Gesamtarbeit wird von Privatarbeiten geleistet, die voneinander rechtlich unabhängig, aber in Wirklichkeit miteinander verbunden sind. Erst im Austausch treten die Produzenten zueinander in Kontakt. Die objektiven Beziehungen ihrer privaten Arbeiten erscheinen ihnen nicht als unmittelbare Verhältnisse der Personen in diesen Arbeiten, nicht als gesellschaftliche Verhältnisse, sondern als sachlich bestimmte Verhältnisse der Personen oder gleich als ein Verhältnis von Sachen. Die Warenproduzenten merken, dass ihr Arbeitsprodukt nützlich sein muss für andere. Was sie nicht wissen, ist, dass sie ihre verschiedenen Arbeiten einander gleichsetzen, indem sie ihre verschiedenen Produkte einander als Werte gleichsetzen. »Sie wissen es nicht, aber sie tun es.« (MEW 23: 88)

Das ist die Lösung des Fetisch-Problems. In der Vorstellung der Menschen erscheinen die Verhältnisse und Beziehungen der Warenproduzenten, die sie bei der gemeinsamen, aber rechtlich unabhängig voneinander betriebenen, Produktion eingehen, als Verhältnisse von Dingen, als Beziehungen zwischen Waren. Die stofflichen Eigenschaften der Waren können keine Relationen zwischen ihnen erklären. Die Mehrheit der nichtmarxistischen Ökonomen begnügt sich mit der Analyse und Beschreibung der Oberfläche. Sie betreibt »Oberflächenökonomik«. Der Begriff geht auf die Charakterisierung der Vulgärökonomie durch Marx zurück, »die sich nur innerhalb des scheinbaren Zusammenhangs herumtreibt« (MEW 23: 95, Fn 32), während »die wirkliche Wissenschaft der modernen Ökonomie« beginne, »wo die theoretische Betrachtung vom Zirkulationsprozess auf den Produktionsprozess übergeht.« (MEW 25: 349) Der Begriff »oberflächlich« ist nicht abwertend gemeint. Er bezieht sich auf die Teile der Ökonomik, die nicht das innere Gesetz, das Wesen aufzuspüren versuchen, sondern sich mit den realen und scheinbaren Zusammenhängen der ökonomischen Oberfläche,

d. h. der Zirkulation und Distribution bzw. mit den Erscheinungen und Formen der Reproduktion, abgeben und sich damit abfinden, sie zu beschreiben. Die Zusammenhänge werden nicht oberflächlich behandelt – wiewohl auch das vorkommt, wie wir gerade beim Geld erwähnt hatten –, sondern behandelt werden Zusammenhänge, die an der Oberflächliche der ökonomischen Welt wahrgenommen werden. Und diese Zusammenhänge sind real, erfassen neben Unwesentlichem auch Wesentliches. Sie sind erklärungsbedürftig. Das betrifft die dynamischen Zusammenhänge der Wahrnehmungssphäre, die durch innere zwar letztlich bestimmt sind, aber scheinbar eine eigenständige Bewegung vornehmen. Marx befasste sich selbst ausführlich mit Zusammenhängen der Dinge und Prozesse, die in ihrer Gesamtheit die ökonomische Oberfläche im Sinne des empirisch Wahrnehmbaren ergeben. Dazu gehören die Geschichte der ursprünglichen Akkumulation im ersten Band des »Kapital« und die im dritten Band enthaltenen Darlegungen über die zyklische Entwicklung der Wirtschaft, über Zins, Wechselkurs, internationale Goldbewegungen, Handelsbilanz u. a. (MEW 25: 589ff)

Idealer Durchschnitt

Zwischen der marxistischen und nichtmarxistischen Bewältigung der Oberflächenphänomene bestehen Unterschiede. Die marxistische Ökonomik begreift die Oberflächenbeziehungen als Ausdruck eines verborgenen inneren Wesens. So versteht sie den Preis als den Geldausdruck des Wertes der Ware. »Es ist also nur das Quantum gesellschaftlich notwendiger Arbeit oder die zur Herstellung eines Gebrauchswerts gesellschaftlich notwendige Arbeitszeit, welche seine Wertgröße bestimmt (…). Der Wert einer Ware verhält sich zum Wert jeder andren Ware wie die zur Produktion der einen notwendige Arbeitszeit zu der für die Produktion der anderen notwendigen Arbeitszeit.« (MEW 23: 54)

Waren tauschen sich zu ihren Werten – das ist der Inhalt des Wertgesetzes. Die Werte werden mit Hilfe des Geldes in Preisen ausgedrückt. Und die Preise können vom Wert abweichen, diesen verzerrt widerspiegeln. Unterschiedliche, in verschiedene, auch gegensätzliche Richtung drängende Faktoren bewirken, dass sich der wesentliche Zusammenhang – Waren werden zu ihren Werten gehandelt –, unerkennbar an den Schwankungen der Preise selbst, tendenziell durchsetzt. »Die voneinander abhängigen Privatarbeiten (werden) fortwährend auf ihr gesellschaftlich proportionelles Maß reduziert, weil sich in den zufälligen und stets schwankenden Austauschverhältnissen ihrer Produkte die zu deren Produktion gesellschaftlich notwendige Arbeitszeit als regelndes Naturgesetz gewaltsam durchsetzt, wie etwa das Gesetz der Schwere, wenn einem das Haus über dem Kopf zusammenpurzelt. Die Bestimmung der Wertgröße durch die Arbeitszeit ist daher ein unter den erscheinenden Bewegungen der relativen Warenwerte verstecktes Geheimnis.« (MEW 23: 89) Bürgerlichen Ökonomen kommt nicht einmal die Idee, dass ein derartiges Geheimnis existieren könnte, geschweige denn, dass sie versuchten, es zu lüften. Sie bleiben in der Welt der Erscheinungen hängen. Ihren »empirischen Funktionalgesetzen« kann man selten einen vernünftigen, realistischen Sachbezug absprechen. Bei gegebenem Angebot an Gütern führe eine Erhöhung der Nachfrage zu steigenden, eine Verringerung der Nachfrage zu sinkenden Preisen. Bei gegebener Nachfrage nach Gütern bewirke eine Erhöhung des Angebots, dass die Preise sinken, eine Verringerung des Angebots, dass sie steigen. Wer wollte das bestreiten? Diese als »Preisgesetze« bezeichneten Zusammenhänge sind logisch. Nur darf nicht vergessen werden, dass sie ausschließlich für bestimmte Bedingungen und zu bestimmten Zeiten gelten. Für den Börsenhandel etwa. Dort, wo Monopole die Märkte beherrschen, sicher nicht. Monopole kürzen das Angebot, um die Preise hochzuhalten. In vielen Städten stehen Wohnungen leer. Folgt man der simplen Angebot-Nachfrage-Logik müssten die Mieten sinken. Doch sie steigen. Und Wohnungen werden abgerissen. Die Verbraucher gehen sparsam mit Wasser um. Sie wollen die Haushaltskasse entlasten. Sinkt der Wasserverbrauch, müssten die Preise der simplen Marktlogik zufolge eigentlich sinken. Doch die Anbieter erhöhen die Wasserpreise. Zeitungen erhöhen bei sinkender Auflage die Preise. Alle wollen verhindern, dass die Erlöse einbrechen und die Fixkosten nicht mehr gedeckt werden. Und die Profite erhalten bleiben.

Bürgerliche Ökonomen widmen sich akribisch dem Spiel zwischen Angebot, Nachfrage und Preisen, zeigen, wie auf funktionierenden Märkten aus Ungleichgewichten Gleichgewichte werden. Und übertreiben dabei, indem sie die Mathematik in unangemessener Weise nutzen. Das Gleichgewicht zwischen Angebot und Nachfrage ist vorstellbar, dass es sich vorübergehend einstellt, nicht unrealistisch. Doch als Schnittpunkt zweier Kurven, die nicht existieren, der Angebots- und Nachfragefunktion, wird es missverstanden. In diesen Funktionen werden Angebot und Nachfrage jeweils nur vom Preis der Waren abhängig gemacht, eine sehr starke Vereinfachung. Außerdem ist die Stetigkeit der Funktionen problematisch. Die lückenlose Aneinanderreihung der Punkte einer Kurve bedeutet im vorliegenden Fall, dass Güter selbst in kleinsten Mengen, in Mengen, die gegen Null gehen, auf unendlich kleine Preisänderungen reagieren würden. Realistisch dagegen ist, dass den Marktprozessen eine Tendenz zum Gleichgewicht, zum Ausgleich der Güternachfrage und des Güterangebots, innewohnt. Der Preis, der zustande kommt, wenn die angebotene gleich der nachgefragten Menge ist, ist der Gleichgewichtspreis. Das Gleichgewicht, wirtschaftliche Proportionalität, ist Ausdruck dafür, dass kein Faktor Übergewicht besitzt, weder das Angebot, noch die Nachfrage. Einander gleich haben Angebot und Nachfrage ihre Rolle bei der Bestimmung des Preises quasi ausgespielt. Die bürgerliche Ökonomie ist hier am Ende. Und sieht man von ihrem übertriebenen Hang nach mathematischer Perfektion ab, der verbunden ist mit starken Vereinfachungen, können marxistische Ökonomen ihr bis zu diesem Punkt durchaus folgen.

Das Gleichgewicht bzw. der Gleichgewichtspreis, geometrisch als Schnittpunkt der Kurven im Koordinatensystem veranschaulicht, ist die Oberflächenlösung, mit der sich bürgerliche Ökonomen begnügen. Nicht so die marxistische Ökonomik. Für sie beginnt nach dem empirischen Beschreiben erst das theoretische Mühen. Sie stellt jetzt die Wesensfrage, anders: sie will das Wesen des Gleichgewichtszustandes klären. Was bestimmt den Preis, wenn er nicht mehr durch das Angebot und die Nachfrage bestimmt sein kann, da beide gleich groß sind? Marx verwendet wenig Zeit darauf, das Spiel von Angebot, Nachfrage und Preis – »die wirkliche Bewegung der Konkurrenz« – zu beschreiben. Die oberflächlichen Beziehungen sind für ihn banal. Er will wissen, was den Preis bestimmt, wenn der Einfluss von Angebot und Nachfrage durch ihre Übereinstimmung aufgehoben ist, und landet – analog den Geologen bei ihren gedachten Schnitten durch die Erdschichten – beim Wert der Ware, dem »idealen Durchschnitt«. (MEW 25: 839) Er sucht das »Innere« des Ökonomischen, will vordringen zum Wesen der Erscheinungen, die ökonomischen Gesetze finden. Der Austausch der Waren erfolgt laut Wertgesetz zu ihren Werten. Das ist »das rationelle, das natürliche Gesetz ihres Gleichgewichts, von ihm ausgehend sind die Abweichungen zu erklären.« (MEW 25: 197)

Das natürliche Gesetz des Gleichgewichts, der notwendige, innere Zusammenhang – das ist der »ideale Durchschnitt« und er ist mehr und etwas anderes als irgendein mathematisches Mittel. Er ist das verborgene Wesen des Preises. Dass man das Wesen, das innere Gesetz nicht ohne weiteres erkennen kann, mit den Sinnesorganen ohnehin nicht, hängt auch damit zusammen, wie es sich durchsetzt. Das Wertgesetz setzt sich durch, indem es ständig verletzt wird. Der Einwand, dass Preise sich in Abhängigkeit von Angebot und Nachfrage bildeten und mit ihnen schwankten, ist kein Beweis gegen die Tendenz zum Ausgleich und dagegen, dass es ein inneres Wesen des Preises gibt. Die Abweichung der Preise vom Wert ist die Regel, deren Übereinstimmung ist kurzfristig eine zufällige Episode, langfristig das sich tendenziell Behauptende. »Der Preis unterscheidet sich also vom Wert (…) dadurch, daß der letztre als Gesetz der Bewegungen erscheint, die der erstre durchläuft« (MEW 42: 56). Ein Auf und Ab, beständiges Entfernen der Preise vom Wert und ein ständiges Annähern, Bewegungen, die sich korrigieren, weil die Gegenkräfte um so stärker wirken, je größer die Abweichungen vom Gesetz sind. Die Übereinstimmung der Tauschraten mit den gesellschaftlich notwendigen Arbeitszeitquanten kann nur annähernd gegeben sein, wie die Verwirklichung des Mendelschen Gesetzes in der Natur. Der Austausch zu Werten ist eine Tendenz. Es ist nicht leicht zu verstehen: Das Wertgesetz setzt sich durch, indem es verletzt wird. Es ist schlichtweg falsch, wie Backhaus zu behaupten, die gesamte Marx-Literatur habe jenen Satz »von unendlicher Wichtigkeit« aus der Kritik von 1859 (MEW 13: 48) ignoriert, dass sich das Gesetz des Tauschwerts nur in seinem eignen Gegenteil verwirklicht. (Backhaus 2018: 14) Mir ist kein Fachkollege bekannt, der das getan hat. Wir müssen statistisch statt mechanisch denken, ähnlich wie z. B. in der Physik bei der Halbwertszeit der Elemente: jedes einzelne Atom scheint seinen eigenen Dickkopf zu haben, aber alle zusammen gehorchen brav dem statistischen Gesetz. Der Austausch zu Werten sichert, dass die gesellschaftliche Gesamtarbeitszeit so auf die Sektoren der Produktion aufgeteilt wird, dass die Reproduktion friktionslos gewährleistet wird. »Aber diese Verteilung erfolgt nicht ex ante, nicht bewusst und geplant, sondern ex post, als Reaktion auf Signale aus der Sphäre des Austauschs – des einzigen Punktes, wo die Warenakteure (…) in Kontakt mit anderen Individuen treten« (Nyikos 2010: 91).

Die Werte bestimmen die Relationen, in denen sich Produkte tauschen, hinter dem Rücken der Warenproduzenten. Denen erscheinen die Tauschverhältnisse zufällig und rätselhaft. Marktpreise schwanken in Abhängigkeit von Angebot und Nachfrage um den (Markt)wert und fallen mit ihm zusammen, wenn das Angebot gleich der Nachfrage ist. Manche sagen, die Arbeitswertlehre sei der zentrale Fehler, den Marx von Smith und Ricardo übernommen habe. (Herrmann 2017: 136) Die Arbeitswerttheorie sei keine Preistheorie. Marx und die Klassiker hätten mit ihr nicht den Preis erklären wollen. Und wenn doch, wären sie daran gescheitert. Einige sagen, die preistheoretische Analyse bedürfe keiner werttheoretischen Grundlegung, Preise seien ohne werttheoretischen Kern vollständig erklärbar. (z. B. Schefold 2008: 48) Diese Meinungen sind falsch. Die Arbeitswerttheorie ist eine Preistheorie. Genauer: Sie ist weniger eine Preisstrukturtheorie, wie mitunter behauptet wird (Beckenbach 2015: 1784f, 1791), sondern eine Theorie über das Wesen des Preises. Sie erklärt, worin das Wesen des Preises besteht, der nicht nur als eine Kategorie des Marktes, als Ergebnis des Wechselspiels zwischen Angebot und Nachfrage, begriffen werden kann. Ulrike Herrmann findet den klassischen Unterschied zwischen dem natürlichen Preis und dem Marktpreis »höchst unbefriedigend« und »seltsam« (Herrmann 2017: 48), weil sie offenbar nichts anzufangen weiß mit dem Hegelschen Unterschied zwischen dem Wesen und der Erscheinung. Der als Gesetzesinhalt formulierte Zusammenhang – das Wesen des Preises ist der Wert – setzt sich durch, indem ständig gegen ihn verstoßen wird.

Zugegeben, es ist nicht leicht zu verstehen, dass etwas existieren soll dadurch, dass es nicht existiert. Wir dürfen die Abweichungen der Preise vom Wert nicht als Resultate der Gesetzeswirkung missverstehen. Sie sind Formen bzw. Bedingungen der Durchsetzung des Gesetzes. Permanente Abweichungen der Preise vom Wert beweisen nicht, dass ihre tendenzielle Überwindung unmöglich ist. In der Praxis ist die Sache noch komplizierter, die Dissonanz zwischen Arbeitswerten und Preisen oft augenfällig. Dass in Deutschland ein Inlandsflug teurer sein kann als ein Flug nach Pretoria lässt sich arbeitswerttheoretisch schwerlich begründen. Auch nicht, dass die meisten Preise auf der Zahl 9 oder 90 enden und dass ein Anbieter ein Produkt zu unterschiedlichsten Preisen verkauft. Experten untersuchten über 1.000 Produktpreise bei 16 deutschen Onlinehändlern. Ergebnis: 15 von ihnen ändern regelmäßig die Preise, zum Teil mehrmals am Tag. Meist werden sie am frühen Abend gesenkt und am Morgen darauf erhöht. Das betrifft mehr als ein Drittel der Waren. Besonders beliebt ist das Spiel mit den Preisen bei elektronischen und pharmazeutischen Produkten, bei Autoteilen und Modeartikeln. Zum Teil müssen Kunden doppelt so viel für das gleiche Produkt zahlen. Im Zalando-Shop betrug der Preisunterschied einer Hose 120 €, bei Tirendo der für Continental-Winterreifen 419 € und im Mediamarkt der für einen Samsung LED-TV 137 €. (Freie Presse, 11.8.2018: S. A5)

Man muss sehen, dass mannigfaltige preispolitische Manipulationen das Wesen verdunkeln. Von monopolistischen Preisdifferenzierungen über die Erlangung von Steuervorteilen durch konzerninterne Verrechnungspreise und Lockvogelpreisen bis hin zu Rabatt-, Paket-, Teppichhändler- und anderen Tricks existiert ein breites Feld betriebspolitischer Mätzchen, mit denen Kunden verwirrt, Nachfrage abgeschöpft, Umsatz und Profit gesteigert werden sollen. (Müller 2019: 432-434) Auch wenn Marx den Ausdruck »idealer Durchschnitt« auf den Zusammenhang zwischen Preis und Wert bezieht, kann man ihn für das Ganze gelten lassen. Haug betont, dass Marx durch die Übertragung des der Geologie entlehnten Begriffs »aufs Feld der Kritik der politischen Ökonomie (…) ein Bild zweiten Grades (schaffe). Er gibt damit zu verstehen, dass es ihm (…) um etwas (geht), das der Kritik der politischen Ökonomie so dienen könnte wie der Geologie die besagte Illustrationsweise eines den Sinnen Unzugänglichen«. (Haug 2013: 45) Der »ideale Durchschnitt« auf den Kapitalismus ist keine Schnittmenge oder ein arithmetisches Mittel vieler Kapitalismen. Mit ihm ist das verborgene Wesen der wahrnehmbaren Erscheinungen gemeint, nicht das Äußere, sondern das Innere, nicht das Zufällige, vielmehr das Notwendige, nicht das Einzelne, sondern das Allgemeine, nicht das Besondere, sondern das Typische, nicht die den Sinnen zugänglichen Abweichungen, sondern das Gesetz, der »ideale Durchschnitt« eben. Auch der »ideale Durchschnitt« hat seine Geschichte. Er ist nicht nur das Gewordene, wie die »Neue Marx-Lektüre« ihn versteht.

Wert-Preis-Dialektik

Hat das Wechselspiel zwischen Angebot und Nachfrage Einfluss auf die Wertgröße der Waren oder verändert es nur dessen Erscheinungsform, den Preis? Gehen wir von innen nach außen, betrachten wir den Wert als gegeben, quantitativ und qualitativ bestimmt, erkennen wir, dass Ungleichgewichte zwischen dem Angebot und der Nachfrage zu Abweichungen der Preise vom Wert führen. Nur wenn das Angebot gleich der Nachfrage ist, bringt der Preis den Wert adäquat zum Ausdruck. Aus innerer Sicht, aus der des Wertes, handelt es sich um eine statische Betrachtung. Der Wert ruht. Es bewegen sich Angebot und Nachfrage. Diese Bewegungen lassen die Preise um den Wert oszillieren: Bei einem Angebotsüberschuss sind die Preise kleiner als der Wert. Bei einem Nachfrageüberschuss übersteigen die Preise den Wert. Dynamisch betrachtet, muss die Annahme einer Konstanz der Wertgröße aufgegeben werden. Der Wert ist nichts Starres. Er verändert seine Größe in Abhängigkeit vom Produktivitätsfortschritt und dem Gewicht, das die einzelnen Produzenten mit unterschiedlicher Produktivität im Gesamtensemble der Produzenten einnehmen.

Wie ist der Zusammenhang zwischen Angebot, Nachfrage, Preisen und Wert? Der Wert – das Wesen – bestimmt letztlich den Preis – die Erscheinung. Haben Änderungen des Preises umgekehrt Einfluss auf die Größe des Wertes? Bei der Vielzahl an Ansichten wundern wir uns nicht, dass es auch auf diese Frage unterschiedliche Antworten gibt. Drei sollen erwähnt werden. Bei der Grenzaufwandsbetrachtung bestimmt stets der Produzent, der gerade noch zur Deckung der Nachfrage benötigt wird, also der Grenzproduzent, den Wert. Das ist der Produzent, der mit der niedrigsten Produktivität, ergo mit den höchsten Aufwendungen, das Produkt herstellt. Diesen Fall hält Marx für eine Produktion, bei der nicht beliebig vermehrbare und unterschiedlich qualitative Produktionsfaktoren benötigt werden, für richtig. Sind die Produktionsfaktoren dagegen beliebig vermehrbar – wie in der Industrie –, schließt er dies aus und sagt, der Wert werde durch die gesellschaftlich normalen Produktionsbedingungen und den gesellschaftlichen Durchschnittsgrad von Geschick und Intensität der Arbeit bestimmt (MEW 23: 53). Diese Durchschnittsgröße kann zweifach gedeutet werden: a) streng mathematisch als gewogenes arithmetisches Mittel oder b) als die Produktionsbedingungen des jeweils dominierenden Anbieters bzw. die, unter denen die Mehrheit das Produkt herstellt. Wird der Wert als das gewogene arithmetisches Mittel der Aufwendungen aller an der Produktion einer Ware beteiligten Hersteller ausgelegt, ist nicht der Aufwand des Grenzproduzenten wertbestimmend, sondern die Aufwendungen der Produzenten mit dem größten Marktanteil. Der Wert wird durch die durchschnittliche Arbeitszeit bestimmt. Sie ändert sich durch den Wegfall bzw. das Hinzukommen von Produzenten mit überdurchschnittlicher bzw. unterdurchschnittlicher Produktivität. Der Aufwand des Grenzproduzenten geht entsprechend seines Anteils an der Gesamtproduktion in die Wertbestimmung ein. Die Folge der Angebot-Nachfrage-Schwankungen und der dadurch bewirkten Einbeziehung und Ausschaltung der Grenzproduzenten ist dann nicht nur ein Abweichen der Preise von den Werten und ein tendenzielles Annähern an diese, sondern zeigt, dass die Werte in abgeschwächter Form der Marktpreisbewegung folgen. Insofern muss man die »Ungeheuerlichkeit« akzeptieren: dass Werte zwar die Preise bestimmen, Preise aber indirekt über Angebot-Nachfrage-Korrekturen auch die Werte. Der Wert bestimmt in letzter Instanz den Preis. Der Preis wirkt über die Einbeziehung und die Ausschaltung der Produzenten mit schlechterer bzw. besserer Produktivität auf den Wert zurück. Dabei bestimmen nicht die schlechtesten oder besten Bedingungen den Wert, sondern die sich unentwegt ändernden durchschnittlichen Bedingungen.

Zu einer dritten Deutung kommt man, wenn der Wert nicht als Mittel ausgelegt wird, sondern identifiziert wird mit den Arbeitszeiten, unter denen die Mehrheit der Waren hergestellt wird und darunter die »gesellschaftlich normalen« Produktionsbedingungen verstanden werden. (MEW 23: 203f) Wichtigster Ausgangspunkt: Alle Produktionsfaktoren sind beliebig vermehrbar. Für den Boden trifft dies zwar nicht zu. Doch der Boden ist außerhalb der Landwirtschaft nur als Standort wichtig, nicht als zu bearbeitender Gegenstand. Was passiert? Ist die Nachfrage größer als das Angebot, liegen die Preise über dem Wert. Das Angebot steigt, indem die dominierenden Produktionsbedingungen stärker genutzt werden, entweder durch die bisherigen Produzenten mit dem größten Marktanteil und der dominierenden Produktivität oder/und durch hinzukommende Produzenten, die ebenfalls mit der dominierenden Produktivität produzieren. Das Angebot schließt zur höheren Nachfrage auf. Wird dies mit der bisherigen Produktivität erreicht, ändert sich die Wertgröße nicht. Aber der Preis sinkt auf den Wert zurück. Ist die Nachfrage kleiner als das Angebot, liegen die Preise unter dem Wert. Das Angebot sinkt, z. B. dadurch, dass ein Teil der den Wert bestimmenden Kapazitäten nicht mehr genutzt wird. Die gesunkene Menge wird mit der bisher dominierenden Produktivität hergestellt. Der Preis steigt durch die Angebotsreduktion wieder auf die unveränderte Wertgröße. So ist Marx zu verstehen, dass die Marktpreise in Abhängigkeit von Angebot und Nachfrage um den Marktwert schwanken, von diesem abweichen und mit ihm nur zusammenfallen, wenn das Angebot mit der Nachfrage übereinstimmt. Die beiden ersten Versionen vermischen Durchschnitts- und Grenzbetrachtungen. Sie sind daher vermutlich nicht identisch mit dem, was Marx gemeint hat.

Woher kommt der Profit?

Marx habe keine Antwort auf die Frage gehabt, woher der Mehrwert kommt. Auch habe er nicht gewusst, woher das viele Geld stammt. (Herrmann 2017: 131, 134) Zwei unterschiedliche Fragen – zwei falsche Behauptungen. Zum ersten Problem: Manche glauben, Profit sei nur ein anderes Wort für Mehrwert. Das stimmt nicht. Profit ist eine Erscheinungsform des Mehrwerts. Er ist der letzte Zweck des Kapitals. Auf der Jagd nach ihm ist das Kapital waghalsig, trickst, täuscht und korrumpiert. Sind die Aussichten günstig, »existiert kein Verbrechen, das es nicht riskiert, selbst auf die Gefahr des Galgens.« (MEW 23: 788, Fn 250) Aber was ist Mehrwert und was sein Unterschied zum Profit? Wie entsteht er? Durch geschicktes Tauschen? Der vermeintliche Schlüssel zur Wertschöpfung: Billig einkaufen und teuer verkaufen? Ein Irrtum, mit dem Betriebswirte gut leben können, weil er ihnen hilft, das Richtige zu tun. Volkswirtschaftlich ist klar: Was der Käufer durch niedrige Preise beim Kauf gewinnt, geht dem Lieferanten an Wert verloren. Zusätzlicher Wert, den der Verkäufer durch hohe Absatzpreise erhält, ist Wert, den der Käufer verliert. In der Zirkulation, durch Tauschen, entsteht kein Wert. Hier kann Wert nur unter den Käufern und Verkäufern umverteilt werden. »Die Gesamtheit der Kapitalistenklasse eines Landes kann sich nicht selbst übervorteilen.« (MEW 23: 177)

Der Wert wird in der Produktion geschaffen. Marx gab den entscheidenden Hinweis: Der »Geldbesitzer (müsste) so glücklich sein, (…) auf dem Markt eine Ware zu entdecken, deren Gebrauchswert selbst die eigentümliche Beschaffenheit besäße, Quelle von Wert zu sein«. (MEW 23: 181) Er hat das Glück, findet die Ware, auf die es ankommt: die Arbeitskraft. Sie überträgt den Wert der Arbeitsgegenstände – des Materials – und der Arbeitsmittel – der Maschinen, Anlagen usw. – auf die neuen Produkte. Und entscheidend: Sie erzeugt neuen Wert. Sie schafft mehr Wert, als sie besitzt. Beträgt die Arbeitszeit acht Stunden und benötigt die Arbeitskraft drei Stunden, um ein Äquivalent in Höhe ihres Wertes zu schaffen, dann produziert sie in fünf Stunden den Wert, der über ihren eigenen hinausgeht. Das ist der Mehrwert. Er ist seinem Wesen nach lebendige, bei der Produktion verausgabte Arbeit, die sich der Kapitalist unentgeltlich aneignet. Das nennt man Ausbeutung. Sie wird verschleiert, weil der Arbeiter den Lohn, der dem Wert seiner Arbeitskraft entspricht, nur unter der Voraussetzung erhält, dass er den vollen Arbeitstag, zum Beispiel acht Stunden, arbeitet. So erscheint es, als ob acht, nicht drei Stunden entlohnt würden und der Überschuss der Geschäftstüchtigkeit und dem Organisationstalent des Kapitalisten entspringe.

Aus einer ersten falschen Erscheinung – der Lohn entspricht dem Wert der Arbeit – resultiert eine andere: es sieht aus, als sei der Profit ein Überschuss über den Wert der Ware und habe mit der Arbeit nichts zu tun. Dem Wesen nach ist Profit aber Mehrwert. Der Mehrwert tritt in mehreren Formen auf, als Unternehmergewinn, Zins, Profit, Dividende und Grundrente. Die Ökonomen vor Marx hatten ihn mit seinen Formen gleichgesetzt. Erst Marx gelang der Durchbruch zum Wesen der Kategorie. Der Wert einer kapitalistisch produzierten Ware besteht aus drei Teilen: dem Wert des verbrauchten konstanten Kapitals (c), dem Wert des verausgabten verbrauchten variablen Kapitals (v) und dem Mehrwert (m). Der Warenwert ist c + v + m. Der Kapitalist bezahlt die beiden ersten Elemente c und v. Sie sind seine Kosten oder bilden, wie Marx sagt, den Kostpreis. Im Kostpreis ist der Unterschied zwischen konstantem und variablem Kapital verschwunden. Daraus ergibt sich eine weitere falsche Erscheinungsform: Es sieht so aus, als entspringe der Mehrwert, da er der Überschuss über den Kostpreis ist, beiden Wertbestandteilen, also c plus v. Mehr noch: Da an der Produktion das gesamte vorgeschossene Kapital in seiner stofflichen Form teilnimmt, auch wenn der Wert des in Gebäuden und Maschinen angelegten fixen Kapitals nur teil- und schrittweise in den Wert der neuen Waren eingeht, erscheint der Mehrwert als Überschuss über das gesamte vorgeschossene Kapital. So entsteht der falsche Eindruck, als sei er das Resultat des Gesamtkapitals. »Als solcher vorgestellte Abkömmling des vorgeschossenen Gesamtkapitals erhält der Mehrwert die verwandelte Form des Profits (...) der Profit (...) ist dasselbe, was der Mehrwert ist, nur in einer mystifizierten Form (...) Weil in der scheinbaren Bildung des Kostpreises kein Unterschied zwischen konstantem und variablem Kapitals zu erkennen ist, muss der Ursprung der Wertveränderung, die während des Produktionsprozesses sich ereignet, von dem variablen Kapitalteil in das Gesamtkapital verlegt werden.« (MEW 25: 46) Es scheint, als schöpften Produktionsmittel Wert – eine falsche Erscheinung, die das Wesen verdeckt.

Von der Wertschöpfung streng zu unterscheiden ist die Geldversorgung der Wirtschaft – die zweite Frage, die Marx angeblich unbeantwortet gelassen habe. Dabei hat er sie selbst gestellt: »Wie kann nun die ganze Kapitalistenklasse beständig 600 Pfd. St. aus der Zirkulation herausziehen, wenn sie beständig nur 500 Pfd. St. hineinwirft?« (MEW 24: 332) »Aus nichts wird nichts. Die Gesamtklasse der Kapitalisten kann nichts aus der Zirkulation herausziehen, was nicht vorher hineingeworfen war.« (MEW 24: 335) Manche zogen aus dieser Bemerkung den Schluss, die Kapitalistenklasse bekomme als Mehrwert zurück, was sie vorher in die Zirkulation gegeben habe. Sie schieße den Mehrwert selbst vor. Die Aneignung von unbezahlter lebendiger Arbeit, die Ausbeutung der Lohnarbeiter, existiere nicht. Selbst Rosa Luxemburg sah Klärungsbedarf, warf Marx vor, die Antwort auf das Problem schuldig geblieben zu sein. (Luxemburg 1975: 123ff) Hier vermischen sich wert- und mehrwerttheoretische Aspekte mit technischen Problemen der Geldbereitstellung. Die in einer Volkswirtschaft insgesamt vorhandene Geldmenge ist u. a. durch die Schatzfunktion des Geldes stets größer als die für die Zirkulation der Waren benötigte, die umlaufende Geldmenge. Die für die Zirkulation benötigte Geldsumme entspricht nach Marx dem Quotienten aus der Preissumme der Waren und der Umlaufanzahl gleichnamiger Geldstücke.

Natürlich vermehrt sich Geld in der Zirkulation nicht. Das ist aber auch nicht die Frage der Wertschöpfung. Die Frage ist, weshalb die Zirkulation bei gegebener Umlaufgeschwindigkeit des Geldes einen wachsenden Geldbedarf hat. Die Antwort: weil in der Produktion, die ja zur Zirkulation im weitesten Sinne gehört, eine Wertschöpfung stattgefunden hat. In der Produktion entsteht durch Arbeitsverausgabung ein höherer Wert, der sich in einer höheren Preissumme äußert, die wiederum eine entsprechende Geldzufuhr nach sich zieht. Um den Wert der Waren zu bezahlen, der den Mehrwert einschließt – falsch ist die Behauptung, der Mehrwert sei ein Aufschlag auf den Preis oder Wert – muss eine entsprechende Menge Geld in der Zirkulation sein. Die Frage lautet nicht: Woher kommt das Geld, um den Mehrwert zu realisieren, sondern, woher kommt das Geld überhaupt? Zur Frage, woher das Geld zur Bezahlung des um den Mehrwert vergrößerten Warenwerts kommt, sagt Marx: »Die allgemeine Antwort ist bereits gegeben: Wenn eine Warenmasse von x 1000 Pfd. St. zu zirkulieren, so ändert es absolut nichts am Quantum der zu dieser Zirkulation nötigen Geldsumme, ob der Wert dieser Warenmasse Mehrwert enthält oder nicht, ob die Warenmasse kapitalistisch produziert ist oder nicht. *Das Problem selbst existiert also nicht* (…) Indes existiert allerdings, vom Standpunkt der kapitalistischen Produktion, der *Schein* eines besonderen Problems. Es ist nämlich hier der Kapitalist, welcher als Ausgangspunkt erscheint, von dem das Geld in die Zirkulation geworfen wird. Das Geld, das der Arbeiter zur Zahlung seiner Lebensmittel ausgibt, existiert vorher als Geldform des variablen Kapitals und wird daher ursprünglich vom Kapitalisten in Zirkulation geworfen als Kauf- und Zahlungsmittel von Arbeitskraft.« (MEW 24: 334) Ferner kauft der Kapitalist Produktionsmittel und gibt Geld aus für Konsumgüter. Geld wird von den produzierenden Unternehmen aus dem monetären Bereich abgerufen. Das Wachstum der Geldmenge ist keine Wertschöpfung, sondern wird durch diese erzwungen. Das Geld, das eine Wirtschaft braucht, beschafft sie sich über Kredite. Eine wachsende Wirtschaft erzwingt so das Geldmengenwachstum.

Kein Beweis

Die Praxis ist das Kriterium der Wahrheit. Ein Satz, an dem niemand rüttelt. Er steht unantastbar, wie ein fest verwurzelter alter Baum im Erdreich. Dabei tritt ein Problem auf: Wie kann man das in den Erscheinungen verborgene Wesen in den Erscheinungen selbst nachweisen? Wir bezeichnen es als das Unsichtbare, weil wir es in den Erscheinungen gerade nicht erkennen können. Kann das Wesen erkannt werden, indem wir die Realität beobachten, Zustände und Vorgänge in ihr erfassen, sichtbare Veränderungen messen, Experimente durchführen und praktische Erfahrungen machen? Empirische Erkenntnisse gründen sich auf sinnlichen Erfahrungen. Sie sind notwendig, doch das Wesen der Dinge lässt sich mit ihnen nicht *beweisen*. (vgl. Kreschnak 2011: 21ff) Wie können wir beweisen, dass das Wesen des Preises der Wert einer Ware, das Wesen des Lohnes der Wert der Ware Arbeitskraft, das Wesen des Profits, der Grundrente, des Zinses jeweils der Mehrwert ist? Wir können die Richtigkeit, die Wahrheit dieser Aussagen nicht empirisch beweisen. Was wir sehen und statistisch festhalten können, sind die Bewegungen der Preise, Löhne, Profite und Zinsen. Aus ihrer Höhe und ihren Veränderungen lässt sich nicht unmittelbar auf ihr Wesen schließen. Auch deshalb nicht, weil die Erscheinungen das Wesen oft verzerrt widerspiegeln. Schwanken die Preise, heißt das nicht, dass die Werte es auch tun müssten. Aus der Erhöhung der Löhne ergibt sich nicht, dass auch die Werte der Arbeitskräfte gestiegen sein müssten. Mit den Erscheinungsformen und ihren Änderungen kann man nicht linear die Änderung des ihnen zugrunde liegenden Wesens beweisen. Um zu ihm zu gelangen, bedarf es des *logischen* Beweises, oder anders: nötig sind solide Theorien. Der logische Beweis ist gelungen, wenn wir die Richtigkeit einer Aussage bestätigen, indem wir sie mittels logischen Schlüssen ableiten aus schon bewiesenen oder auf andere Weise als wahr erkannten Aussagen. Jeder logische Beweis muss aber *letztlich* – nicht unmittelbar – in der Praxis überprüft und bestätigt werden.

Lenin sagt, »dass der Mensch durch seine Praxis die objektive Richtigkeit seiner Ideen, Begriffe, Kenntnisse, seiner Wissenschaft beweist.« (LW 38: 181) Das sei am Beispiel des Gesetzes vom tendenziellen Fall der Profitrate demonstriert. Empirisch kann man beobachten, dass die Profitraten mal steigen, mal fallen, dies auch über längere Zeiträume und unterschiedlich stark oder einheitlich für verschiedene Regionen und Zeiten. Was beweist das? Die Existenz des Gesetzes des Falls der Profitrate beweist es nicht. Selbst wenn es gelänge, ein überzeugendes statistisch-empirisches Resultat zu erzielen, wäre nicht *bewiesen*, dass es sich um ein ökonomisches Gesetz handelt. Hat sich eine Beziehung selbst in Millionen von Fällen bestätigt, ergibt sich daraus keineswegs die Konsequenz, »auch im nächsten Fall müsse es wieder so sein«. (Kreschnak 2011: 21) Man kann empirisch *belegen* – von statistischen Schwierigkeiten der Erhebung und Aufbereitung der Daten abgesehen –, ob und wie lange die Profitrate steigt oder fällt. Aber Fakten und Zahlen allein *beweisen* nicht, dass die von ihnen erfassten empirischen Veränderungen wesentlich, notwendig und allgemein sind.

Ein ökonomisches Gesetz muss logisch-inhaltlich begründet werden. Für Marx ist die Änderung in der allgemeinen Profitrate »das sehr späte Werk einer Reihe über sehr lange Zeiträume sich erstreckender Schwingungen.« (MEW 25: 175f) Welcher Beobachtungszeitraum ist dazu erforderlich? 50, 100 oder 200 Jahre? Hier beginnt das Problem empirischen Bemühens. Im Zähler der Profitrate steht die Mehrwertrate, im Nenner die Wertzusammensetzung des Kapitals. Der wasserdichte logische Beweis für den tendenziellen Fall der Profitrate besteht dann darin, nachzuweisen, dass langfristig – kurzfristig kann es anders sein –, die Mehrwertrate nicht so stark steigen kann wie die Wertzusammensetzung des Kapitals. Einiges spricht für diese Annahme. Ob sie richtig ist, bleibt umstritten. (vgl. dazu Müller 2016: 90ff)

Gegen den Glauben, den Profitratenfall empirisch nachweisen zu können oder zu müssen, ist auch folgendes zu beachten: Der logische Nachweis des Gesetzes erfolgt auf werttheoretischer, d. h. auf arbeitszeittheoretischer Grundlage. Empirisch aber werden Profitraten mit Preisen ermittelt. Da die Preise abweichen von den Werten, die sie ausdrücken und weil ein und dieselben Werte in unterschiedlich hohen Preisen ausgedrückt werden können, kann man nicht linear von der auf Basis der Preise ermittelten Profitrate auf die werttheoretisch begründete schließen. Dagegen ließe sich zwar einwenden, dass die Preise, wie hoch auch immer ihr nomineller Ausdruck sei, langfristig, tendenziell, quasi als Durchschnitt aller Abweichungen doch den Warenwerten entsprechen. So ist es, aber wie kann man das empirisch zeigen? Welche Zeiträume sind dazu nötig? Und doch: Stellte man fest, dass über Jahrtausende die Profitraten aller Branchen weltweit unaufhörlich steigen, wären Zweifel an der Existenz des Gesetzes vom Fall der Profitrate sehr wohl angebracht. In diesem Fall dürften wir behaupten, dass die Praxis der theoretischen Aussage die Anerkennung versagt. Der heftig geführte Streit unter den Vertretern des Faches hat zu tun mit umstrittenen Begriffen, mit Modellen, die eine komplexe Welt einseitig widerspiegeln, mit unverrückbaren Standpunkten und dem Verzicht, zu unterscheiden zwischen der Erscheinung und dem Wesen einer Sache. Im Folgenden stelle ich das an einigen ausgewählten Streitobjekten näher dar.

III. Begriffe

1. Gratisgeschenke

Warum liegt Magdeburg nicht an der Moldau? In Melnik, 60 km nördlich von Prag, fließen Moldau und Elbe zusammen. Ab nun heißt der Fluss Elbe – tschechisch »Labe« –, obwohl die Moldau – tschechisch »Vlatava« hier sogar einige Kilometer mehr hinter sich hat. Warum nicht Moldau, Elmol, Daube, Moldel, Eldau, Molbe oder vielleicht Otta? Werra und Fulda fließen auch zusammen und als Weser weiter zum Meer. Elbe – eine willkürliche Namensgebung? Viele patriotisch gesinnte Tschechen hadern damit, dass die stolze Moldau in der Elbe untergeht. Keiner aber fordert, die Elbe in Melnik enden und die Moldau bis in die Nordsee fließen zu lassen. Dass nicht die Moldau als Elbursprung gilt, geht zurück auf die im Mittelalter verfestigten Benennungen der beiden Flüsse, die mit der Siedlungsgeschichte Böhmens zu tun haben. Der Bereich der oberen Elbe war vor der Zuwanderung der slawischen Stämme bereits besiedelt. Die Siedlungsgeschichte an der Moldau beginnt später. Außerdem sieht es so aus, als münde die von Südwesten kommende Moldau in die vom Süden kommende Elbe. Die Elbe ist schon oberhalb der Mündung breiter und fließt geradeaus, während die Moldau an der Mündung deutlich nach links abbiegt. So entsteht der Eindruck, als sei die Elbe der Hauptfluss und nehme die kleinere Moldau in sich auf. (Freie Presse, 27.4.2018, S. B2) Das Beispiel zeigt, dass Namen und Begriffe historisch entstanden sind, ihre Gründe haben und eine Geschichte besitzen.

Begreifen hat mit Begriffen zu tun, ebenso wie Begriffe mit begreifen. Der Streit unter Ökonomen resultiert zum großen Teil aus der unterschiedlichen Deutung und Verwendung der Begriffe. Er mutet zuweilen an wie ein Kampf um die »Begriffshoheit« und scheint über weite Strecken ein Problem der Sprache, Wortklauberei oder der sprichwörtliche Streit um des Kaisers Bart zu sein. Eine Besonderheit besteht darin, dass marxistische und nichtmarxistische Politische Ökonomie zum Teil unterschiedliche Begriffe benutzen, mit unterschiedlichen Begriffen gleiche oder ähnliche Inhalte meinen oder mit gleichen Begriffen Unterschiedliches benennen. Die Brauchbarkeit und Widerspruchsfreiheit der Begriffe ist aber zunächst im jeweiligen kategorialen System zu prüfen und zu sichern.

Die Sprache ist ein Mittel, mit dessen Hilfe die Menschen Gedanken austauschen und Ergebnisse des Denkens in Worten bewahren. Sprache hilft, Gedanken zu entwickeln. Sie besteht aus Zeichen, den Buchstaben und Worten, die zu unendlich vielen Sätzen bzw. Aussagen verknüpft werden können. »Die Worte bilden die Existenzform der Begriffe, mit denen das Denken operiert, und die Begriffe sind der gedankliche Inhalt, die Bedeutung der Worte.« (Klaus, Buhr 1974: 1161) Ernst: »Wovon ich einen Begriff habe, das kann ich auch mit Worten ausdrücken«. Falk: »Nicht immer; und oft wenigstens nicht so, dass andre durch die Worte vollkommen denselben Begriff bekommen, den ich dabei habe«. (Lessing, *Ernst und Falk*, zitiert nach Müller, Schmieder 2016: 11) »Habe mir drei Birnen gekauft«. »Schmecken sie«? »Nein, sie leuchten«.

Es gibt oft mehrere Wörter oder Wortgruppen für einen Begriff, die Synonyme. Das Riesenrad wird neuerdings Russenschaukel genannt, wie einst im Zarenreich des 18. Jahrhunderts. Mit einem Wort können unterschiedliche Begriffe gemeint sein. Mitunter werden bereits vergebene Worte für neue Objekte genutzt, ohne dass dies Probleme bereitet. Wer stört sich daran, dass die Maus des Computers keinen Speck mag? Man auf der Bank im Park keine Zinsen zahlen muss? Die Dichtung im Wasserhahn keine Chancen auf den Literaturpreis hat? Kein Bückling je einen Bückling machte? Dietrich mit dem Dietrich das Tor öffnet? Und mit dem Kreuz auf dem Kreuz die Straße kreuzt? Engländer und Franzose im Werkzeugkasten liegen? Sich zwei Jäger treffen und beide tot sind? Sprachwissenschaftler sprechen von Homonymen, wenn Wörter mehrere Bedeutungen haben, Philosophen nennen es Äquivokation. Laut dem Guinness-Buch der Rekorde hat das Wort »Läufer« mit 24 die meisten Bedeutungen. Der »Läufer« ist unter anderem ein schmaler, langer Teppich, ein junges Hausschwein, eine Schachfigur, ein Mittelfeldspieler im Fußball, ein Laufsportler oder ein Rotationskolben an einem Wankelmotor.

Eine Besonderheit der bürgerlichen Ökonomie resultiert aus der Verwendung naturwissenschaftlicher Begriffe zur Charakterisierung ökonomischer

Erscheinungen. Zwar ist es misslungen, die theoretische Ökonomie in eine mathematisch-naturwissenschaftliche Disziplin, ähnlich der Physik, genauer vielleicht der Mechanik oder Hydrodynamik, zu verwandeln. Doch die den »exakten« Wissenschaften entlehnten Begriffe sind geblieben und bedürfen der Übersetzung in die Sprache der Ökonomen. So ist beispielsweise die Preiselastizität der Nachfrage eine Kennziffer, mit der ausgedrückt wird, um wie viel Prozent sich die Nachfrage nach einem Gut ändert, wenn sich dessen Preis um ein Prozent ändert. Mit dem physikalischen Inhalt des Elastizitätsbegriffs – die Fähigkeit eines Körpers, nach Beendigung der Druckausübung die ursprüngliche Form anzunehmen – hat dies nichts zu tun. Ist die Kennziffer größer als 1, sagt man, die Nachfrage sei elastisch. Ist sie kleiner als 1, sei die Nachfrage unelastisch, obgleich sie natürlich auch jetzt elastisch ist, allerdings nur schwach. Reagiert die Nachfrage nicht auf die Preisänderung, nennen bürgerliche Ökonomen sie nicht, wie man erwarten könnte, unelastisch, sondern »*vollkommen* unelastisch«. Und »vollkommen elastisch« – auch das gäbe es – reagiere die Nachfrage auf Preisänderungen, die es nicht gibt, sprich, wenn die Nachfrage bei unendlich kleinen Änderungen des Preises (also keinen) steigt oder fällt. Sie verändert sich dann, weil andere Faktoren (Präferenzen, Qualität, Einkommen u. a.) dies bewirkt haben. Unerklärlich, warum dies trotzdem *Preis*elastizität der Nachfrage genannt wird. Der Preis ist jetzt gerade nicht die Ursache der Nachfrageänderung.

Der Begriffswirrwarr resultiert aus einer mathematischen Verballhornung der theoretischen Ökonomie. Einstein, der selbst zur Weiterentwicklung formal-mathematischer Methoden im Rahmen der Relativitätstheorie beitrug, hatte gesagt, dass man mit der Mathematik alles beweisen könne. Sie »ist die einzige perfekte Methode, sich selber an der Nase herumzuführen.« (Herneck 1979: 44) Im Falle des Begriffs »Preiselastizität« ist es so, als ermittelte der Gynäkologe, ob die Frau vollkommen schwanger, schwanger, ein bisschen schwanger, nicht schwanger oder vollkommen nicht schwanger ist. Die Neigung, die theoretische Ökonomie mit Gleichungen und Formeln vorzuführen, ist zulässig, wenn die sozialhistorische Beschaffenheit des Gegenstandes beachtet wird. Wer die Ökonomik mit einer Kombination aus Physik und formaler Logik verwechselt, verkennt das und gerät auf Abwege.

Es gibt lustige Sätze: »Wenn hinter Fliegen Fliegen fliegen, fliegen Fliegen Fliegen nach« oder »Wenn hinter Robben Robben robben, robben Robben Robben hinterher«. Selbst ein Satz mit sechsmal »das(s)« ist grammatikalisch korrekt: »Der Lehrer meinte, dass das Das, das das das grüne Kleid tragende Mädchen an die Tafel geschrieben hatte, falsch sei«.[37]

Mit Begriffen machen wir uns einen Begriff von der Beschaffenheit der Realität. Der Begriff sollte die allgemeinsten und wesentlichsten Eigenschaften des Objekts angeben. »Worauf es bei dem Studium der Wissenschaft ankommt, ist die Anstrengung des Begriffs auf sich zu nehmen«, sagt Hegel. Begriffe sind die gedankliche Widerspiegelung der Dinge, Eigenschaften und Beziehungen. Ihre Geschichte ist eine abgeleitete Geschichte, abgeleitet aus der der Verhältnisse, die sie sprachlich ausdrücken. Sie benennen etwas und bilden die Merkmale des Benannten ab, beschreiben und begründen die Realität. Begriffe sind von Interessen diktiert, können entwertet und missbraucht werden. Grundbegriffe – Demokratie, Freiheit, Gerechtigkeit – sind längst ausgehöhlt. Demokratie – Herrschaft des Volkes? Wer ist so einfältig, es zu glauben? Der Begriff Demokratie soll die Herrschaft der Eliten vertuschen. Gleichheit – verkommen zum Feigenblatt für Ungleichheit. Freiheit – für wen? Freiheit – die Einsicht in die Notwendigkeit, die Anerkennung des Unvermeidbaren? Freiheit – die Unterwerfung, die Akzeptanz der Macht, der gottgewollten? Das Abfinden mit eigener Macht-, Hilfs- und Bedeutungslosigkeit? Freiheit – die Freiheit des Anderen? Immer des Anderen? Freiheit gleich uneingeschränkte Toleranz? Toleranz auch gegenüber der Intoleranz und damit der Unfreiheit? Fortschritt – Bewegung zum Besseren oder unaufhaltsamer Marsch zum Abgrund angesichts des Bevölkerungswachstums und der Zerstörung der Natur? Fortschritt – Hebung des Wohlstandes oder Perfektionierung des Mordens? Nach Theodor W. Adorno und Max Horkheimer (1895-1973) besteht die Ambivalenz des Fortschritts darin, dass er das Leben verbessert und zugleich bedroht. Er entwickele das Potenzial der Freiheit und der Unterdrückung. Heil und Unheil – sie sind im Fortschrittsbegriff aufs engste verbunden.[38]

Begriffe haben ihre Geschichte. Sie ändern ihre Bedeutung im Laufe der Zeit. Peter Porsch zeigt am Beispiel von Reform, Reformation und Revolution, dass »Wörter ihre Schicksale (haben)«. (Porsch 2016: 18) »Die Begriffsgeschichte war immer schon«, schreiben Müller und Schmieder,

---

37 Was 24 Läufer im Duden zu suchen haben, 3.5.2013, in: https://blog.supertext.ch, (9.8.2018)

38 Wohin wollt ihr mit eurem Fortschritt?, in: www.cicero.de, (11.8.2018)

»aber insbesondere seit den 1920er Jahren keineswegs nur eine harmlose philologische, sondern zugleich eine politische und wissenschaftspolitische Methode, mit der geistige Kämpfe der Zeit durchfochten werden« (Müller, Schmieder 2016: 23) Begriffe sind vergänglich, vergehen und entstehen mit den realen Verhältnissen, die sie widerspiegeln. Wörter, auch relativ junge, verschwinden mit den Sachen, über die der Fortschritt hinweggeht: »Videorecorder«, »Walkman«, »Tonband«. Begriffe wie »materiell-technische Basis«, »Maschinenausleihstation«, »Meister des Sports«, »Verdienter Aktivist«, »Brigadetagebuch«, »Dederon«, »Werktätiger« und »Kollektiv« sind mit dem Sozialismus untergegangen, verlieren oder wandeln ihre Bedeutung wie »Subbotnik«. Begriffe nutzen sich ab, veralten wie Omas Kittelschürzen (auch ein kaum noch gebrauchtes Wort). Wer spricht noch von »Frauenzimmer«, »Adamskostüm«, »Backfisch«, »Fräulein« oder »Hasenbrot«? »Kurpfuscher«, »Tingeltangel«, »Brimborium«, »Zinnober«? »Remmidemmi«, »Wanst«, »Mumpitz«, »Kokolores«, »Firlefanz« oder »Schabernack«, den Till Eulenspiegel seinen Zeitgenossen spielte? Oder klagt übers »Zipperlein« und schwärmt von der »Augenweide«? Viele klangvolle, bildhafte Begriffe sind verschwunden und andere vom Aussterben bedroht. »Im Duden stehen 145.000 Stichwörter, 14.000 davon verwendet der Durchschnittsdeutsche«, schreibt die Journalistin Katharina Mahrenholtz in ihrem Buch »Luftikus und Tausendsassa«. (Mahrenholtz 2018: 11)

Neue Verhältnisse bringen neue Begriffe hervor. Die Computerwelt hat ihre eigene Sprache hat. Dass aus Kindern »Kids«, aus Stöckelschuhen »High Heels« und aus der guten alten Kundendienstrufnummer die »Hotline« geworden sind, muss einem nicht gefallen. »Leiharbeit«, »Klonen«, »Genmanipulation«, »Klimakatastrophe«, »Islamischer Staat«, »Internet«, »Digitalisierung«, »Hartz-IV-Empfänger«, »Kopfpauschale«, »Bedingungsloses Grundeinkommen«, »Ankerzentren« sind Begriffe neueren Datums.

Begriffe helfen zu begreifen – manchmal sollen sie die Wirklichkeit kaschieren. Der Ausdruck »Asyltourismus« deutet Flucht vor Krieg, Folter und Hunger um in Urlaubsreisen. Er wurde wie der Begriff »Anti-Abschiebe-Industrie« von christlich-sozialen Politikern erfunden, von denen man gern wissen möchte, was sie unter den Begriffen »christlich« und »sozial« verstehen. Mit »tollen Gratisgeschenken« versuchen Versandhäuser und Zeitungen ihre Käufer für dumm zu verkaufen. Wer eine Ware kauft oder ein Probeabo abschließt, erhält zum Dank ein Geschenk. Sogar gratis. Also kostenlos. Es ist so unglaublich, dass Kapitalisten etwas verschenken, dass Kunden extra darauf hingewiesen werden müssen. Gleich doppelt. Sonst verstehen sie es nicht. Besser noch dreifach: ein »kostenloses Gratisgeschenk«. Und für Begriffsstutzige, die ihr Glück immer noch nicht fassen, gibt es das kostenlose Gratisgeschenk sogar umsonst, damit sich auch der letzte Tölpel einbilden kann, dass er für das Geschenk nichts bezahlen muss. Doch der Schein trügt, wie so oft. Wer glaubt, ihm werde etwas geschenkt, kennt den Kapitalismus nicht. Er müsste wissen, dass die Kosten der »Gratisgeschenke« in die Preise der Waren einkalkuliert sind, selbst dann, wenn es sich um den allerbilligsten Schnickschnack handelt, um Ramsch, für den sich nicht mal ein Besucher eines Flohmarktes interessiert, oder, wie »Die Zeit« schrieb, »um die Insolvenzmasse von 1-Euro-Shops und/oder ästhetischen Sondermüll: grellbunte Plastikschüsseln, eine Qual fürs Auge. Irgendwelchen gläsernen Deko-Krempel für die Fensterbank, der so hässlich ist, dass sogar Recyclinghöfe die Annahme verweigern. Armbanduhren, deren Zeiger bei der ersten Erschütterung abbrechen und deren Armbänder nach zwei Wochen einreißen«.[39]

Im Gegensatz zu einer Aussage sind Begriffe nicht wahr oder falsch. Sie sind zweckmäßig oder unzweckmäßig. Begriffe, die keine Grundlage in der Realität haben, kann man »mit jenen Wäldern des Nordens vergleichen, deren Bäume keine Wurzeln haben«, so Diderot. Ein Windstoß – und sie fallen um. Der Begriff ist nach Engels das Ergebnis der Erkenntnis eines Gegenstandes oder einer Erscheinung. Er ist das »Resultat, worin sich (…) Erfahrungen zusammenfassen.« Es geht weder um Wortklauberei und Wortgeklingel noch um eine exzentrische Begriffsakrobatik, es geht um die »Kunst, mit Begriffen zu operieren«, so Engels. (MEW 20: 14) Begriffe helfen, die von ihnen erfassten Dinge, Eigenschaften und Beziehungen von anderen Objekten, darunter von ähnlichen der jeweiligen Gattung, abzugrenzen. Sie müssen schlüssig, klar und angemessen sein. Begriffe sind unangemessen, wenn sie die Abgrenzung untereinander behindern, also nicht eindeutig sind und wenn sie dem Inhalt des zu Widerspiegelnden nicht gerecht werden. So ist zweifelsfrei, dass die sogenannten »Arbeitgeber« keine Arbeit geben. Sie stellen Arbeitsplätze zur Verfügung und legen Arbeitsaufgaben fest. Die »Arbeitnehmer« wiederum *nehmen* keine Arbeit, sondern leisten sie, in-

39 »Ihr Gratisgeschenk«, 8.8.2013, in: www.zeit.de, (2.8.2018)

dem sie gegen Bezahlung ihre Arbeitskraft dem Kapitalisten überlassen. Das »Kauderwelsch« der Ökonomen, wie Engels die gewollte Verdrehung der Begriffe nennt, »worin z. b. derjenige, der sich für bare Zahlung von andern ihre Arbeit geben lässt, der Arbeit*geber* heißt, und Arbeit*nehmer* derjenige, dessen Arbeit ihm für Lohn abgenommen wird« (MEW 23: 34), zeigt, wie willkürlich die Begriffsbildung sein kann. Aber selbst den Sinn entstellende Worte können eine Verständigung ermöglichen, wenn sie in den allgemeinen Sprachgebrauch eingegangen sind. Menschen sind manipulierbar. Jeder weiß, wer mit »Arbeitgeber« und »Arbeitnehmer« gemeint ist, obwohl die beiden Begriffe die Eigenschaften des von ihnen Widergespiegelten vertauschen. Das von Engels verspottete Kauderwelsch ist längst Amtsdeutsch geworden. Man muss es ablehnen, ohne allerdings so weit zu gehen wie Peter Ruben, der die Existenz eines »Arbeitsmarkts« für eine »reine Phantasie« hält und die Redeweise von der Ware Arbeitskraft für »irreführend und falsch«, für einen Terminus wie *das Nichts*, eine leere Menge. (Ruben 2015: 32, 36f)

Nach Haug unterscheide Marx zwischen Kategorien und Begriffen. Kategorien sind gesellschaftliche Daseinsformen, die ihren Inhalt auf der Ebene der Erfahrung oft nicht preisgeben, die Wahres verhüllten und verzerrten. Begriffe dagegen zeigten den Zusammenhang korrekt, lösten die Verkehrung kritisch auf. So wäre es sinnvoll, Kategorien der ökonomisch Handelnden wie Geld, Profit, Arbeit usw. von den gleichlautenden Begriffen der politischen Ökonomie zu unterscheiden. (Haug 2008: 467-486)

Meinungsverschiedenheiten unter Ökonomen resultieren zu einem großen Teil aus einer unterschiedlichen Verwendung der Begriffe. Deshalb ist es notwendig, an die Regeln zur Begriffsbestimmung zu erinnern, die bis auf Aristoteles zurückgehen. Begriffe sind angemessen, wenn ihre Definitionen weder zu eng noch zu weit sind, man sie widerspruchsfrei verknüpfen kann und wenn sie wesentliche Merkmale des Widergespiegelten erfassen. Zu eng ist die Definition, wenn der Umfang des definierten Begriffs kleiner ist als der Umfang des zu definierenden Begriffs. »Geld ist Kapital«, ist eine zu enge Definition. Kapital betritt zwar in erster Instanz als Geld die Bühne, aber Geld ist nicht identisch mit Kapital, ist mehr als Kapital. Als allgemeines Äquivalent des Wertes der Waren ist es kein Kapital. Geld ist nur dann zugleich Kapital, wenn es auftritt, sich zu mehren. Andererseits könnte man die Definition auch als zu weit auffassen. Zu weit ist die Definition, wenn sich der Umfang des definierten Begriffs als größer erweist als der des zu definierenden Begriffs. Der Kapitalbegriff schließt neben Geld(kapital) das Sachkapital und Arbeitskräfte (variables Kapital) ein. Auch die Definition »Kapital ist Geld« wäre eine zu weite Definition, weil der Umfang des definierten Begriffs (hier Geld) größer ist als der des zu definierenden Begriffs (hier Kapital). Kapital ist Geld in besonderer Funktion, ist sich verwertender Wert, »Mehrwert erzeugender Wert«. Geld und Kapital sind Kategorien, deren Begriffsumfänge teilweise übereinstimmen. Sie überschneiden sich, besitzen einige gemeinsame Merkmale. So gibt es Geld, das zugleich Kapital ist, wie es auch Kapital gibt, das zugleich Geld ist. Das Beispiel zeigt, wie schwierig es sein kann, die Probleme auf den richtigen Begriff zu bringen. Tatsächlich liegt in dieser Schwierigkeit eine Ursache des offenbar endlos anhaltenden Streits.

Ein weiteres Beispiel: Zu eng definiert Ricardo die Arbeitsmittel, die er mit dem fixen Kapital gleichsetzt. Marx nennt es »eine scholastische Bestimmung, die zu Widersprüchen und Konfusion« führe. (MEW 24: 228) Arbeitsmittel sind nur dann Sachkapital, wenn die Produktion kapitalistisch ist und ihr Wert durch die konkrete Arbeit auf die Produkte übertragen wird. Wenn nicht, bleiben sie Arbeitsmittel, ohne fixes Kapital zu sein, wie der Faustkeil des Neandertalers, der Amboss des Dorfschmieds oder der Dreschflegel des Kleinbauern, der mit seiner Familie das Feld bestellt. Umgekehrt zu sagen, fixes Kapital seien die Arbeitsmittel, ist eine zu weite Definition, weil es, wie wir gerade sahen, Arbeitsmittel gibt, die kein Kapital sind. Platon hatte den Menschen ein »zweibeiniges Lebewesen ohne Federn« genannt, woraufhin Diogenes einen Hahn rupfte, ihn in die Vorlesung mitbrachte und sprach: »Hier habt ihr den Menschen Platons«. Platon reagierte und engte die Definition ein: Der Mensch sei, so präzisierte er, »ein zweibeiniges Lebewesen ohne Federn mit Krallen« (= breiten Nägeln). Treffend wäre es gewesen, er hätte gesagt, der Mensch ist ein zweibeiniges Lebewesen, das Bewusstsein hat und arbeitet.

Angemessen ist die Begriffsbestimmung – die Definition –, wenn der zu definierende Begriff und der definierte Begriff den gleichen Umfang haben. In der Definition »Ein Quadrat ist ein Rechteck mit vier gleichen Seiten« ist die Bedingung erfüllt: die Begriffsumfänge von *Quadrat*, dem zu Erklärenden und *Rechteck mit vier gleichen Seiten*, dem Erklärten, decken sich. Quadrate sind derartige Rechtecke und alle derartigen Rechtecke sind Quadrate. Die Begriffsbildung nutzt erkenntnistheoretisch die objektive Dialektik von

Erscheinung und Wesen, von Einzelnem und Allgemeinem. Begriffe korrekt zu bilden und zu gebrauchen, hat so zwangsläufig mit der Fähigkeit zu tun, zu unterscheiden zwischen dem Wesen und der Erscheinung einer Sache. Und da hapert es bei vielen. Als Beispiel sei Frédéric Bastiat (1801-1850) erwähnt. Der französische Ökonom predigte die Harmonie der Klasseninteressen im Kapitalismus. Marx nannte ihn den flachsten und daher gelungensten Vertreter der vulgärökonomischen Apologetik – fad, aufgeblasen, affektiert, bieder läppisch und gänzlich unfähig, geschichtliche Prozesse aufzufassen. (MEGA II/1: 172) Für Bastiat sind alle ökonomischen Kategorien nur andere Namen für immer dasselbe Verhältnis. Der Arbeitslohn ist die Bezahlung für einen Dienst. Der Profit ist es auch. Also existiert kein Unterschied zwischen ihm und den Lohn. Der Profit ist einfach der Arbeitslohn des Kapitalisten. Kein Unterschied auch zwischen Profit und Zins und Rente. So harmonisch und friedlich wie im Kapitalismus geht es allenfalls noch sonntags in der Kirche zu, wo der Pfaffe seinen Schäfchen einredet, sie alle seien gleich vor dem Herrn. Die Ähnlichkeit religiöser und vulgärökonomischer Apologetik ist offensichtlich. »Denn in Erde – Rente, Kapital – Zins, Arbeit – Arbeitslohn stehen sich die verschiedenen Formen des Mehrwerts (…) ohne Gegensatz gegenüber. Die verschiedenen Revenuen fließen aus ganz verschiedenen Quellen, die eine aus der Erde, die andere aus dem Kapital, die andere aus der Arbeit. Sie stehen also in keinem feindlichen, weil überhaupt in keinem inneren Zusammenhang. Wirken sie nun doch in der Produktion zusammen, so ist das ein harmonisches Wirken, der Ausdruck von Harmonie, wie ja z. B. der Bauer, der Ochse, der Pflug und die Erde in der Agrikultur, dem wirklichen Arbeitsprozesse, trotz Verschiedenheit, *harmonisch* zusammenarbeiten.« (MEW 26.3: 493)

Das Wesen des Begriffs erfasst man, indem der nächsthöhere Gattungsbegriff und der Artunterschied angegeben werden. Der Artunterschied muss ein Merkmal oder eine Gruppe von Merkmalen sein, die nur dem vorliegenden Begriff zukommen und bei anderen Begriffen fehlen, die zur Gattung gehören. Die Dialektik von Erscheinung und Wesen wird in einer Hierarchie von über- und untergeordneten Begriffen abgebildet. Die höheren Begriffe sind die umfassenderen, die niederen sind die engeren Begriffe der Gattung. Der Mensch ist ein Lebewesen mit der Fähigkeit, zu arbeiten, zu sprechen und zu denken. »Mensch« ist der zu bestimmende Begriff. »Lebewesen« ist der nächsthöhere Gattungsbegriff. Zu den Lebewesen gehören auch Tiere und Pflanzen. Die Fähigkeit zu arbeiten, zu sprechen und zu denken ist das Merkmal oder der artbildende Unterschied, der den Menschen aus der Gattung der Lebewesen heraushebt. Kapital ist sich verwertender Wert. »Kapital« ist der zu bestimmende Begriff. »Wert«, der in Form von Geld auftritt, ist der nächsthöhere Gattungsbegriff. Werte können unverändert, Geldbeträge konstant bleiben. Nur Wert, der sich vergrößern soll und wächst, ist Kapital. Und Wert vergrößert sich nicht durch Zauberei, sondern dadurch, dass die Eigentümer der Produktionsmittel Lohnarbeiter beschäftigen, die mehr Wert schaffen, als sie selbst besitzen, den Mehrwert. Das ist das Wesen des Kapitals.

Bei einer »genetischen Definition« wird das Wesen eines Begriffs dadurch erfasst, dass auf die Herkunft des Gegenstandes verwiesen wird. So ist das Geld, »die Geldform der Ware nur die weiter entwickelte Gestalt der einfachen Wertform, d.h. des Ausdrucks des Werts einer Ware in irgendeiner beliebigen Ware« (MEW 23: 73). Es ist die aus dem Produkten- und Warentausch hervorgegangene allgemeine Ware, in der alle anderen Waren ihren Wert ausdrücken.

Oft werden elementare Regeln der Begriffsbestimmung und zur Einteilung des Begriffsumfangs verletzt, wie im Folgenden an wichtigen ökonomischen Problemen gezeigt wird.

2. Ware

Sie haben Recht und irren trotzdem

Arbeiten Menschen wie in der Urgemeinschaft, um ihren Bedarf aus den Früchten ihrer Tätigkeit zu decken, nennen wir das Naturalwirtschaft. Die Produkte sind noch keine Waren. Sie werden unter die Mitglieder der Gemeinschaft – Sippe, Stamm etc. – verteilt. Geld brauchen die Leute nicht. Grundlage dieser Produktions- und Verteilungsweise ist das Gemeineigentum am Boden. Anders in der Warenwirtschaft: Fortschritte in den Produktivkräften und die Arbeitsteilung ermöglichen es, dass die Menschen mehr herstellen, als sie verbrauchen können. Das Mehrprodukt begünstigt, dass sich privates Eigentum an Produktionsmitteln bildet. Die Menschen beginnen, direkt für andere, für die »Gesellschaft« zu produzieren. So werden aus den Produkten Waren.

Waren sind von vornherein für den Austausch auf einem Markt hergestellte Erzeugnisse. Historisch gesichert ist, dass dem Warentausch ein Tausch von Produkten vorausgegangen ist. Es ist ein Austausch von Überschüssen, die zufällig, ungeplant, gegen begehrte Artikel veräußert wurden. Warenproduktion ist die Herstellung von Gütern für den Austausch. Arbeit wird von Individuen in eigener Verantwortung verausgabt. Selbständige Produzenten, durch das Privateigentum voneinander getrennt, stellen die Produkte isoliert her, um sie auf dem Markt zu verkaufen. Die Produzenten der Waren hängen wechselseitig voneinander ab. Sie produzieren füreinander. Die von Warenproduzenten verausgabte Arbeit ist der Form nach privat, dem Wesen nach gesellschaftlich. Das ist der Grundwiderspruch der privaten Warenproduktion: Gesellschaftliche Arbeit wird in privater Form geleistet. Daraus resultiert, dass die Arbeit der einzelnen Warenproduzenten nachträglich auf dem Markt gesellschaftlich anerkannt werden muss. Zur gleichen Zeit, da Arbeit verausgabt wird, ist grundsätzlich offen, ob und in welchem Maße die anderen – die »Gesellschaft« – dieser Produkte bedarf. Zeitweilig versagt der Markt den Produkten diese Anerkennung. Ökonomen nennen es Überproduktion.

Es existieren zwei Typen der privaten Warenproduktion: die einfache oder kleine und die kapitalistische. Marxistische Ökonomen streiten sich darüber, womit sich Karl Marx im ersten Abschnitt des ersten Buches zum »Kapital« beschäftigt. Sie treibt die Frage um, ob dort von einfacher oder von kapitalistischer Warenproduktion die Rede ist. Gibt es darauf eine eindeutige Antwort? Anstoß erregt Engels' Bemerkung, die im ersten Band des »Kapital« behandelte Ware gelte »für die ganze Periode der *einfachen* Warenproduktion, also bis zur Zeit, wo diese durch den Eintritt der kapitalistischen Produktionsform eine Modifikation erfährt.« (MEW 25: 909) Gemeint ist die Zeitspanne von, sagen wir, 6000 v. u. Z. bis ins 15. Jahrhundert. Engels schreibt: »Danach wird es wohl klar sein, warum Marx am Anfang des ersten Buchs, wo er von der einfachen Warenproduktion als seiner historischen Voraussetzung ausgeht, um dann weiterhin von dieser Basis zum Kapital zu kommen – warum er da eben von der einfachen Ware ausgeht und nicht von einer begrifflich und geschichtlich sekundären Form, von der schon kapitalistisch modifizierten Ware.« (MEW 25: 20) Marx, scheinbar im Widerspruch dazu, beginnt sein Buch mit dem Satz: »Der Reichtum der Gesellschaften, in welchen kapitalistische Produktionsweise herrscht, erscheint als eine ungeheure Warensammlung, die einzelne Ware als seine Elementarform.« (MEW 23: 49) Der Widerspruch zwischen beiden Aussagen scheint so eindeutig zu sein, dass kein Autor der »Neuen Marx-Lektüre« die Gelegenheit auslässt, darüber zu stolpern. Marx, der die kapitalistische Ware untersuche, sei von seinem Freund missverstanden worden. Engels irre, wenn er behauptet, der Meister betrachte im ersten Abschnitt des »Kapital« die einfache Ware. Nicht nur die Protagonisten der »Neuen Marx-Lektüre« sehen es so: »Handelt es sich um das berühmt-berüchtigte Fellstück des Urjägers, um jenen Sack Gewürze der europäischen Fernhändler, um Klumpen von Bernstein oder um baltisches Getreide in den Lagern der Amsterdamer Kaufleute? Wenn das Kapital tatsächlich historisch aufgebaut ist, dann müsste diese Ware, von der anfänglich im ›Kapital‹ die Rede ist, identisch sein mit jenen frühesten Tauschobjekten, die noch ohne Vermittlung des Geldes zirkulierten«, schlussfolgert Karl Reitter und meint, diese historische Lesart sei willkürlich. (Reitter 2009: 4f) Es ginge von Anfang an um das Kapital. Das erste Kapitel beschreibe, setzt Jameson scheinbar in Anlehnung an Engels dagegen, »so etwas wie die Vorgeschichte des Kapitalismus (ähnlich wie das achte Kapitel zur ursprünglichen Akkumulation), so dass, genau genommen, Marx' Beschreibung des Kapitalismus als solchem sich auf die Kapitel zwei bis sieben (des ersten Bandes, K. M.) beschränkt.« (Jameson, F. 2012: 338) Noch weiter geht Louis Althusser (1918-1990), der zu den einflussreichsten marxistischen Theoretikern des 20. Jahrhunderts gezählt wird. Wer die kapitalistische Produktionsweise begreifen will, solle die drei schwierigen ersten drei Kapitel des ›Kapital‹ überspringen und gleich mit dem vierten über die Verwandlung von Geld in Kapital beginnen (Althusser 2015: 663). Der schreckliche erste Abschnitt, den kein Ökonom verstanden habe, geschweige denn ein Laie, entziehe sich »bis heute einer angemessenen Interpretation«. (Backhaus 2018: 77) »Marxismus-Erneuerer« wie er sind fest überzeugt, dass das Kapital »kein Buch der konkreten Geschichtsschreibung oder der empirischen Ökonomie ist«. Historische Illustrationen darin wären überflüssig. Sie haben insofern Recht, weil die Ware, von der am Beginn des »Kapital« die Rede ist, die kapitalistische Ware ist und nicht Biber und Hirsch, die zu Urzeiten zwischen Jägern und Sammlern getauscht worden sein könnten. Was übrigens Engels nie behauptet hat, im Gegensatz zu seinen Kritikern, die ihm unterstellen, er habe unter der einfachen Warenproduktion den geldlosen Tausch der Produkte gemeint. Sie irren, indem sie glauben, es handele sich nur um das Gewordene, um die rein kapitalistische Ware, an deren Darstellung nichts historisch sei. Das Höherentwickelte schließt das Minderentwickelte, aus dem es hervorgeht, ein. Nicht nur Engels, die gesamte »Orthodoxie«, der »parteigelenkte marxistisch-leninistische Traditionsmarxismus«, habe falsch gelesen und sei Engels Fährte gefolgt. An kaum einem anderen Punkt seines Werks reduziere »Engels den historischen Materialismus derart drastisch auf einen vulgären Empirismus und Historismus«, schreibt Elbe und fügt hinzu »dabei habe doch Marx im – von der gesamten Orthodoxie nicht verstandenen – ersten Absatz des ›Kapital‹ unzweideutig darauf hingewiesen, dass es die kapitalistisch produzierte Ware ist, die ihm als Ausgangspunkt der Darstellung dient.« (Elbe 2001) Wolfgang F. Haug sagt, »von solchen pauschalen Abfertigungen (…) (rausche) es im marxologischen Gegenwartsdiskurs.« (Haug 2006: 42, Fn 27)

Ist der Vorwurf begründet, Engels habe Marx missverstanden? Welche Auffassung ist richtig? Zunächst ist der Vorwurf, Engels habe die Auffassung Marxens falsch wiedergegeben, zurückzuweisen. Marx kannte die Engelsschen Sätze, hatte z. B. den »Antidühring« genau studiert, wo sich Engels ähnlich äußert. Er hat seinem Freund und Mitstreiter nirgendwo widersprochen. Dafür kann es nur einen Grund geben: Weil er derselben Auffassung war. Die Behauptung, Engels habe im Widerspruch zu Marx dessen Lehre historisiert und damit verfälscht, entbehrt jeglicher Grundlage. Der von Autoren der Neuen Marx-Lektüre konstatierte gravierende Unterschied zwischen Marx und Engels ist frei erfunden.

Aber um welche Ware handelt es sich? Die Frage ist noch nicht beantwortet. Auch Rolf Hecker ist der Meinung, dass nur eine der beiden Auslegungen richtig sein könne: entweder geht es um die einfache oder um die kapitalistische Ware, um sich schließlich doch klar zu positionieren: »Bei aller Diskussion über Differenzen zwischen Marx und Engels hinsichtlich der Darstellung der einfachen Warenproduktion sollte nicht verkannt werden, dass die Erklärung der Formenfolge, nach allem epistemologischen Selbstverständnis, von Marx über die Vermittlung gesellschaftlichen Handelns erfolgt, also nicht ausschließlich ›logisch‹, sondern realgeschichtlich determiniert ist.«[40]

Wie aber kann die scheinbare Kontroverse gelöst werden? Welche Ware ist im ersten Band des »Kapital« gemeint – die einfache oder die kapitalis-

40 www.rote-ruhr-uni.com/texte/hecker_einfache_warenproduktion.shtml, (2.9.2018)

tische produzierte? »Entweder/oder« ist eine falsch gestellte Frage. Einfach und kapitalistisch sind nicht nur Gegensätze, beachtet man die Dialektik zwischen Allgemeinem und Besonderen. Im »DDR-Lehrbuch für Politische Ökonomie des Kapitalismus« aus dem Jahre 1980 heißt es, dass Marx die Untersuchung der *kapitalistischen* (Hervorhebung K. M.) Warenproduktion damit beginne, »die allgemeinsten Merkmale der Warenproduktion« zu analysieren. (Lemmnitz, A. et al. 1980: 82f) Die kapitalistische Warenproduktion ist eine besondere historische Form der Warenproduktion. Als solche muss sie Merkmale aufweisen, die der Warenproduktion schlechthin eigen sind. Die allgemeinen Merkmale der Warenproduktion treffen auch für ihre kapitalistische Form zu. Sie sind aber für den Kapitalismus nicht spezifisch. (Quaas 1992: 133) Die betrachtete Ware ist noch nicht kapitalismus*spezifisch*, aber sehr wohl kapitalistisch. Ware, Wert und Geld sind Kategorien der *kapitalistischen* Warenproduktion, weil sie Kategorien der *Warenproduktion* sind. Sie sind die einfachsten Produktionsverhältnisse, die vor den kapitalismusspezifischen und komplizierteren Formen entstanden sind, aber nie verschwinden. Das Konkrete, das Besondere der kapitalistischen Warenproduktion kann man nicht ohne das Abstrakte, das Allgemeine fassen.

In einem sowjetischen Lehrbuch heißt es: Marx analysiere »aus der Vielfalt der dem Kapitalismus eigenen Formen von Produktionsverhältnissen als erstes die einfachste Form (…), die vor allen anderen entstanden ist und die Grundlage für das Entstehen der anderen komplizierteren Formen war. Das Verfahren ähnelt dem der Chemie, die mit der Analyse der chemischen Elemente beginnt, um dann die komplizierten Verbindungen dieser Elemente zu untersuchen. Auch die Biologie beginnt mit der Analyse der Zelle, erforscht danach Zellkontakte und gelangt schließlich zu den Organen und Organsystemen eines Lebewesens. Im Kapitalismus stellt sich diese einfachste, historisch ursprünglichste Form (…) dar in der Ware (…) Auf diese Weise werden wir bei der Analyse der elementarsten und aus genetischer Sicht ursprünglichen Produktionsverhältnisse des *Kapitalismus*, wie sie in den Kategorien Ware und Geld ausgedrückt sind, *zugleich* (Hervorhebung K. M.) die Grundverhältnisse analysieren, die der *einfachen Warenproduktion* (…) eigen sind.« (Zagalow et al. 1972: 112)

Der Streit berührt Kernfragen sozialwissenschaftlichen Denkens: das Verhältnis zwischen Logischem und Historischem, zwischen Allgemeinem und Besonderem, zwischen Wesen und Erscheinung, zwischen Denkverboten und Erkenntniswillen. Dialektisch denken heißt auch, das Allgemeine im Besonderen und das Besondere im Allgemeinen zu suchen. Alle, die sich streiten und behaupten, Marx habe entweder die einfache oder die kapitalistische Ware gemeint, scheitern daran. Thomas Kuczynski dagegen schreibt richtig: »… der Formwandel von Natural- über Waren- zu kapitalistischer Produktion verdeckt das gleichzeitige Wirken von Gesetzen, die scheinbar nur den (…) aufeinander folgenden Wirtschaftssystemen immanent sind. In der Tat gibt es aber kein Gesetz der Naturalproduktion, das nicht auch in der Warenproduktion wirkt, auch keines der Warenproduktion, das nicht in der kapitalistischen Produktion wirkt. Die Wirkung ökonomischer Gesetze mag modifiziert werden, weil ihre Wirkungs-, ihre Anfangs- und Randbedingungen andere geworden sind. Außer Kraft gesetzt sind sie so wenig wie die Gesetze der Physik bei der Entstehung des Lebens oder auch bei der Schaffung all jener technischen Errungenschaften, die es in der Natur nicht gibt.« (Kuczynski 2009: 156) Genauso ist der Mensch ein Affe, sogar ein Fisch, aber kein Huftier oder Kerbtier. Embryologen verstehen das sofort. Er hat sich wie jedes andere Lebewesen aus der ersten Zelle entwickelt und wird deren DNA darum nicht los, mit allen Folgen. So wirken auch die Gesetze der vorkapitalistischen in der kapitalistischen Warenproduktion. Beim Übergang von der allgemeinen, der einfachen zur spezifisch kapitalistischen Ausprägung der Warenproduktion zerfällt die erste nicht. Sie bleibt mit veränderter Bedeutung erhalten, wird modifiziert, weiterentwickelt, durch Neues angereichert.

Einfache – vorkapitalistische – und kapitalistische Warenproduktion besitzen allgemeine Eigenschaften, die für beide zutreffen. Beide beruhen auf der gesellschaftlichen Arbeitsteilung. Die Produktionsmittel sind in privater Hand. Produkte werden erzeugt, um sie zu verkaufen. Die Produktion läuft spontan, anarchisch ab und wird in letzter Instanz durch das Wertgesetz reguliert. Weitere Elementarformen der kapitalistischen Wirtschaft neben der Ware wie Geld, Preis, Kredit finden sich bereits in der einfachen Warenproduktion. Die einfache Warenproduktion kann man nicht, wie einige es tun, mit einem geldlosen Warentausch gleichsetzen. Der entscheidende Unterschied ist, dass in der einfachen Warenproduktion die Eigentümer der Produktionsmittel – Bauern und Handwerker – zugleich die Arbeiter sind, während in der kapitalistischen Warenproduktion die Eigentümer der Produktionsmittel andere arbeiten lassen. Die einfache Warenproduktion beruht auf der Identität von Eigentum und Arbeit, die kapitalistische Warenproduktion auf ihrem Gegensatz. Die einfache Warenproduktion ist im Unterschied zur kapitalistischen frei von Ausbeutung. Es gibt weitere Unterschiede:

In der einfachen Warenproduktion – der bäuerlichen und handwerklichen – des Mittelalters waren Austausch und Markt lokal und zeitlich beschränkt. Getauscht wurde im Wesentlichen auf den Märkten der Städte. Gegenstand des Tauschs war nicht das gesamte Arbeitsprodukt, sondern dessen überschüssiger Teil. Es waren nicht alle Produkte tauschfähig. Die Tauschverhältnisse wurden noch nicht durch volkswirtschaftliche Durchschnittsgrößen der Produktivität bestimmt. Die Wertgröße war noch kein gesellschaftliches, sondern ein lokales Maß. Die Produktionsmittel waren das Eigentum der Produzenten. Das Produkt wird vom Eigentümer der Produktionsmittel geschaffen, der es sich als unmittelbarer Produzent aneignet. Die Arbeitskraft war noch keine Ware geworden, d.h. freie Lohnarbeit gab es nicht. Es ist falsch, die einfache Warenproduktion als eine eigenständige Produktionsweise anzusehen. Sie war stets in andere Produktionsweisen eingebettet und deren ökonomischen Gesetzen untergeordnet.

Günter Fabiunke schreibt richtig, »dass die einfache Warenproduktion der logische und historische Ausgangspunkt und das allgemeine Merkmal der kapitalistischen Warenproduktion ist«. (Fabiunke 1975: 82) Die kapitalistische Warenproduktion ist bestimmt dadurch, dass auch die Arbeitskraft eine Ware ist. Das Produkt wird vom Lohnarbeiter geschaffen und vom Kapitalisten als Eigentümer angeeignet. Dies prägt die gesamte Produktionsweise. Die Produktionsmittel gehören nicht den Produzenten, sondern den Kapitalisten, für die die Aneignung von Gewinn Hauptziel der Produktion ist. Aus der Sicht des Zusammenhangs zwischen Allgemeinem und Besonderem gibt es auf die Frage, ob Marx am Anfang des ersten Bandes des »Kapital« die einfache, vorkapitalistische *oder* die kapitalistisch produzierte Ware meint – Engels oder Marx Recht habe –, eine klare Antwort: Marx behandelt dort die kapitalistische *und* die einfache Ware – richtig ist nicht »entweder/oder«, sondern »sowohl/als auch« –, die erste nur im allgemeinen Sinne des Warenbegriffs, wie er auch für die einfache Warenproduktion gilt.

»Diese doppelte Bestimmtheit, die ein Element entwickelter kapitalistischer Warenproduktion zugleich als seine eigene früh- oder vorkapitalistische Vorgängergestalt zeigt, ist der harmlosere Fall«, schreibt Haug, »auch wenn sie der ›logischen‹ *Kapital*-Interpretation ein Stein des Anstoßes ist, der allen versuchen, ihn wegzuräumen, widersteht.« (Haug 2006: 42) Der scheinbare Widerspruch zwischen Band I und Band III – und damit zwischen der Marxschen Aussage und deren Engelsscher Deutung – kommt daher, weil Autoren annehmen, Marx beziehe den Warenbegriff, v.a. dessen Wertseite von Anfang an auf die Ware im vollkommenen entwickelten Kapitalismus und nicht auf die vorkapitalistische Warenproduktion. Marx behandelt die Ware als Erscheinungsform im Kapitalismus. Was die Engels- und Marx-Kritiker übersehen, ist, dass dies im ersten Abschnitt des ersten Bandes allgemein, grundsätzlich und noch unspezifisch geschieht. Mit anderen Worten: Marx behandelt das Problem in einer Weise, die auch auf die einfache Warenproduktion zutrifft. Er untersucht das, was im allgemeinsten Sinne der Warenproduktion auch für deren kapitalistischen Typ gilt. Wenn ein Produkt zur Ware wird, dann, weil es Merkmale annimmt, die ein Ding zur Ware machen, gleichgültig, ob es unter vorkapitalistischen, kapitalistischen oder nachkapitalistischen Bedingungen produziert wird. Würde sich die kapitalistische nicht unterscheiden von einer vorkapitalistisch produzierten Ware, dann bedürfte es keiner Unterscheidung zwischen beiden Formen der Warenproduktion. Ahistorismus und ungenügende Differenzierung zwischen Allgemeinem und Besonderem führen zur Auffassung, dass der dritte Band des »Kapital« im Widerspruch stünde zum Inhalt des ersten Bandes. Marx ergänzt im dritten Band die Aussagen des ersten Bandes dadurch, dass er den allgemeinen Beschreibungen warenproduzierender Systeme kapitalistische Spezifika hinzufügt. Der dritte Band korrigiert nicht die Darstellungen des ersten Bandes. Er konkretisiert sie, führt sie weiter. Ob diese Bemühungen gelungen sind, ist eine andere Frage.

Dienstleistungen

Waren sind Produkte menschlicher Arbeit. Sie haben einen »gesellschaftlichen« Gebrauchswert. Das bedeutet, sie sind nicht für den nützlich, der sie produziert, sondern für andere. Nicht jeder Gebrauchswert ist Ware. Gebrauchswerte, die nicht Produkt menschlicher Arbeit sind, wie die Luft, und Arbeitsprodukte, die der Produzent selbst konsumiert, sind keine Waren. Produkte sind nur dann Waren, wenn sie für den Austausch bestimmt, also verkäuflich sind. Waren sind austauschbar gegen Dinge, besitzen folglich einen Tauschwert. Der Tauschwert ist die Erscheinungsform des Wertes der Ware, der gesellschaftlich notwendigen Arbeitszeit. Waren sind eine widerspruchsvolle Einheit von Gebrauchswert und Wert. Der Gebrauchswert, die gesellschaftliche Nützlichkeit, ist Voraussetzung des Wertes und dessen Träger. Ist die Arbeit nutzlos verausgabt worden, weil keine gesellschaftliche Nachfrage nach ihrem Ergebnis besteht, bildet sie keinen Wert. Die Ware ist nach Marx ein stoffliches Ding mit einer gewissen Nützlichkeit, worin ein bestimmtes Quantum Arbeit fixiert, materialisiert ist. (MEW 26.1: 134)

Man kann Marx vorwerfen, dass er vom Gebrauchswert der Ware abstrahiert und so alle späteren Schwachstellen des Kapitalismus, wie die Umweltzerstörung und den Klimawandel, übersehen habe. Der Gebrauchswert aber ist nicht Gegenstand der Politischen Ökonomie. »Die Gebrauchswerte der Waren liefern das Material einer eigenen Disziplin, der Warenkunde«. (MEW 23: 50) Sie ist nicht Marxens Thema. Quantitative Relationen zwischen Gebrauchswert und Wert können jenen paradox erscheinen, die meinen, es bestünde ein Zusammenhang zwischen ihnen. In der Geschichte wurde vom Wertparadoxon gesprochen. Selbst der große Adam Smith wunderte sich: »Es ist zu beachten, dass das Wort Wert zwei verschiedene Bedeutungen besitzt. Es drückt manchmal die Nützlichkeit eines bestimmten Gegenstandes aus und manchmal die durch den Besitz dieses Gegenstandes verliehene Fähigkeit, andere Waren zu kaufen. Das eine kann man Gebrauchswert, das andere Tauschwert nennen. Die Gegenstände, die den größten Gebrauchswert haben, besitzen häufig einen geringen oder gar keinen Tauschwert, während andererseits diejenigen, die den größten Tauschwert haben, oft einen geringen oder keinen Gebrauchswert besitzen. Nichts ist nützlicher als Wasser, aber man kann damit kaum etwas kaufen oder eintauschen. Ein Diamant hingegen hat kaum irgendeinen Gebrauchswert, aber eine große Menge anderer Waren ist häufig dafür im Austausch erhältlich.« (Smith 1976: 38f) Ein Paradoxon können nur jene dies nennen, die ganz oberflächlich das Problem betrachten oder die glauben, zwischen dem Gebrauchswert und dem Wert müsse eine quantitative Beziehung bestehen. Gänzlich abwegig ist die Annahme nicht und sie widerspricht auch nicht dem gesunden Menschenverstand. Die meisten Menschen sind sicher bereit, für ein Gut, dessen Nützlichkeit hoch ist, mehr zu bezahlen als für ein Gut, das wenig Nutzen bringt.

Doch Marx zeigt, dass die Größe des Tauschwerts nicht durch den Gebrauchswert der Ware und dieser nicht durch jenen bestimmt ist. Der Gebrauchswert der Ware »hängt nicht davon ab, ob die Aneignung seiner Gebrauchseigenschaften dem Menschen viel oder wenig Arbeit kostet«. (MEW 23: 50) Adam Smith und David Ricardo glaubten, die scheinbar paradoxen Relationen zwischen den Größen der Gebrauchs- und Tauschwerte ließen sich mit der Seltenheit der Gegenstände klären. Die Grenznutzenschule nahm dies später unter Berufung auf Adam Smith zum Ausgangspunkt einer subjektiven Wertlehre, die den Wert aus dem Gebrauchswert und der Menge, in der er verfügbar ist, ableitet.

Mit dem Warenbegriff hängt ein weiteres Problem zusammen: Sind auch Dienstleistungen Waren? Marx nennt die Ware einen äußeren Gegenstand, ein Ding, das durch seine Eigenschaften menschliche Bedürfnisse irgendeiner Art befriedigt. (MEW 23: 49) Da Dienstleistungen keine Gegenstände sind, dürften sie, so müssten wir schließen, nicht zu den Waren gehören. Die Sache ist etwas komplizierter und lohnt der näheren Betrachtung. »Zwischen materiellen Dingen und Dienstleistungen besteht nur ein *stofflicher* Unterschied«, sagt Michael Heinrich, »ob es sich um Waren handelt, betrifft aber ihre gesellschaftliche Form, und die ist davon abhängig, ob die Dinge und Dienstleistungen ausgetauscht werden oder nicht.« (Heinrich 2018: 42) Und sofern Dienstleistungen ausgetauscht werden – im Unterschied zu materiellen Dingen fallen Produktion und Konsumtion zusammen –, sind auch sie Waren, immaterielle Waren. Erneut müssen wir relativieren, genauer: wir müssen den Standpunkt angeben, von dem aus wir die Frage betrachten. Marx hat die Frage salomonisch, differenziert, beantwortet. Der Begriff Dienstleistung ist eine Kategorie der politischen Ökonomie. Eine allgemein akzeptierte Definition gibt es nicht. Es gibt aber eine weitgehende Übereinstimmung darüber, was die konstitutiven Merkmale der Dienstleistungen sind und worin sich diese von Sachleistungen unterscheiden:

- Dienstleistungen gelten als immateriell. Eindeutig ist dies zum Beispiel auf der potenzialorientierten Definitionsebene. Für den Dienstleistungsnachfrager ist die Leistungsfähigkeit bzw. die Leistungsbereitschaft des Anbieters (Wachschutz, ärztlicher Bereitschaftsdienst) nicht greifbar. Die Immaterialität des Dienstleistungs*ergebnisses* ist dagegen nicht zweifelsfrei. Zustandsänderungen an Personen – Wissenszunahme, Wohlgefühl – sind immateriell. Auch an immateriellen Effekten ist oft ein hoher Anteil materieller Elemente beteiligt, wie Bücher, Lehrpläne, Medizin, Kosmetika, Heilmittel, Speicherplätze usw. Ein personenbezogener materieller Effekt wären die Maske des Schauspielers und die neue Frisur. Zustandsänderungen an Sachobjekten – herbeigeführt durch Reinigung, Pflege, Reparaturen, Rasenmähen – sind materieller Art.

- Dienstleistungen sind nicht lagerfähig. Ihre Mehrzahl kann nicht auf Vorrat produziert werden. Sie werden konsumiert im Augenblick ihrer Erzeugung. Der Kunde oder Dienstleistungsnachfrager ist als »externer« Faktor im Unterschied zur Produktion der Sachgüter personen- oder objektbezogen in die Erbringung der Leistung einbezogen. Dabei findet eine Interaktion zwischen Anbieter und Nachfrager statt.
- Dienstleistungen werden wie Sachleistungen zwar gekauft. Sie können aber nicht wieder verkauft und investiert werden. Haarschnitt und Blinddarmoperation kauft man. Weiter veräußern kann man sie nicht. Anders bei Generalreparaturen an Maschinen; sie sind de facto Ersatzinvestitionen und können verkauft werden.

In der Volkswirtschaftlichen Gesamtrechnung werden die Dienstleistungen in einem tertiären Sektor zusammengefasst. Sie werden auch im primären Sektor (Land-, Forst- und Fischwirtschaft) und im sekundären, dem industriellen Sektor erbracht und in Anspruch genommen werden. Zu den »klassischen« Dienstleistungen zählen Handel, Verkehr, Nachrichtenübermittlung, Reinigung, Reparaturen, Vermietung, die Tätigkeit der Banken, Versicherungen, freien Berufe und staatlichen Verwaltungen. Mitunter werden Kommunikationsdienste in einem Quartärsektor (Informationssektor) und Entsorgungsdienste oder Freizeit, Tourismus und Gesundheit in einem Quintärsektor ausgewiesen, um ihre wachsende Bedeutung hervorzuheben. In der betriebswirtschaftlichen Literatur unterscheidet man potenzialorientierte Dienste, wie z. B. der Bereitschaftsdienst der Ärzte, Polizei, Feuerwehr, prozessorientierte Dienste wie Sportveranstaltung, Zirkusvorstellung, Opernabend und ergebnisorientierte Dienste wie Friseur, Kosmetik, Wellness, Alten- und Krankenpflege, Heilung, Bildung, Beratung, Reparatur, Müllentsorgung. (Bieberstein 2001: 28-37) Produktbegleitende Dienste sind Voraussetzung für die Produktion materieller Güter, wie die Arbeiten in der »reinen Zirkulation«: Kauf und Verkauf, Buchführung, Bilanzierung, Controlling, Arbeiten in der Geldzirkulation. Konsumbegleitende Dienste sind Tätigkeiten, die die Konsumtion unterstützen wie das Zubereiten der Speisen, Servieren, Abräumen und Geschirrreinigung, die Reinigung der Wohnung, der Kleider, die Reparatur und Instandhaltung der Konsumgüter.

In der Sowjetunion und der DDR sind einige Arbeiten über die politökonomische Bedeutung der Dienstleistungen erschienen, unter anderem von Köhler und Schäfer. (Köhler 1974, Schäfer 1973) Das zweibändige »Ökonomische Lexikon« der DDR enthält einen kurzen Eintrag, unterlässt aber die politökonomische Einordnung der Dienstleistungen. Das »Historisch-kritische Wörterbuch des Marxismus« umgeht den Begriff. Einen instruktiven Beitrag enthält die »Europäische Enzyklopädie zu Philosophie und Wissenschaften«. (Sawicki 1990: 573-578) Marx äußert sich in den drei Bänden des »Kapital« nicht zum Begriff. In den »Theorien über den Mehrwert« diskutiert er das Problem im Zusammenhang mit den Inhalten der produktiven und unproduktiven Arbeit. Sind Dienstleistungen produktive oder unproduktive Tätigkeiten? Sind sie Waren? Antworten darauf hängen davon ab, was wir unter produktiver und unproduktiver Arbeit, was unter Waren verstehen. Einmütigkeit herrscht da keineswegs.

Marx betrachtet das Problem von unterschiedlichen Standpunkten aus. Die Ware ist ein stoffliches Ding mit einer gewissen Nützlichkeit, worin ein bestimmtes Quantum Arbeit fixiert, materialisiert ist. (MEW 26.1: 134) Daraus schließt Johann Köhler, dass Dienstleistungsarbeit keinen Wert produzieren könne, weil sie keinen materiellen Gebrauchswert hervorbringe, der stofflicher Träger des Wertes sein kann. (Köhler 1974: 866f) Nach dieser Lesart existiere kein Wert außerhalb eines stofflichen Dings. Und die Dinge sind nur Waren, wenn sie verkauft werden können. Das trifft auch auf die zu, deren Konsumtion schon begonnen hat, wie zum Beispiel auf Gebrauchtwagen. Dienstleistungen aber, die im Moment ihrer Erbringung konsumiert werden, kann man nicht noch einmal verkaufen. Peter Fleissner sagt, Dienstleistungen sind keine Waren, weil man sie nicht lagern, weiterverkaufen und investieren kann und weil sie im Gegensatz zu Waren kein Mehrprodukt erzeugen würden. (Fleissner 2013: 93) Obwohl er Fleissners Begründung nicht teilt, sagt auch Georg Quaas, dass Dienstleistungen keine Waren sind. Sie seien nicht einmal Gebrauchswerte, weil ihnen die »eigenständige Stofflichkeit« fehle. (Quaas 2016: 188) Der entscheidende Unterschied zwischen dem Resultat einer warenproduzierenden Arbeit und dem einer Dienstleistung bestehe »nicht darin, dass erstere ein stoffliches Produkt aufzuweisen hat und letztere nicht, sondern dass sich der dingliche Träger des Dienstleistungsresultats von Anfang im Besitz des Kunden befindet, was bei der warenproduzierenden Arbeit nicht der Fall ist.« (ebenda: 191)

Wenn die Ware ein stofflich-materielles Ding ist, dann wären Dienstleistungen aus zwei miteinander zusammenhängenden Gründen keine Ware: ihre Ergebnisse sind immateriell und sie könnten nur einmal verkauft werden. Zu prüfen ist, ob diese beiden Gründe logisch konsistent sind und ob sie für alle Dienstleistungsarten zutreffen. Für die potenzialorientierten Dienste kann man das bejahen. Dienste werden hier verstanden als die Fähigkeit und die Bereitschaft eines Anbieters, in bestimmten Situationen definierte Tätigkeiten auszuführen. Hier findet kein Tausch statt, bevor nicht die entsprechende Tätigkeit in Anspruch genommen wird. Bei den prozess- und ergebnisorientierten Diensten müssen wir differenzieren: Es sind Dienste, die neben den inneren Produktionsfaktoren nur unter Einbeziehung eines externen Faktors erstellt werden können. Prozessorientierte Dienste werden um des Prozesses willen nachgefragt. Dabei ist eine dauerhafte Zustandsänderung des externen Faktors nicht bezweckt. Ob der Fußballfan nach dem Spiel ein anderer geworden ist, darf ebenso bezweifelt werden wie die Behauptung, das Pferd im Stall sei nach dem Ausritt nicht mehr das, das es vorher gewesen war.

Anders bei ergebnisorientierten Diensten. Die Dame hat eine neue Frisur, nach der Fußbehandlung sind ihre Hühneraugen weg, der Monteur hat die Maschine repariert, Bildung und Beratung haben dem Klienten klüger gemacht – in allen diesen Fällen haben die »externen Faktoren« einen neuen Gebrauchswert erhalten, ihr Zustand wurde geändert. Während bei materiellen Gütern, den »Sachleistungen«, eben das Finalprodukt nützlich und damit Gebrauchswert ist, kann der Kunde bei Diensten sowohl aus der Potenzial-, als auch der Prozess- und Ergebnisphase Nutzen ziehen. Kinderbetreuung, Alten- und Pflegedienste können z. B. allen drei Ebenen zugeordnet werden: potenzialorientiert (Nacht- oder Bereitschaftsdienst), prozessorientiert (Geh- oder Esshilfe), ergebnisorientiert (Verbesserung des Wohlbefindens).

Gebrauchswert ja, auch ohne »eigenständige Stofflichkeit«, aber Ware? Für die reparierte Maschine wäre dies vorstellbar, da man sie prinzipiell verkaufen kann, für die anderen Produkte menschlicher Arbeit, die einen Gebrauchswert für »Externe« besitzen, nicht. Sie sind nicht verkäuflich. Karl Marx stimmt zunächst Smith zu, für den die Ware ein mehr oder weniger dauerhafter Gebrauchswert ist, der wieder verkauft, wieder in Geld umgewandelt werden kann. Mit gekauften Dienstleistungen geht das nicht. »Ich kann keine Schulden zahlen noch Wert kaufen, noch Surpluswert zeugende Arbeit kaufen mit den Diensten, die ich dem Advokat, Arzt, Pfaffen, Musiker etc. Staatsmann, Soldat etc. zahle. Sie sind vergangen wie vergängliche Konsumtionsartikel.« (MEW 26.1: 276) Dann aber relativiert bzw. präzisiert

Marx seine Auffassung: »Für den Produzenten dieser Dienste sind diese Dienstleistungen Waren. Sie haben einen bestimmten Gebrauchswert (eingebildeten oder wirklichen) und einen bestimmten Tauschwert. Für den Käufer aber sind diese Dienste bloße Gebrauchswerte, Gegenstände, worin er seine Revenue konsumiert.« (MEW 26.1: 128)

Offenbar kommt es auf den Standpunkt an, von dem aus die Aussage getroffen wird, dem des Käufers oder dem des Verkäufers. Betrachten wir dies etwas näher: Die Dienstleistung bestehe erstens in der Reparatur eines Fernsehers. Der Käufer nutzt den Gebrauchswert des Dienstes: die Wiederherstellung der Funktionstüchtigkeit des Gerätes. Er bekommt diesen Gebrauchswert nur, wenn er den Tauschwert, z. B. 200 €, an den Verkäufer der Dienstleistung zahlt. Bis hierher kein Unterschied zum Kauf einer Ware. Aber die Dienstleistung ist für den Käufer keine Ware, weil er sie nicht selbständig veräußern kann. Grundsätzlich verkaufen könnte er das Ergebnis der Dienstleistung, den reparierten Fernseher, in dessen Wert der Wert der Dienstleistung eingegangen ist. Die Dienstleistung bestehe zweitens in einer kulturellen Darbietung. Sie, z. B. ein Konzert, fällt zusammen mit ihrer Konsumtion, der Nutzung des Gebrauchswerts. Die Darbietung besitzt zwar auch für den Käufer einen Wert bzw. Tauschwert, z. B. 100 €. Aber die 100 € werden verbraucht; sie vergegenständlichen sich nicht in einem Produkt. Der Gebrauchswert kann nicht weiter veräußert werden. Deshalb ist das Konzert für den Konzertbesucher keine Ware, sondern nur Gebrauchswert. So ähnlich ist es beim Haarschnitt, mit dem Unterschied, dass man diesen länger trägt, als ein Opernkonzert dauert.

Summa summarum: Egal, ob jemand ein Fernsehgerät erwirbt, reparieren lässt, ein Konzert besucht oder der Friseur ihm einen modischen Schnitt verpasst: In allen Fällen bezahlt er dafür den Wert. Der Unterschied ist, dass er nur eine Ware erworben hat, wenn – zumindest theoretisch die Möglichkeit besteht – durch ihre Veräußerung den Wert zurück zu erlösen. Führen Dienstleistungen nicht zu einem veräußerbaren materiellen Gegenstand – die Frisur ist etwas Materielles, kann aber nicht verkauft werden – ist dies ausgeschlossen. Profan ausgedrückt: Nach Marx ist die Dienstleistung für den Käufer keine Ware, weil sie nicht wieder Geld werden kann. Für den Verkäufer ist die Dienstleistung eine Ware, weil er sie verkauft und der Käufer deren Wert an ihn zahlt. Konsequent zu Ende gedacht, bedeutete dies, dass ein jeglicher Konsument stets nur einen Gebrauchswert erwirbt, keine

Ware. Würde er eine Ware erwerben, wäre er kein Konsument, sondern ein Händler. »Denn die Ware als solche ist nie unmittelbarer Gegenstand des Konsums, sondern Träger des Tauschwerts.« (MEW 26.1: 129)

Handel und Transport

Handel und Verkehr (Transport) werden in einem Atemzug genannt, obwohl sie politökonomisch unterschiedlich beurteilt werden müssen. Die Unterschiede zwischen ihnen verwischt, wer den Transport als einen Teil des Handels betrachtet. (Czasny 2018: 24, 35) Denn wir müssen unterscheiden zwischen der »Fortsetzung der Produktion« in der Zirkulation und der »reinen Handelstätigkeit«. Produktionsvorgänge im Handel sind Tätigkeiten, durch die die Erzeugnisse ihre vollständige Konsumreife erlangen, zum Beispiel das Transportieren, Verpacken, Lagern, Sortieren und die Komplettierung. Der für diese Vorgänge erforderliche gesellschaftlich notwendige Aufwand an Arbeit erhöht den Wert der Waren. Nach Marx sind dies keine Dienstleistungen. Die Transportindustrie ist ein Zweig der materiellen Produktion. »Das Verhältnis der Lohnarbeiter zum Kapital ist hier ganz dasselbe wie in den andren Sphären der materiellen Produktion.« (MEW 26.1: 367) Der Arbeitsgegenstand wird verändert, »und damit geht eine Änderung in seinem Gebrauchswert vor, indem das örtliche Dasein dieses Gebrauchswerts verändert wird« (ebenda) Auch im »Kapital« nennt Marx »die Transportindustrie einen selbständigen Produktionszweig«, wo der Produktionsprozess innerhalb des Zirkulationsprozesses fortdauere. (MEW 24: 153) Der Gebrauchswert der Dinge verwirklicht sich in ihrer Konsumtion und die Konsumtion erfordert eine Ortsveränderung der produzierten Ware. Die Erzeugung des Gebrauchswerts ist erst am Ort der Konsumtion abgeschlossen. Die Nützlichkeit der Ware ist in den Händen ihres Verbrauchers höher als im Fertigwarenlager des Produzenten.

Transport- und Nachrichtentätigkeit sind Teil der Produktion, wenn sie dazu dienen, Produkte zu erzeugen, indem sie die Arbeitsgegenstände, Arbeitskräfte und Arbeitsmittel zum Zwecke ihrer Kombination zusammenführen. Sie sind Teil der Produktion, indem sie die Waren zu den Orten ihres Verkaufs an die Konsumenten bringen. Wie bei vielen Dienstleistungen fallen beim Transport die Erbringung und die Nutzung der Leistung zeitlich zusammen. »Was aber die Transportindustrie verkauft, ist die Ortsänderung selbst. Der hervorgebrachte Nutzeffekt ist untrennbar verbunden mit dem

Transportprozess, d.h. dem Produktionsprozess der Transportindustrie.« (MEW 24: 60) Dieser Nutzeffekt, also der Gebrauchswert ist »nur konsumierbar während des Produktionsprozesses; er existiert nicht als ein (...) Gebrauchsding, das erst nach seiner Produktion (...) als Ware zirkuliert.

Der Tauschwert dieses Nutzeffekts ist aber bestimmt wie der jeder andern Ware, durch den Wert der in ihm verbrauchten Produktionselemente (Arbeitskraft und Produktionsmittel) plus dem Mehrwert, den die Mehrarbeit der in der Transportindustrie beschäftigten Arbeiter geschaffen hat. Auch in Beziehung auf seine Konsumtion verhält sich dieser Nutzeffekt ganz wie andre Waren. Wird er individuell konsumiert, so verschwindet sein Wert mit der Konsumtion; wird er produktiv konsumiert, so dass er selbst ein Produktionsstadium der im Transport befindlichen Ware, so wird sein Zuschusswert auf die Ware selbst übertragen.« (MEW 24: 60f, 151) Summa summarum: Obgleich der Transport bestimmten Dienstleistungen ähnlich ist, verändert er den Gebrauchswert der Ware und produziert Wert, ist Teil der Warenproduktion.

Handelskapital existierte schon in vorkapitalistischen Perioden. Auch im industriellen Kapitalismus existiert es als selbständiges Kapital, es ordnet sich dem produzierenden Kapital unter. Für den produzierenden Kapitalisten ist es von Vorteil, sich nicht mehr mit Produktion und Handel zugleich befassen zu müssen. Dadurch, dass eine besondere Kapitalistengruppe sich auf die Handelsoperationen spezialisiert, diese in großen Dimensionen durchführt, wird der Kapitalaufwand je Erzeugnis im Vergleich zur individuellen Ausführung der Operation gemindert und die Profitrate erhöht. Die reine Handelstätigkeit, d.h. das Kaufen und Verkaufen, die Werbung, die Kassenführung dienen dem Einkauf der Produktionsmittel und Arbeitskräfte sowie dem Verkauf der Waren, der Formverwandlung des Wertes aus der Ware in Geld oder aus Geld in die Ware. Die Formverwandlung »kostet Zeit und Arbeitskraft, aber nicht um Wert zu schaffen, sondern um die Umsetzung des Werts aus einer Form in die andre hervorzubringen (...) Diese Arbeit (...) schafft so wenig Wert, wie die Arbeit, die bei einem gerichtlichen Prozess stattfindet, die Wertgröße des streitigen Objekts vermehrt.« (MEW 24: 131f) Kapitalisten richten Gebäude, Kontore, Einkaufs- und Verkaufsbüros ein und beschäftigen Handelsangestellte. Die reine Zirkulationstätigkeit ist Voraussetzung der Produktion, selbst aber bewirkt sie keine Änderung des Gebrauchswertes und schafft keinen Wert. Es findet lediglich eine Formverwandlung des Wertes statt, Geld wandelt sich in Waren, Waren in Geld. Die reinen Zirkulationskosten hängen ausschließlich mit dem Kauf und Verkauf der Waren zusammen, mit Rechnungslegung, Kassierung, Angebotserstellung, Buchführung, Korrespondenz, Handelskontoren, Reklame usw. Sie werden aus dem Mehrwert ersetzt, der durch die produktive Arbeit der Lohnarbeiter geschaffen wird. »Da das Kaufmannskapital selbst keinen Mehrwert erzeugt, so ist klar, dass der Mehrwert, der in Form des Durchschnittsprofits auf es fällt, einen Teil des von dem gesamten produktiven Kapital erzeugten Mehrwerts bildet (...) Es ist nur der Schein, dass der merkantile Profit bloßer Zuschlag, nominelle Erhöhung des Preises der Waren über ihren Wert.« (MEW 25: 293)

Der Ersatz erfolgt aus dem Mehrwert, indem die reinen Zirkulationskosten die Durchschnittsprofitrate verringern. Der Kaufmann erhält also erstens sein Kapital ersetzt und »zweitens den Profit hierauf. Durch beides findet also Verringerung des Profits für den industriellen Kapitalisten statt. Aber wegen der mit der Teilung der Arbeit verbundnen Konzentration und Ökonomie, in geringerm Maß, als wenn er selbst dies Kapital vorzuschießen hätte.« (MEW 25: 308) Durch die Konkurrenz geht ein Teil des Mehrwerts, der für die Deckung der reinen Zirkulationskosten nötig ist, nicht in die Herausbildung der Durchschnittsprofitrate ein und mindert diese. Praktisch: Das Handelskapital übt Druck auf das produzierende Kapital aus und zwingt es, die Waren zu einem niedrigen Preis zu verkaufen. Würden die Händler ihre Zirkulationskosten nicht ersetzt bekommen, müssten sie aufgeben. Und dann wären die Kosten höher als sie sind, wenn sich eine Kapitalistengruppe auf den Handel spezialisiert. Reiner Handel mit Waren und Geld ist eine Dienstleistung. Sie schafft kein Produkt, keine Ware, ändert Arbeitsgegenstände und Waren nicht. Sie produziert selbst keinen Wert, auch wenn die Volkswirtschaftliche Gesamtrechnung den gegenteiligen Eindruck vermittelt.

3. Wert

Konfusion hoch zwei

Ein Liebhaber zahlt für eine abgegriffene Münze, die für andere völlig uninteressant ist, eine riesige Geldsumme. Weil sie Seltenheitswert hat. Ähnlich für ausgewählte Briefmarken und besonders für Kunstwerke, die allesamt einmalig sind. Oder für private Dinge, die Persönlichkeiten hinterlassen haben, ein Strumpfband der Monroe etwa oder Charlie Chaplins schwarze Schuhe.

Glücklich wären manche, besäßen sie Stalins Pfeife oder den Samowar des Diktators. Handschriftliches berühmter Dichter ist nahezu unbezahlbar, begehrt die Friedenspfeife, die Sitting Bull geraucht oder das Tuch, in das sich Elvis geschnäuzt hat. Manche gäben sonst was für die Kette, an der Hitler seinen Hund spazieren führte.

Was ist Wert? Unter Wert versteht jeder etwas anderes. Die Auswahl ist groß. Im allgemeinsten Sinne kann man unter Wert die Bedeutung verstehen, die beliebige Objekte für den Menschen haben. Sie misst sich an der Eignung, Bedürfnisse zu befriedigen und Interessen zu wahren egal ob sie rational oder unvernünftig sind. So umfangreich und differenziert wie sie, sind dann auch die Werte: moralische, soziale, ökonomische, geistige, kulturelle, ästhetische, geistige, sozialpolitische, religiöse … Außerdem gibt es mathematische Funktionswerte, physikalische Größenwerte und Messwerte, die uns hier nicht interessieren. Werte im soziologischen Sinn sind Auffassungen darüber, was gut, richtig ist oder begehrt wird.

Die Bedeutung der Objekte für die menschliche Bedürfnisbefriedigung hervorzuheben, bedeutet nicht, den Wert der Dinge, Erscheinungen, Prozesse oder Ereignisse ausschließlich unter dem Blickwinkel ihrer Nützlichkeit oder Konsumierbarkeit zu sehen. Der Zweck der Konsumtion ist *ein* Kriterium. Es ist nicht das einzige. Der Mensch entfaltet, indem er tätig ist, sein Wesen. Er verwirklicht sich selbst, entwickelt Fähigkeiten und Fertigkeiten, vervollkommnet sich. Viele aber werden im Kapitalismus daran gehindert, ihre schöpferischen Kräfte zu entfalten, sind degradiert zu Anhängseln der Maschinen und Automaten. Die allgemeinste Bestimmung des Begriffs Wert bedarf der Ergänzung. Eine Ware ist nützlich, sofern sie Bedürfnisse befriedigt. In diesem Sinne ist sie oder besitzt sie Gebrauchswert. Seine Aneignung durch die Produzenten oder durch die Ausbeuterklassen ist in den vorkapitalistischen Epochen der Zweck der Produktion.

Es gibt einen zweiten Wert und dieser Wert im Sinne der politischen Ökonomie ist etwas anderes als der Gebrauchswert. Es ist der Arbeitswert, der bestimmend ist für die kapitalistische Produktion. Die nachklassische bürgerliche Ökonomie lehnt die Arbeitswerttheorie ab, nutzt den Begriff Wert aber, unter dem sie dann folgerichtig etwas anderes als die marxistische theoretische Ökonomie verstehen muss. Tatsächlich ist für sie die Verwechslung von Wert und Gebrauchswert sprichwörtlich. Immerhin ist sie konsequent, wenn sie den Mehrwert »Zusatznutzen« nennt.

Den Betriebswirten ist der Begriff Arbeitswert fremd. Und doch reden sie, ohne einen Begriff vom Wert zu haben, von Wertschöpfungsketten, Wertschöpfungsnetzen und Wertschöpfungskreisen. Der Begriff erfährt neben der Verwechslung mit dem Gebrauchswert durch die Volkswirte hier eine zweite Verfälschung. Wertschöpfung läuft ganz oberflächlich auf die Vergrößerung des Unterschieds zwischen Verkaufs- und Einkaufspreisen hinaus, oder auf einen Unterschied im Einkommen aufeinanderfolgender Perioden. Wer raffiniert mit seinem Geschäftspartner »verhandelt«, niedrige Einstandspreise und hohe Absatzpreise durchsetzt, wäre nach Lesart der bürgerlichen Betriebswirtschaftslehre ein besonders erfolgreicher »Wertschöpfer«. Aber von Wertschöpfung kann hier keine Rede sein. Denn durch Preisvariationen werden keine Werte geschaffen, sondern umverteilt. (Müller 2016: 20-47)

Erstmals hob Aristoteles das Zwiespältige des ökonomischen Wertbegriffs hervor: »Denn zweifach ist der Gebrauch jedes Guts. Der eine ist dem Ding als solchem eigen, der andere nicht, wie einer Sandale, zur Beschuhung zu dienen und austauschbar zu sein. Beides sind Gebrauchswerte der Sandale, denn auch wer die Sandale mit dem ihm Mangelnden z. B. Nahrung tauscht, benutzt die Sandale als Sandale. Aber nicht in ihrer natürlichen Gebrauchsweise. Denn sie ist nicht da des Austausches wegen.« (MEW 23: 100) Aristoteles spricht von zwei Gebrauchswerten, meint zum einen den Konsumzweck, zum anderen die Tauschfähigkeit der Ware. Was gegen eine Ware eingetauscht werden kann, ist ihr Tauschwert. Verwechslungen sind legendär und gewollt. Viele Ökonomen sprechen vom Wert und meinen den Gebrauchswert. Wert ist für sie die Bedeutung, die eine Gesellschaft einem Objekt zuschreibt. Der »Wert« sei eine Wirkung des individuellen Begehrens, ein Maß dafür ist, wie sehr ein Käufer das Ding will und wie viel er für das Ding zu geben bereit ist. (Graeber 2012: 60). Es gibt dann so viele »Werte« wie Gebrauchswerte: ökonomische Interessen, Genusswerte wie die Befriedigung kulinarischer und sexueller Wünsche, Gesundheit, Lebenskraft, die »höchsten«, die ethischen Werte wie Güte, Gerechtigkeit und Solidarität –, ästhetische Werte wie das »Erhabene und Schöne«, Liebhaber- und Seltenheitswerte, niedere Werte wie die Gewinn- und Geldgier, Spiel-, Prahl- und Sexsucht.

Die ähnlich lautenden Begriffe Gebrauchswert und Wert haben für anhaltende Verwirrung gesorgt. Nirgendwo wird damit so eindeutig aufgeräumt und der Unterschied zwischen beiden Begriffen so klar gezogen wie in der Marxschen Theorie. Gebrauchswerte und Werte bilden in der Warenproduktion eine dialektische Einheit. Sie gehören untrennbar zusammen und doch kann aus der Größe des einen nicht auf die des anderen geschlossen werden. Ihre jeweilige Höhe wird unterschiedlich und unabhängig voneinander bestimmt.

Warum tauschen sich Güter in bestimmten Proportionen? Weshalb bekommen Tauschende für ihr Gut manchmal viele, manchmal wenige andere Güter? Warum verändern sich die Tauschverhältnisse ständig? Es entsteht der Eindruck, als sei der Tauschwert zufällig oder willkürlich. Leicht zu verstehen ist, dass die Tauschrelationen bestimmt werden durch das Verhältnis von Angebot und Nachfrage. »Es ist nichts leichter, als die Ungleichmäßigkeiten von Nachfrage und Zufuhr einzusehn und die daraus folgende Abweichung der Marktpreise von den Marktwerthen (…). Wenn Nachfrage und Zufuhr sich gegenseitig aufheben, hören sie auf irgendetwas zu erklären (…) und lassen uns erst recht im Dunkeln darüber, weßhalb der Marktwerth sich gerade in dieser Summe Geld ausdrückt und in keiner andern. Die wirklichen innern Gesetze der kapitalistischen Produktion können offenbar nicht aus der Wechselwirkung von Nachfrage und Zufuhr erklärt werden. (…), da diese Gesetze nur dann rein verwirklicht erscheinen, sobald Nachfrage und Zufuhr aufhören zu wirken, d.h. sich decken« (MEGA II/15: 189; MEW 25: 199).

Die Aufmerksamkeit der Klassiker, darunter Marx, galt der Frage, wie Tauschrelationen zustande kommen und erklärt werden müssen, wenn Angebot und Nachfrage »ausgespielt« haben, d.h. bei Gleichgewicht zwischen ihnen. Mit seiner Werttheorie erklärt Marx das Wesen des Preises. Wir erkennen es, wenn wir von den Preisschwankungen absehen, die durch Änderungen des Verhältnisses zwischen Angebot und Nachfrage hervorgerufen werden. Die unterschiedlichen Gebrauchswerte können die Tauschrelationen nicht erklären. Sie sind nicht vergleichbar. Welch' absurde Idee, den Gebrauchswert einer Fahrradklingel mit dem eines Rettichs oder eines Tennisschlägers vergleichen zu wollen! Die Nützlichkeit der Dinge lässt sich nicht messen. Es gibt kein Maß für sie, deshalb auch keine objektive Nutzenskala. Gebrauchswerte sind subjektiv, individuell. Was der eine will, braucht ein anderer nicht. Mag die Grenznutzenschule, von sich eingenommen und keinen Widerspruch duldend, auch noch so sehr das Gegenteil behaupten und völlig unangebracht sogar die Differentialrechnung bemühen, um eine Scheinexaktheit vorzutäuschen!

Wenn nicht die Gebrauchswerte, was bestimmt dann die Tauschrelationen? »Eine gewisse Ware, ein Quarter Weizen z. B., tauscht sich mit x Stiefelwichse oder mit y Seide oder mit z Gold usw., kurz mit andern Waren in den verschiedensten Proportionen. Mannigfache Tauschwerte also hat der Weizen statt eines einzigen. Aber da x Stiefelwichse, ebenso y Seide, ebenso z Gold usw. der Tauschwert von einem Quarter Weizen ist, müssen x Stiefelwichse, y Seide, z Gold usw. durch einander ersetzbare oder einander gleich große Tauschwerte sein. Es folgt daher erstens: Die gültigen Tauschwerte derselben Ware drücken ein Gleiches aus. Zweitens aber: der Tauschwert kann überhaupt nur die Ausdrucksweise, die ›Erscheinungsform‹ eines von ihm unterscheidbaren Gehalts sein.« (MEW 23: 51) Ein wichtiger Gedanke: Das Mengenverhältnis zwischen zwei Waren deutet darauf hin, dass die beiden Waren etwas Gemeinsames besitzen müssen. Es existiert ein Drittes, an dem sie sich messen. Tauschwerte sind die Erscheinung eines vom Gebrauchswert unterscheidbaren Dritten. Was ist dieses Dritte, das Gemeinsame der unterschiedlichen Gebrauchswerte? Wenn wir von den unterschiedlichen zweckdienlichen Eigenschaften der Waren absehen, wird das ihnen Gemeinsame sichtbar: dass zu ihrer Produktion »menschliche Arbeit aufgehäuft ist. Als Kristalle dieser ihnen gemeinschaftlichen gesellschaftlichen Substanz sind sie Werte – Warenwerte« (MEW 23: 52).

Der Wert ist das in den Waren enthaltene Quantum Arbeit. Er ist verborgen unter einer dinglichen Hülle, erscheint als Tauschverhältnis, als Verhältnis zweier Gebrauchswerte. Wir erkennen, was hinter dem Tauschwert steckt. Der Tauschwert ist die Form, in der anderes erscheint: der Wert der Ware. Und was ist der Wert der Ware? Das Genie des Aristoteles glänzt darin, dass er im Wertausdruck der Waren ein Gleichheitsverhältnis entdeckt, stellt Marx fest. Worin es besteht, fand der Makedonier nicht heraus. »Nur die historische Schranke der Gesellschaft, worin er lebte, verhindert ihn herauszufinden, worin denn ›in Wahrheit‹ dies Gleichheitsverhältnis besteht.« (MEW 23: 74) Das Gemeinsame, das alle Waren besitzen, so unterschiedlich auch ihre Gebrauchswerte und Verwendungszwecke sein mögen, ist, dass sie Produkte menschlicher Arbeit sind. Zu dieser Erkenntnis drang Aristoteles nicht vor, »weil die griechische Gesellschaft auf der Sklavenarbeit beruhte, daher die Ungleichheit der Menschen und ihrer Arbeitskräfte zur Naturbasis hatte.« (MEW 23: 74) Die »bloße Gallerte unterschiedsloser menschlicher Arbeit (…) ohne Rücksicht auf die Form ihrer Verausgabung« bildet den Wert der Waren. Das ist der Doppelcharakter der Waren, »eine Dualität, vergleichbar dem Doppelcharakter des Lichtes, wie ihn Einstein aus dessen scheinbar unvereinbaren Eigenschaften abgeleitet hat: Je nach Betrachtung ist es mal Welle, mal Teilchen«. (Neffe 2017: 402)

Dimensionen

Die Arbeitswerttheorie ist der Schlüssel zum Verständnis der kapitalistischen Reproduktion. Der Wert hat drei Dimensionen. Die erste: Er ist ein Verhältnis der Warenproduzenten, das unter dinglichen Hüllen verborgen ist. Menschen gehen objektiv Beziehungen untereinander ein, indem sie füreinander produzieren. Würde der Wert erst im Tausch gebildet, wäre er kein Produktions-, sondern ein Tauschverhältnis. Er ist aber ein Verhältnis, dass die privaten Produzenten in der Produktion eingehen, ein Produktionsverhältnis, das an der Oberfläche der Märkte als ein Verhältnis von Sachen erscheint. »Im Prinzip gibt es keinen Austausch von Produkten, sondern einen Austausch von Arbeiten, die zur Produktion zusammenwirken« (MEW 4: 104). Und: »Indem sie ihre verschiedenartigen Produkte einander im Austausch als Werte gleichsetzen, setzen sie ihre verschiednen Arbeiten einander als menschliche Arbeit gleich. Sie wissen es nicht, aber sie tun es« (MEW 23: 88).

Die Aussage, dass der Wert ein Produktionsverhältnis ist, hat – beinahe zwangsläufig, ist man geneigt, zu sagen – Verwirrung gestiftet. Die erste: Arbeitsprodukte könnten keinen Wert haben, weil man gesellschaftliche Verhältnisse nicht in einem Ding unterbringen könne. Die zweite: Werte könne man nicht messen, weil man gesellschaftliche Verhältnisse nicht messen könne. Man darf nicht übersehen, dass der Wert eine zweite Dimension besitzt. Er hat eine Substanz. Die Substanz ist die abstrakte Arbeit, die in Arbeitszeit gemessen wird. Die dritte Dimension ist die Wertgröße. Sie ist die Arbeitszeit, die gesellschaftlich – nicht individuell – nötig ist, um eine Ware herzustellen. Doch welche Arbeitszeit ist das? Karl Czasny nennt sie »eine sehr komplexe, ja geheimnisvolle Größe«. (Czasny 2018: 44)

Wodurch werden die »gesellschaftlichen Notwendigkeiten« festgelegt, und vor allem, wie? Viele glauben, die Frage könne niemand beantworten. Und sie haben durchaus gute Gründe. Den Wert bzw. den Gleichgewichtspreis ausrechnen zu wollen, so Wilhelm Röpke, sei »ein Rechenkunststück, das immer nur der Rechenmeister Markt vollbringen kann. Es gibt keine andere Methode, den richtigen, d.h. den der Gleichgewichtslage entsprechenden Preis (…) zu bestimmen als die marktwirtschaftliche; wir können diese Größen nicht irgendwie mathematisch-statistisch im Voraus berechnen, sondern nur hinterher konstatieren, nachdem der ›Markt‹ seine Schuldigkeit getan hat.« (Röpke 1944: 59) Es dennoch zu versuchen, sei sinnlos, weil Produktivität und Werte sich unentwegt änderten und, wenn überhaupt, immer erst im Nachhinein erkannt werden könnten. Marx zeige, so Harvey, dass der Wert »von einem Prozess bestimmt wird, den wir nicht verstehen und der nicht gerade unserer bewussten Entscheidung entspringt, und dass die Art, wie sich diese Werte uns aufzwingen, erst noch entschlüsselt werden muss (…) Ich denke, bis heute ist das für uns eine große Frage«. (Harvey 2011: 32) Die Frage ist von eminent praktischer Bedeutung.

Von ihrer Beantwortung hängt eine weitere Frage ab, über die sich Ökonomen Jahrhunderte lang den Kopf zerbrochen haben: Wie kommen Tauschrelationen zustande? Preise sind in Geld ausgedrückte Tauschrelationen; eine Ware tauscht sich mit einem Geldbetrag. Im Kapitalismus berechnet tatsächlich niemand den Wert. Er ist das Gesetz des Preises, das sich im Verborgenen durchsetzt. Eine gemeinschaftliche Produktion aber, die von vornherein die Arbeit in gesellschaftlich notwendigen Proportionen verteilen will, muss ihn berechnen. Und prinzipiell ist das möglich, de facto aber schwer. Soll heißen, es ist bekannt, wie man es machen müsste. Mit Input-Output-Modellen kann die volle Arbeitszeit zur Herstellung der Ware berechnet werden. Sie entspricht dem Kehrwert der gesellschaftlich notwendigen Arbeitsproduktivität, in der die jeweilige Ware erzeugt wird. Dass sich die Größe ändert, ist kein Grund, ihre Ermittlung zu unterlassen, sondern diese in bestimmten Abständen zu wiederholen, sie quasi als permanente Aufgabe zu betrachten. Die besondere Schwierigkeit der Berechnung ergibt sich daraus, dass es einer Reihe von Informationen bedarf, die nicht verfügbar sind und geschätzt werden müssen. Der Wert einer Ware ist nämlich nicht gleich der gesellschaftlich notwendigen Arbeitszeit, die zu ihrer Erzeugung geleistet wurde, sondern die, welche zur *Re*produktion, d.h. zu ihrer erneuten Herstellung erforderlich ist. Dieser Aspekt soll hier unbeachtet bleiben.

Zur Beantwortung der Frage, wie die gesellschaftlich notwendige Arbeitszeit bestimmt wird, sollen einige Anregungen erfolgen. Sie knüpfen an zwei Hinweisen an, die Marx gab. Sie zeigen auch, wie unbegründet dabei der Vorwurf ist, dass, wer die Wertgröße untersucht, nur die Quantität, nicht aber die gesellschaftliche Qualität im Auge habe (Harbach 2011: 43). Denn die Arbeitszeit, die die Wertgröße bestimmt, ist nicht diejenige eines isolierten Individuums, sondern ergibt sich aus den gesellschaftlichen Bedingungen der Produktion. Sie ist die gesellschaftlich durchschnittliche oder gesellschaftlich notwendige Arbeitszeit. Deshalb erfasst, wer die Wertgröße untersucht, zwangsläufig deren gesellschaftliche Qualität.

Man muss dabei zwei miteinander verbundene Ebenen auseinanderhalten. Einmal ist die einzelne Ware zu betrachten, zum anderen die Zahl der Waren, die bedarfsgerecht hergestellt werden muss. Welche Arbeitszeit ist zur Herstellung der einzelnen Ware nötig und welche Arbeitszeit braucht man auf dieser Grundlage, um die insgesamt benötigten, nachgefragten Waren zu produzieren? Aus der Sicht der einzelnen Ware gilt: Gesellschaftlich notwendig ist die »Arbeitszeit, erheischt, um irgendeinen Gebrauchswerth mit den vorhandenen gesellschaftlich-normalen Produktionsbedingungen und dem gesellschaftlichen Durchschnittsgrad von Geschick und Intensität der Arbeit darzustellen« (MEGA II/10: 41; MEW 23: 53). Heinrich kritisiert, damit werde die Wertsubstanz »substanzialistisch« aufgefasst und der falsche Eindruck erweckt, die Wertgröße existiere als Eigenschaft der einzelnen Ware unabhängig vom Tausch. (Heinrich 2018: 52) Doch der Wert ist durch die Produktion, durch die Verausgabung gesellschaftlicher Arbeit vor dem Tausch festgelegt. (MEW 23: 78) Dass die Arbeitsprodukte erst im Tausch »eine von ihrer sinnlich verschiednen Gebrauchsgegenständlichkeit getrennte gesellschaftliche Wertgegenständlichkeit erhalten«, bedeutet nicht, wie Heinrich annimmt, dass der Wert vorher noch nicht existiere. (Heinrich 2018: 53f) Es bedeutet, dass im Tausch der Wert als Tauschwert, d.h. in einer Menge anderer Gebrauchswerte, erscheint und so »gegenständlich« wird. Dass der Wert erst im Austausch sichtbar wird und der Produzent erst dort erfährt, inwieweit seine individuelle Arbeitszeit als gesellschaftlich notwendige anerkannt wird, hat sogar zur Voraussetzung, dass das jetzt Sichtbarwerdende vorher existiert.

Der Hinweis, dass die durchschnittliche Arbeitszeit die Wertgröße bestimmt, überzeugt aus zwei Gründen. Wäre es anders, gäbe es so viele Werte wie individuell unterschiedliche Arbeitszeiten für ein und dieselbe Ware. Die Frage nach den Bestimmungsgründen der Tauschrelation im Gleichgewicht bliebe so unbeantwortet. Hinzu käme, dass die Ware umso wertvoller wäre, »je fauler und ungeschickter ein Mann, (…), »weil er desto mehr Zeit zu ihrer Verfügung braucht«. (MEGA II/10: 41; MEW 23: 53) Das geeignete Instrument zur Ermittlung der Wertgröße ist das Input-Output-Modell. Diese Modelle sind gewöhnlich als Gebrauchswertmodelle konstruiert und beruhen auf physischen Produktionsmengen. Sie eignen sich aber auch als Arbeitszeitmodelle, mit denen der volle Arbeitszeitaufwand zur Herstellung der Produkte errechnet werden kann. Ein solches Modell beschränkt sich nicht wie Ricardos Korn- und Sraffas Gebrauchswertmodelle auf physische Zusammenhänge zwischen den Gütern, sondern unterstellt, dass die gesellschaftliche Produktivität bei der Herstellung der einzelnen Waren bekannt ist. Bekannt ist also nicht nur, um ein Beispiel zu nennen, wie viel Stoff und Arbeitszeit eine Näherin benötigt, um ein Kleid bestimmter Größe und Zuschnitt zu fertigen, sondern auch wie viel Arbeitszeit benötigt wird, um den für das Kleid benötigten Stoff und die Nähmaschine herzustellen. Sind diese Angaben für alle Produkte bekannt, können mit Hilfe eines Gleichungssystems die vollen Arbeitszeiten bestimmt werden, die jeweils in einer Einheit aller Arbeitsmittel, Arbeitsgegenstände und Konsumtionsmittel enthalten sind.

Die Gesellschaftlichkeit des Wertes zeigt sich bereits auf der Ebene der einzelnen Ware. Ein Gut entsteht, indem Arbeitskräfte in einer bestimmten Arbeitszeit mit Hilfe von Arbeitsmitteln (Gebäude, Maschinen, Anlagen, Transportmittel, Werkzeuge usw.) Arbeitsgegenstände (Rohstoffe, Hilfsstoffe, Betriebsstoffe) bearbeiten. Der Wert jeder einzelnen Ware hängt ab von den Werten vieler Waren. In welchem Umfang wird bestimmt durch die Produktivität bei der Herstellung der anderen Waren und den technologischen Beziehungen zwischen Arbeitsgegenständen, Arbeitsmitteln, Arbeitskräften und dem Endprodukt im speziellen Fertigungsprozess. So gehen in den Wert eines Kleides z. B. der Wert der Arbeitskräfte, die es herstellen, der anteilige Wert der Maschinen, Gebäude usw., den die konkrete Arbeit auf den Wert des Kleides überträgt und der Wert des verarbeiteten Stoffes ein. Die technischen Beziehungen sagen aus, wie viel Stoff und Zeit die Näherin benötigt, um auf ihrer Maschine das Kleid zu fertigen. Arbeitszeit fällt nicht nur auf der letzten Stufe der Erzeugung an. Sie ist auch nötig zur Herstellung der Arbeitsmittel und der Arbeitsgegenstände. Auf den miteinander vernetzten Vorstufen werden Ausgangs- und Zwischenfabrikate erzeugt, aus denen später das Endprodukt gefertigt wird. Man kann deshalb zwischen direkter und indirekter Arbeitszeit unterscheiden. Mit Hilfe eines Gleichungssystems kann die volle volkswirtschaftliche Arbeitszeit zur Herstellung einer Ware ermittelt werden.

Die volle Arbeitszeit setzt sich aus direkter und indirekter Arbeitszeit zusammen. Beruht sie auf der gesellschaftlich durchschnittlichen, normalen Produktivität, entspricht sie der gesellschaftlichen notwendigen Arbeitszeit, der Wertgröße. Vereinfacht kann man sich das etwa so vorstellen: Bis zum Finalerzeugnis durchläuft der zu bearbeitende Gegenstand mehrere Stufen der Produktion. Der Arbeiter schafft durch seine Arbeit einen nützlichen Gegenstand, der geeignet ist, Bedürfnisse des Menschen zu befriedigen. Wird gefragt, wie viel Arbeitszeit gebraucht wird, um ein beliebiges Produkt, z. B. ein Brot, herzustellen, denkt man meist nur an die Arbeitszeit, die unmittelbar und direkt auf der letzten Stufe der Erzeugung anfällt, also in der Bäckerei. Doch Arbeitszeit war auch nötig für die in der Bäckerei eingesetzten Investitionsgüter. Diese Zeit muss berücksichtigt werden bei der Ermittlung der vollen Arbeitszeit je Ware. Der indirekte Arbeitsaufwand ist jener, der in früheren Produktionsprozessen geleistet werden musste, um die Arbeitsmittel und Arbeitsgegenstände zu erzeugen, die man im laufenden Produktionsprozess benötigt.

Der direkte Arbeitsaufwand ist jener, der auf der jeweils letzten Produktionsstufe anfällt. Zur vollen, volkswirtschaftlichen Arbeitszeit, die benötigt wird, um Mehl herzustellen, gehört nicht nur die direkte Arbeitszeit des Müllers, sondern auch die (indirekte) Arbeitszeit aller Produzenten, die jene Arbeitsmittel und Arbeitsgegenstände erzeugen, die für die Mehlproduktion unentbehrlich sind. Auf der nächsten Stufe in der Wertschöpfungskette fügt der Bäcker neue Arbeitszeit hinzu. Zur vollen, volkswirtschaftlichen Arbeitszeit, die nötig ist, um Brot zu erzeugen, zählt auch die Arbeitszeit, die für das Mehl und anteilig für den Bau des Ofens und der anderen Bäckereiausrüstungen aufgewendet wurde. Die vollen Arbeitszeiten des Mehls und des Brotes setzen sich wie die einer jeden beliebigen Ware aus zwei Arbeitszeiten zusammen. Erstens aus der in früheren Produktionsstufen angefallenen Zeit für die Erzeugung der Investitionsgüter, zweitens aus der auf der jeweiligen Stufe direkt geleisteten Arbeitszeit. Die Investitionsgüter stellen verbrauchtes Kapital dar, Güter, die früher erzeugt wurden. Der volle Arbeitskoeffizient – die Summe aus direkter und indirekter Arbeitszeit für eine Ware – entspricht dem Kehrwert der Arbeitsproduktivität.

In einem einfachen Modell, das die Arbeitszeiten zur Herstellung der Arbeitsmittel, Arbeitsgegenstände und Konsumgüter berücksichtigt, lässt sich zeigen, dass die Verteilung der gesellschaftlichen Gesamtarbeitszeit durch technologische Bedingungen bzw. durch die gesellschaftlich dominierende Produktivität bei der Herstellung der einzelnen Waren bestimmt wird. (vgl. Müller 2012) Ändert sich die Produktivität der Herstellung von Konsumgütern, sinkt die volle Arbeitszeit – die Wertgröße – der Konsumgüter. Die vollen Arbeitszeiten für die Arbeitsmittel und die Arbeitsgegenstände bleiben unverändert. Produktivitätssteigerungen bei der Herstellung der Arbeitsmittel und der Arbeitsgegenstände mindern dagegen auch den Wert der Konsumgüter. Würde sich die Produktivität bei Konsumtionsmitteln, Arbeitsmitteln und Arbeitsgegenständen gleich stark erhöhen, würden die direkten, die indirekten und damit auch die vollen Arbeitszeiten in allen Sektoren im gleichen Umfang sinken. Das bedeutet, dass die Anteile an vergangener Arbeit – indirekter Arbeitszeit – und aktueller, lebendiger Arbeit – direkter Arbeitszeit – am vollen Arbeitszeitaufwand unverändert bleiben.

Nach Marx muss die Wert*summe* für eine bestimmte Warenart aus der Sicht des Gesamtsystems abgeleitet werden. Die privaten Arbeiten der Produzenten müssen sich als »Glieder der Gesamtarbeit« erweisen. Sie tun es, indem sie ein bestimmtes gesellschaftliches Bedürfnis befriedigen. Die Bedürfnisse der Menschen und technisch-organisatorische Beziehungen zwischen den Zweigen und Bereichen der Güterproduktion erzwingen eine proportionale Verteilung der Gesamtarbeitszeit. Unabhängig davon, ob und wem dies bewusst ist. Die Wertsumme hat etwas mit der Proportionalität einer Volkswirtschaft zu tun. »Es ist in der That das Gesetz des Werths, wie es sich geltend macht, nicht in Bezug auf die einzelnen Waaren oder Artikel, sondern auf die jedesmaligen Gesammtprodukte der besondren, durch die Theilung der Arbeit verselbständigten gesellschaftlichen Produktionssphären, so daß nicht nur auf jede einzelne Waare nur die nothwendige Arbeitszeit verwandt ist, sondern daß von der gesellschaftlichen Gesammtarbeitszeit nur das nöthige proportionelle Quantum in den verschiednen Gruppen verwandt ist. Denn Bedingung bleibt der Gebrauchswerth« (MEGA II/15: 623; MEW 25: 648). »Das Ganze verkauft sich daher nur, als ob es in der nothwendigen Proportion producirt wäre«. (MEGA II/15: 624; MEW 25: 649) Diesen Gedanken äußert Marx auch im ersten Band des »Kapital«. Dort spricht er von der »wissenschaftlichen Einsicht (…), daß die unabhängig voneinander betriebenen, aber als naturwüchsige Glieder der gesellschaftlichen Theilung der Arbeit allseitig voneinander abhängigen Privatarbeiten fortwährend auf ihr gesellschaftlich proportionelles Maß reducirt werden, weil sich in den zufälligen und stets schwankenden Austauschverhältnissen ihrer Produkte die zu deren Produktion gesellschaftlich nothwendige Arbeitszeit gewaltsam durchsetzt, wie etwa das Gesetz der Schwere, wenn einem das Haus über den Kopf zusammenpurzelt. Die Bestimmung der Werthgröße durch die Arbeitszeit ist daher ein unter den erscheinenden Bewegungen der relativen Warenwerthe verstecktes Geheimniß«. (MEGA II/10: 74; MEW 23: 89)

In einem Brief an Ludwig Kugelmann betont Marx die »Notwendigkeit der Verteilung der gesellschaftlichen Arbeit in bestimmten Proportionen«, die formationsübergreifende Bedeutung hat, d.h. durch bestimmte Formen der gesellschaftlichen Produktion nicht aufgehoben werden könne. (MEW 32: 552f) Befremdlich, wenn Helmut Reichelt behauptet, dass Marx »jenen Aspekt ins Spiel bringen (…), aber nicht mehr benennen kann, weil nicht mehr mit diesem Wertbegriff vereinbar: die gesamtgesellschaftliche Dimension, die er über den nicht explizierten Geltungsbegriff hineinschmuggelt«. (Reichelt 2008: 251)

Die gesellschaftliche Dimension ist nicht nur mit dem Wertbegriff vereinbar. Sie ist eines seiner Wesensmerkmale. Entspricht der Preis dem Wert, dann ist das Ausdruck dafür, dass die Ware entsprechend der gesellschaftlichen Proportionalität produziert worden ist. Eine Ware wird nur dann zum Wert verkauft, d.h. nur dann entspricht der Preis dem Wert der Ware, wenn das Gesamtquantum gesellschaftlicher Arbeit für diese Warenart dem Quantum des zahlungsfähigen gesellschaftlichen Bedürfnisses entspricht. Wird zu viel Arbeitszeit aufgewendet und werden zu viele Produkte dieser Art hergestellt, ist ein Teil davon nutz- und wertlos, selbst wenn die einzelne Ware in der gesellschaftlich notwendigen Arbeitszeit erzeugt wird. »Gesetzt endlich jedes auf dem Markt vorhandne Stück Leinwand enthalte nur gesellschaftlich nothwendige Arbeitszeit. Trotzdem kann die Gesammtsumme dieser Stücke überflüssig verausgabte Arbeitszeit enthalten (…) Die Wirkung ist dieselbe, als hätte jeder einzelne Leinweber mehr als die gesellschaftlich nothwendige Arbeitszeit auf sein individuelles Produkt verwandt«. (MEGA II/10: 101; MEW 23: 121f)

Man sieht, dass die Verteilung der gesellschaftlichen Gesamtarbeitsmenge durch die Höhe und Struktur der gesamtgesellschaftlichen Bedürfnisse sowie durch technologische Bedingungen und Beziehungen zwischen den

Produktionsbereichen bestimmt wird. Dieser Zusammenhang gilt nicht nur für die kapitalistische Produktion: »Gemeinschaftliche Produktion vorausgesetzt, bleibt die Zeitbestimmung natürlich wesentlich (…) Ebenso muss die Gesellschaft ihre Zeit zweckmäßig einteilen, um eine ihren Gesamtbedürfnissen gemäße Produktion zu erzielen (…) Ökonomie der Zeit, sowohl wie planmäßige Verteilung der Arbeitszeit auf die verschiednen Zweige der Produktion, bleibt also erstes ökonomisches Gesetz auf Grundlage der gemeinschaftlichen Produktion. Es wird sogar in viel höherem Grade Gesetz«. (MEW 42: 105)

Individueller Wert

Ein Mensch sagt: »Ich lüge gerade«. Entweder stimmt der Satz, dann ist sein Inhalt falsch. Dann lügt er ja gerade nicht. Oder er ist falsch. Dann lügt er auch nicht. Die Paradoxie dieses Satzes besteht darin, dass sich nicht sagen lässt, ob er wahr oder falsch ist. Wäre er wahr, dann wäre seine Aussage falsch, weil die Person ja gerade nicht lügt. Wäre er falsch, dann trifft das, was der Satz behauptet, nicht zu, also ist der Satz wahr. Bereits Aristoteles und Eubulides erörterten das Lügenparadox: »Wenn ich lügend sage, dass ich lüge, lüge ich oder sage ich Wahres?« »Du sagst Wahres.« »Wenn ich Wahres sage und sage, dass ich lüge, lüge ich.« »Du lügst offenbar.«[41] Ganz so kompliziert geht es im »Kapital« nicht zu. Doch das große Werk enthält sprachlich Kniffeliges. An einigen Stellen stoßen wir auf den Begriff »individueller Wert«. (z. B. in MEW 23: 336; MEW 25: 190ff) Was nur hat sich Marx dabei gedacht? »Individueller Wert« ist nicht nur ein unglücklicher Begriff. Er ist ein semantischer oder logischer Widerspruch, ist sprachliche Konfusion. »Individuell« und »gesellschaftlich« sind Gegensätze. Hier kann nur ein entweder/oder richtig sein. Es war bereits gesagt worden, dass Begriffe nicht per se falsch oder richtig sind. Sie sind zweckmäßig oder sie sind es nicht. Ist der Begriff »individueller Werte« zweckmäßig? Mit »individueller Wert« ist die individuelle Arbeitszeit gemeint. Man kann betriebsindividuelle Arbeitszeiten »individuelle Werte« nennen. Marx hat es getan. Aus unerklärlichen Gründen. War er just in diesem Moment sprachlich sorglos? Das ist naheliegend und alle Bemühungen wären vergebliche Liebesmüh, das Tiefsinnige hinter dem Ausdruck zu suchen.

41 Wikipedia.org, Stichwort: Lügner-Paradox, (25.10.2018)

Der Begriff »individueller Wert« ist ein Widerspruch in sich selbst. Der Wert ist eine gesellschaftliche Kategorie. Er ist, wie oben gesagt, ein Verhältnis, das arbeitsteilige Produzenten untereinander eingehen. Als Produktionsverhältnis gibt der Wert an, welchen Teil der gesellschaftlichen Gesamtarbeitszeit der einzelne Produzent für seine Ware aufwenden darf. Sagen wir individueller Wert, dann bezeichneten wir die individuelle Arbeitszeit zugleich als gesellschaftlich notwendig.

Die Größe des Werts gibt an, welche Arbeitszeit zur Produktion einer Ware unter durchschnittlichen Normalbedingungen notwendig ist und von der Gesellschaft am Markt anerkannt wird. Die Größe des Werts ist die gesellschaftlich notwendige Arbeitszeit. Diese Zeit quantifiziert das gesellschaftliche Verhältnis, das die Produzenten untereinander objektiv eingehen. »Individueller Wert« wäre demnach die individuell gesellschaftlich notwendige Arbeitszeit. Was soll das sein? Die Formulierung hat keinen Sinn. Individuell gleich gesellschaftlich? Werte individuell zu nennen, ist etwa so, als spräche man von weiblichen Männern oder männlichen Frauen. Von der gesellschaftlich notwendigen Arbeitszeit weichen die (betriebs-)individuell notwendigen Arbeitszeiten ab, außer jene, die gerade dem Durchschnitt entsprechen. (Betriebs-)individuelle Arbeitszeiten sind keine Werte. Wir sollten von individuellen Arbeitszeiten und gesellschaftlichen (normalen, durchschnittlichen) Arbeitszeiten sprechen, und nicht von individuellen und gesellschaftlichen Werten. Der letzte Begriff betont die Eigenschaft unnötigerweise zweimal, ist »doppelt gemoppelt«.

Marx' sprachlicher Schnitzer hat seine Protagonisten fehlgeleitet. Die Autoren der Lehrbücher »Politische Ökonomie des Kapitalismus« aus der DDR und der Sowjetunion haben den Begriff »individueller Wert« unkritisch übernommen. Anders dagegen DDR-Ökonom Wolfgang Jahn, der gründlicher gedacht und den Mut hatte, sich mit Marx und den offiziellen Marxinterpreten anzulegen: »Es versteht sich von selbst, dass diese individuellen ›Werte‹ keine wirklichen Werte sind, da der Wert ein soziales Verhältnis ist und ein solches einheitlich ausgedrückt werden muss.« (Jahn 1988: 41f) Das sei falsch, meint Wolfgang F. Haug. »Die für die individuellen Kapitale überaus realen Folgen der individuellen Differenz – bei unterdurchschnittlichem Individualwert ein Extraprofit, bei überdurchschnittlichem eine möglicherweise existenzbedrohende Gewinnminderung – zeigen auf die gesellschaftliche Seinsweise des individuellen Werts.« (Haug 2015: 1823). Doch

Extraprofite und Verluste beweisen nicht die Existenz individueller Werte. Sie entstehen beim Verkauf der Waren zum Wert und widerspiegeln Unterschiede zwischen (betriebs-)individuellen Arbeitszeiten und der gesellschaftlich notwendigen Arbeitszeit – der Wertgröße – zur Herstellung der Ware. Die Existenz individueller »Werte« begründen sie nicht. Individuelle Arbeitszeiten Wert zu nennen, ist etwa so, als würde man die Landkarte von Sachsen für den Globus halten oder den Preis der Himbeerkonfitüre für das Preisniveau.

Marktwert

Für anhaltende Verwirrung sorgt ein weiterer Begriff aus dem »Kapital«: der »Marktwert«. Gibt es einen Unterschied zwischen Wert und Marktwert? Ja und nein. Marx lässt keinen Zweifel aufkommen, dass er die beiden Begriffe als Synonyme auffasst, die, wiewohl inhaltlich gleich, von ihm aus unterschiedlicher Perspektive betrachtet werden. Er schreibt: »Der allgemeine Wert, (…) dieser gemeinschaftliche Wert ist der Marktwert dieser Waren, der Wert, unter dem sie auf dem Markt auftreten.« (MEW 26.2: 202f) »Der Marktwert wird (…) zu betrachten sein als der Durchschnittswert der in einer Sphäre produzierten Waren« (MEW 25: 187) »Was dann für die einzelne Ware gesagt worden ist, gilt (…) für die auf dem Markt befindliche Warenmasse eines Produktionszweigs (…) daß das Gesamtquantum die zu seiner Produktion notwendige gesellschaftliche Arbeit enthält und daß der Wert dieser Masse = ihrem Marktwert.« (MEW 25: 192)

Obgleich Marx, wie die Zitate zeigen, Wert und Marktwert als Synonyme auffasst, gibt es marxistische Autoren, die anderer Auffassung sind. Wäre der Marktwert eine Zwischenstufe zwischen Wert und Preis, »ein erster Schritt der Vermittlung von Wert und Preis« (Haug 2015: 1816), dann müsste er sowohl gegen den Wert als auch gegen den Preis inhaltlich abgegrenzt werden. Er könnte nicht gesellschaftlich notwendige Arbeitszeit, Wert(größe) sein. Diese gibt es nur einmal. Welche Zeit sollte der Marktwert dann ausdrücken? Warum gebraucht Marx zwei Begriffe, wenn deren Inhalt identisch ist? Dafür gibt es eine einfache Erklärung: Im ersten Band des ›Kapital‹ behandelt Marx die *Produktion* des Werts, definiert ihn vom Standpunkt seiner Entstehung und spricht daher folgerichtig noch nicht vom Marktwert. Im dritten Band behandelt Marx die *Realisierung* des Werts, beschreibt, wie sich der in der Produktion gebildete Wert, der den Akteuren unbekannt ist, auf dem

Markt durchsetzt und bezeichnet diesen jetzt als Marktwert. Das Gleiche wird aus unterschiedlicher Sicht dargestellt. »Der Marktwert, wie ihn Marx im Band III des ›Kapital‹ behandelt, ist (...) ganz einfach Wert, kristallisierte gesellschaftliche Arbeit (...) der ganze Band III ist voll des Begriffs Marktpreis, und Marx versteht darunter nicht mehr und nicht weniger als den auf dem Markt tatsächlich sich herausbildenden und zu bezahlenden Preis, dessen Schwankungszentrum natürlich der Wert ist, und da Marx nun Marktpreis sagt, muss er in Analogie dazu auch vom Marktwert sprechen. Preis und Wert, Marktpreis und Marktwert – diese beiden Begriffspaare werden synonym gebraucht. Das heißt anders, dass zwischen Wert und Marktwert weder ein qualitativer noch ein quantitativer Unterschied besteht.« (Köhler 1982: 18)

Um den Marktwert (= Wert) schwanken die Marktpreise (= Preise). Wer glaubt, es bestehe ein Unterschied zwischen Wert und Marktwert, müsste der nicht auch Preise und Marktpreise für Unterschiedliches halten? Preise schwanken um den Wert, Marktpreise um den Marktwert? Oder schwanken die Marktpreise um den Wert? Oder der Marktwert um den Wert? Allein diese Fragen zeigen, dass der vermeintliche Unterschied zwischen Wert und Marktwert auf Abwege führt und die Zusammenhänge komplizierter macht als sie sind.

Schöpfung

Wenn der Wert Arbeit ist, dann kann er auch nur durch Arbeit entstehen. Kein Haus baut sich von allein, kein Auto montiert sich selbst. Menschen arbeiten, setzen Zeit und Kraft, Geschick und Wissen ein, um Nahrung, Kleidung, Häuser, Eisenbahnen, Autos, Schiffe, Flugzeuge, Maschinen, Schulen, Theater, Sportstätten, Bücher, Filme, Gemälde, all die notwendigen und angenehmen Dinge herzustellen, die den produzierten, stofflichen Reichtum eines Volkes darstellen. Ohne Arbeit entstünde nichts. Auch für sich selbst steuernde Maschinen haben Menschen die Programme entworfen. An der Wertschöpfung sind die Faktoren in unterschiedlicher Weise beteiligt. Der Wert des Materials, z. B. Leder, ist am Anfang der Produktion vorhanden. Material geht stofflich in das Produkt ein, z. B. in eine Lederhose. Der Wert des Materials wird Teil des Produktenwertes. Er wird durch die konkrete Arbeit auf das neue Produkt übertragen und kann nicht größer werden. Material kann keine Quelle von Wert sein. Betriebsmittel gehen nicht stofflich in das neue Produkt ein, nutzen sich aber ab. Während ihrer Nutzung wird ihr Wert, z. B. der einer Nähmaschine oder des Fabrikgebäudes, auf die Produkte, z. B. Lederhosen, Schuhe oder Lederjacken übertragen. Buchhalterisch oder kostenrechnerisch stehen dafür die »Abschreibungen«. Insgesamt können während der Nutzungszeit nur so viele Werte übertragen werden, wie in den Betriebsmitteln stecken. Auch Betriebsmittel können keine Quelle von Wert sein. Dass die Übernahme von Risiken belohnt wird, kann man akzeptieren. Das heißt aber nicht, dass ein Risiko selbst Wert schaffen könne. Der österreichische Ökonom Otto Conrad (1876-1943) formuliert den grundsätzlichen Einwand gegen die unter bürgerlichen Ökonomen verbreitete Auffassung, alle Produktionsfaktoren seien Quelle des Wertes: »Ohne Violine kann man nicht geigen. Wer würde daraus schließen wollen, dass nicht nur der Geiger, sondern auch die Geige geigt, (...) Gewiss niemand. Die Violine ist eben Musikinstrument und nicht Musikant, ganz ebenso wie Kapital und Boden Produktionsmittel und nicht Produzenten sind. Auch aus der Tatsache, dass ein und dieselbe Tätigkeit je nach den Umständen, unter denen sie sich vollzieht, und je nach den Hilfsmitteln, deren sie sich bedient, einen verschiedenen Erfolg bringt, hat man auf keinem anderen Gebiete menschlicher Betätigung jemals den Schluss gezogen, dass jene Umstände oder Hilfsmittel eigene Leistungen verrichten. Auf gebahntem Wege kommt man rascher vorwärts als über Stock und Stein. Was würde man dazu sagen, wenn jemand auf Grund dieser Tatsache erklären wollte, man müsse zwischen der Gehleistung des Menschen und der Gehleistung des Weges unterscheiden? (...) Kein Vernünftiger wird so denken. Man erkennt, dass der Mensch und immer nur der Mensch es ist, welcher geigt, geht, sieht (...) Nur beim Produzieren will man das, was bei allen andern Tätigkeiten als selbstverständlich gilt, nicht gelten lassen, sondern spricht auch den toten Produktionsmitteln Produktionsleistungen zu.« (Conrad 1934: 5, zit. bei Hofmann 1971a: 93).

Die ökonomische Klassik sieht den Schlüssel für das Verständnis der Wertschöpfung im Produktionsfaktor Arbeit. In Form der Arbeitskraft findet der Geldbesitzer auf dem Markt eine spezifische Ware, die zunächst wie jede andere Ware zwei Seiten besitzt: Sie ist Wert und zugleich Gebrauchswert. Jeder kann sehen: Der Lohn ist geringer als der Wert der Produkte, die Arbeiter erzeugen. Adam Smith und David Ricardo schlossen daraus, dass Gewinne nur einem ungleichen Austausch zwischen Kapitalisten und Arbeitern entspringen könnten. Sozialdemokraten bestanden darauf, dass den

Arbeitern der volle Ertrag ihrer Arbeit gezahlt werde. Noch heute wird Marx unterstellt, er sei der Meinung gewesen, Ausbeutung gäbe es, »weil Kapitalisten Arbeitern weniger Geld als Lohn zahlen, als ihnen eigentlich zusteht.« (Martin 1990: 26). Diese »Behauptung, etwas sei mehr wert als es gekostet habe«, werde »nicht dadurch richtig, dass man sie mit anklagend erhobenen Zeigefinger ausspricht.« (Martin 1990: 55, Fn 3).

Marx hat Derartiges nicht gesagt, im Gegenteil: Er hat diese Auffassung in seiner Kritik des Gothaer Programms widerlegt. Ausbeutung, also die Mehrwertaneignung durch den Kapitalisten, ist vereinbar damit, dass die Ware Arbeitskraft wie jede andere Ware zu ihrem Wert gekauft wird. Auch der Wert der Ware Arbeitskraft wird prinzipiell nicht anders bestimmt, als der Wert einer jeden Ware: durch die Arbeitszeit, die zu ihrer Reproduktion erforderlich ist. Doch im Gegensatz zur »gewöhnlichen« Ware enthält die Wertbestimmung der Ware Arbeitskraft ein historisches und ein moralisches Element.

Manche behaupten, die Arbeit sei »Basisware« des kapitalistischen Systems. Die Arbeit ist keine Ware. Die Arbeitskraft ist Ware. »Wir mögen uns drehen und wenden, wie wir wollen«, schreibt Friedrich Engels, »wir kommen nicht heraus aus diesem Widerspruch, solange wir vom Kauf und Verkauf der Arbeit und vom Wert der Arbeit sprechen (...) Der letzte Ausläufer der klassischen Ökonomie, die Ricardosche Schule, ging größtenteils an der Unlösbarkeit dieses Widerspruchs zugrunde.« Es war Marx, der nach längeren Anstrengungen den Ausweg aus der Sackgasse fand, in die sich die klassische Ökonomie festgerannt hatte (MEW 22: 206; MEW 24: 25). Die Arbeit hat keinen Wert, weil sie die Wert bildende Substanz ist. Die zunehmende Kompliziertheit der Arbeit, die Aufnahme hochwertiger Konsumtionsmittel in das durchschnittliche Konsumbudget des Arbeiters, höhere Anforderungen an Mobilität und Gesunderhaltung, steigende Bildungsausgaben und die wachsende Qualifikation der Arbeiter bewirken eine steigende Tendenz des Wertes der Arbeitskraft. Dieser Einfluss wird überlagert durch den Anstieg der Arbeitsproduktivität, der den Wert der Konsumtionsmittel und damit den der Ware Arbeitskraft mindert.

Die Zunahme der Nominallöhne beweist nicht, dass der Wert der Arbeitskraft zugenommen hätte. Folgen, wie seit langem, die Preise nicht den Wertsenkungen der Waren, sondern steigen sie, dann werden geringere Werte in höheren nominalen Geldbeträgen ausgedrückt. Das betrifft auch den Lohn.

Sinkender Wert der Ware Arbeitskraft und steigende nominale Nettolöhne sind kein Widerspruch. Auch aus einem Anstieg der Reallöhne kann nicht auf ein Steigen des Wertes der Ware Arbeitskraft geschlossen werden. Der Reallohn ist die Gütermenge, die sich der Arbeiter mit seinem Nominallohn bei gegebenen Preisen kaufen kann. Diese Gütermenge kann steigen, obgleich die Werte sinken.

Der Gebrauchswert der Ware Arbeitskraft unterscheidet sich von dem jeder anderen Ware. Das ist nichts Besonderes; Waren unterscheiden sich eben durch ihre Nützlichkeiten. Die Ware Arbeitskraft ist in dreifacher Weise nützlich: Sie formt die Stoffe zu Gütern und Leistungen um, die geeignet sind, Bedürfnisse zu befriedigen. Sie überträgt den Wert der Arbeitsgegenstände und der Arbeitsmittel auf die neuen Produkte. Ohne Arbeit wäre die Erhaltung des Wertes der Produktionsmittel nicht lange möglich. Und entscheidend: Die Arbeitskraft schafft Wert. Sie ist in der Lage, mehr Wert zu schaffen, als sie selbst besitzt. »Daß ein halber Arbeitstag nötig, um ihn 24 Stunden am Leben zu erhalten, hindert den Arbeiter keineswegs, einen ganzen Tag zu arbeiten (…) (das) ist ein besondres Glück für den Käufer, aber durchaus kein Unrecht gegen den Verkäufer« (MEW 23: 208). Das große Rätsel ist gelöst: Die Quelle des Werts befindet sich nicht in der Zirkulation, sondern in der Produktion. »Dass alle Wertschöpfung auf menschliche Arbeit zurückgeht, kann schwerlich in Zweifel gezogen werden«, schreibt Werner Hofmann. »Völker, die (…) durch Krieg verarmt sind oder die den Weg der Industrie noch vor sich haben, wissen recht wohl, dass jede Vermehrung des Realprodukts nur durch menschliche Arbeitsleistung zu erreichen ist. Die moderne Theorie des Volkseinkommens deckt sich mit der von Marx, wonach der Neuwert einer Periode gleich ist der Summe aller Lohn- und Gewinneinkommen, in der Sprache von Marx: Größe des variablen Kapitals plus Größe des Mehrwerts. Auch vermag nur eine umfassende Theorie der volkswirtschaftlichen Wertschöpfung, die von den Bedingungen des menschlichen Arbeitens ausgeht, zu erklären, wie es nicht nur zu verkaufbaren Waren kommt, sondern gleichzeitig auch zu den kaufkräftigen Einkommen, die den Waren nachfragend gegenübertreten (…). Als Ausgangspunkt aller Theorie der volkswirtschaftlichen Wertschöpfung ist die Arbeitswertlehre niemals widerlegt worden.« (Hofmann 1971a: 109). Eine wichtige Ergänzung: Marx gelingt der Nachweis, dass sich die Kapitalisten nicht dadurch bereichern, dass sie das Wertgesetz beim Kauf der Arbeitskräfte verletzen, sondern es anwenden. Mehrwert entsteht im »Normalfall« nicht, weil die Arbeitskraft unter ihrem Wert bezahlt würde.

Aus der Arbeitswerttheorie wurde der Anspruch der Arbeitenden auf den vollen Ertragswert der Arbeit abgeleitet. Diese Forderung ist unbegründet und undurchführbar. Dass die Arbeitskraft den Gebrauchswert besitzt, mehr Wert zu schaffen, als sie besitzt, ist ein Vorteil für ihren Käufer, den Unternehmer, aber kein Unrecht ihr gegenüber. Wie jede andere Ware wird auch sie durchschnittlich zu ihrem Wert gekauft. Marx bewies, was dem gesunden Menschenverstand zu widersprechen scheint: der Wertzuwachs – der Gewinn – entsteht nicht aus ungleichem, sondern aus gleichem Tausch. Nichts wird geraubt. Alles geht tauschgerecht zu. Der Kapitalist bezahlt den Wert der Arbeitskraft und erhält dafür den Gebrauchswert, das Recht auf den Mehrwert. Nachgewiesen zu haben, wie Wert entsteht, wenn alle Waren sich tauschen nach dem Prinzip der Gleichheit von Leistung und Gegenleistung, ist nach Engels das »epochemachendste Verdienst« seines Freundes. Das ist eine der Grundwahrheiten des Marxismus.

Thomas Kuczynski sagt, dass auf dem Arbeitsmarkt keine Ware Arbeitskraft verkauft werde (Kuczynski 2011: 363-377). Der Kapitalist nutze gegen Entgelt die Fähigkeit, Kenntnisse und Fertigkeiten des Arbeiters zu arbeiten. Diese Fähigkeit, die Arbeitskraft oder wie Marx in den Grundrissen sagt, das Arbeitsvermögen, wird »ausgebeutet«, aber sie wird nicht gekauft im juristischen Sinne eines Eigentumsübergangs. »Der Eigentümer der Ware Arbeitskraft hat nicht die Arbeitskraft verkauft« – und sie damit an den Käufer verloren –, »sondern lediglich das jederzeit kündbare Recht, sie zu nutzen.« Es ist ein »Verkauf« im Sinne der Übertragung von Nutzungsrechten. Bezahlt wird nur, was genutzt wird und nicht, wozu der Verkäufer fähig ist. So ähnlich auch Karl Heinz Roth: »Der freie Lohnarbeiter verkauft seine Arbeitskraft keineswegs, er vermietet sie dem Unternehmer vielmehr nur auf Zeit zur Nutzung gegen ein entsprechendes Entgelt, ein Vorgang, wie er uns als Wohnungsmietern bestens vertraut ist.« (Roth 2005: 59).

Haug wendet ein: Hier werde übersehen, »dass die Arbeitskraft als Ingredienz des Kapitals vom Lohnarbeiter verausgabt wird und daher unter Einsatz des Lohns reproduziert werden muss. Die Lohnarbeitenden geben sie nicht, wie eine Immobilie, zur bloßen Nutzung (bei gewisser Abnutzung) her, sondern zur Vernutzung«. Haug sieht einen Unterschied zwischen Nutzung (oder Gebrauch) und Vernutzung (oder Verbrauch). Er sagt: Die Arbeiter »erschöpfen ihre Kraft, indem sie Kapitalwert schaffen.« (Haug 2006: 125). Eine fast schon rabulistische Logik: Schließlich weiß jeder Klein-Immobilienbesitzer, wie schnell die Nutzung einer Wohnung diese »vernutzt«. Kuczynski und Roth bestreiten nicht, dass die Arbeitskraft während ihrer Nutzung »vernutzt« wird und danach ersetzt werden muss. Sie weisen darauf hin, dass im Gegensatz zum Verkauf einer gewöhnlichen Ware, bei dem der Ware Arbeitskraft der Verkäufer nicht das Eigentum an den Käufer verliert.

Modifikationen

Die Darlegungen bisher gelten für die Warenproduktion im allgemeinsten Sinne. Im Falle der kapitalistischen Wirtschaft kommt als Schwierigkeit hinzu, »dass die Waren nicht einfach als Waren ausgetauscht werden, sondern als Produkte von Kapitalen, die im Verhältnis zu ihrer Größe oder bei gleicher Größe gleiche Teilnahme an der Gesamtmasse des Mehrwerts beanspruchen.« (MEW 25: 184f) Die Konkurrenz um die profitabelste Kapitalanlage, egalisiert in der Tendenz die Unterschiede der Profitraten und führt zum Produktionspreis. Eine zwischenzweigliche Konkurrenz kann es in der einfachen Warenproduktion wegen der Identität von Eigentümer und Produzent nicht geben; auch der mittelalterliche Handwerker produziert Mehrwert; der ihm bleibt und von dem er gut lebt. Der Produktionspreis ist nicht ein Preis, der abweicht vom Wert, wie er im ersten Band erklärt wird. Die Transformation ist keine Methode zur Berechnung von Marktpreisen aus Werten. Preise sind Erscheinungsformen des Wertes, mit dem sie nicht übereinstimmen müssen. Preise können nicht unmittelbar aus Werten berechnet werden. Dass der Marktpreis eine Erscheinung des Wertes ist, bestreiten Arbeitswerttheoretiker nicht. Dass er im Kapitalismus der freien Konkurrenz eine Erscheinung des Produktionspreises ist, vermutlich die meisten auch nicht. Ist es sinnvoll, den Produktionspreis als vermittelndes Glied zwischen »eigentlichem Wert« und Marktpreis aufzufassen? Weder Erscheinung, noch Wesen – ist das die befriedigende Antwort? Das ist das Problem der Wertmodifikation: Ist der Produktionspreis nur eine neue Form, in der der Wert erscheint oder ist er selbst von Wertqualität? Aus der Sicht des originären Wertes ist der Produktionspreis eine Erscheinung, aus der Sicht der Angebot-Nachfrage-Schwankungen stellt er das innere Band dar, um das die Marktpreise schwanken. So gesehen, erfüllt er die Aufgaben des Wertes. Der Produktionspreis ist die unter Bedingungen der kapitalistischen Warenproduktion verwandelte Form des Wertes. (MEW 25: 173, 183) Er ist »das Zentrum, worum sich die täglichen Marktpreise drehen und wozu sie sich in bestimmten Perioden ausgleichen.« (MEW 25: 188)

Was aber bedeutet »verwandelte Form« des Werts? Hat sich der alte in einen neuen Wert gewandelt (Wertmodifikation) oder erscheint der Wert in einem neuen Preis? Ist der Produktionspreis ein neuer Wert oder nur ein Preis? Hans Wagner und Johann Köhler sagen, dass mit dem Terminus »Wertmodifikation« keine Veränderung des Wertes gemeint sei. Der Wert werde in den Produktionspreis verwandelt, ohne aufzuhören, Wert zu sein. Der Produktionspreis schiebt sich als Zwischenstufe zwischen Wert und Marktpreis. Im ersten Band des »Kapital« zeigt Marx, wie der Wert in der Produktion entsteht, im dritten Band, wie er verteilt wird. Der Produktionspreis regele nicht die Produktion des Wertes, sondern dessen Verteilung unter das Kapital (Wagner 1982: 77f). Er ist eine Verteilungskategorie und in diesem Sinne eine verwandelte Form des Wertes. An der Größe des Wertes ändere er nichts. »Der Wert bleibt Wert, auch nachdem sich der Produktionspreis (...) herausgebildet hat.« (Köhler 1982: 98). Auch bei zwischenzweiglicher Konkurrenz sei der Wert das Gesetz der Preise, könne aber seine Regulierungsfunktion nicht unmittelbar wahrnehmen, weil die Werte als Produkte von konkurrierenden Kapitalen erzeugt werden. Der Wert sei das Gesetz der Produktionspreise und der Produktionspreis das Schwankungszentrum der Marktpreise. Der Wert als Allgemeines und Wesentliches werde durch den Produktionspreis als vermittelndes Glied mit dem konkreten Marktpreis verbunden (Köhler 1982: 89). Auch in der kapitalistischen Produktion werde ein Wert geschaffen, der sich aus c + v + m zusammensetzt, wobei in der Distribution der Mehrwert durch die kapitalistische Konkurrenz zwischen den Zweigen in den Durchschnittsprofit, der Wert damit in den Produktionspreis (Kostpreis + Durchschnittsprofit) verwandelt wird.

Eine andere Auffassung besteht darin, im Produktionspreis den kapitalistisch modifizierten Wert zu sehen, der sich strukturell unterscheide vom Wert der Ware, wie er sich in der einfachen Warenproduktion bilde. Dort verhindert die Identität von Eigentum und Funktion eine Kapitalumschichtung zwischen den Branchen. Es sei falsch, zu behaupten, zuerst werde ein Wert produziert nach den Gesetzen und in der Zusammensetzung der einfachen Warenproduktion, um anschließend nach den Gesetzen der kapitalistischen Warenproduktion verteilt zu werden. Der Knackpunkt: Nur wenn die gesellschaftlich notwendige Arbeitszeit die Reproduktionszeit zur Herstellung der Ware ist – worüber sich marxistische Ökonomen weithin einig sind – und der Reproduktionsaufwand zudem erfordert, dass Mehrwert proportional zum vorgeschossenen Kapital angeeignet werden müsse – worüber keine Einigkeit besteht –, wäre der Produktionspreis von Wertqualität. Dagegen spricht eine einfache Überlegung: Die Größe des Wertes ist die gesellschaftlich notwendige Arbeitszeit zur Herstellung einer Ware und entspricht dem Kehrwert der gesellschaftlich normalen Arbeitsproduktivität. Dies gilt stets, egal ob die Ware in einem handwerklichen Betrieb der einfachen Warenproduktion, in einem kapitalistischen Betrieb der freien Konkurrenz oder unter monopolistischen, staatsmonopolistischen oder sozialistischen Bedingungen hergestellt wird. Bis heute nicht geklärt: Ist der Produktionspreis der Wert, wie er sich in der freien kapitalistischen Konkurrenz durchsetzt oder ist er das Vermittlungsglied zwischen Wert und Marktpreis?

DDR-Ökonomen sind nicht bei der Verwandlung des Wertes in den Produktionspreis stehengeblieben. Sie haben auch darüber debattiert, ob der Wert im monopolistischen Kapitalismus weiteren Modifikationen unterliegt. Dafür spricht, dass das Monopol die freie Konkurrenz abgelöst hat. »Das ökonomische Monopol ist eine historische Kategorie im Ergebnis der Kapitalakkumulation, der Konzentration und Zentralisation von Produktion und Kapital. Es ist ein weiterentwickeltes Kapitalverhältnis und nicht nur eine Marktform, auch wenn es sich (…) in verschiedenartigen ›oligopolistischen‹ Formen zeigt.« (Binus/Landefeld/Wehr 2014: 19) Monopole erzielen höhere Profite und Profitraten als nichtmonopolistische Unternehmen. Sie betreiben Forschung und Entwicklung, wenden als Erste neueste Erkenntnisse aus Wissenschaft und Technik an. Sie beschäftigen hochqualifizierte Arbeitskräfte, perfektionieren Organisation und innerbetriebliche Arbeitsteilung, erreichen höchste Produktivität. Ihre Macht erlaubt es ihnen, beim Einkauf von Material, Halbfabrikaten und Zubehör den ökonomisch schwächeren Zulieferanten niedrige Preise zu diktieren. Oft haben sie direkten Zugang zu den ergiebigsten Rohstoffquellen und produzieren in Ländern mit niedrigen Kosten, insbesondere geringen Löhnen, langem Arbeitstag und unzureichendem Arbeits- und Umweltschutz. Beim Verkauf setzen sie Preise durch, die höher sind als die für vergleichbare Produkte kleinerer und mittlerer Unternehmen. Sie geben die höhere Produktivität nicht in sinkenden Preisen weiter, manipulieren das Angebot, indem sie die Produktion einschränken und Waren vernichten. Sie sprechen Preise ab und teilen Märkte auf. Das alles führt dazu, dass der Anteil des Kostpreises am Monopolpreis niedriger und der des Profits höher ist als in nichtmonopolistischen Unternehmen.

Monopole können das Eindringen fremder Kapitale in ihre Sphäre verhindern oder die Kapitalwanderung erschweren. Oder sie sind mächtig genug, Kapitalwanderungen in andere Branchen zu erzwingen. Kapitalübertragungen zwischen den Bereichen der volkswirtschaftlichen Produktion sind Bedingung für ausgleichende Tendenzen. Kein Wunder, dass dieses vielschichtige und komplizierte theoretische Problem heftig diskutiert worden ist. Die Auffassung hatte sich durchgesetzt, dass es einen »monopolistisch modifizierten Wert« gibt. Aus den vielen damit aufgeworfenen Fragen (vgl. dazu Klein et al. 1982; Holzapfel et al. 1981) soll eine herausgegriffen werden: Ist der monopolistische Wert ein neuer Produktionspreis? Die Frage hat zu tun mit Aspekten der Kapitalwanderung im Monopolkapitalismus. Der Einwand, dass es unterschiedliche monopolistische Profitraten gibt und die Ungleichheit stabil sei, ist genauso wenig ein Beweis gegen die Tendenz zum Ausgleich wie die unterschiedlichen Profitraten des vormonopolistischen Kapitalismus Zweifel am inneren Drang nach Ausgleich begründen können.

Die Dialektik von Statik und Dynamik, von Kontinuität und Diskontinuität macht das zunächst paradox Erscheinende philosophisch plausibel: Der als Gesetzesinhalt formulierte Tatbestand – ob Wert, Durchschnittsprofit, Produktionspreis u. ä. – setzt sich in der Form der Abweichung, des Verstoßes gegen ihn durch. Abweichungen sind »keine wesentlichen Resultate der Gesetzeswirkung« (Klein 1982: 142), sondern Formen, in der sich das Gesetz durchsetzt. Permanente Abweichungen können die Richtung der Bewegung nicht zeigen. Daher ist es unstatthaft, aus der Abweichung vom Gesetz zu schließen, es gäbe kein Gesetz. Wird gesagt, es nutze in der Theoriebildung nicht, das Wesen des Monopols, das sich im Monopolprofit realisiert …, »als eine Abart der Wirkung des Gesetzes des Durchschnittsprofits zu interpretieren« (Klein 1982: 142), so ist diese Aussage auf Anhieb plausibel, wenn man mit dem Gesetz des Durchschnittsprofits Vorstellungen verknüpft, die für die freie Konkurrenz zutrafen. Sie ist es nicht, wenn bei der Analyse des über dem Durchschnittsprofit der freien Konkurrenz liegenden Monopolprofit die Konkurrenz und die Kapitalwanderung zwischen Monopolen berücksichtigt werden. Weshalb sollten relativ gleichstarke monopolistische Unternehmen auf die Dauer unterschiedliche Profitraten ihrer Kapitalanlagen hinnehmen, indem sie nicht auf sie reagieren? Weder die Notwendigkeit noch die Möglichkeit der Kapitalwanderung sind unter monopolistischen Strukturen so groß wie in der vormonopolistischen kapitalistischen Warenproduktion. Und doch ist die Kraft des Monopols, die Verlagerung des Kapitals gegen die Interessen anderer Monopole zu erzwingen, größer, als es je die Kraft von Unternehmen gewesen war, die im Stile der freien Konkurrenz ökonomische Gefechte austrugen.

So verfehlt es wäre, den Monopolprofit als eine Abart des Durchschnittsprofits der freien Konkurrenz zu deuten, so nützlich kann es sein, nicht stehen zu bleiben bei den Abweichungen des Monopolprofits von *diesem* Durchschnittsprofit, sondern die Mechanismen zu erforschen, die auf höherer Ebene tendenziell zur Nivellierung unterschiedlich hoher Monopolprofitraten und Monopolprofitmassen und so zu neuen, zu monopolistischen Durchschnitten führen, die weder quantitativ, noch qualitativ mit den Durchschnittsprofiten der freien Konkurrenz zusammenfallen und doch analog wie sie erklärt werden müssen.

Grenznutzen

Im Marktgleichgewicht tauschen sich die Waren in einem Verhältnis, das bestimmt ist durch gleiche Mengen an gesellschaftlich notwendiger Arbeitszeit. Die Tauschrelation widerspiegelt die Äquivalenz der Arbeitswerte. Drei Glas Honig tauschen sich mit zehn Pfund Kartoffeln – beide Mengen haben den gleichen Preis –, weil die gesellschaftlich notwendige Arbeitszeit für die Produktion von drei Glas Honig so groß ist wie die für zehn Pfund Erdäpfel. Ähnlich und doch diametral anders deutet die Grenznutzentheorie, bekannt auch als subjektive Wertlehre, die Tauschrelation. Das Verhältnis, in dem sich Güter tauschen, bringe die Äquivalenz des Nutzens zum Ausdruck: Drei Glas Honig tauschten sich mit zehn Pfund Kartoffeln, weil drei Glas Honig so nützlich seien wie zehn Pfund Kartoffeln. Im Gegensatz zur Arbeitszeit, die gemessen werden kann, sofern man eine Uhr zur Hand hat, entsteht dabei zunächst die Frage, was der Nutzen ist, ob und wie man ihn messen kann.

Unter dem Nutzen kann man sich das subjektive Empfinden der Bedürfnisbefriedigung vorstellen. Ein so verstandener Nutzen ist nicht messbar. Empfindungen haben keine Maßeinheit. Und: Wie soll der Nutzen eines PKW mit dem eines Kondoms verglichen werden? Vorstellbar jedoch ist – Messbarkeit hin, Messbarkeit her – dass ein Mensch in der Lage ist, zu beurteilen, ob ihm ein neues Auto oder ein Päckchen Präservative wichtiger ist. Vergleiche zwischen derart unterschiedlichen Gebrauchswerten und Produkten mit deutlichen Preisunterschieden haben den Charme, besonders schwachsinnig zu sein, niemand stellt sie an; realistischer ist es, den Nutzen des neuen Wagens mit dem einer neuen Küche oder dem der Erneuerung der Fassade des Eigenheims zu vergleichen. Und Nutzenvergleiche zwischen Personen? Wie soll der Nutzen einer Karre Sand für Person A verglichen werden mit dem Nutzen eines Sommerkleides für Person B?

Nützlichkeiten verschiedener Produkte für unterschiedliche Personen lassen sich weder messen noch vergleichen. Ganz und gar unsinnig ist es, die Kaufentscheidungen als eine Optimierungsaufgabe darzustellen und mit – in Wirklichkeit nicht existierenden – Nutzenfunktionen, die Kombination der Güter zu ermitteln, die dem Verbraucher den größten Nutzen bringen. Güterkäufe – Extremwertaufgabe eines völlig rational handelnden Individuums? Natürlich nicht! Doch enthält auch die unsinnigste Theorie ihr Körnchen an Wahrheit. In Bezug auf die Grenznutzentheorie besteht es darin, dass die kaufbaren Güter unterschiedlich wichtig und begehrenswert sind und es nicht einzusehen ist, weshalb jemand Güter kaufen sollte, die ihm weniger wichtig sind als andere. Aber das ist es dann schon.

Die zentrale Frage der Mikroökonomik ist, wie sich Tauschrelationen am Markt bilden und wie man sie zu erklären hat. Für die Geldwirtschaft ist das die Frage nach der Höhe des Preises. Preise sind Geldbeträge, mit denen man Produkte eintauscht, d.h. sie bezahlt. Die Grenznutzentheorie erklärt aber die Preise nicht, sondern setzt sie voraus. Ihre Frage lautet, wie Verbraucher – die Nachfragenden – bei *gegebenen* Preisen ihre Kaufentscheidungen treffen. Und die Antwort darauf: der größtmögliche Nutzen – das sogenannte Verbrauchergleichgewicht, eine Situation, die sich nicht mehr verbessern ließe – sei dann erreicht, wenn das durch Käufe sich ändernde Verhältnis der Grenznutzengrade gleich ist dem Verhältnis der am Markt gegebenen Preise. Das muss kurz erläutert werden: Unter dem Grenznutzen versteht man den Nutzen der letzten, zusätzlichen Einheit einer Warenart. Der Nutzen der letzten Einheit sei der kleinste Nutzen, da mit steigender Menge der Nutzen kleiner werde. Der Grenznutzen sinke mit steigender Menge. Und er steige mit sinkender Menge. Was einigermaßen überzeugend wirkt, da jeder weiß, dass die dritte Bockwurst nicht mehr so gut schmeckt wie die erste und die vierte oder fünfte möglicherweise Magenschmerzen und sogar einen »negativen Nutzen« verursachen kann. Da alle Teileinheiten – Bockwürste – einer Ganzheit – des Wurstvorrats – gleich und untereinander ersetzbar sind, bestimme der Grenznutzen der letzten Einheit den Nutzen einer jeden Einheit. Erklärt wird uns das auf der Grundlage des Verlustprinzips. Es besagt: geht eine Einheit verloren, dann verzichtet der Konsument auf die am wenigsten befriedigende Bedürfnisart.

Die Grenznutzentheoretiker erläutern uns den Warentausch, also sozialhistorische Zusammenhänge, an lustigen unhistorischen, psychologistischen Robinsonaden. Beim Wiener Ökonom Friedrich von Wieser (1851-1926) sind es ein Kaufmann, dessen Warenlager bruchstückweise abbrennt, ein Gefesselter im dunklen Kerker, ein verschmachtender Wüstenreisender oder ein Landmann, der eine Regenwolke am Himmel sieht (Wieser 1884: 24, 69, 81, 90) Bei seinem Kollegen Böhm-Bawerk (1851-1914) begegnen uns die gleichen Leute als ein Lottospieler, ein Mann, der ins Gefängnis muss, ein trotz des Verbots des Arztes rauchender Kranker, jemand, der für den 100. Geburtstag 100.000 fl (Florentiner oder Gulden) versprochen bekommt, ein Soldat vor der Schlacht, ein Bierbrauer mit zu kleinem Eiskeller (Böhm-Bawerk 1902: 326, 331ff, 373) und als jener berühmt gewordene Kolonist, der allein in den Urwald verschlagen, gerade fünf Säcke Korn geerntet habe und seine Dispositionen trifft. Das Korn im ersten Sack erhält ihn am Leben, es hat für ihn den größten Nutzen, das im zweiten kräftigt ihn und stärkt seine Gesundheit. Den Inhalt des dritten Sackes bestimmt er dazu, Geflügel zu mästen, um der Brot- etwas Fleischnahrung hinzufügen zu können. Der vierte dient der Herstellung von Kornbranntwein und mit dem Inhalt des letzten Sackes weiß er nichts Sinnvolleres anzufangen, als mit ihm Papageien zu füttern, an deren Possen er sich ergötzen kann, wenn es allzu langweilig werden sollte im Dschungel, einziger Kulturgenuss, der ihm bleibt, solange es ihm nicht gelingt, den Affen beizubringen, Hamlet aufzuführen. Verfügte er nur über vier statt fünf Säcke, würde er, es sei denn, er ist nicht ganz bei Trost, auf die letzte Verwendung verzichten, da sie für ihn von geringerem Nutzen ist, als alle andern Verwendungen.

So gut, so schlecht. Wie aber kommen wir zu den Tauschrelationen? Die Leute verglichen den Nutzen des weggegebenen mit dem des eingetauschten Gutes. Und sie tauschten so lange wie der Nutzen des weggegebenen Gutes kleiner ist als der des eingetauschten. Auch das ist sehr logisch. Zwei Personen oder Haushalte tauschen Produkte, wenn beide das Produkt des jeweils anderen höher schätzen als das eigene. Ein Austausch der Produkte kommt zustande, wenn beide dem anderen etwas geben können, das dieser höher schätzt als das, was er hergibt. Eine solche Situation ist vorhanden, wenn beide Überschüsse an unterschiedlichen Produkten besitzen, dem einen es daran mangelt, was der jeweils andere zu viel hat. Auf der Grundlage des Grenznutzenprinzips wird erklärt, wie es zum Tauschgleichgewicht kommt: Je mehr die Leute von einem Gut besitzen, umso kleiner ist der Nutzen, je weniger sie von einem Gut haben, umso höher ist der Nutzen, den eine Einheit hat. Fortgesetzter Tausch ändert die Mengenvorräte und damit den Nutzen der Produkte für beide Tauschpartner. Der Grenznutzen der bezogenen Güter sinkt, weil sie mehr werden. Der Grenznutzen der abgegebenen Güter steigt, weil sie weniger werden. Im Gleichgewicht haben die Tauschenden die nutzenmaximale Zusammensetzung ihres Sortiments erreicht. Dann ist der Anreiz weg, weiter zu tauschen. Der Nutzen des erhaltenen Gutes wäre gleich dem des weggegebenen.

Zugegeben, die Erklärung ist etwas sperrig, gänzlich unlogisch ist sie nicht. Was sich aber hier schon sagen lässt: Mit ihr misslingt der Versuch, die Arbeitswerttheorie zu widerlegen, die besagt, dass das Wesen des Preises der gesellschaftlich notwendige Arbeitsaufwand zur Herstellung der jeweiligen Produkte ist. Dabei war doch gerade diese Widerlegung der große Anspruch: »Während die Klassik den Warenwert aus den Kosten erklärte« – was sie nebenbei gesagt, nicht tat; die Klassik erklärt den Wert nicht aus den Kosten, sondern aus der Arbeitszeit – »und ihn auf eine objektive Größe zurückführte, versuchte die Grenznutzenlehre ihn aus dem Gebrauchswert abzuleiten und ihm damit einen subjektiven und psychologischen Erklärungswert zu geben.« (Stavenhagen 1951: 110f) So ist es und dass man trotzdem wie Peter Ruben sich auf Schumpeter beziehend der Meinung sein kann, »der Streit zwischen Vertretern der Arbeitswertlehre und der subjektiven Nutzenwertlehre (sei) völlig überflüssig, (weil) der Arbeitswert der klassischen englischen Nationalökonomie und Marxens mit dem Wert der subjektiven Wertlehre der Wiener Schule völlig übereinstimmt« (Ruben 2015: 24f), ist völlig rätselhaft.

Der Versuch, mit Hilfe der Grenznutzentheorie die objektive Wertlehre zu widerlegen, ist gescheitert. Das bedeutet nicht, dass die grenznutzentheoretische Begründung der Tauschrelation per se falsch sein müsste. Bisher konnten wir ihrer Logik durchaus folgen. Es könnte sich um ein Konzept handeln, das in seinen Prämissen schlüssig ist. Ist es das? Die Frage muss verneint werden. Es lässt sich, selbst wenn man der Logik der Grenznutzentheorie folgt, leicht zeigen, dass es auf Basis des Grenznutzenkonzepts niemals zu einem nutzenäquivalenten Tausch kommen wird. Ich habe das an anderer Stelle an einem Beispiel demonstriert. (Müller 2015: 87f) A besitze zehn rote und eine blaue, B besitze zehn blaue und eine rote Murmel. Beide wünschen eine bunte Murmelmischung. A gibt rote Murmeln an B und erhält von diesem blaue. B gibt blaue Murmeln an A und erhält von diesem rote. Mit jedem Tauschakt ändert sich die Nutzenlage der Tauschenden. Der Nutzen der wegzugebenden Murmeln, der am Anfang klein ist, steigt, weil ihre Menge sinkt. Der Nutzen der empfangenen Murmeln, der am Anfang aufgrund der kleinen Menge groß ist, sinkt, weil ihre Anzahl steigt. Das ist bei A und B so. Beide tauschen rote gegen blaue Murmeln so lange, wie der Verlust an Nutzen jeweils kleiner ist als der Zuwachs an Nutzen. Nur so steigt der Gesamtnutzen, worauf es ankam. Das bedeutet, dass ein Gleichgewichtstausch nicht zustande kommt. Er wäre unlogisch. Weshalb sollten die Tauschenden eine Murmel abgeben, die für sie den gleichen Nutzen hat wie die, die sie für sie erhalten? Die Bereitschaft zu tauschen bricht ab, bevor die Gleichheit des Nutzens erreicht wird. Denn die Gleichheit des Nutzens vergrößert den Gesamtnutzen nicht, weitere Tauschakte würden ihn sogar verringern. Offenbar ist das grenznutzentheoretische Konzept der Nutzenmaximierung unvereinbar mit einem nutzenäquivalenten Tausch.

Für den schwedischen Ökonomen Gustav Cassel (1866-1945), der Marxschen Theorie alles andere als zugetan, ist die Grenznutzentheorie, das Fundament der Neoklassik, ein »Versuch, die Psychologie der Nachfrage in eine abstrakte mathematische Form hineinzuzwingen (…), eine rein formelle Theorie, die in keiner Weise unsere Kenntnis der realen Vorgänge erweitert und die für die Theorie der Preisbildung überflüssig ist«. (Cassel 1923: 68f) Die Grenznutzentheorie erklärt, dass durch die Kaufentscheidungen das Verhältnis der Grenznutzen der Güter sich so ändere, dass es dem Verhältnis der sich auf dem Markt bildenden Preise entspricht. Im Grunde sagt die Grenznutzenlehre nicht mehr, als »dass ein Bedürfnis, für welches der bestehende Preis bezahlt wird, immer wichtiger erachtet wird als ein Bedürfnis, für welches derselbe Preis nicht bezahlt wird. Die Tauschwirtschaft misst also die Wichtigkeit der verschiedenen Bedürfnisse nach den Geldsummen, die für die Befriedigung derselben geboten werden.« (Cassel 1923: 72) Die Preise selbst werden nicht erklärt.

Vernichtend ist auch die Kritik seines Landsmannes Gunnar Myrdal (1898-1987). Die Theorie des Grenznutzens operiere mit leeren Formeln, deren psychologischer Erkenntnisgehalt gleich Null ist. »Mit großem Aufwand theoretischen Scharfsinns bringt man schließlich auf der Basis reiner Zirkeldefinitionen nichts anderes zustande als eine umständliche Formulierung einer begrifflichen Tautologie.« (Myrdal 1962: 20) Mit mathematischer Finesse behauptet diese Theorie, dass die Käufer innerhalb ihrer finanziellen Schranken, also bestimmt durch Einkommen und Preise, die für sie günstigsten Waren erwerben würden. Der Gedanke ist nicht unlogisch, doch mehr als Tautologie stellt er nicht dar: Maßstab für die Rangfolge der Wünsche ist die Rangfolge des Nutzens der Güter. Da man den Nutzen nicht messen kann, wird für ihn die subjektive Stärke des Begehrs gesetzt. Maßstab der Rangfolge der Wünsche ist dann letztlich die Rangfolge der Wünsche.

4. Arbeit

Springpunkt

Manchen ist sie die beste Arznei, vielen Last – die Arbeit. Nach Marx ist sie die zweckmäßige, bewusste Tätigkeit des Menschen zu Herstellung von Gebrauchswerten, »ein Prozess, worin der Mensch seinen Stoffwechsel mit der Natur durch eigene Tat vermittelt, regelt und kontrolliert.« (MEW 23: 192) Menschen erzeugen arbeitsteilig das von ihnen Benötigte. Ihre Arbeit ist gesellschaftliche Arbeit. Das gilt für den Lohnarbeiter im digitalen Kapitalismus ebenso wie für den Wildbeuter, der vor 100.000 Jahren Rentiere, Hasen und Mammuts jagte, Pflanzen, Wurzeln und Beeren sammelte. Die Arbeit ist eine »ewige Naturnotwendigkeit« (MEW 23: 57) und hat in gewissem Sinn den Menschen selbst geschaffen (MEW 20: 444). Sie führte ihn heraus aus dem Tierreich.

Ein Werkzeuge fabrizierendes Tier, nannte Marx den Menschen und ergänzte: »Nicht was gemacht wird, sondern wie, mit welchen Arbeitsmitteln, unterscheidet die ökonomischen Epochen.« (MEW 23. 194f) Die Herstellung und der Gebrauch der Werkzeuge und Maschinen sind das Besondere des menschlichen Arbeitsprozesses, obgleich es, so Marx, »im Keim schon gewissen Tierarten eigen« sei. (MEW 23: 194) Die Zweckmäßigkeit des Tuns und die Erfindungsgabe unterscheiden den Menschen vom Tier: »Eine Spinne verrichtet Operationen, die denen des Webers ähneln, und eine Biene beschämt durch den Bau ihrer Wachszellen manchen menschlichen Baumeister. Was aber von vornherein den schlechtesten Baumeister vor der besten Biene auszeichnet, ist, dass er die Zelle in seinen Kopf gebaut hat, bevor er sie in Wachs baut. Am Ende des Arbeitsprozesses kommt ein Resultat heraus, das beim Beginn desselben schon in der Vorstellung des Arbeiters, also schon ideell vorhanden war. (MEW 23: 193)

Das ist so, auch wenn neuere Tests zeigen, dass Zwergschimpansen und Orang-Utans über zehn Stunden im Voraus planen können. Doch die Genialität menschlicher Erfindungs- und Ingenieurkunst ist unerreicht. Sie fasziniert. Viele Stoffe bietet die Natur, zum Beispiel: Kobalt, Zinn, Tantal, Wolfram, Gold, Kupfer, Eisen, Aluminium, Silber, Palladium, Platin, Metalle der seltenen Erden (kurz: seltene Erden), Indium, Gallium. Aus ihnen und aus einigen anderen Metallen, insgesamt etwa dreißig, sowie Kunststoffen und Keramik stellen Menschen kleine, handliche Dinger her, die in jede Jackentasche passen und Wunder vollbringen. Mit ihnen telefonieren sie, fotografieren, verschicken, erhalten und speichern Bilder, senden und empfangen Mails und Benachrichtigungen, schauen Fernsehen, Videos, Filme, Bundesliga live, hören Radio und ihre Lieblingsmusik, lesen Bücher, spielen Spiele, surfen im Internet, führen Rechenoperationen durch, orientieren sich im Gelände, navigieren sich zu unbekannten Orten und nutzen eine mittlerweile unübersehbare Zahl von Zusatzprogrammen (Apps). Noch vor wenigen Jahren hätte das alles als Zauberei gegolten. Vielen erscheinen Smartphones auch heute unerklärlich. Für andere, die mit dem mobilen Kommunikationswunder aufwachsen, sind sie etwas Selbstverständliches. Welchen Preis aber zahlt die Menschheit für die Zauberei? Hat die Zunahme bestimmter Tumore damit zu tun? Die schwedischen Wissenschaftler Michael Carlberg und Lennart Hardell wie auch Michael Kundi von der Medizinischen Universität Wien sagen, dass hochfrequente Strahlung und langes Telefonieren das Risiko erhöhen, einen Gehirntumor zu bekommen.[42] Der Italienische Oberste Gerichtshof hat festgestellt, dass die Verwendung von Handys und schnurlosen Telefonen schwerwiegende Schäden im Hirn verursachen kann. Er bestätigte dem 60-jährigen Innocente Marcolini, dass dessen Tumor das Resultat seiner dauerhaften Handynutzung gewesen sei. Marcolini hatte nach

42 www.diagnose-funk.org/publikationen/artikel/detail&newsid=1190, (9.5.2019)

eigenen Angaben über 12 Jahre lang täglich zwischen vier bis sechs Stunden mit seinem Handy telefoniert.[43]

Produktion und Arbeit dienen nicht nur dazu, in der Natur vorgefunden Stoffe so umzuwandeln, damit sie geeignet sind, Bedürfnisse zu befriedigen. Wie die Ware mit Gebrauchswert und Wert einen Doppelcharakter besitzt, hat auch die Arbeit zwei Seiten. Der Unterschied zwischen konkreter und abstrakter Arbeit ist der »Springpunkt, um den sich das Verständnis der politischen Ökonomie dreht« (MEW 23: 56). Er ist Voraussetzung, die Physiologie der kapitalistischen Produktionsweise zu verstehen. Die Grundlage für den Zusammenhang der ökonomischen Kategorien ist die Bestimmung des Werts durch die Arbeitszeit. »Davon geht Ricardo aus und zwingt nun die Wissenschaft, ihren bisherigen Schlendrian zu verlassen (...) und sich Rechenschaft darüber abzulegen, wieweit die übrigen (...) Kategorien (...) Formen dieser Grundlage, dem Ausgangspunkt entsprechen oder widersprechen« (MEW 26.2: 161). Ricardo erklärt alle ökonomischen Erscheinungen auf der Grundlage des Arbeitswerts, »selbst diejenigen, welche im ersten Augenblick ihr zu widersprechen scheinen, wie die Rente, die Akkumulation der Kapitalien und das Verhältnis der Löhne zu den Profiten. Gerade das ist es, was seine Lehre zu einem wissenschaftlichen System macht« (MEW 4: 81f).

Doch wie die Merkantilisten und Smith erkennt er das Zwieschlächtige der Arbeit nicht, betrachtet sie nur in ihrer konkreten Form, unhistorisch, nicht spezifisch gesellschaftlich. Profit, Unternehmergewinn, Zins, Rente kann nur verstehen, wer verstanden hat, was Mehrwert ist. Mehrwert kann nur verstehen, wer begriffen hat, was der Wert ist. Und Wert kann nur verstehen, wer zwischen konkreter und abstrakter Arbeit zu unterscheiden weiß. Marx fand es sonderbar, »daß den Ökonomen ohne Ausnahme das Einfache entging, daß wenn die Ware das Doppelte von Gebrauchswert und Tauschwert, auch die in der Ware dargestellte Arbeit Doppelcharakter besitzen muß« (MEW 32: 11).

Jeder Warenproduzent leistet zweckgebundene, konkrete Arbeit: Der Schmied formt das Eisen, der Bäcker bäckt Brot, der Fleischer füllt Därme, der Glasbläser formt das Glas, der Maler streicht Wände... Konkrete Arbeit unterscheidet sich im Hinblick auf ihren Zweck, die verwendeten Werkzeu-

---

43 www.zentrum-der-gesundheit.de/handy-krebs-gefahr-ia.html, (9.5.2019)

ge, die Verfahren und ihre Ergebnisse. Sie bringt verschiedene Gebrauchswerte hervor: Hufeisen, Bismarck-Eichen, Leberwürste, gläserne Kugeln, bemalte Zimmerwände… Sehen wir von der Bestimmtheit der konkreten Arbeiten ab, bleibt, dass sie alle Verausgabung menschlicher Arbeitskraft sind. Schneidern, Weben, Häuser bauen, Autos montieren, Bockwürste herstellen, Radieschen säen, obgleich qualitativ verschieden, besitzen die gleiche physiologische Grundlage: Sie sind eine produktive Verausgabung und Beanspruchung von Hirn, Muskel, Nerven, Geisteskraft, Hand usw. (MEW 23: 56ff) Der Fleischer, der Schweine schlachtet, der Betonbauer, der Mauern errichtet und die Krankenpflegerin, die Patienten umbettet, müssen, so unterschiedlich ihre konkreten Tätigkeiten und deren Ergebnisse sind, ihre Arbeiten unter Einsatz von Körper- und Geisteskraft ausführen. Vielleicht geraten sie dabei sogar ins Schwitzen und kriegen einen Muskelkater. Sie benötigen Kenntnisse, Fertigkeiten und Fähigkeiten, um ihren Job auszuüben. Arbeit ist mit geistiger Anstrengung verbunden. Bei der Aufstellung eines Bauplanes ist sie größer als bei der Beobachtung einer Schafherde.

Marx erklärt, was er unter dem physiologischen Inhalt der abstrakten Arbeit versteht, und nennt diese eine »gemeinschaftlich gesellschaftliche Substanz« (MEW 23: 52). Die Arbeit, die von allen konkreten Formen und Inhalten abstrahiert, ist Arbeit schlechthin, allgemeine Arbeit. In der Warenproduktion wird sie zur abstrakten Arbeit. Nur dort erhält die Arbeit im physiologischen Sinn eine sich von der konkreten Arbeit unterscheidende gesellschaftliche Form, eine Form, in der sich die gesellschaftliche Gleichheit der Arbeit ausdrückt. Damit die Waren als Gebrauchswerte quantitative Verhältnisse untereinander eingehen können, muss von ihren Gebrauchswerten und damit vom konkreten Inhalt der Arbeiten abstrahiert werden. »Alle Arbeit ist einerseits Verausgabung menschlicher Arbeitskraft im physiologischen Sinn und in dieser Eigenschaft gleicher menschlicher oder abstrakt menschlicher Arbeit bildet sie den Warenwert. Alle Arbeit ist andrerseits Verausgabung menschlicher Arbeitskraft in besonderer zweckbestimmter Form, und in dieser Eigenschaft konkreter nützlicher Arbeit produziert sie Gebrauchswerte.« (MEW 23: 61)

Ökonomen, die mit dieser Abstraktion ihre Schwierigkeiten haben, lehnen die Arbeitswerttheorie ab. »Die Marxsche Werttheorie hat sich als nicht haltbar erwiesen.« Dies sagen nicht nur die Gegner des großen Kritikers der Politischen Ökonomie, sondern auch die neuen Herausgeber der

Marx-Engels-Gesamtausgabe (MEGA). In ihrer von Bertram Schefold verfassten Einführung zum dritten Band des »Kapital« schreiben sie, ihnen sei »rätselhaft, wie man an der Vorstellung, die Arbeit als abstrakte bestimme den Wert der Waren, festhalten will.« Das Beharren auf der Wertlehre habe Marx an analytischen Fortschritten gehindert. (MEGA II/15: 898f, 910) Wer die Arbeitswerttheorie ablehnt, lehnt die marxistische politische Ökonomie ab. Dass sich ausgerechnet die MEGA-Editoren diesem Verdacht aussetzen, könnte daraus resultieren, dass ihnen der Unterschied zwischen der konkreten und der abstrakten Arbeit nicht aufgegangen ist. Ein schizophrener Verdacht! Aber wie sonst können sie behaupten, »das Gleichsetzen von einer Stunde Nähen und einer Stunde Hämmern ist ebenso rätselhaft wie die Gleichsetzung eines Hemds und angenagelter Hufeisen als Ergebnis des Beschlagens eines Pferdes« (Schefold 2008: 41f). Hemd und Hufeisen sind ungleich als Gebrauchswerte. Sie sind gleich, weil sie Produkte menschlicher Arbeit sind, egal, worin diese Arbeit konkret besteht.

Wem die Unterscheidung zwischen abstrakter und konkreter Arbeit merkwürdig vorkommt, versteht den Dualismus von Produktion, Arbeit und deren Ergebnis nicht. Arbeit können er und sie sich nur konkret vorstellen. Das Allgemeine im Besonderen bleibt ihnen verborgen. Doch das Nebeneinander von konkreter und abstrakter Arbeit ist keineswegs hypothetisch und es ist keineswegs erst der Tausch, der diese Abstraktion vollzöge. Nur wenn die Produkte im Austausch bestimmte Beziehungen zueinander bildeten, hält Michael Heinrich dagegen, sei abstrakt menschliche Arbeit ihre gemeinschaftliche Substanz. (Heinrich 2016: 73) Das ist zunächst richtig. Aber wer daraus schließt, dass abstrakte Arbeit nicht in der Produktion geleistet werde, der bestreitet auch, dass dort Wert geschaffen wird.

Das Problem ist knifflig. Tatsächlich werden unterschiedliche Gebrauchswerte im Tausch gleichgesetzt und dadurch verschiedenartige nützliche Arten der Arbeit reduziert auf gleiche menschliche Arbeit. Richtig ist auch: Die Arbeit des privaten Einzelproduzenten schafft nur Wert, wenn sie notwendiger Teil der gesellschaftlichen Gesamtarbeit ist. Ob sie das ist und in welchem Umfang, muss sich erst nach der Produktion, also im Austausch, erweisen. Das heißt aber nicht, dass abstrakte Arbeit und Wert Kategorien allein des Tauschs wären. Nach Abstraktion von ihren Gebrauchseigenschaften stellen diese Dinge nur noch dar, dass »in ihrer *Produktion* (Hervorhebung K.M.) menschliche Arbeitskraft verausgabt, menschliche Arbeit aufgehäuft ist.«

(MEW 23: 52) Erweist sich im Tausch, dass sich die in der Produktion geleistete Arbeit in einem Gebrauchswert vergegenständlicht hat, der ein gesellschaftliches Bedürfnis befriedigt, ist sie als Teil der Gesamtarbeit verausgabt worden, ist abstrakte Arbeit, Wert bildende Arbeit. Die Arbeit war also schon im Moment ihrer Verausgabung ein Teil der gesellschaftlichen Gesamtarbeit, war nicht nur konkret, sondern auch abstrakt gewesen. Auch wenn sich dies erst im Austausch zeigen kann. Erweist sich, dass die Produkte kein Bedürfnis befriedigen, ist die Arbeit, sie herzustellen, obwohl selbstverständlich auch Verausgabung von Muskel, Hirn, Nerv usw., kein Teil der Gesamtarbeit, ist keine abstrakte Arbeit und bildet keinen Wert.

Die abstrakte Arbeit ist kein Resultat einer bloßen Gedankenabstraktion, wie Karl Reitter mutmaßt.[44] Wertbildende Arbeit ist nicht etwas Fiktives. Ihr abstrakter Charakter besteht darin, dass sie von den Besonderheiten der unterschiedlichen konkreten Arten menschlicher Arbeit abstrahiert, und zwar nicht erst im Tausch, sondern in der Produktion, bei der Verausgabung der Arbeit.

Physiologisch oder historisch-sozial?

Heinrich sagt, dass sich im Begriff der abstrakten Arbeit zwei nicht miteinander zu vereinbarende Konzepte überkreuzten: ein ›gesellschaftliches‹ werde von einem ›naturalistischen‹ überlagert.[45] Doch die beiden Konzepte sind sehr wohl miteinander vereinbar. Arbeit ist Verausgabung von Muskel, Nerv Hand und Hirn, egal ob in der urgemeinschaftlichen Sippe, in der Sklavenhaltergesellschaft, im Feudalismus, Kapitalismus oder Sozialismus. Arbeit in diesem allgemeinen, »naturalistischen« Sinn wird unter bestimmten gesellschaftlichen Bedingungen zur abstrakten Arbeit. Die abstrakte Arbeit kann nicht auf ihre physiologische Grundlage reduziert werden. Sonst hätte es sie immer gegeben. Abstrakte Arbeit wäre eine ahistorische, natürliche, übergesellschaftliche Eigenschaft der Arbeit und – das wäre die Konsequenz – erzeuge in allen Epochen der Wirtschaftsgeschichte Wert. Der physiologische Arbeitsbegriff, die »Fehldeutung der abstrakten Arbeit als Verausgabung von Muskel, Nerv und Gehirn«, behauptet Karl Reitter, sei ein »Mosaikstein für jenen wirklichkeitsfernen Schematismus, der als DIAMAT die Lehrbücher

---

44 www.grundrisse.net/grundrisse01/1abstrakte_arbeit.htm, S. 3, (1.2.2016)

45 www.oekonomiekritik.de/203AbstrakteArbeit.htm, S. 5, (1.2.2016)

des Stalinismus und Poststalinismus füllte«.[46] Mir ist unbegreiflich, wie man so etwas behaupten kann. Ich kenne kein sowjetisches oder DDR-Lehrbuch der Politischen Ökonomie, deren Autoren die abstrakte Arbeit nur physiologisch sehen. Alle heben ihren gesellschaftlich-historischen Inhalt hervor. Die physiologische Gemeinsamkeit der unterschiedlichen menschlichen Arbeiten wird erst zur ökonomischen Kategorie der abstrakten Arbeit, wo die Menschen ihre Produkte als Waren produzieren. Erst dann haben die Produkte nicht nur Gebrauchswert, sondern auch Wert, auf dessen Basis sie getauscht werden. Ohne Warenproduktion gibt es keinen Wert, der sich als Tauschwert äußert. Und wo es keinen Wert gibt, existiert auch keine abstrakte Arbeit. So sahen es Marx und der »Offizialmarxismus«.

Peter Ruben und Hans Wagner widersprachen der offiziellen Deutung. (Ruben, Wagner 1980) Dabei kann man ihre Argumente durchaus für begründet halten, solange man die abstrakte Arbeit mit ihrem physiologischen Gehalt identifiziert. Arbeit, in welchen konkreten Formen auch immer, ist nach Marx ewige Naturbedingung des menschlichen Lebens, ist allen seinen gesellschaftlichen Formen seit Anfang an eigen. Und sie ist verbunden mit Anstrengungen, geistigen und körperlichen. Darin unterscheidet sich der Steinzeitmensch, der vor 100.000 Jahren seinen Lebensunterhalt erjagte, nicht vom Fließbandarbeiter bei VW. So könnte man der Meinung sein, dass es einen Wert auch ohne Ware gibt. Wert existiere unabhängig von jeglicher Warenproduktion. Diese These lag außerhalb des marxistischen Mainstreams und wurde kritisiert.

Hatten Ruben, der später in Auseinandersetzung mit Peter Fleissner eigenartige Auffassungen vertritt[47] und Wagner in der Sache Recht? Ich hatte ihnen zunächst zugestimmt (Müller 2015: 58), will daran hier anknüpfen und meinen Standpunkt präzisieren. Für die Existenz des Wertes außerhalb der Warenproduktion spricht neben der physiologischen Bestimmung der

46 www.grundrisse.net/grundrisse01/1abstrakte_arbeit.htm, S. 5,7, (1.2.2016)

47 Ruben, sich auf Schumpeter beziehend, sagt, der Arbeitswert der Klassik und Marxens stimme mit dem Wert der subjektiven Wertlehre der Wiener Schule überein, wobei der Wert das Produkt aus Preis und Menge sei. Er findet es kurios, dass ein Zeitmaß als Wertmaß gelten soll, und die »Verwandlung der marxschen Formel w = c + v + m in einen Ausdruck für Arbeitszeit (…) völlig unbegreiflich«. Wie Aristoteles glaubt auch er, das Geld mache die Waren kommensurabel; es sei das Dritte des Warenaustauschs (sein Tertium Comparationis). (Ruben 2015: 24f, 28, 30)

Arbeit, dass das Arbeitszeitpotenzial, über das eine Gemeinschaft verfügt, auf die Bedürfnisse und Produktarten aufgeteilt werden muss. Dies gilt für jegliche Produktion: »Gemeinschaftliche Produktion vorausgesetzt, bleibt die Zeitbestimmung natürlich wesentlich (...). Ebenso muß die Gesellschaft ihre Zeit zweckmäßig einteilen, um eine ihren Gesamtbedürfnissen gemäße Produktion zu erzielen (...) Ökonomie der Zeit, sowohl die planmäßige Verteilung der Arbeitszeit auf die verschiednen Zweige der Produktion, bleibt also erstes ökonomisches Gesetz auf Grundlage der gemeinschaftlichen Produktion« (MEW 42: 105). Wie viel Arbeitszeit für das einzelne Produkt benötigt wird, hängt ab von der »normalen« Produktivität. Aus der Multiplikation dieser Größe mit der Bedarfs- bzw. gewünschten Menge ergibt sich die Arbeitszeit, die die Gemeinschaft insgesamt für das Produkt aufwenden darf. Werden eine willkürliche Produktion und Aufteilung der gesellschaftlichen Arbeitszeit auf die Herstellung der unterschiedlichen Produkte ausgeschlossen, muss man einsehen, dass auch in nicht Waren produzierenden Ordnungen eine gesellschaftlich notwendige Arbeitszeit für die einzelnen Produkte existiert. Das, und nicht einfach der physiologische Kern der abstrakten Arbeit, spricht für die Auffassung Rubens und Wagners, dass es eine gesellschaftlich notwendige Arbeitszeit auch in Gemeinschaften gibt, die ihre Produkte nicht als Waren produzieren. Aber warum sollte man die gesellschaftlich notwendige Arbeitszeit außerhalb der Warenproduktion »Wert« und die dort verausgabte allgemeine Arbeit »abstrakt« nennen?

»Gibt es einen Zweifel«, fragt Helmut Dunkhase in seiner Zuschrift auf meine Darlegungen über die Historizität und Messbarkeit der abstrakten Arbeit (Müller 2016a), »dass in allen Fällen (einer nicht Waren produzierenden Gesellschaft, K.M.) die von den Besonderheiten der verschiedenen Arbeiten abstrahierende Arbeitszeit gemeint ist?« (Dunkhase 2016: 196) Natürlich nicht. Es ist allgemein-menschliche Arbeit. Ist diese zugleich abstrakte Arbeit? Dunkhase bejaht dies. Er hält meine Auslegung des Begriffs »abstrakte Arbeit« für tautologisch. Ich würde, ohne es zu merken, sagen, abstrakte Arbeit werde in der Warenproduktion zu abstrakter Arbeit. Dunkhases Einwand ist auf der Basis seiner Begriffsbestimmung schlüssig. Ob mir ein Zirkelschluss unterläuft, hängt davon ab, wie wir die Begriffe deuten. Ich glaube, dass wir abstrakte Arbeit zu weit fassen, wenn wir sagen, dass es sie auch außerhalb der Warenproduktion gibt. Die Arbeit, die von allen konkreten Formen und Inhalten abstrahiert, ist Arbeit schlechthin, allgemeine

Arbeit, reduziert auf die Verausgabung von Muskel, Nerv, Hirn, Hand. Sie ist die physiologische Grundlage aller unterschiedlichen konkreten Arbeiten. Das ist eine erste, aber keine hinreichende Bestimmung der abstrakten Arbeit. Allgemein menschliche Arbeit hat es immer gegeben und wird es immer geben.

Die klassische bürgerliche Ökonomie begründete die Arbeitswerttheorie. Sie irrte, indem sie annahm, Arbeit erzeuge von Natur aus Gebrauchswert und Wert. Sie sah nicht den Unterschied zwischen der konkreten und der abstrakten Arbeit. Die Entdeckung blieb Marx vorbehalten, für den die Wert bildende Arbeit eine spezifische Form der gesellschaftlichen Arbeit ist. Gesellschaftlich ist die Arbeit in allen Produktionsweisen, die auf Arbeitsteilung beruhen. Die Männer der urgemeinschaftlichen Sippe jagten das Wild, die Frauen sammelten Beeren, Pflanzen und Wurzeln. Sie leisteten unmittelbar gesellschaftliche Arbeit, weil deren Ergebnisse von vornherein der Gemeinschaft zugedacht waren und unter ihre Angehörigen verteilt wurden. In der Warenproduktion nimmt die Arbeit einen spezifischen gesellschaftlichen Charakter an. (MEW 13: 19) Dieser besteht darin, dass die Arbeit hier nicht mehr, wie in der Urgesellschaft, unmittelbar, sondern nur noch mittelbar, latent gesellschaftlich ist. Unmittelbar ist sie privat. Im Austausch muss sich erweisen, ob die von privaten Produzenten verausgabte Arbeit notwendiger Bestandteil der gesellschaftlichen Gesamtarbeit ist. Somit wird die allgemein-menschliche Arbeit erst dann zur Kategorie der abstrakten Arbeit, wenn Menschen Produkte für den Austausch, also als Waren produzieren. Nur dann erhalt die Verausgabung der Arbeit im physiologischen Sinn eine besondere, sich von der konkreten Arbeit unterscheidende Form.

Abstrakte Arbeit ist die Form, in der sich in der Warenproduktion die Verausgabung gesellschaftlich notwendiger Arbeit ausdrückt. Ohne Warenproduktion gibt es keinen Wert, und wo es keinen Wert gibt, auch keine abstrakte Arbeit. Dunkhase sagt mit Verweis auf die »Kritik des Gothaer Programms«, dies sei das Diktum des »Offizialmarxismus«, nicht aber das des Meisters. Doch die von Marx in der »Kritik« getroffenen Aussagen zur Arbeit in einer genossenschaftlichen Produktion bedeuten nicht, dass es sich um abstrakte Arbeit handelt. Im Gegenteil: Marx spricht hier gerade nicht von abstrakter Arbeit, weil die Arbeit keinen Wert bildet, sofern sie unmittelbar Bestandteil der Gesamtarbeit ist. Er wirft den »besten Repräsentanten« der klassischen bürgerlichen Ökonomie, wie Smith und Ricardo, vor, dass sie die

Wertform als etwas »der Natur der Ware selbst Äußerliches« behandelten und fährt fort: »Die Wertform des Arbeitsprodukts ist die abstrakteste, aber auch allgemeinste Form der bürgerlichen Produktion, die hierdurch als eine besondere Art gesellschaftlicher Produktion und damit zugleich historisch charakterisiert wird. Versieht man sie daher für die ewige Naturform gesellschaftlicher Produktion, so übersieht man notwendig auch das Spezifische der Wertform, als der Warenform, weiter entwickelt der Geldform, Kapitalform usw.« (MEW 23: 95, Fn 32)

Wert und abstrakte Arbeit historisch zu verstehen, bedeutet: Außerhalb der Warenproduktion gibt es Gebrauchswert schaffende Arbeit und es gibt Arbeit schlechthin. So wie Arbeitsmittel erst als Elemente des Verwertungsprozesses fixes Kapital werden, wird allgemein-menschliche Arbeit erst durch ihre Verausgabung in Waren produzierenden Gesellschaften zur abstrakten Arbeit. Abstrakte Arbeit ist keine physiologische, sondern eine auf physiologischer Grundlage beruhende spezifisch gesellschaftliche Kategorie. In ihr zeigt sich ein bestimmtes Produktionsverhältnis, das Menschen unter den historischen Bedingungen der Warenproduktion eingehen.

Hat die Arbeit ein Produkt geschaffen, das kein gesellschaftliches Bedürfnis befriedigt, ist sie – wiewohl verbunden mit Anstrengungen von Körper und Geist – kein notwendiger Bestandteil der gesellschaftlichen Gesamtarbeit, folglich keine abstrakte Arbeit und nicht Wert bildend. Daran zeigt sich, dass abstrakte Arbeit nicht nur Arbeit im physiologischen Sinn ist. Helmut Dunkhase hält diese Begriffsbestimmung der abstrakten Arbeit für redundant und meint, abstrakte Arbeit sei keine Kategorie der Warenproduktion allein. Sie sei überhistorisch (ahistorisch, unhistorisch). Nur so kann er mir vorwerfen, ich rekrutierte abstrakte Arbeit aus abstrakter Arbeit. Für seine Auffassung spricht, dass es schwer fällt, ja unlogisch erscheinen mag, das Ergebnis des Abstrahierens nicht abstrakt nennen zu dürfen. Dagegen, so scheint mir, dass Marx stets vom Doppelcharakter der Waren produzierenden Arbeit sprach, wenn er konkrete und abstrakte Arbeit unterschied. Das bedeutet, dass es abstrakte Arbeit nur dort gibt, wo Produkte als Waren produziert werden. Dunkhase dagegen meint, dass die abstrakte Arbeit als unhistorische Erscheinung nur unter den spezifischen historischen Bedingungen der Warenproduktion zur Wert bildenden Arbeit wird. Seine Auffassung beruht auf einer stärkeren Betonung des physiologischen gegenüber dem sozialen Inhalt der Kategorie.

Anders und doch ähnlich argumentieren Ruben und Wagner, die abstrakte Arbeit und Wert ahistorisch und damit zu weit auffassen. Somit stehen sich drei Deutungen des Zusammenhangs zwischen abstrakter Arbeit und Wert gegenüber, wobei meine Auffassung der von Ruben und Wagner diametral entgegensteht:

	Abstrakte Arbeit	*Wert*
Ruben/Wagner	ahistorisch	ahistorisch
Dunkhase	ahistorisch	historisch
Müller	historisch	historisch

Der Streit zwischen Dunkhase und mir ist weniger inhaltlicher Art. Er ist ein Streit um die zweckmäßige Begriffsbildung. Können wir die Spezifik der Warenproduktion erfassen, wenn wir ihre Kategorien naturwüchsig, unhistorisch und gesellschaftlich unspezifisch deuten? Ware, Wert, Doppelcharakter der Arbeit, Geld – sollten sie nicht Begriffe bleiben, mit denen wir die Waren produzierenden Gemeinschaften darstellen? Dunkhase würde einwenden, wir verbänden abstrakte Arbeit und Wert allein deshalb mit der Warenproduktion, weil wir das so festgelegt hätten, bewegten uns also im Zirkel. Ich denke, es geht um eine angemessene Begriffsbestimmung, um die »Kunst, mit Begriffen zu operieren«. Und begeht Dunkhase nicht selbst einen circulus in probando, wenn er die abstrakte Arbeit »überhistorisch«, den Wert aber eine historische Kategorie nennt? Da abstrakte Arbeit in diesem Verständnis mehr als Wert bildende Arbeit ist, läuft seine Argumentation darauf hinaus, Wert bildende Arbeit die Arbeit zu nennen, die Wert bildet. Das Fazit: »Abstrakte Arbeit« und »Wert« sind Begriffe, mit denen wir die Warenproduktion charakterisieren. Die gesellschaftlich notwendige Arbeitszeit in Waren produzierenden Gesellschaften ist die quantitative Seite des Wertes. Ruben und Wagner sagen, jede Ware sei immer auch Wert, aber nicht jeder Wert sei Ware. Es verhält sich anders: Wert ist stets gesellschaftlich notwendige Arbeitszeit, und als solche stets die eine Seite der Ware. Aber nicht jede gesellschaftlich notwendige Arbeitszeit ist Wert. Sie ist es nur dort, wo Produkte Waren sind. Wo Produkte keine Waren sind, ist sie es nicht. Abstrakte Arbeit ist eine physiologische und historisch-gesellschaftliche Kategorie. Erst die Einheit dieser beiden Seiten macht die allgemein menschliche Arbeit zur abstrakten und damit zur wertbildenden Arbeit.

Messbar

Abstrakte Arbeit bildet Wert. Sie ist die Substanz des Wertes. Werte zu messen, bedeutet, abstrakte Arbeit zu messen. Richtig schreibt Heinrich: »Ist Arbeit die Substanz des Werts, dann muss die Größe des Werts von der Quantität der Arbeit abhängen, und die Arbeitsquantität wird durch ihre Zeitdauer gemessen.« (Heinrich 2016: 75) Doch ganz so einfach sei die Sache nicht, fügt er an. Messen könne man immer nur eine bestimmte nützliche, konkrete Arbeit. »Wie aber nun abstrakt menschliche Arbeit gemessen werden soll, wissen wir nicht.« (Heinrich 2016: 75) Die »Begründung«: Abstrakte Arbeit könne nicht gemessen werden, weil sie »keine gegenständliche arbeitsausübende Tätigkeit sei«, sondern eine gesellschaftliche Kategorie, »etwas Immaterielles«. Abstrakte Arbeit sei ein gesellschaftliches Verhältnis und ein solches Verhältnis könne nicht verausgabt werden. (Heinrich 2017a: 218) »Abstrakte Arbeit ist keine Sorte Arbeit, die man verausgaben oder mit der man etwas messen« könne.[48] Man könne immer nur die konkrete Arbeit messen. »Jede mit der Uhr gemessene Arbeitsstunde ist eine Stunde einer ganz bestimmten konkreten Arbeit.« (Heinrich 2018: 49)

Auch Reitter sagt, eine Messung abstrakter Arbeit könne es nicht geben, weil »die tatsächlich geleistete Arbeitszeit und die wertbestimmende Arbeitszeit theoretisch wie praktisch niemals übereinstimmen« (könnten). »Bei der abstrakten Arbeit wird nicht nur vom konkreten Inhalt, sondern auch von der Zeitdauer abstrahiert. Also, eine Stunde Schneiderarbeit ergibt keineswegs eine Stunde Verausgabung von Muskel, Nerv und Gehirn, sondern eine unbestimmte Zeitdauer, die niemand, weder vor, während, noch nach der Produktion ausrechnen oder bestimmen kann. Die Rede, abstrakte Arbeit sei bar jeden Inhalts bloß mit der Uhr messbar, ist völlig irreführend und falsch«.[49] Lässt sich die Menge der in einer Ware enthaltenen abstrakten Arbeit nicht feststellen, dann kann auch kein Wert gemessen werden. Die Argumentation ist falsch. Erstens liegt Übereinstimmung vor, wenn die individuelle Arbeit unter den »gesellschaftlich normalen Bedingungen« geleistet wird. Das mag Zufall sein, aber darauf kommt es nicht an, denn zweitens ist die übliche Nichtidentität von individueller und gesellschaftlich

48 Klaus Müllers »Geld – von den Anfängen bis heute«. Von Werner Richter, 4.1.2016, in: https://das-blaettchen.de/

49 www.grundrisse.net/grundrisse01/1abstrakte_arbeit.htm, S. 5f, (4.2.2016)

notwendiger Arbeitszeit kein Beweis, dass Letztere nicht gemessen werden könnte. Warum sollte die individuelle, nicht aber die gesellschaftliche notwendige Arbeitszeit gemessen werden können? Die abstrakte Arbeit ist die Substanz des Wertes. Die Menge der Substanz ist sehr wohl messbar, nämlich in Arbeitszeit, die zur Herstellung der Ware gesellschaftlich notwendig ist. Sagt man dies mit den Worten des Meisters, bekommt man Schelte, weil man auf Zitaten herumreite. Das ist die übliche Reaktion, sobald die Argumente ausgehen. Marx eindeutig: Die Größe des Werts wird gemessen durch »das Quantum der in ihm enthaltenen »wertbildenden Substanz«, der Arbeit. Die Quantität der Arbeit selbst mißt sich an ihrer Zeitdauer, und die Arbeitszeit besitzt wieder ihren Maßstab an bestimmten Zeitteilen, wie Stunde, Tag usw.« (MEW 23: 53). Der Verweis muss erlaubt sein, ohne sich den Vorwurf einer sterilen Textexegese einzuhandeln.

Doch viele sind der Meinung, dass die Wertgröße nicht gemessen werden könne. Der Gedanke kann, formal gesehen, nur auf zwei Gründen beruhen. Zum einen müsste man der Meinung sein, die Zeit schlechthin sei nicht messbar. Eine Auffassung, die seit den ersten Sonnen- und Schattenuhren der Sumerer vor 5.000 Jahren ausgeschlossen werden kann, spätestens seit die Babylonier den Tag in 24 Stunden einteilten. Zum anderen könnte man der Auffassung sein, Arbeitszeit könne zwar grundsätzlich quantifiziert werden, nicht aber die, die gesellschaftlich notwendig ist, sondern allein die konkrete Arbeit und individuelle Arbeitszeit. Begründet wird das damit, dass die Wertgröße sich erst im Tausch zeige. Sie sei vorher – während der Produktion – unbekannt und äußere sich im Tauschwert, d.h. in einer Menge anderer Gebrauchswerte bzw. einer Geldmenge. Dass die Wertgröße vor oder nach Abschluss der Produktion nicht bekannt ist, dass sich niemand für sie interessiert und sich zu berechnen bemüht, ist kein Beweis, dass sie sich erst im Tausch bilde und dass man sie nicht berechnen kann.

Die gesellschaftlich notwendige Arbeitszeit für die Produktion einer Ware ist jene, die unter der durchschnittlichen, normalen Produktivität anfällt. Das sind die jeweils dominierenden Produktionsbedingungen, unter denen Waren hergestellt werden. Die Arbeitszeit insgesamt, die die Gesellschaft für eine Ware aufwenden darf, beruht zusätzlich auf der Proportionalität einer Volkswirtschaft. Es ist die Arbeitszeit, die unter Bedingungen der Proportionalität, d.h. der Übereinstimmung von Angebot und Nachfrage, und mit der dominierenden Produktivität im Zweig zur Produktion der Ware nötig ist.

Natürlich interessiert sich kein Produzent für den wertadäquaten Gleichgewichtspreis. Jeder will möglichst hohe Preise für seine Absatz- und niedrige Preise für seine Einkaufsgüter. Der Gleichgewichtspreis, der Wert, der innere Regulator, ist für die Verkäufer und Käufer ohne Interesse.

Wer behauptet, die Wertgröße könne nicht gemessen werden, weil man ein Produktionsverhältnis nicht messen könne, irrt. Die gesellschaftlich notwendige Arbeitszeit ist die Quantifizierung des Produktionsverhältnisses. Sie besagt, wie viel Arbeitszeit der Produzent in einer gemeinschaftlichen, arbeitsteiligen Produktion für seine Waren aufwenden und damit von der Arbeitszeit beanspruchen darf, die der Gesellschaft insgesamt zur Verfügung steht. Unter privatkapitalistischen Eigentumsverhältnissen kann sich die gesellschaftlich notwendige Arbeitszeit erst nachträglich im Austausch zeigen. Daraus entspringen zwei prinzipielle Fehlschlüsse: Der Wert entstehe erst im Austausch und er sei nicht messbar.

Georg Quaas hält die These, erst der Tausch verwandele die private Arbeit in gesellschaftliche, d.h. in wertbildende Arbeit für eine Verfälschung der Marxschen Theorie und sagt, zwar könne der einzelne Warenproduzent den Wert nicht messen, »nicht, weil dies prinzipiell unmöglich wäre, sondern weil er keinen Zugang zu den Produktionsprozessen hat, die unabhängig von ihm betrieben werden und deren Merkmale in die gesellschaftlich notwendige Arbeitszeit eingehen«. (Quaas 2016: 82) Sagt man, der Wert ließe sich nicht berechnen, so ist das für den (bisherigen) Kapitalismus richtig. Die Frage muss grundsätzlicher gestellt werden. Der Marxsche Wertbegriff ist mehrdimensional: Der Wert ist erstens ein Produktionsverhältnis, das die privaten Warenproduzenten in der arbeitsteiligen Produktion – nicht erst im Austausch! – objektiv eingehen. Seine Substanz (Qualität) ist zweitens die abstrakte Arbeit, sein Maß (Quantität) drittens die Menge an dieser Substanz, die gesellschaftlich notwendige abstrakte Arbeit. Gemessen wird diese in Zeit, kurz: gesellschaftlich notwendige Arbeitszeit. Über ihre Größe wird in der Produktion entschieden. Der Wert einer Ware kann sich nicht als Arbeitszeit selbst darstellen, sondern bedarf dazu einer anderen Ware. Die Form, in der er erscheint, ist viertens der Tauschwert. Auch wenn er erst im Austausch erscheinen kann, heißt das nicht, der Wert entstünde dort. Er ist vorher nur nicht bekannt. Der Produzent kennt seine individuelle Arbeitszeit, die gesellschaftlich notwendige kennt er nicht. Auch sein Tauschinteressent weiß nicht, wie viel gesellschaftlich notwendige Arbeitszeit in einem Kasten

Pils »steckt«. Beide wissen nur, dass er zum Beispiel drei Kilogramm Butter oder fünf Päckchen Studentenfutter wert ist. Wir müssen die vier Wertelemente als eine Einheit sehen. Die gesellschaftlich notwendige Arbeitszeit ist die Quantifizierung des Produktionsverhältnisses. Diese Größe besagt, wie viel Arbeitszeit der Produzent in einer gemeinschaftlichen, arbeitsteiligen Produktion für seine Waren aufwenden und damit von der der Gesellschaft zur Verfügung stehenden Gesamtarbeitszeit beanspruchen darf. »Daß jede Nation verrecken würde, die, ich will nicht sagen für ein Jahr, sondern für ein paar Wochen die Arbeit einstellte, weiß jedes Kind. Ebenso weiß es, daß die den verschiednen Bedürfnismassen entsprechenden Massen von Produkten verschiedne und quantitativ bestimmte Massen der gesellschaftlichen Gesamtarbeit erheischen. Daß diese Notwendigkeit der Verteilung der gesellschaftlichen Arbeit in bestimmten Proportionen durchaus nicht durch die bestimmte Form der gesellschaftlichen Produktion aufgehoben [wird], sondern nur ihre Erscheinungsweise ändern kann, ist self-evident. Naturgesetze können überhaupt nicht aufgehoben werden. Was sich in historisch verschiednen Zuständen ändern kann, ist nur die Form, worin jene Gesetze sich durchsetzen. Und die Form, worin sich diese proportionelle Verteilung der Arbeit durchsetzt in einem Gesellschaftszustand, worin der Zusammenhang der gesellschaftlichen Arbeit sich als Privataustausch der individuellen Arbeitsprodukte geltend macht, ist eben der Tauschwert dieser Produkte«. (MEW 32: 552f)

Falsch ist die Annahme, die Arbeitszeit ließe sich nur für konkrete Arbeiten, nicht aber für abstrakte Arbeiten ermitteln. Die Größe des Wertes wird gemessen »durch das Quantum der in ihm enthaltenen ›wertbildenden Substanz‹, der Arbeit. Die Quantität der Arbeit selbst mißt sich an ihrer Zeitdauer« (MEW 23: 53). Wer drei Stunden konkrete Arbeit leistet (malt, mauert, schaufelt, Brot bäckt …), leistet in dieser Zeit auch abstrakte Arbeit, d. h. er strengt Hirn, Muskeln, Nerven an, und zwar drei Stunden lang. Der Wert hat eine Größe, besitzt eine Dimension, die Arbeitszeit. Wer meint, diese könne nicht gemessen werden, muss offenbar glauben, Sekunden, Minuten oder Stunden ließen sich nicht ermitteln und zusammenzählen. Die gesellschaftlich notwendige Arbeitszeit gibt an, wie viel Zeit im gesellschaftlichen Durchschnitt die Produzenten für die Produktion ihrer Waren aufwenden. »Es ist selbstverständlich, daß das normale Produkt zweitägiger oder zweistündiger Arbeit doppelt soviel wert ist wie das, was normalerweise das

Erzeugnis eintägiger oder einstündiger Arbeit ist« (Smith 1776/1976: 62). »Wenn die in den Gegenständen enthaltene Arbeitsmenge ihren Tauschwert bestimmt, dann muß jede Vergrößerung des Arbeitsquantums den Wert des Gegenstandes, für den es verwendet wurde, erhöhen, ebenso wie jede Verminderung ihn senken muß« (Ricardo 1817/1959: 12). Die Auffassung, bei der abstrakten Arbeit abstrahiere man von der Zeitdauer, folglich könne man sie nicht messen, waren die Klassiker der Politischen Ökonomie und Marx nicht. Wer drei Stunden konkrete Arbeit leistet, um einen Stuhl herzustellen, für den unter normalen, durchschnittlichen Bedingungen der Produktivität, der Intensität und des Geschicks zwei Stunden nötig sind, hat sich zwar drei Stunden angestrengt, aber der Umfang seiner abstrakten, d. h. wertbildenden Arbeit beträgt nur zwei Stunden. Die physikalische Zeit kann von der politökonomischen Zeit abweichen. Physikalisch gesehen, ist eine Stunde eine Stunde, egal was in ihr geschieht, wie viele Produkte in ihr hergestellt oder wer sie arbeitet, ein Ingenieur oder ein Straßenfeger. Wobei selbst der Physiker Skrupel haben könnte. Einstein: »Wenn man mit dem Mädchen, das man liebt, zwei Stunden lang zusammensitzt, denkt man, es ist nur eine Minute; wenn man aber nur eine Minute auf einem heißen Ofen sitzt, denkt man, es sind zwei Stunden – das ist die Relativität.« Dabei geht es nicht um die Relativität der messbaren Zeit, eine Stunde bleibt eine Stunde, egal ob sie voller Lust oder Schmerz ist, sondern um ihre Wahrnehmung, die abhängt davon, was wir in ihr erleben. Ist das Erlebte angenehm, ist die gefühlte Zeit kurz, ist es unangenehm, ist die gefühlte Zeit lang. Die Relativität der Zeit besteht darin, dass wir sie gewichten und in Bezug setzen zu ihren Inhalten.

Politökonomisch muss man das anders und doch ähnlich sehen. Es geht jetzt nicht um unterschiedliche Wahrnehmungen, sondern um Anerkennung. Wer drei Stunden konkrete Arbeit leistet, um einen Stuhl herzustellen, für den unter normalen, durchschnittlichen Bedingungen der Produktivität, der Intensität und des Geschicks zwei Stunden nötig sind, hat sich zwar drei Stunden angestrengt, aber der Umfang seiner abstrakten, d. h. wertbildenden Arbeit beträgt nur zwei Stunden. »Nach der Einführung des Dampfwebstuhls in England z. B. genügte vielleicht halb so viel Arbeit als vorher, um ein gegebenes Quantum Garn in Gewebe zu verwandeln. Der englische Handwerker brauchte zu dieser Verwandlung in der Tat nach wie vor dieselbe Arbeitszeit, aber das Produkt seiner individuellen Arbeitsstunde stellte jetzt nur noch eine halbe gesellschaftliche Arbeitsstunde dar und fiel daher auf die Hälfte seines frühern Werts.« (MEW 23: 53)

Gesellschaftlich notwendige Zeit ist messbar wie jede Zeit: in Stunden, Minuten, Sekunden… Dass unter privatkapitalistischen Bedingungen die Wertgröße unbekannt ist, sich für sie niemand interessiert und der Wert nur nachträglich auf dem gleichgewichtigen Markt festgestellt werden kann – sind Angebot und Nachfrage ungleich, weichen die Marktpreise vom Wert ab –, ändert daran nichts. Wollte jemand versuchen, den Wert vorher zu bestimmen, privates Eigentum, daraus entspringende Interessenkonflikte, das Fehlen zentraler Rechen- und Koordinierungsstellen, begrenzte rechentechnische Speicher- und Verarbeitungskapazitäten und somit Schwierigkeiten der Gewinnung und Verarbeitung von Informationen verhinderten es. Die Wertmessung scheitert an praktischen Hürden. Dies beweist nicht, dass der Wert grundsätzlich nicht gemessen werden könnte. Die Methodik ist bekannt und die technischen Möglichkeiten dafür sind im Zeitalter moderner Kommunikation besser als je zuvor. Die Frage ist nicht, ob, sondern *wie* abstrakte Arbeit und Wert zu messen sind. Ich hatte mich dazu bereits weiter oben geäußert.

Untersuchungen zur Messung der abstrakten Arbeit bzw. der gesellschaftlich notwendigen Arbeitszeit sind bedeutsam für eine sozialistische Wirtschaft. Für eine sozialistische Marktwirtschaft ohnehin, weil es da Waren und Wert gibt. Aber auch für den Sozialismus ohne Markt und Wertformen. Deren wichtigstes Merkmal besteht darin, dass die individuelle Arbeitszeit von vornherein gesellschaftlich notwendig ist. Im Sozialismus muss die Arbeitszeit auf der Grundlage des Bedarfs und der Produktivität proportional auf die Produktherstellung verteilt werden. Um dies tun zu können, muss man sie kennen. Um sie zu kennen, muss man sie berechnen. Um sie zu berechnen, muss man wissen, wie. Das ist die Logik! Die technischen Voraussetzungen, um das Problem praktisch zu lösen, sind heute so gut wie nie zuvor: modernste Informations- und Kommunikationstechnik, Stücklisten, Rezepturen, Geschwindigkeiten technischer Prozesse usw. sind bekannt. Riesige Datenmengen können in großen komplexen Software-Programmen verarbeitet werden.

Erfahrungen in den »realsozialistischen« Ländern zeigen: mit zentralistischen Vorgaben und der Festlegung willkürlicher Planpreise, die dem Wert entsprechen sollen, ist es nicht getan. Nur wenn die gesellschaftlich notwendige Arbeitszeit vor der Produktion ermittelt werden kann, entfällt die Notwendigkeit, sie nachträglich durch spontane Marktprozesse suchen zu lassen. Mit Gleichungssystemen kann man das Problem prinzipiell lösen. Dabei bereiten vor allem die Reduktion komplizierter auf einfache Arbeit, die Festlegung gesellschaftlicher Normen bei unterschiedlicher Ausstattung mit Produktionsmitteln u. ä. Schwierigkeiten. Bei der Bestimmung der Wertgröße müssen wir beachten, dass die Arbeiten sich im Hinblick auf ihren Schwierigkeitsgrad unterscheiden. Die konkreten Arbeiten stellen unterschiedlich hohe Anforderungen an die körperlichen und geistigen Kräfte des Produzenten. Wir unterscheiden zwischen einfachen und komplizierten Arbeiten. »Menschliche Arbeit ist Verausgabung einfacher Arbeitskraft, die im Durchschnitt jeder gewöhnliche Mensch ohne besondere Entwicklung, in seinem leiblichen Organismus besitzt.« (MEW 23: 59) Einfache Arbeit kann jeder leisten. »Komplizierte Arbeit gilt nur als potenzierte oder multiplizierte einfache Arbeit, so daß ein kleineres Quantum komplizierter Arbeit gleich einem größeren Quantum einfacher Arbeit. Eine Ware mag das Produkt der kompliziertesten Arbeit sein, ihr Wert setzt sie dem Produkt einfacher Arbeit gleich und stellt daher selbst nur ein bestimmtes Quantum einfacher Arbeit dar.« (MEW 23: 59)

Um komplizierte Arbeit handelt es sich, wenn mit ihr hohe nervliche Belastungen, Entscheidungskompetenzen und Pflichten verbunden sind, die eine besondere Qualifikation und Erfahrungen erfordern. In acht Stunden einfacher Arbeit entsteht ein geringerer Wert als in acht Stunden komplizierter Arbeit. Wie groß die Unterschiede sind, ist ein schwieriges Problem. Es ist klar, dass komplizierte Arbeit mehr Vorarbeit – durch Lernen und Üben – verschlungen hat als einfache. Die Sache hat auch eine andere Seite. Eagleton zitiert Albert: »Der Arzt, der in einer ansprechenden Umgebung einer angenehmen und befriedigenden Beschäftigung nachgeht, verdient mehr als ein Fließbandarbeiter, der in einem Höllenlärm unter Gefahr für Leib und Leben eine langweilige und entwürdigende Tätigkeit ausführt« und fügt hinzu: »Es spricht einiges dafür, Menschen, die langweilige, schwere, schmutzige oder gefährliche Arbeit leisten, mehr als beispielsweise Ärzten und Hochschullehren zu bezahlen, deren Arbeit weit angenehmer ist. Ein Gutteil dieser schmutzigen und gefährlichen Arbeit könnte vielleicht von ehemaligen Mitgliedern des englischen Königshauses verrichtet werden.« (Eagleton 2012: 41f)

Weder legt jemand fest, was komplizierte und was einfache Arbeit ist, noch ermittelt jemand, aus wie viel Einheiten einfacher Arbeit eine Einheit komplizierter Arbeit besteht. Diese Reduktion ist nach Marx ein gesellschaftlicher Prozess, der sich hinter dem Rücken der Produzenten vollzieht. Und sie ist ein historischer Prozess. Was einst komplizierte Arbeit war, kann unter fortgeschrittenen Verhältnissen als einfache gelten. Mit dem Rechenschieber fällt z.B. viel Rechenarbeit fort, und jeder kann ihn schnell bedienen lernen; mit dem Computer für den gleichen Zweck vereinfacht und verkürzt sich die gleiche Arbeitsaufgabe noch mehr. Marx unterstellt bei seinen Ausführungen einfache Arbeit und erspart sich damit die Mühe der Reduktion. Untaugliche Versuche, nach der Oktoberrevolution in der Sowjetunion das Geld – das als ein Rudiment des Kapitalismus betrachtet wurde – abzuschaffen und es durch eine »Arbeitsverrechnungseinheit« zu ersetzen, waren damit verbunden gewesen, Richtlinien für die Reduzierung komplizierter Arbeit auf einfache Arbeit zu erarbeiten. (Bogomasow 1975: 99). Darauf soll hier nicht eingegangen werden.

Produktiv und unproduktiv

Marx hat sich in den »Theorien« mit der Frage beschäftigt, ob Dienste leistende Arbeit produktiv oder unproduktiv ist. Es versteht sich von selbst, dass die Beantwortung dieser Frage eine zweckmäßige Auslegung der Begriffe produktiv und unproduktiv voraussetzt. Die Auseinandersetzung, die Marx dazu mit Smith, Steuart, Say, Senior und anderen führt, gehört zu den Sternstunden ökonomischer Kritik. Dem Leser wird Konzentration abverlangt. Er muss genau aufpassen, ob Marx gerade seine Auffassung begründet oder die eines anderen wiedergibt. Unterschiede zwischen produktiver und unproduktiver Arbeit gehören zum Fundament der Werttheorie. Sie sagen uns, wo und wodurch Wert geschöpft, wo nur angeeignet und verbraucht wird. Dies wiederum ist eine Bedingung für die Einteilung der Volkswirtschaft in produktive und unproduktive Sektoren. Im Band I des »Kapital« nennt Marx die Arbeit produktiv, die ein Produkt hervorbringt. Demnach ist unproduktive Arbeit solche, die kein Produkt erzeugt. Marx fügt hinzu, dass diese Bestimmung der produktiven Arbeit vom Standpunkt des einfachen Arbeitsprozesses keineswegs reiche für die kapitalistische Produktion. (MEW 23, 196 und Fn 7)

Reichen Änderungen am Zustand des vorhandenen Produkts, um von produktiver Arbeit zu sprechen? Für die Transportleistungen bejaht das Marx, obgleich der stoffliche Gebrauchswert nicht verändert wird. Für die reine Handelstätigkeit gilt: Die stoffliche Beschaffenheit des Handelsobjekts bleibt unverändert, der Gebrauchswert vollzieht einen Eigentumswechsel. Ist dies eine Zustandsänderung, die es rechtfertigt, den Handel produktive Arbeit zu nennen? Die Mehrheit der marxistischen Ökonomen verneint mit Marx diese Frage. »Aber die kaufmännische Arbeit ist Arbeit, die überhaupt notwendig ist, damit ein Kapital als Kaufmannskapital fungiere (…) Es ist die Arbeit, die Werte realisiert, aber keine Werte schafft.« (MEW 25, 308f; MEW 24, 131-135) Sie schafft keine Werte und bewirkt keine stoffliche Änderung des Gebrauchswerts. Für die kapitalistische Warenproduktion präzisiert Marx, wie es Adam Smith getan hat. Danach ist die Arbeit produktiv, die Mehrwert produziert, sich gegen Kapital tauscht. Czasny sagt, der Teil des Mehrwertes, der später vom Kapitalisten für den privaten Konsum abgezweigt werde, repräsentiere keine produktive Arbeit, weil er aus der Kapitalverwertung herausfiele. (Czasny 2018: 29, 35)

Doch unter produktiver Arbeit verstehen Smith und Marx jene, die Mehrwert *bringt*. Wie er danach verwendet wird, spielt für die Bewertung der Arbeit, die ihn schuf, keine Rolle. Unproduktiv ist alle Arbeit, die keinen Mehrwert abwirft, sich gegen Revenue tauscht, d.h. die der Kapitalist als Konsument entlohnt. (MEW 26.1: 122, 127) Smith habe »die Sache selbst begrifflich erschöpft, den Nagel auf den Kopf getroffen«, lobt Marx, »es ist dies eines seiner größten wissenschaftlichen Verdienste«. (MEW 26.1: 127) Die Unterscheidung zwischen produktiver und unproduktiver Arbeit wird hier vom Standpunkt des Kapitalisten gesehen, nicht von dem des Arbeiters. (MEW 26.1: 128) Arbeit, die sich gegen Revenue tauscht, wäre demnach unproduktiv, selbst wenn sie ein materielles und verkäufliches Produkt hervorbringt, z.B. die Arbeit des Schneiders, Optikers, Malers usw. für den unmittelbaren Konsumenten. Umgekehrt kann Arbeit vom Standpunkt des Kapitalisten produktiv sein, wenn sie kein materielles Produkt erzeugt, aber Mehrwert bringt. »Ein Schauspieler z.B., selbst ein Clown, ist hiernach ein produktiver Arbeiter, wenn er im Dienst eines Kapitalisten arbeitet (…), dem er mehr Arbeit zurückgibt, als er in Form des Salairs von ihm erhält, während ein Flickschneider, der zu dem Kapitalisten ins Haus kommt und ihm seine Hosen flickt, ihm einen bloßen Gebrauchswert schafft, ein unproduktiver Arbeiter ist.« (MEW 26.1: 127) Der Schulmeister ist ein produktiver

Arbeiter, »wenn er nicht nur Kinderköpfe bearbeitet, sondern sich selbst abarbeitet zur Bereicherung des Unternehmers. Dass letztrer sein Kapital in einer Lehrfabrik angelegt hat, statt in einer Wurstfabrik, ändert nichts an dem Verhältnis.« (MEW 23: 532)

Dieselbe Arbeit kann also produktiv sein, wenn sie einem Kapitalisten Mehrwert bringt. Sie ist unproduktiv, wenn ein Konsument sie kauft um ihres Gebrauchswerts willen. »Es sind also die kapitalistischen Produktionsverhältnisse, die gesellschaftliche Form, die der Arbeit ihren Stempel als produktive oder unproduktive Arbeit aufdrücken, die aus an sich produktiver Arbeit – z. B. Schneiderarbeit – unproduktive und aus an sich unproduktiver Arbeit – z. B. des Lehrers, des Juristen, des Arztes – produktive Arbeit machen, die die Realität bis in ihr Gegenteil verzerren.« (Köhler 1974: 860) Der kapitalistische Verkäufer einer Dienstleistung verkauft eine Ware – Haarschnitt, Konzert usw. –, die ihm den Wert in Geld einbringt. Aus ihm bezahlt er seine Arbeiter – Friseure, Musiker usw. – in Höhe ihres Wertes, bestreitet daraus alle anderen Auslagen und steckt den Mehrwert ein. Die Dienste leistenden Lohnarbeiter – Lehrer in Privatschulen, Ärzte in Privatkliniken, Juristen in Kanzleien, Geiger im kapitalistischen Opernhaus, Huren in kapitalistischen Freudenhäusern, Clowns in kapitalistischen Zirkussen … – produzieren keinen Wert und Mehrwert, aber sie verschaffen den Dienstleistungskapitalisten Mehrwert, der aus der Revenue ihrer Klienten, Kunden und Nachfragenden gezahlt wird. Dienstleistungskapitalisten, die nur ihre Auslagen ersetzt erhalten, also keinen Mehrwert erzielen, würden sich der Branche entziehen.

Was Marx zur Ausbeutung der Lohnarbeiter im Handel sagt, gilt für die Dienstleistungen generell: Sie schaffen keinen Wert und so auch keinen Mehrwert. Sie versetzen aber den Kapitalisten in die Lage, sich unbezahlte Arbeit, Mehrwert also, anzueignen. »Wie die unbezahlte Arbeit des Arbeiters dem produktiven Kapital direkt Mehrwert, schafft die unbezahlte Arbeit der kommerziellen Lohnarbeiter dem Handelskapital einen Anteil an jenem Mehrwert.« (MEW 25: 305) Das ist aber nicht alles. Das Handelskapital entlastet durch die Übernahme der Handelsfunktionen das industrielle, produktive Kapital. Dies wird so in die Lage versetzt, sich auf die produktive mehrwertschaffende Arbeit zu konzentrieren. Die verselbständigte Handelstätigkeit würde auf diese Weise indirekt die Produktion des Mehrwertes erhöhen. (Czasny 2018: 26)

Tatsächlich ist der von den Handelskapitalisten aufzubringende Kapitalvorschuss für die Veräußerung der Waren kleiner, als würde jeder industrielle Kapitalist seine Waren selbst an den Konsumenten verkaufen. Viele Verkaufsapparate werden durch wenige ersetzt. Dadurch kann, die gleiche Größe an fungierendem Kapital unterstellt, mehr produktives Kapital direkt zur Mehrwerterzeugung eingesetzt werden. Verkauf und damit die Zirkulationszeit werden verkürzt, weil sich der Handelskapitalist auf den Verkauf spezialisiert, über Marktkenntnisse und Erfahrungen verfügt, die der industrielle Kapitalist in seiner Doppelfunktion als Produzent und Kaufmann in der Regel nicht besitzt. Da die Handelskapitalisten die Realisierung der Waren für viele produzierende Kapitalisten übernehmen, wird der Umschlag des industriellen Kapitals beschleunigt. Das alles sind Gründe dafür, dass das Handelskapital indirekt zur Erhöhung des vom industriellen Kapital produzierten Mehrwerts beiträgt, obwohl in der reinen Zirkulation weder Wert noch Mehrwert geschaffen werden.

Auch der Arbeitstag der Arbeiter und Angestellten im kapitalistischen Dienstleistungssektor gliedert sich wie der Arbeitstag in der materiellen Produktion in notwendige Arbeitszeit und in Mehrarbeitszeit. Sowohl in der notwendigen als auch in der Mehrarbeitszeit erbringen die beschäftigten Lohn- und Gehaltsempfänger Dienstleistungen – die Kaufleute kaufen und verkaufen Waren – und ermöglichen es dem Dienstleistungskapitalisten sich einen Teil des Mehrwerts anzueignen, der durch die Arbeiter im produktiven Sektor geschaffen wurde. In der notwendigen Arbeitszeit produzieren die Dienstleistenden zwar keinen Wert, erbringen aber Leistungen, deren Wert gleich dem ihrer Arbeitskraft ist – notwendige Leistungen. In dieser Höhe schießen die Dienstleistungskapitalisten variables Kapital vor. In der Mehrarbeitszeit erbringen sie, ohne Mehrwert zu schaffen, Leistungen, deren Wert den Dienstleistungskapitalisten einen Mehrwert bringt – Mehrleistungen. Die Ausbeutungsrate – das Verhältnis der Mehrarbeits- zur notwendigen Arbeitszeit oder der Mehrleistungen zu den notwendigen Leistungen – stellt sich dar als das Verhältnis des Dienstleistungsprofits zum vorgeschossenen variablen Kapital des Dienstleistungskapitalisten. Es gibt also zwei Kriterien zur Differenzierung zwischen produktiver und unproduktiver Arbeit. Das eine, das »elementarischste«, das grundlegende, ist die Ware, ein stoffliches, veräußerbares Ding. Das zweite, das kapitalismusspezifische, ist das Kapital. Produktive Arbeit ist einmal solche, die ein »verkaufbares Ding« produziert, das »noch eine Zeitlang fortbesteht, nachdem die Arbeit beendet ist«, unproduktive Arbeit, die im Augenblick ihrer Leistung vergeht und keine Spur oder Wert hinterlässt, »für den später eine gleiche Menge von Dienstleistungen beschafft werden könnte«. (MEW 26.1: 276) Zum anderen ist produktive Arbeit solche, die Mehrwert bringt, unproduktiv die, die keinen Mehrwert bringt, egal ob ein verkäufliches Produkt erzeugt wird oder nicht. (MEW 26.1: 143) Produktive Arbeiter werden aus Kapital, unproduktive Arbeiter werden aus Revenue bezahlt.

Einige Ökonomen waren der Meinung, dass eine Arbeit auch dann produktiv sei, wenn sie überhaupt zu einem Resultat führe, egal ob sich dieses in einem stofflichen Ding äußert, ein vorhandenes irgendwie ändert oder nur von immaterieller Art ist. Sie interpretieren das »Produkt« im allgemeinsten Sinne als Ergebnis. Alle Arbeiten, die zu irgendeinem Ergebnis führten, wären produktive Arbeiten. (MEW 26.1: 258f) Der französische Ökonom Jean B. Say führte, bezogen auf die ältesten dienstleistenden Berufe – Ärzte, Barbiere, Rechtsanwälte –, den Terminus »produits immatériels« ein. Er wollte die Arbeitswertlehre der Klassiker zurückzuweisen. (Sawicki 1990: 574). Der Arzt produziere Gesundheit, Professoren und Schriftsteller die Aufklärung, Poeten und Maler den Geschmack, die Moralisten und Prediger den Kultus, die Arbeit der Souverains die Sicherheit. William Nassau Senior sagt, selbst die Tätigkeit des Soldaten sei produktiv: »Haben die Holländer, als sie sich der Tyrannei der Spanier widersetzten, oder die Engländer, als sie sich gegen eine Tyrannei empörten, die noch viel schrecklicher zu werden drohte, zeitweilige Resultate produziert?« (MEW 26.1: 260) Marx antwortetet darauf lapidar: »Belletristische Scheiße!« (MEW 26.1: 260)

Wenn er selbst von »immateriellen« Waren spricht, muss man beachten, dass er sich mit anderen Ökonomen auseinandersetzt, für die der Gebrauch dieser Ausdrücke üblich war. Es genügt nicht, »irgendein Produkt« zu erzeugen – z. B. der Musiker eine Melodie, »die mein Ohr bezaubert« (MEW 26.1: 155) oder das Rezept, auf dem der Arzt Pillen verschreibt (MEW 26.1: 156) – es muss eine verkäufliche Ware sein. Deshalb sind nach der elementarischsten Form der Unterscheidung die Tätigkeiten des Arztes und des Musikers unproduktiv, die des Geigenbauers und Pillendrehers produktiv. (Köhler 1974: 871)

Die Arbeiten des Arztes und Lehrers schaffen nicht den Fonds, aus dem sie bezahlt werden, obgleich Aufwendungen für Gesundheit und Bildung eingehen in den Wert der Ware Arbeitskraft. (MEW 26.1: 137f) Das war die Auffassung von Smith: »Die Arbeit einiger der angesehensten Stände der Gesellschaft ist, ebenso wie der Dienstboten, nicht wertbildend und fixiert oder realisiert sich nicht in einem dauerhaften Gegenstand oder einer verkäuflichen Ware (…) So sind zum Beispiel der Souverain mit allen seinen Justizbeamten und Offizieren, die ihn unterstehen, die ganze Armee und Flotte unproduktive Arbeiter. Sie sind Diener der Gesellschaft und werden von einem Teil des jährlichen Produkts des Fleißes anderer Leute erhalten (…) In die gleiche Klasse gehören (…) Geistliche, Juristen, Ärzte, Literaten und Gelehrte aller Art; Schauspieler, Possenreißer, Musiker, Opernsänger Ballettänzer usw.« (…) Dies ist die Sprache der noch revolutionären Bourgeoisie (…)«, so Karl Marx. (MEW 26.1: 273)

Und nach Smith und Marx sind nicht nur die direkten Hand- und Maschinenarbeiter produktive Arbeiter, sondern auch »overlooker (Aufseher), Ingenieur, Manager, Commis etc. (…), kurz die Arbeit des ganzen Personals, das in einer bestimmten Sphäre der materiellen Produktion erheischt ist, um eine bestimmte Ware zu produzieren, dessen concours (Zusammenwirken) von Arbeiten (Kooperation) notwendig zur Herstellung der Ware ist.« (MEW 26.1: 134, 267) Der arbeitsteilige, kooperative Charakter des Arbeitsprozesses erweitert den Begriff der produktiven Arbeit. Um ein produktiver Arbeiter zu sein, »ist es nun nicht mehr nötig, selbst Hand anzulegen; es genügt, Organ des Gesamtarbeiters zu sein, irgendeine seiner Unterfunktionen zu vollziehen.« (MEW 23: 531) Czasny schließt daraus, »dass es kaum noch Tätigkeiten gibt, die ausschließlich produktiv oder unproduktiv« seien. (Czasny 2018: 36) Er schlägt ein neues Konzept der produktiven Arbeit vor, nennt »produktiv« eine Arbeit, die nicht der kapitalistischen Ausbeutung der Arbeitskraft dient, sondern die auch in einer von Ausbeutung befreiten Gesellschaft notwendig wäre bzw. beitragen würde, eine solche Gesellschaft zu errichten. Unproduktiv bezeichnet er Tätigkeiten, für die das nicht zutrifft. (Czasny 2018: 39)

Abgesang?

Die große Frage: Ist die Arbeitswerttheorie überholt? Manche behaupten es. Mehr noch: Sie wäre von Anfang an falsch gewesen. Eine Auffassung, die scheinbar auch immer mehr sich an Marx orientierende Ökonomen teilen. Wie Helmut Reichelt, einer der Gründerväter der »Neuen Marx-Lektüre«:

Marx könne »mit Hilfe seines Konzepts der abstrakt- menschlichen Arbeit die Allgemeinheit und Einheit des Wertes nicht begründen.«(Reichelt 2008: 318) Und: »Es gibt keine außerhalb der geltenden Form existierende Substanz des Wertes, und damit auch keinen Wertbegriff, wie er von Marx im Kapital präsentiert wird.«[50]

Ist die Arbeitswerttheorie erschüttert? Müssen wir sie aufgeben? Wäre das so, dann entledigten wir uns nicht nur ihr. Es wäre der Abgesang auf die gesamte Marxsche Politische Ökonomie. Denn wer das arbeitswerttheoretische Fundament für unbrauchbar hält, schlägt der marxistischen Ökonomie den Boden unter den Füßen weg. Das architektonisch beindruckende Gebäude fiele zusammen wie ein Kartenhaus. Alle ökonomischen Kategorien gründen auf dem Arbeitswert. Wir werden noch sehen, dass man das Geld missverstehen muss, wenn man es nicht vom Wert ableitet. Und wer das Geld nicht begreift, kann auch das Kapital nicht verstehen. Wer den Wert ablehnt, der muss konsequent auch den Mehrwert ablehnen. Wer den Mehrwert ablehnt, muss es auch mit dessen Erscheinungsformen tun, dem Profit, dem Unternehmergewinn, dem Zins, der Rente usw. Eine werttheoretische Begründung der Preise wäre nicht möglich. Zu allen diesen Konsequenzen muss bereit sein, wer die Arbeitswerttheorie für falsch hält.

Doch ist die Kritik an der Arbeitswerttheorie berechtigt, so wie es die Kritik am ptolemäischen Weltbild gewesen ist? Unabhängig voneinander zeigen Nils Fröhlich und Fabian Richter sowie Peter Fleissner, dass Güterpreise sehr eng mit den Arbeitswerten korrelieren. Ihre Untersuchungen scheinen empirisch zu belegen, dass die Arbeitswerttheorie richtig ist. Allerdings zeigen die Berechnungen Fleissners, dass die Korrelation zwischen Produktions- und Istpreisen höher ist als die zwischen reinen Arbeitswerten und den Istpreisen. (Fröhlich, Richter 2018: 77-93; Fleissner 2013: 102) Was derartige Korrelationen und ihre Ergebnisse wert sind, sei dahingestellt. Interessant sind sie allemal.

Die theoretische Kritik der Marxschen Arbeitswerttheorie ist schwach. Wird behauptet, man könne eine Stunde Hämmern nicht mit einer Stunde Nähen gleichsetzen, weil man auch Hufeisen und Hemd unterscheiden müsse, ist offensichtlich, dass Gebrauchswert und Wert verwechselt werden und

50 www.rote-ruhr-uni.com/cms/IMG/pdf/Kapital_als_Handlung_und_System.pdf, S. 13f, 24.11.2018

der Unterschied zwischen der konkreten und der abstrakten Arbeit – der Springpunkt für das Verständnis der Politischen Ökonomie – unverstanden bleibt. Das ist ein Rückfall auf den Arbeitsbegriff Ricardos. Ricardo kannte nur konkrete Arbeit. Die Kritik an der Arbeitswertlehre beruht auf Missverständnissen und Verwechslungen. Fehlinterpretationen taugen nicht zur Widerlegung. Die Zeit ist noch nicht gekommen, um, wie die Neomarxisten, das arbeitswert- bzw. arbeitszeitliche Weltbild aufzugeben. Für alle Zeit kann dies aber nicht ausgeschlossen werden. Wenn eines Tages Produkte nicht mehr als Waren produziert werden und die Arbeitszeit für unser Leben so unwichtig geworden ist, könnte es so weit sein. Wie viele Generationen dies erfordert, kann niemand wissen.

Ein weiterer Einwand gegen die Arbeitswerttheorie richtet sich gegen die scheinbare Vernachlässigung der Natur und ihrer Kraft. Marx habe übersehen, dass die Natur das erste und ausschlaggebende Mehrprodukt schaffe und nicht die Arbeit. Er habe die Abhängigkeit des Menschen von einer sicheren Ernährung verkannt und die Bedeutung der landwirtschaftlichen Urproduktion und die natürlichen Lebensgrundlagen Wasser, Luft, Boden und Pflanzen unterschätzt. Auf den ersten Blick könnte man dem zustimmen. Allerdings nur auf den ersten. Die Vorwürfe sind aus der Luft gegriffen. Andernfalls hieße das zu behaupten, Marx habe das natürliche Wachstum der Pflanzen und Tiere, das Angebot der Natur übersehen. Kohle und Erze bilden sich im Innern der Erde, Bäume wachsen, an den Sträuchern reifen Beeren, Pilze schießen aus dem Boden. Aus dem Korn wird die Ähre, aus einer Saatkartoffel mehrere Speisekartoffeln.

Aber die Natur arbeitet nicht. Menschen arbeiten. Durch Arbeit entreißen sie der Natur ihren stofflichen Reichtum, oft wie in den Bergwerken unter Lebensgefahr, und wandeln ihn um in zur Bedürfnisbefriedigung geeignete Güter. Beeren müssen gesammelt, Tiere gejagt, Kohle gefördert werden. Saatgut und Kartoffel müssen in die Erde gebracht werden, bevor sie sich dort mehren. Das Mehrprodukt ist keine stoffliche, sondern eine stofflich-soziale Kategorie. Es ist der Teil des Gesamtprodukts, der die Mittel für die Konsumtion der Arbeiter – das notwendige Produkt – und den Ersatzbedarf der verbrauchten Produktionsmittel übersteigt; bei einfacher Reproduktion besteht er nur aus Konsumtionsmitteln, bei erweiterter Reproduktion auch aus Produktionsmitteln, mit denen das konstante Kapital vergrößert wird.

Es ist nicht gesagt, ob die Kraft der Natur, die aus einer Saatkartoffel zwölf Speisekartoffeln zaubert, damit per se ein Mehrprodukt geschaffen hat. Reicht die geerntete Menge gerade, ihre Erzeuger zu ernähren, ist sie also nicht mit einem tauschbaren Überschuss verbunden, offenbar nicht. Außerdem hat Marx die Doppeldeutigkeit des Fortschritts benannt: »Jeder Fortschritt der kapitalistischen Agrikultur ist nicht nur ein Fortschritt in der Kunst, den Arbeiter, sondern zugleich in der Kunst, den Boden zu berauben, jeder Fortschritt in Steigerung seiner Fruchtbarkeit für eine gegebene Zeitfrist zugleich ein Fortschritt im Ruin der dauernden Quellen dieser Fruchtbarkeit (…) Die kapitalistische Produktion entwickelt daher nur die Technik und Kombination des gesellschaftlichen Produktionsprozesses, indem sie zugleich die Springquellen allen Reichtums untergräbt: die Erde und den Arbeiter.« (MEW 23: 529f) Später wird Adorno den Fortschritt ein »von der Steinschleuder zur Megatonnenbombe satanisches Gelächter« nennen. (Adorno 1969: 41) Auch Bloch verweist auf das Widersprüchliche des Fortschritts, auf ein »Minus … mitten eben im Plus«. (Bloch 1977: 119)

5. Geld

Wesen

Die Situation heute entspricht der vor über 100 Jahren: Von einem gesicherten Erkenntnisstand in der Geldtheorie kann keine Rede sein. Zwar kennt jeder das Geld. Doch keiner scheint zu wissen, was es ist – oder eben jeder auf seine Weise. Hegels scharfsinniger Satz bestätigt sich in Bezug auf das Geld: Etwas ist nicht allein dadurch *er*kannt, dass es *be*kannt ist. Die Literatur über das Geld ist unermesslich. Zu den etwa 6.000 Schriften, die bis Ausgang des 19. Jahrhunderts über das Geld erschienen waren (Menger 1892: 105), sind, schätze ich, bis ins 21. Jahrhundert sicher mehr als doppelt so viel hinzugekommen. Doch das Geldrätsel scheint vielen noch immer ungelöst zu sein. Sind die zentralen Fragen des Themas unbeantwortet geblieben? Was ist das Wesen des Geldes? Wie ist es entstanden? Niemand wisse es. (Röpke 1937: 38)

Diesen Eindruck erweckt auch die marxistische Literatur: Man stößt auf eine Vielzahl von Meinungen, die sich im Umfang und Widersprüchlichkeit mit den Lehren der bürgerlichen Ökonomie und deren innerlicher Zerrissenheit durchaus vergleichen lassen. Marx erläutert in den ersten drei

Kapitel des ersten Bandes des »Kapital«, auf jenen angeblich schlimmen, unverständlichen Seiten, seine Wert- und Geldtheorie, die beiden Seiten der Ware, den Gebrauchswert und den Wert. Er beschreibt den Doppelcharakter der Waren produzierenden Arbeit und begründet, warum und wie der Wert als Tauschwert in Erscheinung tritt. Von dieser werttheoretischen Basis aus erklärt er dem Leser, wie das Geld entsteht, was dessen Wesen ist und welche Funktionen es ausübt.

Ich habe Jahrzehnte lang diese theoretischen Probleme mit Genuss gelehrt und bin noch immer beeindruckt von der Klarheit und logischen Strenge der wert- und geldtheoretischen Darlegungen. Zwischen den Kategorien Wert und Geld besteht ein logischer und ein historischer Zusammenhang. Wert und Geld sind Kategorien und Begriffe der Warenproduktion. Das Geld ist ein Element, eine Kategorie der Warenproduktion und nur von daher kann sein Inhalt begriffen werden. Zweckmäßig ist der Geldbegriff dann, wenn er uns hilft, die Warenproduktion zu verstehen, unzweckmäßig, wenn er uns daran hindert. Bei ihrer theoretischen Analyse stoßen wir auf eine doppelte Logik. Zunächst auf die strukturell-systemische: Die Waren sind Produkte menschlicher Arbeit. Sie besitzen einen Gebrauchswert, einen Nutzen für den Nichtproduzenten, dem sie durch Tausch übertragen werden. Waren sind Arbeitsprodukte, die bestimmt sind für den Tausch. Als Arbeitsprodukte besitzen sie Wert, dessen Substanz die abstrakte Arbeit und dessen Größe die Menge dieser Arbeit ist, die gesellschaftlich notwendige Arbeitszeit. Der Wert kann nur erscheinen und ausgedrückt werden im Tauschwert, d. h. in einer Menge anderer Waren bzw. Gebrauchswerte. Darin kommt die Dialektik zwischen dem Wesen und der Erscheinung zum Ausdruck.

Das Hegelsche Begriffspaar Wesen und Erscheinung ist von fundamentaler Bedeutung für das Verständnis ökonomischer Zusammenhänge. Das Wesen ist das Notwendige, das Allgemeine, das verborgene, den Sinnesorganen oft nicht Zugängliche – die Erscheinung ist das Zufällige, Einzelne, das sinnlich Wahrnehmbare. Sie verdeckt oft das Wesen. Die strukturelle Logik ist verwoben mit einer genetisch-historischen: Der Übergang von einer Wertform zur anderen ist nichts anderes als die Entfaltung des inneren dialektischen Widerspruchs der Ware zwischen Gebrauchswert und Wert in Form des äußeren Widerspruchs zwischen der Ware und ihren in einem anderen Gebrauchswert sichtbar gemachten Wert. Am Ende des historischen Prozesses steht die Geldform des Werts.

Die Analyse des Arbeitswerts führt uns zum Wesen des Geldes: Die Werte aller Waren werden in einer einzigen Ware ausgedrückt. (MEW 23: 79) Der Wert tritt in Form des Geldes, einer Geldware, neben die Ware. (MEW 42: 63) Eine bestimmte Ware wird durch gesellschaftliche Gewohnheit aus der Warenwelt ausgeschlossen, um Geld zu sein. Geld verwächst »mit der spezifischen Naturalform der Ware Gold«. (MEW 23: 84) Der in Geld ausgedrückte Tauschwert ist der Preis. (MEW 42: 104) Als Erscheinungsform des Wertes kann er von diesem abweichen, ist ihm nur im Gleichgewicht adäquat.

Das Geld ist die besondere, einzigartige Ware, die als Äquivalent für den Wert aller anderen Waren dient. Ihre erste Funktion, die seit einiger Zeit in den Lehrbüchern nicht mehr erwähnt wird, ist ihr wesensgleich: Sie besteht darin, Werte auszudrücken, sie zu messen. Backhaus versteigt sich zu der unsinnigen Behauptung, »keinem der Interpreten der Marxschen Werttheorie (sei) es bislang in den Sinn gekommen, das für Marx ›entscheidend Wichtige‹ dieser Theorie zu untersuchen. Denn was z. B. soll es heißen, etwas werde ›ideell ausgedrückt‹?« (Backhaus 2018: 16) Backhaus hätte nur lesen müssen: »Obgleich nur *vorgestelltes* (Hervorhebung K. M.) Geld zur Funktion des Wertmaßes dient, hängt der Preis ganz vom reellen Geldmaterial ab.« (MEW 23: 111) »Als Wertmaß dient das Geld dazu, die Werte der bunt verschiednen Waren in Preise zu verwandeln, in vorgestellte Goldquanta; als Maßstab der Preise misst es diese Goldquanta.« (MEW 23: 113) In seiner Funktion als Maß der Werte dient das Geld als vorgestelltes, d. h. als ideelles Geld. Um die Werte der Waren in Geld auszudrücken, muss das Geld nicht körperlich anwesend sein. Backhaus hat nur eine unvollkommene Vorstellung über die Wertmessung und so auch über den Zusammenhang zwischen Wert und Geld. Er nennt es eine »treffliche Feststellung Gottls[51] (…), dass in der Ökonomie niemand misst und nichts gemessen wird, weil wir die ökonomischen Dinge immer schon als gemessen vorfinden«. (Backhaus 2018: 332, 351) Gottl wie auch Backhaus entgeht, dass, »wird etwas als gemessen vorgefunden«, die Messung schon stattgefunden hat. Preise sind Resultate der Wertmessung durch das Geld. Vollkommen korrekt ist ihre Kritik, sofern sie sich gegen die subjektive Wertlehre richtet. Denn dort wird unter Wertmessung – sollte von ihr gesprochen werden – eine Bewertung oder Wert-

---

51 Friedrich von Gottl-Ottlilienfeld (1868-1958), deutscher Nationalökonom, nannte den Wertmesserdienst des Geldes eine Fabelei: »Alle Messung kommt da längst zu spät, wo das Ausmaß gleich zahlenhaft geboren wird.« (zit. bei Backhaus 2018: 351)

schätzung verstanden. In der Tat muss nichts bewertet werden, was schon gemessen ist. Das Geld ist logisch und historisch vom Wert abgeleitet, setzt ihn voraus. Wert und Geld wiederum gehen dem Kapital voraus. Es ist falsch zu sagen, in der marxistischen Theorie könnten Wert und Geld nicht unabhängig vom Kapital definiert werden. (Szepanski 2018: 26, Fn 15) Richtig ist umgekehrt, dass das Kapital nicht unabhängig von Wert und Geld verstanden werden kann.

In der ökonomischen Literatur werden bezüglich des Zusammenhangs zwischen Wert und Geld zwei Einwände erhoben. Erstens werden die Beziehungen zwischen dem Geld und dem Wert abgelehnt; das Geld sei ein wertloses Medium. Zu dieser Auffassung müssen zwangsläufig jene gelangen, die die Arbeitswerttheorie für falsch oder für überflüssig halten. Wenn es keinen Arbeitswert gibt, kann er nicht Grundlage der Tauschrelationen sein. Das Geld kann nicht ausdrücken, was es nicht gibt. Ablehnung und Zurückweisung der Arbeitswerttheorie, prägend für die bürgerliche Ökonomie, beruhen zumeist auf einer Verwechslung von Gebrauchswert und Wert. Sie kommt in vielen Variationen vor. Auch unter marxistischen Ökonomen ist das auf dem Wert beruhende Geldverständnis umstritten. So teilt Achim Szepanski die Meinung Michael Heinrichs, dass »als Wertspiegel aller Waren keine Geldware notwendig« sei. Wie Georg Simmel glaubt er, »dass das Geld keinerlei Referenz auf eine Geldware bedarf« (Szepanski 2018: 18f), weil Papier- und Buchgeld, unabhängig von ihrer Beziehung zu einer Geldware, einen Funktionswert besäßen, ihre reibungslose Verwendbarkeit und Austauschbarkeit.

Heinrich behauptet, in seiner Wertformanalyse *unterstelle* Marx, dass der Träger der Wertform – der Gegenstand, in der Waren ihre Werte ausdrücken –, selbst eine Ware ist, liefere aber kein Argument dafür, dass er eine Ware sein müsse. (Heinrich 2017a: 233) Ebenso könnte er sagen, James F. Cooper habe nur angenommen, dass Conanchet, der Häuptling der Naragansetts, ein Indianer sei, oder wie Haug treffend bemerkt, behaupten, Marx habe »bloß unterstellt, dass der Papst unbedingt ein Katholik sein müsse.« (Haug 2004: 867) Marx hält sich an die historischen Fakten: Gold und Silber waren das erste Geld, und sie sind zweifelsohne Waren, genauso wie es die vielen Geldvorläufer gewesen sind. (vgl. dazu Müller 2015: 143-153) Und er liefert auch ein Argument dafür. Es sind messtheoretische Gründe, weshalb für Marx Geld letztlich Geld*ware* sein muss. Messen bedeutet quantitativ zu vergleichen. Der Wert kann nur gemessen werden mit Dingen, die selbst Wert besitzen. Deshalb kann Geld nicht einfach ein wertloses Zeichen sein. Es muss Ware sein, weil nur eine Ware Wert besitzt. »Ebenso ist nur ein qualitativ als Wert und quantitativ als Wertgröße bestimmtes Warengeld durch verschiedene Formen von Repräsentativgeld zu ersetzen; denn wertlose Dinge oder gar bloße Buchungen können nur dann Geldfunktionen ausüben, wenn sie in einem qualitativ und quantitativ bestimmten Verhältnis zu dem stehen, was sie vertreten.« (Krüger 2012: 82, siehe auch MEW 25: 621)

Wer die Arbeitswerttheorie ablehnt, aus welchen Gründen auch immer, der kann logischerweise auch kein werttheoretisches Geldverständnis aufbringen. Für ihn muss Geld etwas ganz Oberflächliches bleiben: Alles, womit die Leute zahlen, ein Hilfs- und Schmiermittel des Tausches, ein Symbol des Vertrauens, ein Kommunikationsmittel, ein Nichts, aus Nichts geschöpft, ein abstraktes Zeichen, inhaltslos, körperlos, wertlos, anonyme Bestätigung für eine erbrachte oder zu erbringende Leistung, übertragbares Anspruchsdokument auf das Sozialprodukt. Das sind Aussagen, die allesamt nicht falsch sind und auf mehr oder weniger richtigen Beobachtungen beruhen, doch weit entfernt sind vom Verständnis des Wesens. Für diese Autoren besteht das Geldrätsel nicht darin, was Geld ist und wie es entsteht, sondern weshalb man mit Geld alles kaufen kann.

Ein zweiter Einwand läuft darauf hinaus, die Beziehungen zwischen Wert und Geld zu verkehren. Geld sei vor Ware und Wert da gewesen. Die Neue Marx-Lektüre behauptet, selbst Marx habe bei der Darstellung des Tauschwerts das Geld in Wahrheit vorausgesetzt, davon aber aus populistischen Gründen abstrahiert. (Bruschi et al. 2012: 28) Diese haltlose Unterstellung gehört zu den diversen Dogmen, mit denen sich eine als undogmatisch verstehende Marxdeutung selbst diskreditiert. Man müsse »das Tauschparadigma als Mythos der Politischen Ökonomie entlarven und die Entstehungsgeschichte des Geldes komplexer auffassen und früher ansetzen, als die Ökonomen dies gewöhnlich tun.« (Busch 2012: 203) Die Entstehung des Geldes wurzele in der Psyche des Affenmenschen, entspringe der Natur des menschlichen Lebens. Damit ist die Vorstellung verbunden, dass Geld und Geldgebrauch älter sind als die arbeitsteilige Wirtschaft. Der Tausch hätte das fertige Geld als seine Voraussetzung vorgefunden. Menschen haben sich bekannter Wertmaßstäbe und vorhandener Mittel bedient, um Werte aufzubewahren und zu übertragen. Sie hätten das Geld genutzt, bevor sie begannen, Güter auszutauschen. Der Geldbegriff sei logisches Apriori aller wirtschaftlichen Begriffe. (Lederer 1931: 67) »Am (logischen) Anfang steht das Geld.« (Schumpeter 1965: 1350) Das moderne Wirtschaftsleben sei dessen Produkt. Unlogisch sei es, das Geld aus seinem angeblichen Produkt, der Warenproduktion abzuleiten. So wird Geld von der Warenproduktion abgekoppelt, indem es zu ihrer Voraussetzung gemacht wird, statt es als ihr Resultat zu erkennen. Wer Geld als unabhängig vom Wert oder als eine dem Wert und damit der Warenproduktion vorgelagerte Kategorie versteht, muss einen anderen Geldbegriff als Marx haben. Geld kann kein allgemeines Äquivalent für den Wert der Waren sein, wenn es weder Wert noch Ware gibt. Was dann? Hier nur einige Erklärungen, die auch marxistische Ökonomen verwirrt haben:

Erstens: Geld sei am Anfang Hort- und Prunkgeld gewesen, Rang- und Statussymbole, benutzt, um Reichtum zu Schau zu stellen, die persönliche Einzigartigkeit zu dokumentieren und Macht zu demonstrieren. Der Aspekt hat für den Warentausch eine gewisse Bedeutung. Stichwort: demonstrativer Konsum. Aber Reichtum zu symbolisieren ist nicht die Aufgabe des Geldes, die primäre gewiss nicht, allenfalls eine Nebenwirkung, die für das Funktionieren der Warenproduktion von untergeordneter Bedeutung ist.

Zweitens: Einige Autoren verweisen auf vermeintlich religiöse Ursprünge des Geldes. Die Ökonomik stehe keinem Fachgebiet so nah wie der Theologie. Man könne das erkennen an den baulichen Ähnlichkeiten zwischen Tempeln, Börsen und Banken, architektonischer Beweis für die sakrale Herkunft des Geldes. Geld sind die Dinge, die Menschen Göttern opferten, um von ihnen Beistand zu erhoffen. Opferrituale sind älter als der Tausch. Identifiziert man Geld mit Opfer, dann ist auch das »Geld« älter als der Tausch. Wer Geld so definiert, kann es tun. Er kann auch die Blaumeise oder den Duft überlagerten Käses Geld nennen, wenn er glaubt, das diene der Verständigung, sei also zweckmäßig. Die Maus des Computers frisst auch keinen Speck. Keiner, der sich daran stört. Der Definitionslust sind keine Grenzen gesetzt. Wer will, kann das Lamm, das Steinzeitmenschen den Göttern opferten, Geld nennen. Die politökonomische Brisanz dieser Fragen ist gering. Es geht um die angemessene Begriffswahl, nicht um eine »Begriffsakrobatik« (Krätke 2017: 33), sondern um die »Kunst, mit Begriffen zu operieren«.

Was gewännen wir, würden wir das geopferte Lamm des Steinzeitmenschen Geld nennen? Hätte man Geld geopfert, dann müsste das Opfertier bereits allgemeines Äquivalent gewesen sein. Wo es keine Ware gibt, weil Produkte nicht produziert werden, um sie zu tauschen, sondern zu verbrauchen, gibt es keinen Wert. Und wo es keinen Wert gibt, bedarf es auch keines Äquivalents. Vor dem Warentausch ist es schlichtweg überflüssig. Mit dem Geld der entwickelten Warenproduktion hat das »heilige«, das »Opfergeld« nichts zu tun. Die religiöse Verklärung des Geldes hilft uns nicht, die Warenproduktion zu verstehen, auch nicht, wenn man mit etwas Phantasie im Opfern einen Tausch sehen mag: ein Lamm wird Gott dargebracht, in der Hoffnung, der Allmächtige revanchiere sich mit einer reichen Ernte oder schicke demnächst ein Mammut des Wegs. Ist die Gleichsetzung von Geld und Opfer zweckmäßig? Nehmen wir für einen Moment an, es sei so. Geld = Opfer der Menschen an Gott. Das Opfer schlechthin oder in einer spezifischen Form? Sklaven, Lämmer, Kälber oder Edelmetalle? Darauf müsste man sich zunächst einigen und dann prüfen, ob uns diese Definition bzw. Begriffsbestimmung des Geldes hilft, die Produktion und Zirkulation der Waren zu verstehen. Wer bringt in der Warenproduktion ein Opfer? Geld ist oberflächlich betrachtet das, womit Waren bezahlt werden. Geld kann hier gerade kein Opfer sein – ein Verzicht –, weil es die Gegenleistung für die gekaufte Ware ist. Und dient Geld der Wertaufbewahrung, wo ist da das Opfer? Der Konsumverzicht könnte gemeint sein. Allgemein: Das Opfer = ein Verzicht auf alternative Verwendungen des Geldes? Und wem wird ein Opfer gebracht? Rationale Wahlhandlungen könnte man im weitesten Sinne mit Opfern in Verbindung bringen. Aber wenn schon Verzicht, dann sollte man nicht übersehen, dass es stets ein Verzicht auf die zweitbeste der erwogenen Möglichkeiten ist. Da Sparen nicht per se gleichgesetzt werden kann mit einem »sich etwas am Munde absparen«, was es partiell durchaus sein kann, kann auch die Aufbewahrung des Geldes kein Opfer sein. Die »Opfertheorie« des Geldes bringt keine Erkenntnisfortschritte.

Drittens: Geld sei nicht aus dem Tausch entstanden. Es entspringe dem Kredit. Lucas Zeise nennt einige Beispiele für sehr frühe Kredit-/Schuldverhältnisse – ein Stamm hilft einem anderen bei der Jagd; ein Bauer hilft mit Arbeitskräften einem anderen bei der Ernte oder leiht ihm Saatgut – überlässt es aber der Phantasie des Lesers, sich vorzustellen, wie sich daraus Geld, das allgemeine Äquivalent des Warentausches, entwickelt haben könnte. (Zeise 2019: 12-14) Realistischer erscheint es mir, davon auszugehen, dass eine Kreditwirtschaft erst entstehen kann, wenn es bereits einen geregelten Zahlungsverkehr gibt, der das Bedürfnis nach einfacheren und risikoärmeren Zahlungen weckt. Vorher sind Kredite die Ausnahme und die Folge momentaner Zahlungsunfähigkeit. (vgl. Hildebrand 1922: 330) Andere sagen – das ist ein Unterschied! – Geld sei Kredit. Das Kreditgeld wird mit dem Kredit gleichgesetzt und als »Kapitalgeld« bezeichnet. »Was in Form des Kreditgeldes zirkuliert, ist also der Kredit selbst« oder: »Kreditgeld (…) ist zirkulierender Kredit.« (Wagner, Mondelears 1986: 26, 31, 36) Typisches Merkmal sei seine Kreislaufbewegung. Kreditgeld gelange über die Gewährung der Kredite in den Umlauf, zirkuliere dort und werde durch die Zurückzahlung der Zirkulation wieder entzogen. Der Handel in den frühen städtischen Zivilisationen Chinas, Indiens und des Vorderen Orients von 3.000 v. u. Z. bis 800 v. u. Z. habe auf Kreditvereinbarungen beruht, Geld sei nur eine Verrechnungseinheit gewesen. (Graeber 2012a: 24) Die Entschlüsselung ägyptischer Hieroglyphen und mesopotamischer Keilschriften habe ergeben, dass Kreditsysteme … viele tausend Jahre älter waren als die Erfindung des Münzwesens. (Graeber 2012a: 45) Ich will das nicht bestreiten. Doch behaupten, Kredit sei vor dem Geld da gewesen, kann nur der, für den die Geschichte des Geldes erst mit der Münze beginnt. Aber bevor die Menschen begannen, die ersten Münzen zu prägen, hatte sich die Geldform des Werts längst herausgebildet. Der Tausch, der Handel ist älter. Kredit und Tausch kann man nicht gegenüberstellen. Der Kredit ist mit und aus dem Tausch entstanden, obgleich es auch Kredite außerhalb des Warenaustauschs gegeben hat.

Die ersten Zeugnisse über Schulden und Überschuldung, die Anfänge des Kreditwesens also, sind rund 5.000 Jahre alt, so alt wie das Geld, und stammen aus der frühen babylonischen Zeit. Missernten, Naturkatastrophen oder Kriege trieben die Menschen zu den Tempelpriestern oder reichen Kaufleuten, um von ihnen Kredite zu erbeten. Sie wurden in Silber und Naturalien, z. B. Gerste, ausbezahlt und führten die Schuldner direkt in die Schuldknechtschaft. Die Zinssätze konnten bis zu fünfzig Prozent der Kreditsumme betragen. In Babylon lag der normale Zinssatz für ein Darlehen in Silber zwischen zehn und zwanzig Prozent, für ein Darlehen in Korn zwischen zwanzig und dreißig Prozent. Im Zuge der Entwicklung eines einfachen Zahlungs- und Kreditsystems wurde Getreidesaat an Bauern verliehen, welches erst nach der Ernte zuzüglich Zinsen zurückgegeben werden musste. Für das Verständnis des Tausches ist v. a. der Lieferantenkredit bedeutsam. Im Tausch könnte der Nachfragende zunächst nur einen Schuldschein ausgestellt und auf diese Weise versprochen haben, später zu übergeben, was der andere wünschte und wozu er momentan nicht fähig war. Der Güteranbieter hätte erst einmal kein Gut erhalten. Er bekommt nur eine Forderung gegen den Nachfrager in die Hand, d.h. einen Anspruch auf ein Gut. Der Kredit hätte so geholfen, die doppelte Koinzidenz als Hemmnis des Güteraustauschs zu überwinden. Nach Erfindung der Schrift – auch etwa zu dieser Zeit, d.h. vor 5.000 Jahren – war dies sicher möglich. In Form des Wechselgeschäfts hatte diese Art des Tausches im Mittelalter ihre Blütezeit. Nur – drei Einwände lassen sich erheben: Erstens setzen Schulden in einer Geldwirtschaft das Geld voraus. Die Schuld ist dort das Versprechen zu zahlen, also Geld zu übergeben. Schuldscheine sind nicht das eigentliche, das originelle Geld. Sie drücken Gläubiger-Schuldner-Verhältnisse aus, sie sind Forderung auf Geld. Marx subsumiert das Kreditgeld unter die Geldsurrogate (Geldvertreter). Das Begriffsproblem: Geld als Schuld aufzufassen, ist unzweckmäßig, weil Geld und Kredit zwei unterschiedliche Kategorien sind und weil es darauf hinausliefe, jegliche Ware, mit der eine andere bezahlt wird, mit Geld gleichzusetzen. In Auseinandersetzung mit Darimon (1819-1902), der Geldumlauf und Kredit identifiziert, sagt Marx, dies ist ökonomisch falsch. (MEW 42: 59) Am Rande: Man könnte sich darauf einigen, jede Ware Geld zu nennen, mit der eine andere bezahlt wird. Dann wären alle Waren zugleich Geld. Was hätte das gebracht? Wir hätten den qualitativen Sprung begrifflich verfehlt. Es ist ja gerade der Unterschied, auf dem es ankommt. Wir könnten nicht erklären, wie und warum sich aus der Warenwelt eine Ware absondert, mit der die Werte aller Waren gemessen werden und die mit allen Waren tauschfähig ist. Für diese Ware, die wir Geld nennen, bräuchten wir einen neuen Begriff, würden wir alle Waren Geld nennen.

Unter Kredit – abgeleitet vom lateinischen credere »glauben, vertrauen« und creditum »das auf Treu und Glauben Anvertraute« – versteht man die befristete Überlassung von Bargeld – Banknoten, Münzen –, Buchgeld oder vertretbaren Sachen vom Kreditgeber an einen Kreditnehmer, der sich zu einer zukünftigen Rückzahlung und zu einer Gegenleistung in Form von Zinsen verpflichtet. Geld mit Kredit zu definieren ist eine zu weite Definition, weil Kredit mehr umfasst als zeitweilige Überlassungen von Geld. Zugleich handelt es sich um eine zu enge Auffassung, weil Geld keineswegs nur als Kredit auftritt. Weshalb ist das Geld, das ich ausgebe zum Erwerb von Konsumtionsmitteln, Kredit? Allgemein: Das Geld, das Waren zirkuliert?

Warum sind die fünf Euro, die ich für das Pfund Erdbeeren zahle, ein Kredit? Ich bezahle mit ihnen eine gekaufte Ware. Warum ist der monatliche Geldlohn ein Kredit? Dann müsste er irgendwann an den Kapitalisten zurückgezahlt werden.

Wenn hier von Kredit die Rede ist, dann doch eher umgekehrt: Jede Vorleistung bei gegenseitigen Verträgen ist ein Kredit, weil jemand im Vertrauen darauf vorleistet, dass die Gegenseite ihrerseits ihre vertraglichen Verpflichtungen erbringen wird. Genau betrachtet, wären die Erdbeeren der Kredit, wenn ich sie erst im nächsten Jahr bezahle oder zurückgebe. Das konstituierende Merkmal eines Kredits ist die Zeitdifferenz, die zwischen dem Tag der Leistung und dem der Gegenleistung auftritt. Dabei kann es sich auch um Kredite handeln, die in der Überlassung von vertretbaren Sachen bestehen, also um ein Sachdarlehen. Die einfachen Anfänge des Kreditwesens sind bereits um 3.000 v. u. Z. in Mesopotamien zu finden. Wie oben schon erwähnt, wurde im Zuge der Entwicklung eines einfachen Zahlungs- und Kreditsystems Getreidesaat an Bauern verliehen, welche erst nach der Ernte zurückgegeben werde musste. Was hat das mit dem Geld zu tun?

Der zweite Einwand: Schwer vorstellbar, dass ein individueller Schuldschein allgemein akzeptiert und damit zirkulationsfähig war. Noch Jahrhunderte später hatte der Wechsel zunächst enorme Schwierigkeiten, die Akzeptanzhürden zu nehmen. Es hat lange gedauert, bis er als Handelsgeld angenommen wurde. Der dritte Einwand: Die Geldgeschichte ist viel älter, auch wenn einige Autoren sie erst mit der Erfindung der Schrift oder noch später mit der Erfindung der Münze beginnen lassen. Und Kredite vorher, d. h. vor der Entstehung der Geldform? Sind sie vorstellbar? Kredite mit Geldvorläufern, z. B. mit Gerste, hat es gegeben (s. o.). Sie sind aber nicht typisch und sie begründen nicht das Wesen des Geldes. Immerhin kann man akzeptieren, dass es auch im Tausch eine objektive Grundlage und die Notwendigkeit von Kreditbeziehungen von Anfang an gegeben haben muss, zu einer Zeit, da vom Geld und der Möglichkeit, Schulden schriftlich festzuhalten, noch keine Rede sein konnte. Aber, schwer sich vorzustellen, dass der Tausch so begonnen hat. Das Kreditrisiko wäre viel zu hoch gewesen. Woher sollte das Vertrauen, ob die Gegenleistung in der Zukunft erbracht wird, wichtigste Voraussetzung eines Kreditgeschäfts, kommen bei Partnern, die sich nicht kennen und die Handel trieben über weite Strecken? Der Güteranbieter wird sich nicht eingelassen haben auf ein Geschäft, bei dem die

Gefahr hoch war, betrogen zu werden. Wie auch immer: Geld und Kredit gleichzusetzen, ist falsch.

Kredit kann Naturalkredit sein. Bei Kompensationsgeschäften vereinbaren die Geschäftspartner, die Lieferung der Ware mit anderen Waren zu bezahlen. Beispiel: Das Erdgasröhrengeschäft. In den 1970er Jahren lieferten westdeutsche Firmen Gasröhren an die Sowjetunion. Sie wurden bezahlt mit Erdgas, dass seit Beginn der 1980er Jahre durch die 3.650 km Pipeline nach Deutschland strömt. Noch 1989, in ihrem letzten Jahr, bezog die DDR aus der UdSSR Erdöl, Erdgas und Walzstahl und bezahlte die Waren mit Textilmaschinen, polygraphischen Maschinen, Spritzgussautomaten, Konfektion, Trikotagen, Strumpf- und Miederwaren sowie Möbeln.[52] Wäre der Kredit gleich Geld, dann hieße das, jegliche Vorleistung, aber auch alles, womit eine Gegenleistung erbracht wird, Geld zu nennen. So wird der Geldbegriff verwässert. Da war Marx weiter. Und der Geldkredit – Geld wird geliehen/verleihen –, setzt das Geld voraus. Ergo: Alles als Geld zu bezeichnen, das als Kredit anderen für eine Zeit überlassen wird, um zum Kreditgeber zurückzufließen, hilft uns wenig, die Bedeutung des Geldes als Element der Warenproduktion zu erhellen.

Außerdem: Guthaben und Kreditbestände können sich ändern, obwohl die umlaufende Geldmenge gleich bleibt. Mit einer bestimmten Geldmenge können unterschiedliche volkswirtschaftliche Werte realisiert werden. Ausschlaggebend ist dafür die Umlaufgeschwindigkeit des Geldes, genauer: die Häufigkeit, mit der gleichnamige Geldeinheiten in einer Periode zu Zahlungen genutzt werden. Wird eine Geldeinheit durchschnittlich zweimal für Zahlungen verwendet, bedarf es nur der Hälfte der Geldmenge, die bei einer einmaligen Verwendung der Geldeinheit erforderlich ist, um die Preissumme einer Warenmenge zu bezahlen. Ähnlich verhält es sich mit den Beziehungen zwischen der Geldmenge, den Forderungen und den Schulden. Eine bestimmte Geldmenge ist mit unterschiedlich hohen und sich verändernden Forderungen und Verbindlichkeiten vereinbar. Grund dafür ist, dass jede umlaufende Geldeinheit nicht nur mehrmals zum Kaufen genutzt werden kann, sondern ebenso mehrmals, um verliehen und getilgt zu werden. Durch Verleihen und Tilgen ändern sich stets nur die Guthaben und Schulden. Die

52 Jörg Roesler, Zwischen Routine und Resignation. Wie das Politbüro des ZK der SED im Februar 1989 die Wirtschaftsprobleme der DDR behandelte, in: junge Welt, 28.2.2019, S. 13

Geldmenge ändert sich dadurch nicht. Zusammenfassend: Geld ist das Zirkulations- und Zahlungsmittel, das Wirtschaftsakteure in ihren Kassen haben und mit denen sie Waren und Leistungen bezahlen. Es handelt sich dabei um das Bargeld – die Banknoten und Münzen – und das Giralgeld, die Guthaben auf den Girokonten der Banken.

Kredit dagegen ist ein Schuldverhältnis. Es verpflichtet den Schuldner, einen vom Gläubiger erhaltenen Geldbetrag nach einer vereinbarten Zeit zurückzuzahlen. Die Nichtidentität von Geld und Kredit erkannt man auch daran, dass jemand Geld in der Kasse haben kann, ohne einen Kredit aufgenommen zu haben. Ihm ist Lohn gezahlt worden oder er hat Erlöse aus dem Verkauf von Gütern erzielt. Umgekehrt kann er Kreditnehmer sein, ohne Geld zu besitzen. Nämlich dann, wenn er mit dem Kredit Güterkäufe finanziert hat.

Viertens: Geld entspringe nicht dem Tausch, sondern dem Eigentum. Das ist zunächst richtig. Denn oberflächlich betrachtet, ist das Geld zwar das Resultat des Tauschs. Es entspringt der Dialektik von Produktivkräften und Produktionsverhältnissen, hängt zusammen mit der Entstehung und Vertiefung der Arbeitsteilung, der Entstehung eines Mehrprodukts und des privaten Eigentums. Mehrprodukt, regelmäßiger Tausch, Warenproduktion und privates Eigentum an Produktionsmitteln bedingen sich gegenseitig und es überrascht, wie man angesichts des Zusammengehörigen einen Scheingegensatz konstruieren und behaupten kann, nicht der Tausch, sondern das Eigentum sei die Grundlage des Geldes (so Heinsohn, Steiger 1996). Zur »Logik« der »Eigentumstheorie des Geldes« von Heinsohn/Steiger, die von Lucas Zeise gelobt wird (Zeise 2011: 42-48): Tauschen (verkaufen) setzt Eigentum voraus. Man kann nichts verkaufen, was einem nicht gehört. Insofern ist die Gegenüberstellung des Eigentums und des Tausches eigenartig.

Ähnliches gilt für die Verpfändung des Eigentums. Aus ihr – der Belastung des Eigentums – leiten Heinsohn/Steiger die Entstehung des Geldes ab. Der Zusammenhang ist holprig: Eigentum woran? In Frage kommen das Sachvermögen und das Geldvermögen. Die angebliche Geldentstehung setzt zumindest partiell das Geld voraus. Bei Heinsohn/Steiger würde außerdem der Kreditgeber sein Eigentum dem Kreditnehmer als Pfand übergeben (Zeise 2011: 45). Und das sei das Geld. Danach ist Geld ein Anspruch auf das Eigentum des Kreditgebers. Ich habe das bisher so verstanden, als würde der Kreditnehmer als Sicherheit sein Eigentum als Pfand übergeben.

Fünftens: Alte Auffassungen werden wiederentdeckt: Arbeitsgeld, Stundenzettel... Aus einer »allgemeinen Ware«, einem »allgemeinen Äquivalent« sei Geld zu einem Arbeitszertifikat mutiert, meint Heerke Hummel, zu einem abstrakten Zeichen von Arbeit, und zwar von so viel, wie im Durchschnitt gearbeitet werden muss, um eine Währungseinheit zu verdienen. (Hummel 2014: 2) Marx hat ähnliche Auffassungen von Gray und Proudhon für eine kapitalistische Produktionsweise widersinnig und einen »seichten Utopismus« genannt, für den Fall, dass in einer nichtkapitalistischen Wirtschaftsordnung die in den Produkten enthaltene Arbeitszeit unmittelbar gesellschaftlich ist, aber nicht ausgeschlossen. (MEW 13: 66-69) Das Owensche »Arbeitsgeld« sei, so Marx »ebensowenig ›Geld‹ wie etwa eine Theatermarke. Owen setzt unmittelbar vergesellschaftete Arbeit voraus, eine der Warenproduktion diametral entgegengesetzte Produktionsform.« (MEW 23: 109f, Fn 50)

Heute hört man: Jedes Schnipsel könne Geld sein, es bedürfe nur der Voraussetzung, dass alle es vertrauensvoll als Geld betrachteten. Vertrauen könne jeden Gegenstand zu Geld machen, wenn eine Zentralbank diesen knapp halte. Denn – so der Gipfel der »Erkenntnis« – Geld sei »Nichts«, und werde aus »Nichts« geschöpft. Geld sei endlich vollständig erkannt. Es sei nichts weiter als ein knapp zu haltendes Nichts. (Riese 1995: 45-62) Diese alberne These – quasi die Kapitulation vor dem Geldrätsel – widerspiegelt reale Vorgänge, die Giralgeldschöpfung der Banken. Giral- oder Buchgeld ist eine Art Kreditgeld, eine Forderung auf Zentralbankbargeld. Nur deshalb kann behauptet werden, mit ihr besäßen »wir eine Erklärung für die Funktionsweise einer Geld- und Kreditwirtschaft« (Busch 2017: 40). Als Beweis dient die Kreditgewährung über die vorhandenen Sparmittel hinaus, mit der Banken Kaufkraft schaffen und nicht einfach vorhandene Kaufkraft anderen überlassen, wie man schon bei Schumpeter nachlesen kann (Schumpeter 1911/1997: 153). Aber nichts ist Nichts, selbst die schwarzen Löcher sind es nicht. Sie haben Masse, besitzen Temperatur und geben Strahlung ab. Und das mit einem Federstrich geschaffene Giralgeld setzt Papiergeld und Münzen voraus. Es ist Forderung auf »letztes« Geld, das Gläubiger-Schuldner-Verhältnisse auflöst, egal ob und in welchem Umfang die Forderungen in Anspruch genommen werden, Giralgeld also in Bargeld umgewandelt wird.

Wertformen

Wir haben das Wesen des Geldes durch eine genetische Begriffsbestimmung gefunden. Bei einer »genetischen Definition« wird das Wesen eines Begriffs dadurch erfasst, dass auf die Herkunft des Gegenstandes verwiesen wird. »Das entscheidend Wichtige aber war«, so Marx, »den inneren nothwendigen Zusammenhang zwischen Werthform, Werthsubstanz und Werthgröße zu entdecken, d. h. ideell ausgedrückt, zu beweisen, daß die Werthform aus dem Werthbegriff entspringt.« (MEGA II.5: 43) Wer im »Kapital« ein allein logisch-systematisches Herangehen zu erkennen glaubt, der muss auch die Analyse der Wertformen als eine rein logische Gedankenkonstruktion abtun, als ein Hirngespinst, das ohne jegliche empirische Relevanz sei. »Es sei gar nicht einzusehen«, so Backhaus, dass die (…) logische Entwicklung des Geldes irgend etwas mit einem wirklichen Vorgang zu tun haben könnte, der sich zu irgendeiner Zeit wirklich zugetragen hat (…) Marx meidet (…) jede Berührung mit der Wirklichkeit«. (Backhaus 2018: 246f) Marx sei es bei der Analyse der Wertform, so auch Heinrich, nur »auf den Zusammenhang von Form, Substanz und Größe des Werts und nicht etwa auf eine abstrakte Rekonstruktion der *historischen* Entwicklung der Wertformen« angekommen. (Heinrich 2016: 264) Heinrich wirft den »Traditionsmarxisten« vor, sie hätten mit der Wertformanalyse nichts anzufangen gewusst. Für sie seien mit der simplen Aussage, dass der Warenwert von der zur Produktion mit der Ware gesellschaftlich notwendigen Arbeit abhängt, die Probleme der Werttheorie bereits gelöst. (Heinrich 2018: 54) Auch dieser Seitenhieb auf die »Traditionsmarxisten« geht voll daneben. Der Vorwurf trifft jene, die die Wertformenanalyse nur für ein logisches Konstrukt halten oder sich gar einbilden, Marx beschreibe mit den Formen des Werts ein Nebeneinander im fertigen Kapitalismus.

Am Beispiel des Autors Ingo Elbe weist Holger Wendt nach, dass sich die Neue Marx-Lektüre, um ihre Fehldeutungen plausibel erscheinen zu lassen, einer hochselektiven Zitierweise bedient, bei Marx Gelesenes in sein Gegenteil verdreht und dem Meister »fehlerhafte Popularisierungen« vorwirft. (Wendt o. J.: 45; Elbe 2008: 95) Dabei gibt es keinerlei Zweifel daran, dass Marx die Wertformanalyse historisch verstanden hat. (z. B. MEGA II.8: 741f) »Dem Mythos, die Wertformanalyse hätte allein die bereits entwickelte kapitalistische Warenproduktion zum Gegenstand, widerspricht die Tatsache, dass Marx sie in allen veröffentlichten Fassungen ausdrücklich auf vorkapitalistische Verhältnisse bezieht.« (Wendt o. J.: 48) Das zeigen sechs seiner Texte zum Thema, die der Dietz-Verlag in einem Bändchen zusammengefasst hat. Dessen editorische Bearbeiter Rolf Hecker und Ingo Stützle schreiben im Vorwort: Die in der Erstausgabe des »Kapital« »analysierte Wertform ist also *ein* Kernergebnis von Marx' langjährigem Forschungsprozess. Er hatte um dessen Darstellung lange gerungen und wird sie auch in der Folgezeit verteidigen.« (Marx 2017: 11)

Die Wertformenanalyse ist für Georg Quaas eine »Darstellung historisch nachweisbarer Wertausdrücke auf Märkten und der mit ihnen verbundenen Entwicklungstendenz, die nach Marx schließlich zur Herausbildung des Geldes geführt hat.« (Quaas 2016: 115) Damit würdigt Quaas »eine wissenschaftliche Leistung deutlich, die von der monetären Werttheorie komplett geleugnet wird: Marx' Erklärung der Entstehung des Geldes aus einem Warentausch, der ohne das Geld abläuft.« (Quaas 2016: 103f) Im Gegensatz zur Auffassung, dass es Marx in der Geldtheorie nicht gelungen sei, an den Ricardianischen Stand heranzukommen und dass sie eine »der theoretisch schwächsten Teile des Gesamtsystems« des Meisters sei (Fritsch 1968: XII), sagt Quaas, »Marx' Beitrag zur ökonomischen Theorie des Geldes geht (…) weit über die Erkenntnisse seiner Vorgänger aus der Periode der ökonomischen Klassik hinaus.« (Quaas 2016: 134)

Wichtigste Aufgabe der Analyse der Wertform ist es, zu verfolgen, wie sich der Wert der Waren verselbständigt und in einem geschichtlichen Prozess das Geld hervorbringt. Smith und Ricardo wiesen nach, dass das Geld selbst eine Ware ist, Wert hat, und daher Wertmaß aller anderen Waren sein kann. Die Schwierigkeit ist nicht, zu begreifen, dass Geld eine Ware ist. Sie besteht darin, zu erklären, warum eine Ware Geld wird. Marx hat das Problem gelöst. Im Gegensatz zu Heinrich und anderen Autoren der »Neuen Marx-Lektüre« haben ihn die »Traditionsmarxisten« verstanden. Marx leistete, »was von der bürgerlichen Ökonomie nicht einmal versucht ward, nämlich die Genesis dieser Geldform nachzuweisen, also die Entwicklung des im Wertverhältnis der Waren enthaltenen Wertausdrucks von seiner einfachsten unscheinbarsten Gestalt bis zur blendenden Geldform« zu verfolgen. Nur so verschwindet zugleich das »Geldrätsel« (MEW 23: 62), wird das Wesen des Geldes sichtbar.

Umso verwunderlicher, dass selbst Opponenten der »Neuen Marx-Lektüre« deren Positionen übernehmen. Sie sind beeindruckt von anthropologischen Deutungen des Problems. »So logisch und plausibel die Marxsche Wertformenanalyse ist, historisch ist sie kaum haltbar« (Dunkhase 2016: 197). Auch Harvey meint, dass die »historische Beweiskraft (…) für die Entstehung der Geldware reichlich dürftig (sei). Geld- und warenähnliche Systeme, religiöse Ikonen, symbolische Zeichen und dergleichen gibt es schon seit langem (…). Angesichts der archäologischen und historischen Befunde würden heute wahrscheinlich viele feststellen, dass die Geldform überhaupt nicht auf die von Marx dargelegte Weise entstanden ist (…) Das historische Argument ist also schwach, das logische Argument ist stark« (Harvey 2011: 44)

Marx wollte zeigen, wie das Geld entstanden ist. Ohne Verknüpfung von begrifflicher und historischer Analyse ist das unmöglich. Aristoteles rät uns, um etwas zu verstehen, zurückzugehen zu dessen Ursprüngen. Marx unternimmt dies mit seiner Wertformenanalyse im ersten Kapitel des ersten Kapitalbandes und zeigt, dass sie keineswegs nur ein logisches Konstrukt ist, das, mit ein paar historischen Illustrationen garniert, allenfalls den Eindruck einer logisch-historischen Entwicklung erwecken soll. Marx interessiert sich zweifelsfrei für den historischen Prozess: »In der Tat erscheint der Austauschprozess von Waren ursprünglich nicht im Schoß der naturwüchsigen Gemeinwesen, sondern da, wo sie aufhören, an ihren Grenzen, den wenigen Punkten, wo sie in Kontakt mit anderen Gemeinwesen treten. Hier beginnt der Tauschhandel und schlägt von da ins Innere des Gemeinwesens zurück, auf das er zersetzend wirkt (…) Die allmähliche Erweiterung des Tauschhandels, Vermehrung der Austausche und Vervielfältigung der in den Tauschhandel kommenden Waren, entwickelt daher die Ware als Tauschwert, drängt zur Geldbildung und wirkt damit auflösend auf den unmittelbaren Tauschhandel« (MEW 13: 36).

Wie angesichts des eindeutig historischen Bezugs Michael Heinrich behaupten kann, einfache und entfaltete Wertform seien »begriffliche Konstruktionen (…) aber keine vorkapitalistischen Gestalten eines geldlosen Tausches« (Heinrich 2016: 147), bleibt sein Geheimnis. Am Anfang steht die einfache, einzelne, zufällige Wertform, die abgelöst wird von der totalen, entfalteten, später von der allgemeinen Wertform. Schließlich mündet die Entwicklung in die Geldform des Wertes.

Die Ursprünge des Geldes verlieren sich in den zufälligen, vereinzelten, vorsichtigen und primitiven Tauschgeschäften, die tief in die Urgeschichte zurückreichen. Die Stämme lebten unter unterschiedlichen geografischen

Verhältnissen. Stark vereinfacht gedacht: Das Territorium des einen bestand aus saftigen Wiesen, auf denen Vieh weidete. Wo andere wohnten, befanden sich fischreiche Gewässer. Auf den Ländereien eines dritten gediehen schmackhafte Wildpflanzen. Andere besaßen Honig oder begehrte Rohstoffe, vielleicht Steine guter Qualität (Flint, Obsidian u. a.), aus denen sie Erdfarben (Mangan-, Eisenoxide u. a.) herstellten. Wieder andere gewannen seltenes pflanzliches Rohmaterial, fertigten Körbe und Matten, fanden in ihrem Gebiet Edelsteine, Elfenbein, Muschelschalen und andere Materialien, aus denen sie Schmuck fertigten. Manchmal gab es Überschüsse. Der Stamm konnte sie anderen anbieten, um Gegenstände zu erwerben, die er selbst nicht besaß. Das war noch sporadisch und zufällig. Man spricht deshalb von der einfachen, vereinzelten und zufälligen Wertform. Vielleicht tauschte man so:

1 Axt = 2 Lendenschürze

Allgemein: x Produkte A = y Produkte B

In dieser einfachen Wertform steckt das Geheimnis aller Wertformen, auch das der Geldform des Wertes. Wenn diese Tauschrelation längere Zeit galt, konnte sich der Eindruck festigen, dass eine Axt zwei Lendenschürze wert ist oder dass zwei Bekleidungsstücke so viel wert sind wie eine Axt. Der Wert der Axt wird relativ gemessen, in einer konkreten Menge eines anderen Gebrauchswertes. Dieser Gebrauchswert – hier der Lendenschurz – dient dazu, den Wert der Axt auszudrücken. Er nimmt auf dieser ersten Stufe der Entstehung des Geldes jenen Platz ein, der später durch das Geld besetzt wird. Dieser Gebrauchswert dient als Äquivalent. Man sagt deshalb auch, er stehe in Äquivalentform, während die Ware, deren Wert relativ mit seiner Hilfe ausgedrückt wird, in relativer Wertform steht. Eine Ware befindet sich nur in relativer Wertform, wenn sich eine andere in Äquivalentform befindet, und umgekehrt. Beide Waren haben diese Formen nur innerhalb, nicht außerhalb der Beziehung zueinander.

Das in Äquivalentform stehende Produkt besitzt drei »Eigentümlichkeiten« oder Besonderheiten. In ihnen zeigen sich Wesensmerkmale des späteren Geldes in Keimform. Der Gebrauchswert der in Äquivalentform stehenden Ware (Lendenschurz) wird zur Form, in der sein Gegenteil, der Wert, die gesellschaftlich notwendige Arbeitszeit zur Herstellung der in relativer Wertform stehenden Ware (Axt) erscheint. Im Wertverhältnis gilt das in

Äquivalentform befindliche Produkt als verkörperter Wert, als Wertkörper. Die konkrete Arbeit zur Herstellung des in Äquivalentform stehenden Produkts wird zur Erscheinungsform seines Gegenteils, der abstrakten Arbeit des in relativer Wertform stehenden Produkts. Die Arbeit zur Herstellung des in Äquivalentform stehenden Produkts gilt als abstrakte Arbeit. Die private Arbeit zur Herstellung des in Äquivalentform befindlichen Produkts wird zur Form, in der die gesellschaftliche Arbeit des in relativer Wertform stehenden Produkts erscheint. Sie bestätigt ihr, Teil der gesellschaftlichen Gesamtarbeit zu sein. Diese Eigentümlichkeiten begründen das Geheimnis des Geldes. Aristoteles spricht »klar aus, dass die Geldform der Ware nur die weiter entwickelte Gestalt der einfachen Wertform, d. h. des Ausdrucks des Werts einer Ware in irgendeiner beliebigen andren Ware (ist)«. (MEW 23: 73)

Erst wenn alle Produkte (Waren) ihre Werte in einer einzigen Ware ausdrücken, wird diese Ware zum allgemeinen Äquivalent aller anderen Waren und ist unmittelbar und jederzeit mit ihnen austauschbar. Falsch ist, zu glauben, die in der Äquivalentform stehende Ware sei dies von Natur aus. Hier liegt der Ursprung des Rätselhaften der Geldform. Die Äquivalentform der Ware ist, wie Marx an der ältesten Wertform zeigt, keine natürliche, sondern eine gesellschaftliche Eigenschaft. Die Ware, die sich in Äquivalentform befindet, gilt unmittelbar als Wert. Der Widerspruch zwischen der relativen Wertform und der Äquivalentform ist der äußere Ausdruck des in der Ware enthaltenen inneren Widerspruchs zwischen Gebrauchswert und Wert.

Die historisch älteste Wertform widerspiegelt den unentwickelten Stand der Produktivkräfte innerhalb der urgemeinschaftlichen Produktionsweise. Arbeitsteilung und Produktivität sind gering ausgeprägt. Das Privateigentum an Produktionsmitteln entsteht, als sich die Urgesellschaft aufzulösen beginnt. Die Arbeitsteilung schritt voran, die Werkzeuge wurden verbessert, die Produktivität der Arbeit stieg. Es wurde üblich, mehr herzustellen als man selbst benötigte. Das Mehrprodukt wurde zu einer dauerhaften Erscheinung. Familien- und persönliches Eigentum entstanden. Die Erweiterung des Warensortiments und die Vergrößerung der Produktionsmenge verliehen dem Handel mächtige Impulse. Eine Ware konnte nun ihren Wert mit Hilfe vieler Waren ausdrücken. Die zweite Stufe der Geldentwicklung wird als totale, entfaltete Wertform bezeichnet. Der relative Wertausdruck der Ware ist entfaltet, er kann in allen möglichen Gebrauchswerten ausgedrückt werden. Er ist noch »unfertig«.

Beispiel:
1 Axt = 2 Lendenschürze
oder = 3 Flugenten
oder = 2 kg Tee
oder = 5 Ballen Stroh
oder = x Ware A
oder usw.

Die Darstellungsreihe ist nicht abgeschlossen. Es gibt ein buntes Mosaik verschiedenartiger Wertausdrücke.

Aber je größer das Angebot an Waren wurde, umso umständlicher, unangenehmer und hinderlicher musste der Naturaltausch werden. Aus der gewöhnlichen Warenwelt kristallisiert sich eine heraus, die eine besondere Stellung einzunehmen beginnt: als allgemeines Äquivalent Wertausdruck für alle anderen Waren zu sein und den Warenaustausch zu vermitteln. Der reale ökonomische Entwicklungsprozess lässt sich als die einfache Umkehrung der totalen oder entfalteten Wertform darstellen. Auf der dritten Stufe drücken alle Waren ihre Werte nur noch in *einer* besonderen Ware aus, z. B. in einer Axt. Aus der Umkehrung der totalen oder entfalteten Wertform ist so eine neue Qualität entstanden.

2 Lendenschürze
oder = 3 Flugenten
oder = 2 kg Tee = jeweils 1 Axt
oder = 5 Ballen Stroh
oder = x Ware A
oder usw.

In der einfachen und in der totalen, entfalteten Wertform standen sich jeweils nur zwei Waren oder Produkte gegenüber. Nach Marx war es das Privatgeschäft der einzelnen Ware, sich eine Wertform zu geben, um ihren Wert auszudrücken. (MEW 23: 80)

Für das Verständnis des Geldes ist wichtig: Die Funktion des allgemeinen Äquivalents kann prinzipiell von jeder beliebigen Ware übernommen werden. Diese eine Ware benutzen jetzt alle Warenproduzenten als Wertausdruck für ihre Waren. Alle Waren erhalten einen einheitlichen, allgemeinen Wertausdruck. Das allgemeine Äquivalent ist gesellschaftlich anerkannt.

»Die allgemeine Wertform entsteht (…) nur als gemeinsames Werk der Warenwelt. Eine Ware gewinnt nur allgemeinen Wertausdruck, weil gleichzeitig alle andren Waren ihren Wert in demselben Äquivalent ausdrücken, und jede neu auftretende Ware muss das nachmachen.« (MEW 23: 80)

Drücken alle Waren ihren Wert in einer aus, die so zum allgemeinen Äquivalent wird, kommt es zur Trennung des gesellschaftlichen vom naturalen Gebrauchswert oder zur Verdopplung der Gebrauchswerte. Neben den stofflichen, natürlichen Gebrauchswert tritt der gesellschaftliche, das Medium zu sein, in welchem die Ware und alle anderen ihren Wert ausdrücken. Die allgemeine Äquivalentware ist zur erschöpfenden Erscheinungsform der allgemeinen menschlichen Arbeit geworden. Händler können sie mit jeder Ware tauschen, jede Ware mit ihr bezahlen. Alle akzeptieren sie, obwohl ihr natürlicher Gebrauchswert für den Eintauschenden uninteressant ist. Denn es fällt leicht, sie später und woanders gegen jene Ware zu tauschen, die man will, um seine konsumtiven oder produktiven Bedürfnisse zu befriedigen. Jetzt sticht eine besondere Ware aus der Warenwelt hervor. Darin kommt der fortgeschrittene Stand der gesellschaftlichen Arbeitsteilung zum Ausdruck. Die einfache Warenproduktion hat sich etabliert. Die allgemeine Äquivalentware wird nicht wegen ihres natürlichen Gebrauchswerts begehrt. Prinzipiell könnte sie jede beliebige Ware sein. »Die allgemeine Äquivalentform ist eine Form des Wertes überhaupt. Sie kann jeder Ware zukommen.« (MEW 23: 83)

Welche Ware in die Rolle des allgemeinen Äquivalents schlüpft, hängt von den besonderen Bedürfnissen und Lebensumständen des jeweiligen Volkes ab. Die Ware muss so beschaffen sein, dass sie jeder nutzen kann. Sie muss Wert besitzen, also nur durch Arbeit erlangt werden. Die Menschen müssen sie begehren. Nur dann können sie diese jederzeit gegen die Dinge tauschen, die sie brauchten oder haben wollten. »Wenn zwei Tauschpartner die Tauschrelation ihrer beiden Waren nicht mehr jeder für sich in der besonderen Ware des anderen bestimmen (…), sondern wenn jeder der beiden seine Ware auf eine gemeinsame dritte Ware bezieht, zu der beide auf Grund der Häufigkeit, mit der diese getauscht wird, die Tauschrelation zu seiner Ware bereits im Kopf fixiert hat, können beide durch diesen Bezug die Tauschrelation zueinander bestimmen. In diesem Falle dient diese dritte Ware als gemeinsames Äquivalent (…) beziehen sich alle Tauschpartner bei ihren Einzeltauschen regelmäßig auf diese Ware, wird diese dritte Ware im

Laufe der Zeit durch die Gewohnheit zum Wertspiegel für alle anderen Waren oder zum allgemeinen Äquivalent.« (Wagner, Mondelears 1986: 9)

Das Bedürfnis nach einem einheitlichen, beständigen Zahlungsmittel bewirkte den Übergang von der allgemeinen Wertform zur Geldform des allgemeinen Äquivalents. Dies führte auf einer vierten Stufe zum Metallgeld. In Griechenland war Eisen, in Italien das Kupfer, bei den Malagen, reich gesegnet mit entsprechenden Vorkommen, Zinn das erste Geldmetall. Den bevorzugten Platz haben schließlich historisch die Edelmetalle erobert: das Gold und das Silber. »Man sieht«, schreibt Marx im Anhang der ersten Auflage des ersten Kapitalbandes, »die (…) Geldform bietet an sich gar keine Schwierigkeit. Sobald einmal die *allgemeine Äquivalentform* durchschaut ist, macht es nicht das geringste Kopfzerbrechen zu begreifen, dass sich diese Äquivalentform an eine *spezifische* Warenart wie Gold festhaftet, umso weniger als die allgemeine Äquivalentware von Natur *die gesellschaftliche Ausschließung einer bestimmten Warenart durch alle andren Waren* bedingt. Es handelt sich nur noch darum, dass diese Ausschließung *objektiv gesellschaftliche Konsistenz* und *allgemeine Gültigkeit* gewinnt, daher weder *abwechselnd* verschiedne Waren tritt, noch eine *bloße lokale Tragweite* in nur besondern Kreisen der Warenwelt besitzt. Die Schwierigkeit im Begriff der Geldform beschränkt sich auf das Begreifen der allgemeinen Äquivalentform, also der *allgemeinen Wertform* überhaupt« (Hecker, Stützle 2017: 157f)

Backhaus nennt das eine widersinnige »Pseudodialektik von Logischem und Historischem«, weil er den Zusammenhang zwischen allgemeiner Wertform und Geldform nicht begreift und daher nicht versteht, wie »die Eigenschaft der Waren, den Tauschwert aller andern Waren zu repräsentieren, auf eine spezielle Ware übertragen wird – das Geld.« (MEW 13: 476) Sein Fehler resultiert aus der Ignorierung des Historischen. Die Fähigkeit, den Wert der Waren auszudrücken, komme »ausschließlich dem Geld zu, nicht aber den Waren, und ist daher nicht erst auf jene dritte Ware zu übertragen.« (Backhaus 2018: 295) Damit übersieht Backhaus die Existenz der allgemeinen Äquivalentwaren, die als Geldvorläufer Funktionen des späteren Geldes wahrnahmen. Erst mit dem Moment, da die Funktion des allgemeinen Äquivalents auf eine besondere Ware übergeht, spricht Marx davon, dass Geld entstanden war.

Aus der Fülle der Geldvorläufer erwiesen sich Gold und Silber am besten geeignet, die Geldrolle zu übernehmen. Schönheit, Glanz und Formbarkeit machten sie zu einem geeigneten und begehrten Werkstoff für Schmuck und

Prunkgegenstände. Gold wird sich gegenüber dem Silber behaupten. Sobald es das Monopol des allgemeinen Äquivalents erobert hat, wird es zur Geldware und übt in seinen natürlichen Formen oder verarbeitet zu Schmuck die Funktionen des Geldes aus. Die besondere Eignung dazu resultiert erstens daraus, dass die Edelmetalle, vor allem das Gold, gegen Umwelteinflüsse widerstandsfähig sind und sich beliebig lange aufbewahren lassen. Gold und Silber sterben nicht und wandern nicht in die Bratpfannen wie Huhn, Schwein und Kalb; sie verderben nicht wie rohes Fleisch, Obst und Gemüse; sie welken nicht wie Tabak; werden nicht sauer wie Wein und schal wie Bier; werden nicht schmutzig, befleckt und zerreißen nicht wie Seide, Tuch und Pelz; sie rosten nicht wie Eisen. Widerstandsfähigkeit gegenüber Umwelteinflüssen und unbegrenzte Lagerfähigkeit ermöglichen es, den Aufwand für die Lagerung und den Transport des Goldes und des Silbers gering zu halten.

2 Lendenschürze
oder = 3 Flugenten
oder = 2 kg Tee = jeweils eine Viertelunze Gold
oder = 5 Ballen Stroh
oder = x Ware A
oder usw.

Und zweitens besitzen sie gegenüber allen Geldvorläufern den Vorteil, in allen ihren Teilen vollkommen gleichartig zu sein. Gleiche Mengen desselben Metalls besitzen die gleiche Wertgröße. Edelmetallgewicht und Wert verhalten sich direkt proportional zueinander. Edelmetalle lassen sich drittens in kleinste Teile zerlegen. Selbst dünnste Plättchen und Goldstaub haben ihren Wert. Die problemlose Teilbarkeit und die Möglichkeit, kleinste Metallstückchen wieder zu größeren Gewichtseinheiten zusammenfügen zu können, machen Gold und Silber zu einem idealen Maßstab der Preise. Wertverhältnisse können stabil ausgedrückt, selbst kleinste Werte gemessen, beliebig große Werte dargestellt werden. Da sie sehr wertvoll sind, benötigt man viertens nur eine kleine Menge von ihnen, um Waren zu kaufen. Hoher Wert schon in geringen Mengen ist vorteilhaft für den Tausch. Da das Metallgeld fünftens dauerhaft und leicht transportiert werden kann, eignet es sich nicht nur für die Wertmaß- und Rechenfunktion, sondern auch sehr gut für die eines Tauschmittels.

Änderten wir die Gelddefinition, begriffen wir das Geld nicht als Ausdruck oder Äquivalent des Wertes in einer *einzigen* Ware, sondern als Wertausdruck *schlechthin*, dann könnten wir unterscheiden zwischen a) zufälligem, b) entfaltetem oder totalem, c) warenspezifischem und schließlich d) einheitlichem Geld. Zufälliges Geld stünde am Anfang der Wertformengenese, die dann mutieren würde zu einer Genese der Geldformen. Die Gestalt und Reichweite der Geldformen würden einem historischen Wandel unterliegen. Aber selbst bei einer derartigen Neudefinition wäre Geld die logische Folge des Werts, bliebe diesem nachgeordnet. Primär sind auch jetzt Ware, abstrakte Arbeit, Wert und nachgeordnet der Tauschwert. Von diesen Kategorien ist das Geld logisch abgeleitet. Es kann weder logisch noch historisch das Vorausgesetzte sein. »Geld ist kein Ding, sondern eine bestimmte Form des Werts, unterstellt also wieder den Wert.« (MEW 25: 870)

Einwände

Gegen die von Marx in der Wertformanalyse logisch und historisch begründete Geldwerdung werden neben dem bereits erwähnten Einwand – Geld sei älter als der Tausch – zwei weitere, damit zusammenhängende erhoben: Tauschakte vor dem Geld – einen »prämonetären« Tausch – habe es nirgendwo und zu keiner Zeit gegeben oder – einschränkend – ein solcher wäre nie quantitativ bedeutsam oder gar vorherrschend gewesen. Und wenn doch, dann ließe sich nicht nachweisen, dass sich eine Geldware aus dem großen Kreis der Äquivalentwaren abgesondert hätte. Für den Nichtökonomen Graeber ist die Smithsche Mär vom Tauschhandel »*der große Gründungsmythos der Wirtschaftswissenschaften*«, eine »Fantasievorstellung«, ein von Ökonomen ersonnenes »fernes Märchenland«. (Graeber 2012a: 29, 31) Er zitiert aus dem »anthropologischen Standardwerk über Tauschhandel« von Caroline Humphrey von der Universität Cambridge: »Schlicht und einfach wurde nicht ein einziges Beispiel einer Tauschwirtschaft jemals beschrieben, ganz zu schweigen davon, dass daraus Geld entstand; nach allen verfügbaren ethnografischen Daten hat es das nicht gegeben«. (Graeber 2012a: 35) Nun, behaupten kann man viel. Muss man aber alles glauben? Graeber sagt, dass er den Tauschmythos für falsch hält, erbringt aber nicht den geringsten Beleg und erst recht keinen Beweis dafür, dass seine Auffassung richtig sein könnte. Umso erstaunlicher, dass sie selbst bei marxistischen Theoretikern auf fruchtbaren Boden gefallen ist, die wie er und andere die schier erdrückende Fülle an wirtschaftshistorischen Erkenntnissen ignorieren.

Grundsätzlich muss man beachten, dass Systematisierungen, auch historische, stets in gewisser Weise willkürlich sind. Die Geschichte verläuft uneinheitlich, widersprüchlich, im Zickzack. Völker können stehen bleiben wie die australischen Aborigines, die das Stadium der Jäger und Sammler nie überwanden. Andere fielen zurück, verloren wie die Menschen auf Tasmanien, der isolierten Insel im Indischen Ozean, im Laufe der Jahrtausende zivilisatorische Errungenschaften. Historiker nennen das Phänomen die tasmanische Regression. (Eberle 2013: 134-137)

Natural- und geldwirtschaftliche Verhältnisse gab es oft nebeneinander, so auch verschiedene Formen des Geldes. Auch die Geldgeschichte ist kein linearer Vorgang. Wir unterscheiden ihre Epochen danach, was in ihnen prägend gewesen ist. Die Formen sind nicht in jedem Fall neu, erleben aber ihre Blütezeit in der jeweiligen Phase. So spielen z. B. Kredit- oder Buchgeld im Kapitalismus eine neue herausragende Rolle; sie sind aber viel älter. Das gilt für das Geld schlechthin. »Obgleich das Geld sehr früh und allseitig eine Rolle spielt«, schreibt Marx, »so ist es im Altertum doch als herrschendes Element nur einseitig bestimmten Nationen, Handelsnationen, zugewiesen. Und selbst im gebildetsten Altertum, bei Griechen und Römern, erscheint seine völlige Entwicklung, die in der modernen bürgerlichen Gesellschaft vorausgesetzt ist, nur in der Periode ihrer Auflösung. (…) Zum Beispiel im römischen Reich, in seiner größten Entwicklung, blieb Naturalsteuer und Naturallieferung Grundlage. Das Geldwesen eigentlich nur vollständig dort entwickelt in der Armee.« (MEW 13: 634)

Das Widersprüchliche, das Neben- und Nacheinander der Formen und Stufen, die regional unterschiedlichen Geschwindigkeiten und Besonderheiten können verwirren: Die Geldgeschichte ist kein linearer Vorgang. Dass es wirtschaftshistorische, ethnographische bzw. ethnologische Belege für die praktisch-historische Relevanz der Wertformenanalyse gibt, habe ich an anderer Stelle ausführlich zu zeigen versucht (Müller 2015: 95-187). Unter Wirtschaftshistorikern besteht kein Zweifel, dass es einen Tauschverkehr – v. a. einen Fernhandel – auf sehr frühen Stufen der Menschheit gegeben hat. Die Belege darüber können nicht einfach als »Fabeleien« aus der Frühzeit des prämonetären Tauschs abgetan werden. Erste Hinweise darauf, dass Menschen Handel trieben, reichen 50.000 bis 60.000 Jahre zurück, also bis weit vor die neolithische Revolution, mit der der Tausch zwischen den sesshaft werdenden ehemaligen Jägern und Sammlern eine regelmäßige Erscheinung zu werden begann. So gelang es dem Homo Sapiens, der in Ostafrika lebte, vor 45.000 Jahren irgendwie das offene Meer zu überqueren und bis nach Australien vorzudringen. Aus dieser Zeit stammen die ersten Hinweise auf Religion, Handel und gesellschaftliche Schichten. Nach der gängigsten Theorie entstanden damals in der indonesischen Inselwelt die ersten Seefahrernationen. Sie lernten seetüchtige Schiffe zu bauen und fuhren weit aufs offene Meer hinaus, um zu fischen, zu handeln und zu forschen. (Harari 2013: 33, 86) Bei der Ausgrabung von 30.000 Jahre alten Sapiens-Fundstätten in Zentraleuropa finden Archäologen immer wieder Muscheln von der Mittelmeer- oder der Atlantikküste. Diese Muscheln gelangten vermutlich durch den Handel zwischen verschiedenen Gruppen von Homo Sapiens ins Innere des Kontinents. (Harari 2013: 51) Ein anderes Beispiel aus dem Südpazifik: Die Sapiens-Gruppen, die auf der Insel Neuirland nördlich von Neuguinea lebten, benutzten ein Vulkanglas namens Obsidian, um besonders harte und scharfe Werkzeuge herzustellen. Laboruntersuchungen haben gezeigt, dass das Vulkanglas von der vierhundert Kilometer entfernten Insel Neubritannien stammte. Einige Einwohner der Insel müssen also geschickte Seefahrer gewesen sein, die zwischen den Inseln Handel trieben. Das sind eindeutige Hinweise auf eine regen Handel zwischen einigen Inseln. (Harari 2013: 86)

Ihre Lebensweise bringt Nomadenvölker »beständig mit fremden Gemeinwesen in Kontakt«, was zum Produktentausch anregt. (MEW 23: 103) Wenn auch nicht bestimmend für die Art des Zusammenlebens der Menschen – die ersten Tauschakte waren nach Marx einzeln und zufällig (!) – wurden Arbeitsteilung und Tausch nach und nach wichtiger und sollten die Entwicklung der Zivilisation prägen. Die ethnografische Forschung hat den Nachweis erbracht, dass die Völker unterschiedlichste allgemeine Äquivalente nutzten, bevor die Geldform des Werts entstand (vgl. Leverkus 1990: 30f; Lips 1951). Es waren dies entweder die »wichtigsten Eintauschartikel aus der Fremde, welche in der Tat naturwüchsige Erscheinungsformen des Tauschwerts der einheimischen Produkte sind« oder der »Gebrauchsgegenstand, welcher das Hauptelement des einheimischen veräußerlichen Besitztums bildet, wie z. B. das Vieh« (MEW 23: 103). Zu den wichtigsten allgemeinen Äquivalentwaren gehörten:

- *Güter, die eine längere Zeit Nutzen abwerfen* und sich zur Wertaufbewahrung eignen, wie Sklaven, Vieh oder Saatgut,
- *Werkzeuge und Geräte* von einheitlicher Beschaffenheit wie Pfeilspitzen, Angelhaken, Äxte, Sicheln, Nägel, Nadeln,
- *Spekulative Güter*, die einen Wertzuwachs versprechen, wie z. B. Jungvieh,
- *Schmückende Güter*, mit denen man Reichtum zur Schau stellen konnte wie bunte Federn, Kauri-Muscheln, Muschelschalen, Marmorringe, Totenschädel, Wampums, Glasperlen, Hunde- und Eberzähne, Schalen von Straußeneiern, Steine, vor allem Edel- und Halbedelsteine usw.,
- *Rohstoffe*, vor allem Metalle in einheitlichen, handlichen Barren oder als Armreifen und abgewogener Goldstaub, auch die Tierfelle des nordamerikanischen Pelzhandels, z. B. Biber- und Elchfelle, Gummi,
- *Konsumgüter, v. a. Nahrungsmittel* wie z. B. Getreidekörner, Tee, Datteln, Nüsse, Kakao- und Kaffeebohnen, Kokosnüsse, Salz, Zucker, Reis, Fische, Tabak, Whiskey, Kleidungsstücke.

Von der allgemeinen Wertform zur Geldform ist es ein kleiner, zwingend logischer Schritt. Eine spezifische Warenart wird allgemeines Äquivalent für den Wert aller Waren. Es sind dies die Edelmetalle Gold und Silber. Der Durchbruch spielt sich zwischen 3000 und 2000 v. u. Z. in Vorderasien ab. Den Grund hatte ich genannt: Gold und Silber besitzen die für ein allgemeines Äquivalent nötigen Eigenschaften in der Summe in höherem Maße als alle anderen Waren. Und dennoch wird gesagt, es gäbe »keine historischen Belege für die Existenz von Gemeinschaften, in denen sich über die Exklusion bestimmter Waren als Tauschmittel eine Geldware entwickelt hätte«. (Dunkhase 2016: 198) Solange die aus der wirtschaftshistorischen Forschung übernommenen Fakten und Zusammenhänge dem widersprechen und nicht wenigstens entkräftet worden sind, gibt es keinen Grund, die Analyse der Wertformen als eine bloße Gedankenkonstruktion, als »Hirngespinst«, abzutun. Sie widerspiegelt das Wesen der Geldwerdung prinzipiell richtig.

Vor rund 4.500 Jahren tauchte in Mesopotamien der Silberschekel auf. Der Schekel war keine Münze, sondern entsprach 8,33 Gramm Silber. Neben Getreide wurde immer häufiger Silber als Äquivalent genutzt. Als Zeugnis kann der schwarze Obelisk des Königs Manischtuschu (um 2330-2255 v. u. Z.) dienen. Der Text dieses Denkmals berichtet, dass der König von Akkad für etwa 150 Kilogramm Silber ungefähr 300 ha Land kaufte. (Sellnow 1977: 154) Nach anderen Angaben sollen es 3.430 Hektar Land gewesen sein, die der König für 7,5 Talente Silber (1 Talent = 30 kg) im nördlichen Babylonien kaufte.[53] In der Zeit der III. Dynastie von Ur (2048-1940 v.u.Z.) wurde Silber das Hauptzirkulationsmittel unter den sumerischen Händlern. (Brentjes: 1981: 339) Für lange Zeit galt: Tötete ein Freigeborener eine Sklavin, so hatte er nach den Gesetzen des Hammurapi (1792-1750 v.u.Z.) dem Besitzer 20 Schekel zu zahlen, also 166 Gramm Silber, nicht 20 Münzen, die es noch nicht gab. (Harari 2013: 223) Über die Ägypter sagt Friedell in seiner Kulturgeschichte Ägyptens und des alten Orients: »... sie verwendeten als Zahlungsmittel Kupferbarren und Goldringe, die immer erst wieder gewogen und geprüft werden mussten wie jede andere Ware (...)«.

Das Beispiel Ägyptens zeigt, dass kein Kredit, keine Schuld- und Schatzscheine, sondern Geldware den Tausch vermittelte. Die wirtschaftliche Blüte Ägyptens hielt länger als in irgendeinem anderen Land an (Friedell 1998: 190) »Streng genommen erfolgte der Übergang von der allgemeinen Wertform zur Geldform erst, als Gold in einem bestimmten Territorium alle besonderen Äquivalente verdrängt und in dieser gesellschaftlichen Funktion eine Monopolstellung errungen hatte.« (Grünert 1981: 279). Am besten bekannt ist aus zahlreichen Tontafeln der altassyrische Metallhandel in Anatolien – jener Teil der heutigen Türkei, der zu Vorderasien gehört – um 1900 v.u.Z. Dort sei Gold erstmals als »Währung« aufgetreten, in die alle anderen Waren umgerechnet wurden. (Wilsdorf 1981: 326)

Im Chemnitzer archäologischen Museum können Besucher Bronze- und Goldspiralen bestaunen, die von 1200-1000 v.u.Z. stammen. Sie wurden im sächsischen Weinböhla – ein Ort bei Meißen – gefunden. Größe und Gewicht der Ringe widersprechen der Annahme, dass es sich um Schmuck gehandelt hat. Sie besaßen die Funktion von Barren oder Geldeinheiten und wurden über weite Strecken gehandelt. Das Museum zeigt außerdem Beile und Sicheln, gefunden in Wildenhain bei Meißen, die vermutlich auch als Geld- bzw. Werteinheit dienten.

Bei der Geldform unterscheidet man drei Stufen: das vormünzliche Metallgeld in Form von Schmuck und Geräten, das vormünzliche Geld in Form von »Klumpen«- oder Barren und das gemünzte Metallgeld. Münzen aus Gold und Silber, römische und griechische breiteten sich rasch aus. Wie kann man da behaupten, nirgendwo hätten sich aus dem Kreis der Geld-

53 www.genealogie-93-generationen.eu/index.asp?nid=6561, (12.11.2018)

vorläufer die Edelmetalle als Geldware durchgesetzt? Betrachten wir es vom (vorläufigen) Ende her: den Goldstandard besaßen Ende des 19. Jahrhunderts alle wichtigen Industriestaaten. Goldmünzen waren die Hauptform des Geldes. Doch nur wenige waren im Umlauf. Bei der Bezahlung der Waren wurden sie vertreten vor allem durch konvertible Banknoten, die jederzeit zum Nennwert gegen Gold eingelöst werden konnten und Kreditverhältnisse zwischen der Bank und ihren Kunden dokumentierten. Wo ein ausgedehntes Kreditwesen, »so die Funktion des Geldes als Zahlungsmittel. Als solches erhält es eigne Existenzformen, worin es die Sphäre der großen Handelstransaktionen behaust, während die Gold- und Silbermünze zurückgedrängt wird.« (MEW 23: 153f)

John Fullarton, ein von Marx geschätzter Geldtheoretiker, berichtet, dass bereits Mitte des 19. Jahrhunderts in England neun Zehntel aller Geldgeschäfte bargeldlos abgewickelt wurden. Dass schlechtes Geld das gute aus der Zirkulation in den Schatz treibt, war seit langem bekannt. Thomas Gresham, der Finanzberater der britischen Krone, wusste es ebenso wie Kopernikus und weit früher der griechische Komödiendichter Aristophanes. Was oft übersehen wird: Just in dem Moment, da das Gold als Geld eintrat in die Zirkulation, begann seine Verdrängung aus ihr. Monetisierung und Demonetisierung des Goldes gingen von Anfang Hand in Hand. Wertlose Ersatzgeldzeichen anstelle des Goldes erhöhten die Sicherheit und Rationalität der Zahlungen. Diese Erscheinungen, die heute von vielen als Beleg dafür gedeutet werden, dass Gold kein Geld mehr ist, sind sehr alt und sie waren ohne Abstriche Marx bestens bekannt: Wechsel, konvertible und inkonvertible Banknoten, Buchgeld, Papiergeld mit Annahmezwang. Die Buchgeldformen des digitalen Kapitalismus konnte er freilich nicht kennen.

Neues entspringt Altem, und zwar so, wie es Marx beschreibt: Kreditgeld, Papiergeld und sich gegenseitig ausgleichende Zahlungen gehörten zum System, das man Goldstandard nannte. In diesem System bildeten die zentralen Goldvorräte die Hauptreserve der internationalen Zahlungsmittel. Die ungehinderte Ein- und Ausfuhr des Goldes half, die Preise zu sichern, förderte den Handel, trug dazu bei, Ungleichgewichte zwischen den Ländern zu begrenzen und Wirtschaftsabläufe zu koordinieren. In den Lehrbüchern funktionierte das freilich besser als in der Praxis, aber das hat der Goldstandard mit allen Modellen gemein. Dann kamen die Kriege des 20. Jahrhunderts. Um sie zu finanzieren, wurde der Goldstandard aufgegeben. Logisch. Doch das Gold wurde auch juristisch nicht völlig abgeschrieben. Der Gold-Dollar-Standard prägte das Weltwährungssystem bis Anfang der 1970er Jahre.

Durchgesetzt hatte sich also das Gold, dass lange Zeit sein Geldwarendasein mit dem Silber teilte. Nicht Kaurischnecken, nicht Ochsen! Semantische, philologische Aspekte unterstreichen gleichfalls den Zusammenhang des Geldes – der Geldform – zu seinen Vorläufern, den Äquivalenten der allgemeinen Wertform. Gustav Cassel berichtet, dass vom Atlantischen Ozean bis nach Zentralasien der Ochse Jahrtausende hindurch als Haupteinheit für die Preisrechnung benutzt worden war. Er übte vor allem die Wertmaßfunktion aus. Das lateinische Wort pecunia heißt Geld. Es stammt ab von pecus – dem Vieh. Daneben kamen auch Untereinheiten, wie z. B. das Schaf, vor. Vielleicht wurde auch der Sklave als eine höhere Einheit – vermutlich im Werte von drei Ochsen – benutzt. Schon sehr früh sind aber andere Güter, die Metalle, als allgemeine Tausch- oder Zahlungsmittel in Gebrauch gekommen. Auf den frühesten Stufen wurden die Metalle nach Maß geschätzt, in Stangen hergestellt und mit einer dem menschlichen Körper entnommenen Längeneinheit gemessen. Gold wurde in Form von Armringen als Schmuck, aber auch bei Bedarf als Zahlungsmittel benutzt, wobei die Form die Schätzung der Menge erleichterte. Gustav Cassel schreibt, es sei »eine sehr bemerkenswerte Tatsache, dass Gold immer in einer Einheit gemessen wurde, die dem Wert eines Ochsen entsprach. Diese Einheit hatte das Gewicht von ungefähr 130 grains[54] (= 8,45 g) (…) Auch vor der Erfindung des Wiegens wurde Gold wahrscheinlich in Stücken hergestellt, die den Wert des Ochsens darstellten. Das Gewichtssystem hat sich dann einfach dieser Tradition angeschlossen und die erste Gewichtseinheit wurde das Stück Gold, das seit alters her als die Goldeinheit betrachtet wurde und den Wert eines Ochsens vertrat (…) Es kann keinem Zweifel unterliegen, dass diese Goldmenge als Zahlungsmittel in der noch viel älteren Preisrechnung nach der Ochseneinheit gebraucht worden ist (…) Es ist unter solchen Verhältnissen natürlich, wenn die Goldmenge, die einen Ochsen vertrat, mit dem Namen »Ochse« bezeichnet wurde, und wenn dieser Name auch beibehalten wurde, nachdem die betreffende Goldmenge die Form einer Münze erhalten hatte. Das wesentliche der Entwicklung liegt also darin, dass eine bestimmte Goldmenge, die

54 Grain = Gerstenkorn, Maßeinheit der Masse; Das römische Grain entsprach 0,065 Gramm (Grierson 1976: 314)

im Wert dem Ochsen gleich geschätzt wurde, allgemein als Zahlungsmittel mit bestimmter Zahlungskraft anerkannt wurde. Mit dem Hervortreten der Staatsmacht ist diese Zahlungskraft auch eine gesetzliche geworden. Unter diesen Veränderungen ist der Zusammenhang der Rechnungseinheit mit dem wirklichen Ochsen aufgelöst worden. Auch andere Metalle sind als Zahlungsmittel in Quantitäten, die den früheren Rechnungseinheiten angepasst waren, benutzt worden. So in Rom das Kupfer, von dem 100 as dem Wert des Ochsen, 10 as dem Wert des Schafes gleichgesetzt wurde«. (Cassel 1923: 343f) Die Urform des nord- und mittelitalienischen As, das aes grave, wog anfangs exakt ein römisches Pfund (libra) und damit etwa 327,45 Gramm. Diese Begriffe bzw. Gewichtsbezeichnungen belegen eindeutig den Zusammenhang zwischen dem Gold bzw. Metallgeld und seinen Vorläufern, hier dem »Viehgeld«.

Gold

Als der Erste Weltkrieg ausbrach, stellten die Staaten die Zahlung in Gold ein. Banken tauschten Noten und Guthaben nicht mehr in Gold um. Die Verschuldung zur Finanzierung von Rüstung und Krieg war mit den strengen Regeln einer Goldwährung unvereinbar. Die Stunde des Goldstandards hatte geschlagen. Die Inflation konnte beginnen. Bereits hier drängt sich erstmals die Frage auf, ob die Weigerung Papierzettel in Gold zu tauschen, dazu diente, die Geldware Gold aus dem Währungssystem zu drängen oder sie zu schützen. Gegen Ende des Zweiten Weltkrieges stellte sich die Frage nach der Zukunft des internationalen Finanzsystems neu. Das 1944 in Bretton Woods, dem amerikanischen Kurort nahe der kanadischen Grenze, errichtete Weltwährungssystem, sah vor, die Wechselkurse der Länder an den US-Dollar zu binden. Der Dollar sollte einlösbar sein in Gold. Das System fester Wechselkurse auf Goldbasis nannte man Gold-Dollar-Standard. Mitte der 1960er Jahre wurden die Leistungsbilanzdefizite der USA größer, die US-Goldreserven sanken dramatisch. Dollars überschwemmten die Welt. Der Preis von 35 US-Dollar für eine Feinunze Gold – 31,1 Gramm –, von Roosevelt 1934 am Frühstückstisch erdacht, war nicht zu halten. Zwar entsprach er zum Zeitpunkt seiner Festlegung in etwa den realen Verhältnissen, willkürlich war er dennoch in gewisser Weise. Die Frage, warum der Preis für eine Unze Feingold nicht 37 oder 32 Dollar betragen sollte, kann niemand beantworten. Blauäugig war vor allem, zu glauben, der festgesetzte Goldpreis würde über Jahrzehnte stabil bleiben. Anfang der 1970er Jahre war der Goldpreis nicht mehr zu halten, stieg bis 1973 auf über 100 Dollar. Engländer, Deutsche, vor allem die Franzosen forderten die USA auf, ihre Dollars in Gold zu wechseln. Der damalige US-Präsident Richard Nixon weigerte sich. Am 15. August 1971 hob er die in Bretton Woods eingegangene Verpflichtung auf, ausländischen Notenbanken ihre Dollars gegen Gold abzunehmen. Ökonomen weltweit deuteten den juristischen Akt als letzten Schlag gegen die Geldware Gold. Spätestens von da an sei das Gold nicht nur entbehrlich für das Funktionieren der Geldsysteme geworden, es sei auch aus diesem verschwunden.

Die Demonetisierung des Goldes, die begonnen hatte mit dem Tag, an dem Gold als Geld in die Zirkulation getreten war, schien durch eine politische Maßnahme der US-Regierung besiegelt worden zu sein. »Das kam einer Revolution gleich«, schreibt Heerke Hummel. »Denn das Geld war plötzlich und endgültig von der materiellen Produktion von Waren, darunter auch des Goldes, abgekoppelt und dem Wesen nach etwas Neues geworden – ein Arbeitszertifikat, ein Zeichen nicht mehr für die Geldware Gold, sondern für gesellschaftliche Arbeit; auch wenn die institutionelle Wirtschaftswissenschaft oder sonst jemand das kaum wahrhaben will«.[55] Man muss jedoch bedenken, dass Gold weder durch einen juristischen Akt Geld geworden war, noch – so kann man zumindest bezweifeln – durch einen juristischen Akt von seiner Geldrolle entbunden werden kann. Rechtsmaßnahmen der US-Regierung zu Beginn der 1970er Jahre waren eine Reaktion auf eingetretene Änderungen im Währungssystem. »Noch toller treiben es die Marxisten, die uns in feierlichem Ernst mitteilen, seit 1971, seit der offiziellen Aufhebung der Konvertibilität des US-Dollars, sei die monetäre Welt aber ganz anders geworden, als Marx sich das je hätte träumen lassen. Dass legale und faktische Konvertibilität zweierlei sind, dass weder die Goldreserven noch der internationale Goldmarkt – nach wie vor in London – verschwunden sind, dass die zahlreichen Versuche der US-Dollar-Diplomatie, das Gold endgültig zu demonetisieren – um die »Dollarisierung« der Währungen in Drittländern zu befördern – allesamt fehlgeschlagen sind, kümmert sie nicht«. (Krätke 2017: 185 Fn)

55 Bürgerbewegung Finanzwende – was muss man, was kann man erwarten? Von Heerke Hummel, 5.11.2018, in: www.das-blaettchen.de, (15.6.2019)

Mir will auch die »Logik« nicht einleuchten: Die einen wollen Gold haben, andere weigern sich, es herauszugeben. Spricht das *gegen* oder *für* die währungspolitische Bedeutung des Streitobjekts? Ist Gold die Geldware geblieben? Von vielen Ökonomen wird dies verneint. Gold sei nur noch eine ganz gewöhnliche Ware und Spekulationsobjekt. Die scheinbaren »Beweise«: Keiner zahlt mit Goldmünzen. Goldgedeckte Banknoten gibt es nirgendwo. Die Einlösbarkeit des Papiergeldes zu juristisch fixierten Kursen gegen Gold ist weltweit aufgehoben. Empirisch scheint (fast) alles gegen die Aktualität der Geldware Gold zu sprechen. Außer, dass die Zentralbanken und der Internationale Währungsfonds in nahezu unveränderten physischen Mengen Gold horten, und nicht Tomatenketchup oder Bruno Bananis Unterwäsche. 32.000 Tonnen sollen es sein – 640.000 Zentner, etwa 20 Prozent allen Goldes, das Menschen jemals im Laufe ihrer Geschichte schürften.

Gold – nur noch eine Ware wie jede andere? Immerhin weiß man, dass das Gold der Zentralbanken nicht dazu dient, Schmuck herzustellen, Metalle und Kunststoff zu beschichten, Zahnlücken zu füllen oder auf Leiterplatten Chips und integrierte Schaltkreise zu verbinden. Und als Goldtropfen zur Beruhigung kranker Herzen ist es auch nicht gedacht. Dieses Gold gehört zur Währungsreserve. Gold wird nicht dadurch zu einem funktionslosen Teil der Währungssysteme, dass einige Ökonomen dies beharrlich behaupten. Gold bietet Sicherheit in einer Zahlungswelt, die fast reibungslos funktioniert mit Banknoten, wertlosen Münzen, Kreditscheinen und Buchgeld, das als Zahl auftaucht, mit Computergeld, den mit entsprechenden Informationen belegten Speicherplätzen moderner Rechenwerke. Gold ist das Medium, die sinnlose und auf Selbstzerstörung hinauslaufende Anhäufung von Forderungen zu überstehen, weil es selbst keine Forderung ist. Gold, scheinbar entbehrlich, ist das Geld für den Fall der Fälle. Es geht, wenn nichts mehr geht. Wie eine Katzenmama ihre Jungen behüten die Zentralbanken das edle Metall. Das allein ist kein Beweis, dass es Geldware geblieben ist. Aber erst recht nicht, dass es keine mehr ist. Einige Ökonomen, die an der Warentheorie des Geldes festhalten, im Gold aber nur eine gewöhnliche Ware sehen, erklären das Papiergeld zur Ware und sprechen von einer Papiergeldform des Werts. Das Konzept hat den Nachteil, dass das Papiergeld keine Ware ist.

Jene, für die feststeht, dass Gold spätestens seit den 1970er Jahren keine Geldware mehr ist, bleiben den Beweis dafür schuldig. Sie glauben, dass die Erscheinungen für sich sprächen. Von ihnen geblendet, meinen sie, das

Wesen des Geldes sei als ein Kommunikationsmittel, als Zeichen, als Symbol, als eine Verrechnungstechnik oder als ein Vertrauenssystem vollständig erkannt. Schizophrenie des Vertrauens: Solange sie glauben, dass Geld da ist, will keiner es sehen. Hat sich herumgesprochen, dass nichts mehr vom »Nichts« vorhanden ist, wollen alle es haben. Im Sommer 1974 brach die Herstatt-Bank in Köln wegen missglückter Devisengeschäfte zusammen. Mit ihr zerbrach auch das Vertrauen der Kunden. Schlangen bildeten sich vor dem Bankhaus. Kunden wollten ihre Konten räumen, obwohl, (besser *weil*) sie erfahren hatten, dass die Devisenspekulanten von Herstatt dies bereits getan hatten.

Die »Nichts aus Nichts«-These des Geldes ist ein Beispiel dafür, wie man, überwältigt von den Erscheinungen, die Suche nach dem Wesen eingestellt hat, das verborgen den Dingen innewohnt. Wenn auf dem Weltmarkt das Vertrauen in das Fiat-Geld der Zentralbanken verloren ginge, würde man einen großen Teil der Forderungen mit Gold ausgleichen können. Dann würde klar, dass Gold nach wie vor unverzichtbar ist. »Im Moment der Geldkrise wird die Geldware wieder aktuell.« (Krätke 2017: 191) Beispiele aus jüngster Zeit: Indien und China beziehen etwa eine Million Barrel pro Tag bzw. 40 Prozent der gesamten Öl-Exporte des Iran. Indien ist der erste Handelspartner des Iran, der im Jahre 2012 erwog, Rohöl nicht mehr in Dollar, sondern in Gold zu bezahlen.[56] Die Chinesen kündigten an, die Ölimporte in Yuan zu bezahlen, nicht in Dollar. In der Ankündigung hieß es weiter, dass sie jedem Öllieferanten, der keine Yuan will, eine Goldzahlung anbieten. Wie die Chinesen weiterhin erklärten, werde man dafür kein chinesisches Gold einsetzen, sondern bei Bedarf Gold am globalen Goldmarkt kaufen.[57] Durch die Bezahlung mit Gold umgehen Neu-Delhi und Peking die von den USA auferlegten Sanktionen gegen die iranische Zentralbank sowie das Öl-Embargo, das seitens der EU gegen Teheran verhängt werden soll.

Die Deutsche Bundesbank hat seit 2013 auf geheimen Wegen 300 Tonnen Gold aus ihrem Bestand bei der US-Notenbank Fed sowie die gesamten, ihr gehörenden 374 Tonnen aus Paris nach Frankfurt gebracht – aus Gründen der Sicherheit und um den Zugriff auf das wertvolle Metall zu erleichtern.

---

56 Gold für Öl: Stößt Indien den Dollar vom Thron?, 24.1.2012, in: www.gegenfrage.com, (14.11.2018)

57 Yuan für Öl … Gold für Yuan. Von Rudy Fritsch, 1.1.2018, in: www.goldseiten.de, (14.11.2018)

Ein Barren Gold war 2018 470.000 € wert. Als die venezolanische Regierung 14 Tonnen Gold im Wert von einer halben Milliarde Euro aus London abziehen wollte, um sie vor US-Sanktionen in Sicherheit zu bringen, weigerte sich London, sie auszuliefern.[58]

Die Beschreibung der oberflächlichen Erscheinungen im Geldwesen erfolgt i. d. R. korrekt. Dass »Geld« ein Anspruch auf Ware ist, bestreitet keiner. Die Frage ist, ob Geld auf diesen Gemeinplatz reduziert werden kann. Die Verwechslung des Geldes mit seinen Erscheinungsformen – Zeichen, Symbole etc. – führt zwangsläufig dazu, dass das Wissen über die Funktionen des Geldes verkümmert. Gleich zu Beginn des dritten Kapitels nennt Marx die wichtigste Funktion des Geldes: Geld ist Maß der Werte. (MEW 23: 109) Wie sollen Zeichen, Symbole, die selbst wertlos sind, oder Geld, das »Nichts« ist, Werte messen? Das Maß muss von der Qualität des zu Messenden sein. Da dem angeblich »modernen Geld« diese Eigenschaft fehlt, ist es üblich geworden, die Existenz einer Wertmaßfunktion zu ignorieren oder, wie in der bürgerlichen Ökonomie, diese als die subjektive Bewertung des Gebrauchswertes falsch zu deuten.

Die Lehrbücher, selbst die von »alternativen« Ökonomen, erwähnen drei Grundfunktionen des Geldes: Wertaufbewahrungsmittel, Tauschmittel und Recheneinheit. Von einer Wertmaßfunktion ist keine Rede mehr. In älteren Werken wird die Bedeutung des Geldes als Wertmaß beschrieben. (Philippovich 1919: 269; Simmel 1900: 156ff) Falsch ist es, den Vertretern der Geldwarentheorie vorzuwerfen, ihre Auffassung laufe auf eine Rehabilitierung der vorkapitalistischen Metallgeldzirkulation hinaus. Im Gegenteil: Sie verstehen die Entstehung und Zirkulation von Ersatzgeldzeichen und Symbolen nicht als eine Störung oder Entartung des Geldwesens. Sie begreifen sie als eine historische Konsequenz des Wirkens ökonomischer Gesetze. Die Geldwarentheorie zu akzeptieren, bedeutet nicht, die Geldware in die Zirkulation zurück zu beordern, in der sie von Anfang an eine untergeordnete Rolle gespielt hatte, sondern ermöglicht, das Geld als eine Einheit von Geldware und Geldzeichen widerspruchsfrei darzustellen. Der logisch-historische Zusammenhang zeigt, dass die Geldstellvertreter Abkömmlinge und keine Konkurrenten der Geldware sind. Geldzeichen sind Repräsentanten der Geldware Gold geblieben, obgleich fixe juristische Bindungen zwischen ihnen und

58 Lucas Zeise, Gold unter Freunden, in: junge Welt, 24./25.11.2018, S. 9

dem Gold aufgehoben wurden. Das Papiergeld der Zentralbanken – inkonvertible Banknoten – ist Repräsentativgeld. Die von Stephan Krüger vertretene Auffassung ist die logisch schlüssige Erklärung des Zusammenhangs zwischen der Geldware und den papiernen Geldzeichen. (Krüger 2012: 72-193) Das inkonvertible Repräsentativgeld »bleibt durch unsichtbare Fäden an die metallische Grundlage der Geldzirkulation, die ihrerseits die Fundamentalbestimmung des Geldes als Ware ausdrückt und Bedingung für die Wertbestimmung durch gesellschaftlich notwendige Arbeitszeit ist, gebunden«. (Krüger 2012: 191)

Die von mir favorisierte Auffassung besitzt den Nachteil, dass man sie empirisch nicht »beweisen« kann. Wollte man praktisch beweisen, dass der Preis der Geldausdruck des Warenwerts, der Lohn der des Wertes der Ware Arbeitskraft ist, ginge es uns freilich ebenso. Wir müssten wissen, wie groß der Warenwert und der Wert der Arbeitskraft sind. Wir wissen es nicht.

Kreditgeld

Verwechslungen des Kreditgeldes mit Papiergeld sind üblich, bei Anthropologen, Numismatikern und Historikern sowieso, aber auch bei vielen Ökonomen. Von ihnen werden die frühen, in die Geldware Gold eintauschbaren Banknoten grundsätzlich als Papiergeld bezeichnet, weil sie eben aus Papier sind. Geld aus Papier sei Papiergeld. Auf eine solche Definition könnte man sich einlassen, bedeutete sie nicht, die Unterschiede zwischen Kredit- und Papiergeld zu verwischen. Diese Unterschiede sind funktioneller Art.

Wie eine unterschiedliche Bestimmung der Begriffe zwangsläufig konträre Schlüsse nach sich ziehen kann, zeigt sich am Beispiel der Kategorie »Kreditgeld«. Für die meisten Ökonomen sind die nationalen Währungszeichen Euro, Dollar, Yen usw. Kreditgeld, weil sie in die Zirkulation gelangten mit der Vergabe eines Kredits und mit dessen Tilgung wieder aus ihr verschwänden. So kann man das sehen. Doch ist das zweckmäßig? Die Definition des Kreditgelds ist es dann, wenn sie hilft, Unterschiede zu anderen Geldarten zu erkennen. Eine Identifikation des Kredits mit dem Kreditgeld erschwert oder verhindert dies. Marx hat das Kreditgeld anders definiert. Bei ihm ist das Unterscheidungsmerkmal, ob Schuldverhältnisse erhalten bleiben oder durch das Geld beendet werden. Danach ist das Kreditgeld eine verbriefte, übertragbare Forderung auf die Rückerstattung der geliehenen Sache. Konvertible Banknoten, Handelswechsel, Giroeinlagen sind Formen des Kreditgeldes. Sie können die Beziehungen zwischen Gläubiger und Schuldner nicht lösen, sondern nur formell ausdrücken. Kreditgeld ist somit Forderungsgeld, Geld, das anderes Geld fordert. Diese Eigenschaft besitzen die heutigen Zentralbanknoten nicht. Sie sind Geld, das gerade kein anderes Geld fordert, weil sie im Gegensatz zum Kreditgeld die Beziehungen zwischen Gläubiger und Schuldner auflösen. Gläubiger sind gezwungen, sie zu akzeptieren. Mit der Entgegennahme verlieren sie jeglichen weiteren Anspruch gegenüber dem Schuldner. Deshalb sind die inkonvertiblen Zentralbanknoten kein Kreditgeld. Sie sind staatliches Papiergeld mit Annahmezwang, oder wie Marx sagt, »Staatspapiergeld mit Zwangskurs«, »Papierzettel«, »Papiersymbole«, »Geldzeichen«. (MEW 23: 141f)

Was unterscheidet die inkonvertible Banknote, die angeblich Kreditgeld sein soll, vom staatlichen Papiergeld mit Annahmezwang? Die Herkunft? Die Zentralbanken sind staatliche Institutionen, mögen sie ihre Unabhängigkeit und Eigenständigkeit noch so sehr betonen. Der Zentralbankgewinn geht an den Staat. Die Rettung angeschlagener Banken in der großen Krise 2009 und die Gewährung neuer Kredite an das verschuldete Griechenland waren staatlich initiierte Aktionen. Law gab seine Assignaten, typisches Papiergeld, auch über eine Bank heraus. Die Form? Beides ist Papier. Ist es ihr Forderungscharakter? Auch da kein Unterschied. Inkonvertible Noten sind Forderung nur der buchhalterischen Erscheinung nach. Es gibt kein Forderungsobjekt. Wer der Zentralbank eine 100 €-Banknote vorlegt, erhält allenfalls einen neuen Schein in gleicher Höhe oder den Betrag in Scheinen kleinerer Denomination gewechselt.

Quaas meint dagegen, bei Zentralbanknoten handele es sich auf der Ebene des Interbankenmarktes »um echte Forderungen an die Zentralbank mit einem im Kreditvertrag definierten Forderungsobjekt – die hinterlegten Sicherheiten.« (Quaas 2018: 32) Richtig ist das nur, wenn die Wertpapiere verpfändet wurden, nicht bei ihrem Verkauf, und es trifft auch nur auf die Beziehungen zwischen den Banken zu. Der »normale« Inhaber einer Zentralbanknote besitzt mit ihr keine Forderung an die Zentralbank, bekommt allenfalls, wie Quaas selbst bemerkt, seinen Schein gegen einen anderen getauscht. (Quaas 2018: 28f) Der Annahmezwang? Auch hier kein Unterschied. Die Gläubiger müssen Euro, Dollar usw. akzeptieren und besitzen dann keine weiteren Ansprüche mehr. Außer auf Waren der Gesellschaft. In diesem Sinne, als Anspruch auf gewöhnliche Waren, könnte man jegliches

Geld, selbst Gold, als Kreditgeld bezeichnen. Eine Unterscheidung wird so gerade unmöglich.

Kreditgeld hingegen ist eine verbriefte, übertragbare Forderung auf die Rückerstattung der geliehenen Sache. Die Forderung ist eine Bestätigung, dass Kredit gewährt worden ist, nicht der Kredit selbst. Daraus erklärt sich, dass Kreditgeld die Beziehungen zwischen Gläubiger und Schuldner nie lösen kann. Seine Funktion ist es, diese Beziehungen zu dokumentieren. Die Auflösung derartiger Verhältnisse bleibt einem Geld vorbehalten, das keine Forderung ist. Der Gläubiger kann die Annahme von Kreditgeld – also Wechsel, Giralgeld und einst die konvertible Banknote – verweigern; das »letzte« Geld, das gesetzliche Zahlungsmittel muss er als Begleichung der Schuld akzeptieren. So gesehen hat Quaas recht, wenn er die Zentralbanknote »echtes Geld« nennt.

Es ist möglich, Kreditgeld – einlösbare Banknoten, Giralgeld – anderen als Kredit zu überlassen. Ein »reiner« Kreditgeld-Bankkredit kam einst zustande, indem die Bank Wechsel mit in Gold einlösbaren Banknoten ankaufte. Man sagte, die Bank diskontierte die Wechsel. Heute existiert ein solcher Kredit in Form von Buchgeld, d.h. in Form von Guthaben an Zentralbankbargeld, die in Büchern vermerkt oder in den Speichern der Computer registriert sind. Wird Kreditgeld als Kredit ausgereicht, entsteht eine Forderung des Kreditgebers, zum Beispiel der Bank, auf Rückzahlung der Banknoten oder des Giralgeldes. Zugleich entsteht eine Forderung des Kreditnehmers gegen die Bank auf das, was diese mit ihrer Note oder dem »Guthabengeld« verspricht: die Einlösbarkeit in anderes Geld. In diesem Fall ist der Kreditnehmer – der Schuldner – zugleich Gläubiger gegenüber der Bank. Er kann von ihr die Einlösung des »Guthabengelds« verlangen, d.h. die Auszahlung in Bargeld. Bezahlt der Kreditnehmer eigene Verpflichtungen mit geliehenem Kreditgeld durch Überweisung von Konto zu Konto, tritt er seine Forderung gegen die Bank an den Zahlungsempfänger ab. Dieser wird dann Gläubiger der Bank. Es ist ein Gläubigerwechsel. Der Kreditnehmer bleibt Schuldner gegenüber der Bank.

Das bei einem Kreditgeld-Bankkredit entstehende doppelte Gläubiger-Schuldner-Gefüge enthält zwei Beziehungen, die nicht gleichwertig sind. Löst der Kreditgeld-Kreditnehmer seine damit verbundene Forderung gegen die Bank ein, d.h. tauscht er in qualitativ höherwertiges Geld, hört er auf Gläubiger zu sein, und die Bank ist ihm gegenüber kein Schuldner mehr. Als Kreditnehmer bleibt er Schuldner der Bank. Die Auflösung des einen Gläubiger-

Schuldner-Verhältnisses – Gläubiger: Kreditnehmer, Schuldner: Bank – lässt das andere unberührt – Gläubiger: Bank, Schuldner: Kreditnehmer. Anders, wenn das als Kredit überlassene Kreditgeld zurückerstattet wird. Dann verschwindet mit dem einen auch das andere Gläubiger-Schuldner-Verhältnis.

Kreditgeld existiert heute in Form unterschiedlicher Einlagen bei Banken und des Wechsels. Das sind dem Wesen nach Zahlungsversprechen bzw. Forderungen auf Zentralbankbargeld. Wechsel können auch in Buchgeld umgewandelt werden, indem jenen, die sie der Bank verkaufen oder leihen, Guthaben eingeräumt werden. Neu am Kreditgeld ist, dass es keine Forderung mehr auf Geldware ist. Es existiert in mehreren Arten mit differenziertem Forderungsinhalt:

a) Zentralbankguthaben als Forderung auf Zentralbanknoten
b) Depositen bei Privat- oder staatlichen Geschäftsbanken als Forderung der Deponenten (Kreditoren) auf Zentralbankgeld und Verpflichtung der Debitoren (Schuldnerbanken), die Depositen auf Wunsch und zu bestimmten Bedingungen in Zentralbankgeld umzuwandeln (Spar-, Termin-, Sichteinlagen)
c) Wechsel als Forderung auf Zentralbankgeld. Wechsel können in Buchgeld umgewandelt werden. Dem Wechselverkäufer steht in diesem Fall die entsprechende Menge an Zentralbankbargeld zur Verfügung, die in Form des Guthabengeldes ausgewiesen wird, solange sie nicht bar in Anspruch genommen wird.

Schöpfung aus dem Nichts – Teil 1

Auf welche Weise, in Abhängigkeit wovon und durch wen Geld »geschöpft« werden kann, ist bis heute eine in der Geschichte der Geldtheorien umstrittene Frage. Inzwischen vertreten die meisten Geldtheoretiker die Auffassung, Banken schöpften das Geld aus dem Nichts. (Riese 1995 und 2000) Wahr ist zunächst, dass die Zentralbank in Form von Zentralbanknoten und -guthaben Geld schaffen kann, und sie tut das in dem Maße, wie sie dazu gezwungen ist oder es für wünschenswert hält, und die Geschäftsbanken diese Pläne nicht durchkreuzen. Da die von der Zentralbank emittierten Noten nicht fällig werden und als gesetzliche Zahlungsmittel akzeptiert werden müssen, könnte man denken, dass die Zentralbank theoretisch auf keine Grenzen stößt, Geld zu »produzieren«. In Wirklichkeit ist sie nicht in der Lage, frei über die Höhe der Banknotenemission zu entscheiden. Als Element der kapitalistischen Reproduktion ist sie an gewisse Voraussetzungen gebunden, wie die Produktions- und Preisentwicklung, das Angebot an Wertpapieren und Devisen, und an die Bereitschaft der Geschäftsbanken, ihrer Politik zu folgen. Und sie ist gezwungen, Wirkungen ihres Tuns auf den Produktionssektor zu beachten. Insofern gibt es Grenzen für die Emission der Zentralbanknoten. Deren Quantifizierung ist jedoch schwierig.

Zentralbankgeld entsteht keineswegs aus dem Nichts, nur deshalb, weil es den Zentralbanken gerade eingefallen ist, es zu mehren. Die Zentralbanken sind bei der Schaffung ihres Geldes darauf angewiesen, dass die Geschäftsbanken daran mitwirken. Und die Geschäftsbanken werden zur Mitwirkung bereit sein, wenn es ihre Kunden, die Nichtbanken, ebenfalls sind, wobei die Initiative zur Kreditvergabe in der Regel von letzteren ausgeht. »Weshalb sollten Geschäftsbanken die Pläne der Zentralbank durchkreuzen wollen?« So fragt Quaas, um gleich selbst darauf zu antworten: »Keine marktwirtschaftlich eingebettete Zentralbank der Welt kann die Geschäftsbanken zwingen, mehr Kredite zu vergeben als diese für richtig halten.« (Quaas 2018: 32f)

Die Banken brauchen zur Durchführung ihrer Transaktionen Zentralbankgeld. Das Geld der Zentralbanken gelangt in den Umlauf, indem die Zentralbank Kredite an Geschäftsbanken gewährt, die sich verpflichten, das geliehene Geld zurück und Zinsen obendrauf zu zahlen und in der Lage sind, Sicherheiten in Form von Wertpapieren zu stellen. Es findet ein Tauschgeschäft statt. Die Zentralbank beleiht oder kauft Wertpapiere – v. a. Staatsanleihen, und andere Schuldverschreibungen –, Devisen und eventuell Gold gegen gesetzliche Zahlungsmittel. Sie will so die Kreditausreichung der Geschäftsbanken an Unternehmen und Haushalte anregen und das Wirtschaftswachstum fördern. Verkauft sie Wertpapiere, dann will sie dazu beitragen, dass die Preise stabil bleiben. Sie würde in diesem Fall Zentralbankgeld »vernichten«. Ohne die Bereitschaft und Fähigkeit der Geschäftsbanken daran mitzutun, kann weder Zentralbankgeld geschaffen noch zurückgeholt werden. Gründe, dass die Geschäftsbanken die Intentionen der Zentralbank durchkreuzen, also z. B. keine Wertpapiere an die Zentralbank verkaufen wollen, gibt es mehrere; so könnte ihnen der Zinsabschlag zu hoch sein, oder sie erwarten einen Kursanstieg, sie bekommen Geld auf dem Geldmarkt günstiger oder aufgrund einer Rezession ist der Bedarf der Unternehmen und Haushalte an Krediten gering.

Quaas bezweifelt, dass die Zentralbank unter bestimmten Bedingungen zur Ausgabe von Zentralbanknoten gezwungen sein könnte, »da es doch ihre ureigene Aufgabe ist, die Geschäftsbanken mit Geld zu versorgen«. (Quaas 2018: 32) Man kann sich aber vorstellen, dass die Zentralbank entsprechend der Wirtschaftslage zu einer restriktiven Geldpolitik neigt, aber aufgrund unkontrollierbarer Devisenzuflüsse infolge von Überschüssen in der Leistungsbilanz unter bestimmten Bedingungen, z. B. zur Sicherung der Wechselkurse, gezwungen ist, Zentralbankgeld in unerwünscht hohem Umfang – also wider Willen – zu emittieren. Sie wird außerdem die Liquiditätswünsche der Banken jederzeit erfüllen, sofern sie entsprechende Sicherheiten stellen. »Welche Situation auch immer vorliegt«, schreibt Krüger, »die Vermehrung oder Verminderung des Umfangs der Wertzeichenzirkulation folgt keinen selbstgesetzten Zwecken der Zentralbank.« (Krüger 2012: 423) Das Zentralbankgeld wird, worauf auch Georg Quaas verweist, nur gegen ausreichend hohe Sicherheiten in Umlauf gebracht.

Der Tausch der Zentralbanknoten gegen hochwertige und marktgängige Eigentumstitel erzeuge »wertstabiles« Geld. Zentralbankgeld sei allgemeines Äquivalent aller ökonomischen Werte. (Quaas 2018: 43-46) Man muss dem nicht unbedingt zustimmen. Permanente Preissteigerungen untergraben den Geldwert. Und schwankende Kurse von Wertpapieren sind ein unzuverlässiger Garant für Stabilität. Richtig aber ist zweifelsohne, dass Zentralbanken keineswegs Geld aus dem Nichts erzeugen.

Obwohl anders, ähnelt die Argumentation jener, mit der die Stabilität des sozialistischen Geldes erklärt und zu erreichen versucht worden ist. Im Sozialismus hätte es keiner Geldware Gold bedurft, weil das Geld durch materielle Fonds, durch bedarfsgerechte Waren gedeckt und der Kredit an ihre Produktion und Zirkulation gebunden gewesen sei. (Ehlert, Hunstock, Tannert 1985: 43f) Das mag aus heutiger Sicht etwas gewagt erscheinen, wies doch die Warendecke in den sozialistischen Ländern regelmäßig Löcher auf. Sie konnten zum Teil gestopft werden, entstanden an unterschiedlichen Stellen immer wieder neu. Doch falsch ist die These deshalb nicht. Hätte die Warendeckung staatlich garantiert werden können, wäre auch das Geld stabil gewesen. Doch war das eben nicht der Fall. Und deshalb halfen auch staatlich garantierte Planpreise nicht, die Wertstabilität des Geldes zu sichern. Zwar bezahlte man in der DDR etwa 30.000 Mark für einen PKW Wartburg. Es gab Leute, die bezahlten diese Summe bereits, um eine Anmeldung zu erwerben, de facto also für das Fahrzeug das Doppelte.

Schöpfung aus dem Nichts – Teil 2

Viele sind überzeugt, dass Geschäftsbanken die Gabe haben, durch Federstriche des Bankpräsidenten, der ein Darlehen billigt und den Betrag dem Girokonto des Kreditnehmers via Mausblick gutschreibt, Geld zu erzeugen. Wenn ein Kunde bei einer Bank einen Kredit aufnimmt, schreibt ihm die Bank das Geld auf seinem Konto gut, einfach durch eine Eingabe in ihrem Computer. Es scheint daher, als sei die Geschäftsbank in der Lage, unbegrenzt Geld zu schöpfen, ähnlich wie die alttestamentarische Witwe aus Zarpath bei Sidon, deren Ölkrug während einer Zeit der Teuerung auf Gottes Geheiß nicht leer wurde. (1. Könige 17, 13-16)

Geld aus dem Nichts? Wie verhält es sich mit dieser Zauberei? Nun ganz so einfach, wie es erscheint, ist es wieder einmal nicht. Tatsächlich gewähren Geschäftsbanken Kredite nicht nur aus den Einlagen, die ihre Kunden bei ihnen bilden. Sie können Kredite bewilligen, die ihre Einlagen übersteigen. Gewissermaßen als Vorgriff auf noch zu schaffende Leistungen. Schaffen sie so Geld aus dem Nichts? Aus zwei Gründen kann man skeptisch sein. Der erste: Das von den Geschäftsbanken geschaffene Buch- oder Giralgeld ist eine Form des Kreditgelds. Seinem Wesen nach ist es eine Forderung auf Zentralbankbargeld, bleibt diesem untergeordnet und ist von ihm abgeleitet. Wenn Banken Forderungen auf Zentralbankgeld in Form von Gutschriften auf Konten einräumen, ist Geld nicht geschöpft, sondern vorausgesetzt worden. Eine Bank kann Buch- bzw. Giralgeld nur in dem Maße »schaffen«, wie sie in der Lage ist, dieses in das geforderte Zentralbankbargeld umzutauschen, sollten Buchgeldbesitzer dies wünschen.

Zwar sei es nicht erforderlich, so Johannes Schmidt, »dass eine Geschäftsbank einen bestimmten Bestand auf ihrem Zentralbankkonto oder eine bestimmte Menge Bargeld in ihrem Tresor benötigt, um Kredit zu vergeben und damit Zahlungsmittel schaffen zu können.« (Schmidt 2018: 147) Dennoch ist Zentralbankgeld die Grundlage für die Kreditvergabe und damit für die Giralgeldschöpfung der Banken. Die Höhe, in der Banken Kredite gewähren können, hängt ab von der Menge an Zentralbankgeld, das sie besitzen oder sich kurzfristig beschaffen können. Denn, um Kredite vergeben zu können, benötigen die Banken Zentralbankgeld. Zum einen brauchen sie Bargeld, um die Auszahlungswünsche ihrer Kunden zu erfüllen. Zum anderen benötigen sie Zentralbankguthaben für die Mindestreserven, die sie in Höhe eines bestimmten Prozentsatzes der Einlagen halten müssen. Zentralbankguthaben werden zudem gebraucht für den Saldenausgleich auf dem Interbankenmarkt, wenn sich die Zu- und Abflüsse mit anderen Banken nicht die Waage halten. »Im Unterschied zu Banknoten und Münzen ist das Buchgeld kein gesetzliches Zahlungsmittel. Dennoch wird es im Wirtschaftsleben allgemein akzeptiert. Dies beruht insbesondere darauf, dass das Buchgeld jederzeit wieder in Bargeld umgewandelt werden kann.« (DB 2017: 57) Was wie eine Schöpfung wie aus dem Nichts aussieht, setzt die Verfügbarkeit oder den Zugriff auf Zentralbankgeld voraus. Man erkenne das daran, schreibt Georg Quaas richtig, »dass der gewährte Kredit eine Schuldverpflichtung der Bank gegenüber dem Kreditnehmer darstellt, der sie jederzeit durch Auszahlung oder Überweisung von ZB-Geld nachkommen muss«.[59] Allerdings wird sie dazu selten aufgefordert. Und solange dies unterbleibt, steht auf der Aktivseite ihrer Bilanz einer Forderung für den gewährten Kredit, der verzinst wird, auf der Passivseite die Einlage ihres Kunden in gleicher Höhe gegenüber.

Giralgeld ist durch den Buchungssatz »Forderung an Verbindlichkeit« entstanden. Der Wiener Ökonom Franz Hörmann nennt dies »ziemlich pervers. Denn die Bank hat eine Forderung, die sie verzinsen lässt, und sie gesteht bilanzrechtlich gleichzeitig ein, dass sie noch nicht geliefert hat. Denn Verbindlichkeit heißt: Ich bin das, was ich eigentlich liefern wollte, nach wie vor schuldig. Und eine Forderung mit einer eigenen Schuld zu begründen, ist zumindest nicht sehr schlüssig.«[60]

Die Abhängigkeit des von den privaten Banken geschaffenen Giralgelds vom Zentralbankgeld zeigt sich besonders in Zeiten der Krise. Scheinbar ist Bargeld entbehrlich, solange die Sicherheit anhält, es jederzeit zu bekommen. Werden sich die Leute des Mangels an Bargeld bewusst, schnellt der Bedarf nach ihm hoch.

Im Zeitalter des Buchgeldes geht es nicht mehr um die Deckung des Zentralbankgeldes, sondern um die des Buchgeldes. Für das Buchgeld muss Zentralbankgeld zur Verfügung stehen. Natürlich nicht in voller Höhe, obgleich einige Autoren das Vollgeld, das voll gedeckte Giralgeld, nach der Finanzkrise 2009 forderten. (z. B. Huber 2018) Der in Form von Buchgeld registrierte

---

59 Georg Quaas, Irrungen und Wirrungen im Umfeld der Geldtheorie: Wohin einseitige Darstellungen der Zentralbanken führen, 16.6.2017, in: https://mpra.ub.uni-muenchen.de/79735/1/MPRA_paper_79735.pdf, (20.11.2018)

60 Die Geldschöpfung der Banken – Lizenz zum legalen Betrug?, 20.6.2014, in: https://fassadenkratzer.wordpress.com, (7.12.2018)

Anspruch auf Banknoten und Münzen wird, wie einst jener auf Geldware, nur zum Teil eingelöst, wenn die Wirtschaft »normal« läuft. Im Umfang der gegenseitigen Aufrechnung verschwinden Forderungen und machen das Forderungsobjekt entbehrlich. (MEW 25: 488) Das von der Geschäftsbank scheinbar völlig autonom geschaffene Giralgeld ist im Grunde genommen nichts anderes als ein Versprechen der Bank, dem Kunden auf Verlangen Zentralbankgeld in Form von Geldscheinen auszuzahlen. Auch wenn der Kunde Geld an eine andere Bank überweisen will, braucht die Bank dafür Zentralbankgeld. Besitzen die Vertragspartner Konten bei unterschiedlichen Banken und gegenseitige Verpflichtungen gleichen sich nicht aus, wird Zentralbankgeld von der Bank des Schuldners zu der des Gläubigers transferiert. Mit dem eigenen Giralgeld geht das nicht. Besitzen Gläubiger und Schuldner ihre Konten dagegen bei derselben Bank, wird kein zusätzliches Zentralbankgeld benötigt. Vorhandenes wird von dem einen auf das andere Konto umgebucht.

Der zweite Grund, weshalb Geschäftsbanken kein Geld aus dem Nichts schöpfen: Wie die Zentralbanken auf ihre Mitwirkung, sind sie bei der Kreditgewährung auf die ihrer Kunden angewiesen. Geeignete Kreditnehmer, die in der Lage sind, ihre Kredite zu tilgen, Zinsen zu zahlen und akzeptable Sicherheiten zu bieten, sind zwingende Voraussetzung dafür, dass die Geschäftsbanken bereit sind, Kredite zu gewähren und so Giralgeld zu schöpfen. Denn die Banken betreiben das Kreditgeschäft unter Berücksichtigung des Verhaltens der Nichtbanken, wollen dabei hohen Gewinn erzielen und kein Risiko eingehen. »Würdige« Kreditnehmer sind im konjunkturellen Aufschwung leichter zu finden als während der Depression. Wer die Schöpfung des Giralgeldes gleichsetzt mit der Eintragung einer Zahl in ein Buch oder die Belegung eines Speicherplatzes, bleibt hängen am unwesentlichen Detail. Er übersieht die Voraussetzungen und Wirkungen des Eintrages, der als eine Bilanzverlängerung oberflächlich richtig wahrgenommen wird.

Das Giralgeld ist Symbol und Widerspiegelung komplexer sozialökonomischer Verhältnisse zwischen der Zentralbank, den Geschäftsbanken und den Nichtbanken, den Unternehmen und Haushalten. Wichtigste Voraussetzung ist, dass die Bonität und Solidität des potenziellen Kreditnehmers – des Unternehmens oder des Haushalts – zweifelsfrei sein müssen. Das Unternehmen muss begründeten Kreditbedarf haben. Den hat es, wenn es seinen Bedarf an Material, Maschinen usw. nicht aus dem Eigenkapital finanzieren kann. Der Bedarf an Maschinen, Rohstoffen und Arbeitskräften setzt voraus, die eigenen Produkte verkaufen zu können, also eine entsprechende wirtschaftliche Gesamtlage. Obendrein muss das Unternehmen kreditwürdig sein, Sicherheiten stellen können und die Banken durch Ertragsprognosen überzeugen. Die Kredite ausreichende Bank muss, wenn auch nicht unmittelbar im Moment der Kreditvergabe, über Zentralbankgeld verfügen, wie bereits begründet wurde. Besitzt sie kein Zentralbankgeld, muss sie es sich beschaffen, um Bargeldforderungen ihres Publikums und die Mindestreservepflicht erfüllen zu können. Dazu benötigt sie Wertpapiere, die sie der Zentralbank als Sicherheit für die Kreditaufnahme bieten kann. Das Giralgeld symbolisiert auf diese Weise sowohl Verhältnisse zwischen den Geschäftsbanken und der Zentralbank als auch zwischen den Geschäftsbanken und den Nichtbanken. Wer die vielfältigen Wirkungs- und Voraussetzungsverhältnisse der Entstehung des Giralgeldes übersieht oder unterbewertet, kann den formalen Akt des Eintrages für das Wesentliche und daher die – zugegeben – durchaus originelle Idee einer Schöpfung von Nichts aus Nichts für richtig halten. In Wirklichkeit setzt das »Nichts« Verhältnisse voraus, ohne die es nicht entsteht, und es begründet neue Verhältnisse, die ohne es nicht zustande kämen. Anzuerkennen, dass Giralgeld weder voraussetzungslos geschaffen werden kann noch wirkungslos ist, dennoch aber an der »Nichts aus Nichts-These« festzuhalten (Schmidt 2018: 147), ist inkonsequent. Ebenso könnte man die Ehe als ein Nichts deuten, entstanden aus Nichts, sieht man in ihr in erster Linie den formalen Akt einer standesamtlichen Beglaubigung und ab von ihren Voraussetzungen und Wirkungen. Dabei wird unterschätzt, was der Ehe vorausgegangen und was ihr Inhalt ist – dass sich zwei Liebende gefunden haben oder durch die Verheiratung der Söhne und Töchter Vermögen, Herrschaft und Macht gestärkt werden sollen. Auch wird übersehen, dass die Institution Ehe neue Rechte und Pflichten der Partner begründet. Kurz: Man sieht die Form, übersieht oder unterbewertet den Inhalt.

Noch einmal: Entscheidend ist nicht, ob Zentralbankbargeld oder/und Zentralbankguthaben vorhanden sind, sondern dass das Giralgeld der Geschäftsbanken als eine Form des Kreditgelds einen Anspruch auf Bargeld begründet und dies völlig unabhängig davon, ob und wenn ja, in welchem Umfang dieser Anspruch tatsächlich eingelöst wird. Entscheidend ist vielmehr, dass die Banken den Inhabern des Giralgeldes – ihren Kreditnehmern und Kunden, die bei ihnen Einlagen haben – das Giralgeld in Bargeld umtauschen müssen, wann immer diese es wollen. Ebenso klar ist, dass dies misslingen muss, wollten alle Inhaber des Giralgelds ihre Forderungen gegen die Banken zur gleichen Zeit vollständig in Zentralbankbargeld umwandeln. Dass dies außer für akute Krisensituationen ausgeschlossen werden kann, ändert daran nichts und ist kein Indiz für die vermeintliche Unabhängigkeit des Giralgeldes. Giralgeld ist untrennbar mit dem Zentralbankgeld verbunden. Es symbolisiert das Zusammenwirken zwischen den Geschäftsbanken und der Zentralbank, wie auch ein entsprechendes Zusammenwirken der Banken und Nichtbanken, ohne das es nicht geschaffen werden kann. Die Zusammenhänge zeigen, dass die These, Geld sei Nichts und entstünde aus dem Nichts, unhaltbar ist. Nichts ist nichts. Auch der leere Raum ist mehr als das Nichts. Er besitzt eine »Substanz«. »Er kann gekrümmt oder geflochten sein; er kann eine Gestalt besitzen und besitzt sie auch. Er lässt sich durch Gleichungen beschreiben, die Albert Einstein formuliert hat«. (Kahan 1997: 149) Jegliches Geld besitzt eine »Substanz«. Selbst das Giralgeld, die bedeutendste Form des Kreditgelds. Es dokumentiert Verhältnisse zwischen Gläubigern und Schuldnern. Sie sind messbar.

6. Profit

Mehrwert

Marketingleute verstehen unter Mehrwert Zusatzleistungen, die Kunden zum Kauf anregen sollen. Als »Zusatznutzen« kann er aus »Gratisgeschenken« (siehe S. 135ff), Einsparungen und Gewinnen bestehen. Dieser Mehrwertbegriff hat mit dem der marxistischen Theorie nichts gemein. Manche glauben, Mehrwert sei nur ein anderes Wort für Profit. Profit ist der letzte Zweck des Kapitals. Ist Profit gleich Mehrwert? Ja und nein. Was ist Mehrwert? Wie entsteht er? Durch geschicktes Tauschen? Der vermeintliche Schlüssel zur Wertschöpfung: Billig einkaufen und teuer verkaufen. Ein Irrtum. Was der Käufer durch niedrige Preise beim Kauf gewinnt, geht dem Lieferanten an Wert verloren. Zusätzlicher Wert, den der Verkäufer durch hohe Absatzpreise erhält, ist Wert, den der Käufer verliert. In der Zirkulation, durch Tauschen, entsteht kein Wert. Hier kann Wert nur unter den Käufern und Verkäufern umverteilt werden. »Die Gesamtheit der Kapitalistenklasse eines Landes kann sich nicht selbst übervorteilen.« (MEW 23: 177) Mehrwert ist seinem Wesen nach lebendige, bei der Produktion verausgabte Arbeit, die sich der Kapitalist unentgeltlich aneignet. Das nennt man Ausbeutung. Ich hatte schon gesagt, dass der Mehrwert als Profit erscheint, als scheinbare Frucht des Gesamtkapitals– eine falsche Erscheinung, die das Wesen verdeckt.

Relativer Profit

Was eine bestimmte Profitmasse »wert« ist, wird deutlich, wenn man sie in Beziehung setzt zu anderen Größen zum Beispiel zum Kapital, dass eingesetzt werden musste, sie zu erzeugen, oder zu dem, das in der Produktion verbraucht worden ist oder zum Umsatz, der erzielt worden war. Dem Kapitalisten ist es nicht gleichgültig, ob er eine Profitmasse von z. B. einer Million Euro mit einem hohen oder einem niedrigen Vorschuss an Geldkapital erzielt. Ihn interessiert das Verhältnis des Überschusses zu den Faktoren, deren Nutzung Voraussetzung ist, dass Profit entstehen und angeeignet werden kann. Das Verhältnis ist die Profitrate p', quasi ein relativer Gewinn.

Die Profitrate ist das Prozentuale Verhältnis des Mehrwerts bzw. des Profits zum vorgeschossenen Gesamtkapital C. Sie wird so berechnet:

$$p' = \frac{m}{c+v} \text{ oder } p' = m / C \text{, wobei } C = c + v$$

p'	Profitrate
m	Mehrwert (Profitmasse, absolute Vermehrung des Geldkapitals)
c	konstantes Kapital, besteht sachlich aus Arbeitsmitteln und Arbeitsgegenständen
v	variables Kapital, wird zur Bezahlung der Arbeitskräfte verauslagt
C	Gesamtkapital, C = c + v

Dividiert man Zähler und Nenner durch v, erhält man folgenden Ausdruck für die Profitrate:

$$p' = (m / v) / (c / v + 1) \text{, wobei}$$

m / v	Mehrwertrate m'
c / v	Wertzusammensetzung des Kapitals

Die Profitrate drückt den Verwertungsgrad des gesamten vorgeschossenen Kapitals aus. Eine Profitrate in Höhe von 20 Prozent bedeutet, dass ein Euro Geldkapital 20 Cent Profit abwirft; mit einem Kapital von einer Million Euro erzielt man einen Profit in Höhe von 200.000 Euro.

Die Profitrate ist das »belebende Feuer«, die »treibende Macht in der kapitalistischen Produktion«. (MEW 25: 269) »Das Kapital hat einen horror vor Abwesenheit von Profit oder sehr kleinen Profit (…) Mit entsprechendem Profit wird Kapital kühn. Zehn Prozent sicher, und man kann es überall anwenden; 20 Prozent, es wird lebhaft; 50 Prozent, positiv, waghalsig; für 100 Prozent stampft es alle menschlichen Gesetze unter seinen Fuß; 300 Prozent, und es existiert kein Verbrechen, das es nicht riskiert, selbst auf die Gefahr des Galgens.« (MEW 23: 788, Fn 250) Auf der Jagd nach Profit ist das Kapital auch heute zu jedem Verbrechen bereit. Es trickst, täuscht und besticht. Es plündert, mordet und führt Kriege um Rohstoffquellen und Absatzmärkte.

Die wichtigsten Faktoren, die die Höhe der Profitrate bestimmen, sind:

Erstens die Größe der Mehrwertrate m'. Sie ist das Prozentuale Verhältnis des Mehrwertes zum variablen Kapital $m' = \frac{m}{v}$, wobei m die Mehrwertmasse und v das variable Kapital sind, das Kapital mit dem der Kapitalist die Arbeitskräfte bezahlt. Die Mehrwertrate ist eine Verteilungskennziffer. Sie zeigt, wie der neu geschaffene Wert v + m zwischen Kapitalist und Arbeiter aufgeteilt wird. Sie wird auch Ausbeutungsgrad genannt. Alle Methoden, die Mehrwertrate zu steigern, erhöhen zugleich die Profitrate.

Bei einem Kapital von 80c + 20v + 20m ist die Mehrwertrate 100 Prozent; die Profitrate beträgt 20 Prozent. Bei einem Kapital von 80c + 20v + 40m ist die Mehrwertrate 200 Prozent; die Profitrate beträgt 40 Prozent.

Zweitens wirkt der Anteil des variablen Kapitals am Gesamtkapital profitratensteigernd. Da er langfristig sinkt, wirkt er in der Realität negativ auf die Profitrate. Man erkennt den Zusammenhang *drittens* an der Wertzusammensetzung des Kapitals (WZ), $WZ = \frac{c}{v}$. Bei gegebener Mehrwertrate verhält sich die Wertzusammensetzung des Kapitals umgekehrt proportional zur Profitrate. Bei einem Kapital von 70c + 30v + 30m beträgt die Profitrate 30 Prozent, bei einem Kapital von 90c + 10v + 10m beträgt sie 10 Prozent.

Viertens die Umschlagsgeschwindigkeit des Kapitals. Die Umschlagszeit des Kapitals verhält sich umgekehrt proportional zur Profitrate. Je länger die Umschlagszeit, d.h. je kleiner die Umschlagszahl des Kapitals pro Periode, desto niedriger ist die Profitrate. So beträgt die Profitrate eines Kapitals von 80c + 20v bei einer Mehrwertrate von 100 Prozent, schlägt das Kapital einmal um, 20 Prozent; schlägt es zweimal um, 40 Prozent.

Fünftens die Ökonomie in der Anwendung des konstanten Kapitals: Marx versteht darunter die bessere Ausnutzung der Produktionsmittel, ihre absolute und relative Einsparung. Wird konstantes Kapital gespart, steigt unter sonst gleichen Bedingungen die Profitrate. Die Fixkosten insgesamt sind unabhängig von der Produktionshöhe. Das betrifft Abschreibungen, Zinsen, Kosten der Büro- und Geschäftsausstattung, Versicherungen, Gehälter der Angestellten, Hilfslöhne u. a. Die fixen Kosten je Produkt sinken, wenn die Unternehmer die tägliche Arbeitszeit erhöhen, das Schichtsystem nutzen, ihre Kapazitäten besser auslasten. Die Betriebsgröße spielt eine Rolle. Je größer die Produktions- und Angebotsmenge, umso geringer sind die Fixkosten pro Stück, umso größer ist die relative Einsparung an Baulichkeiten, Heizung, Beleuchtung, Verwaltung usw., umso höher bei gegebenen Preisen der Profit.

Sinnvolle Arbeitsteilung, Wartung und Instandhaltung der Arbeitsmittel, materialsparende Technologien, sparsamer Einsatz und maximale Ausnutzung der Roh- und Hilfsstoffe, die Senkung von fehlerhafter Produktion und Ausschuss, die Verringerung von Abfällen und ihre Weiterverarbeitung sind Maßnahmen, die den Einsatz des konstanten Kapitals verringern, den Mehrwert und die Profitrate erhöhen. Auch die Vernachlässigung des Arbeitsschutzes hilft, konstantes Kapital einzusparen. Kapitalisten haben eine Vorliebe, dort zu produzieren, wo dies kostengünstig möglich ist; dazu gehören Länder, in denen man es mit dem Arbeits- und Umweltschutz nicht so genau nimmt.

Zur Ökonomie des konstanten Kapitals gehört auch die Verbilligung der Produktionsmittel. Die Erhöhung der Arbeitsproduktivität bei der Herstellung der Produktionsmittel führt dazu, dass sich Wert und Preis der Produktionsmittel verringern. Dadurch sinkt das konstante Kapital in den Zweigen, die diese Produktionsmittel kaufen. Die Profitrate steigt unter sonst gleichen Umständen in den Zweigen und Bereichen, die verbilligte Produktionsmittel nutzen.

Sechstens beeinflussen Preisänderungen die Profitrate. Hohe Verkaufs- und niedrige Einkaufspreise erhöhen sie. Relationen von Angebot und Nachfrage, Preis-Aufwandsrelationen sind unterschiedlich, deshalb sind es auch die Profitraten. Preismanipulationen sind bei Monopolen und Oligopolen beliebt und leicht durchsetzbar aufgrund ihrer Macht. Je geringer die Anbieterkonkurrenz, umso höher können die Preise sein. Das Monopolkapital erzielt höhere Profitraten als das nichtmonopolistische Kapital. Preisschwankungen ändern zwar nicht die Größe des in einer Volkswirtschaft geschöpften Profits. Sie ändern aber die relativen Preise und so die Profitraten der einzelnen Kapitale. »Es ergibt sich ferner, dass der auswärtige Handel die Profitrate beeinflusst, auch abgesehen von aller Einwirkung desselben auf den Arbeitslohn durch Verwohlfeilerung der Lebensmittel. Er affiziert nämlich die Preise der in die Industrie oder Agrikultur eingehenden Roh- oder Hilfsstoffe.« (MEW 25: 117) Inflationärer Preisanstieg dient im Kapitalismus dazu, die Profitrate des Gesamtkapitals auf Kosten weiter Kreise der Bevölkerung zu erhöhen, indem ein Teil der Lohneinkommen über Preise umverteilt und in Profit verwandelt wird.

Haltlose Vorwürfe die »Offizialmarxisten« formten angeblich den Mythos vom Schaffens-, Kampf- und Freundesbund zwischen Marx und Engels. Er sei vergleichbar mit dem der Dioskuren Damon und Phintias aus der griechischen Sagenwelt – so Eleanor Marx über des Vaters Verhältnis zum Freund –, stärker als die geistige Verbindung zwischen Lessing und Mendelssohn, ebenso fruchtbar wie die Zusammenarbeit zwischen Goethe und Schiller. Die »Neue Marx-Lektüre« im Westen und einige »geläuterte« marxistisch-leninistische »Traditionsdogmatiker« setzen dem Aversionen gegen Engels entgegen. Er wird unter Generalverdacht gestellt, Marx missverstanden, seine Intentionen entstellt und populistisch verzerrt zu haben. Die Editoren der Marx-Engels-Gesamtausgabe behaupten, bezüglich des tendenziellen Falls der Profitrate wäre Marx »noch nicht zu einer finalen Ausarbeitung gelangt, wie sie in der Druckfassung von Engels suggeriert und dann rezeptionsgeschichtlich wirkmächtig wurde.« (Holze 2011: 94) Carl-Erich Vollgraf behauptet im Kommentar zu Band II/4.3 der MEGA 2, dass Marx der Nachweis des tendenziellen Falls der Profitrate in den in diesem Band der MEGA veröffentlichten Profitraten-Texten nicht gelungen sei. Georg Fülberth meint, dies sei »aus zwei Gründen nicht erstaunlich. Erstens hatte Engels bei der Erstellung des dritten Bandes von 1894 freie Auswahl zwischen den ihm vorliegenden Manuskripten zu diesem Thema, und er nahm dann die Darlegungen, die ihm am geeignetsten erschienen (...) Zweitens ging es Marx erst einmal darum, sein ›Gesetz‹ des tendenziellen Falls der Profitrate als Konsequenz des vorangehend Entwickelten aufzustellen und zu begründen, nicht aber zu ›beweisen‹.« (Fülberth 2013: 198f)

Diese Behauptungen überzeugen nicht. Marx hatte in den Grundrissen (1857/58) den Fall der Profitrate als »dies in jeder Beziehung wichtigste Gesetz der modernen politischen Ökonomie« bezeichnet. (MEW 42: 641) Im Manuskript 1861-1863 schrieb er, das Gesetz enthülle »die Entwicklungstendenz des Verwertungsgrades eines durch die industriellen Kapitale konstituierenden Gesamtkapitals.« (MEGA II/4.2: 916) In der Rohfassung des dritten Buches, geschrieben zwischen Sommer 1864 und Dezember 1865, begründet Marx im dritten Kapitel auf 55 Seiten diesen Standpunkt. Er stellt dort das Gesetz dar, benennt die entgegenwirkenden Faktoren, auf die er auch im Manuskript 1861-1863 eingegangen war und ergänzt diese beiden Punkte, indem er die inneren Widersprüche erläutert, die sich im Gesetz zeigen. Marx hat in der Urfassung des dritten Buches früher geäußerte Gedanken zum Fall der Profitrate wiederholt und vertieft, aber mit keiner Silbe relativiert oder gar angezweifelt. Engels konnte sich also auf eine abgeschlossene Darstellung zum Problem stützen. Im Text gibt es nicht den geringsten Anhaltspunkt dafür, dass Marx in dieser Frage noch unsicher gewesen sein könnte.

Engels hat die Marxsche Ausarbeitung behutsam und doch konsequent redigiert, einige Wiederholungen und Unwesentliches gestrichen, Zahlenbeispiele gestrafft, hat den Text stilistisch verbessert. Keinesfalls hinterlässt sein Text einen Eindruck, den der Leser nicht auch schon aus der Originalschrift gewinnen kann. Engels übernimmt Struktur und alle wesentlichen Inhalte des Marxschen Urtextes, präsentiert das Marxsche dritte Kapitel als dritten Abschnitt seines Buches und gibt dem Ganzen eine übersichtlichere Form. Die Engelsschen Überschriften der Kapitel treffen zielgenau den Marxschen Textinhalt.

Vollgrafs Urteil, dass die Texte des MEGA-Bandes II/4.3 keinen Nachweis des tendenziellen Falls der Durchschnittsprofitrate enthalten, ist zunächst richtig. Dieser Befund ist aber aus einem ganz anderen Grund keineswegs überraschend: In den jetzt erstmals gedruckten Texten geht es Marx nicht darum, das Gesetz des tendenziellen Falls der Profitrate »aufzustellen und zu begründen«. Man kann das auch daran erkennen, dass im gesamten Text (1065 Seiten!) der Ausdruck »tendenzieller Fall der Profitrate« nur einmal vorkommt. Und zwar im Nachtrag. Dort findet sich eine kurze Notiz zum historischen Fall der Profitrate in England (II/4.3: 399). Ebenso wenig kann man einem Läufer, der sich nicht unter den Startern befand, vorwerfen, das Ziel nicht erreicht zu haben. Marx befasst sich in den im Band II/4.3 gedruckten Skizzen mit rein formallogischen Beziehungen zwischen c, v und m. Er berücksichtigt dabei auch den Kapitalumschlag, d. h. er unterscheidet zwischen dem Kostpreis c + v und dem Kapitalvorschuss c + v. Diese formalen Zusammenhänge haben ihn bis in die letzten Jahre seines Schaffens – zuletzt vermutlich in den Jahren 1875, 1881 oder 1882 – umgetrieben, ohne dass es ihm gelang, Einsichten zu erzielen, die er nicht schon früher gewonnen hatte. Er formuliert allgemeine Gesetze der Profitrate, die mit dem Gesetz des tendenziellen Falls der Profitrate so viel zu tun haben, wie die Konstruktion eines Backofens mit dem Backen von Brot. So sagt er, dass »die Profitrate stets kleiner (ist) als die Rate des Mehrwerts« (II/4.3: 104ff), dass »dieselbe Mehrwertrate sich in verschiednen Profitraten ausdrücken (kann)«, (…) auch »umgekehrt: verschiedne Profitraten können dieselbe Rate des Mehrwerts ausdrücken«. (II/4.3: 107ff) Ebenso denkbar ist, »dass sich verschiedne Raten des Mehrwerts in derselben Profitrate ausdrücken (können), daher auch dieselbe Profitrate in verschiednen Raten des Mehrwerts«. (II/4.3: 117ff) Möglich ist schließlich, dass die Profitrate fallen kann, »wenn die Rate des Mehrwerts steigt und steigen, wenn die Rate des Mehrwerts fällt«. (II/4.3: 134ff)

Marx konstruiert auch Konstellationen, die sich in einem Anstieg der Profitrate äußern. Er zeigt, dass die Profitrate steigt, wenn die Mehrwertrate steigt und der Anteil des variablen am Gesamtkapitals konstant ist oder zunimmt (vgl. II/14: 1-128) und dass sie fällt, wenn die Mehrwertrate bei konstantem Anteil des variablen am Gesamtkapital sinkt oder weniger stark steigt als der Anteil des variablen Kapitals am Gesamtkapitals zurückgeht. Diese formalen Zusammenhänge haben mit der Begründung oder Ablehnung des Gesetzes vom tendenziellen Fall der Durchschnittsprofitrate nichts zu tun. Sie sind allenfalls eine Voraussetzung dafür, um zu prüfen, ob ein solches Gesetz begründet werden kann. Der Verdacht ist daher abwegig, dass Einsichten in das formallogische Ordnungsgefüge zwischen den Größen m, v und c als Indiz gewertet werden könnten, Marx sei mit seiner Auffassung vom Fall der Profitrate noch nicht im Reinen gewesen und hätte in seinen letzten Lebensjahren gar einen Sinneswandel vollzogen.

Auch in der Engelsschen Version des dritten Buches werden die formalen Fälle eines Anstiegs der Profitrate dargestellt, und dies wie bei Marx, *bevor* der tendenzielle Fall begründet wird. (MEGA II/15: 51-70) Engels Druckfassung redet dem Leser weder ein, was dieser nicht im Marx-Text findet, noch verschweigt sie wichtige Aussagen daraus. In den 2012 veröffentlichten Texten in MEGA II/4.3 befasst sich Marx nicht mit der Frage, wie sich in der Realität die Beziehungen zwischen c, v und m, also auch zwischen Kapitalzusammensetzungen, Mehrwertraten und Profitraten, entwickeln. Die wirkliche Entwicklungstendenz der Profitrate ist hier nicht Gegenstand seiner Untersuchung.

Und was ist an der Zusammenbruchsthese dran, die Engels angeblich in den Marxschen Text geflochten hätte? (Holze 2011: 94) Marx will zeigen, dass die Entwicklung der Produktivkraft über die kapitalistische Akkumulation immer wieder in Konflikt gerät mit dem Zweck, der Verwertung des Kapitals. Er schließt daraus, dass sich Kapital selbst zur Schranke wird, eine relative Barriere, die durch Innovationen wieder überwunden werde. (MEGA II/4.2: 324) Engels' Ausgabe des dritten Buches suggeriere, dass die Krisentheorie im 15. Kapitel ihren systematischen Ort gefunden habe, meint Heinrich. (Heinrich 2017a: 359) Diese Behauptung steht auf tönernen Füßen. Im Engelsschen Text finden sich nur Sätze – stilistisch verfeinert, inhaltlich nicht verändert –, die Marx aufgeschrieben hatte. Die Passagen über die Krise enthalten keine Aussage, die nicht in der Marxschen Vorlage gelesen werden kann. Liest Heinrich hinein, was er herauszulesen wünscht? Marx und Engels zeigen im 3. Kapitel des Urtextes und im 15. Kapitel des dritten Buches die formalen Möglichkeiten der Krise und erläutern die im System wurzelnden Widersprüche, die die Krisen unvermeidlich machen. Doch nirgendwo erweckt Engels den Eindruck, dass die Marxsche Erklärung für den tendenziellen Fall der Profitrate zugleich die fertige Krisentheorie sei, auch wenn der Zusammenhang zwischen der Entwicklung der Profitrate und der Zyklizität des Produktionsprozesses unstrittig ist. Dies auch deshalb nicht, weil »ihm zumindest der notwendige Zusammenhang von Kredit und Krise, wie er Marx vorschwebte, hinreichend klar war«, (Krätke 2007: 163) und, was noch wichtiger ist, der Profitratenfall nicht die Ursache der Krise, sondern nur verbunden ist mit den Widersprüchen, die zu ihr führen. Ohne Zweifel sind das 15. Kapitel und dessen Vorlage ein wesentlicher Beitrag zum Krisenverständnis, indem hier elementare Widersprüche kapitalistischer Produktion als eigentlicher Grund für Krisen benannt werden.

Heinrich wirft Engels außerdem vor, durch seine Ergänzung, dass die kapitalistische Produktion »altersschwach wird und sich damit mehr und mehr überlebt« (MEGA II/15: 259), den Gedanken vom Zusammenbruch befördert zu haben und im Gegensatz zu Marx eine Schranke zu beschwören, die eine weitere Entwicklung unmöglich mache. Eine Theorie des Zusammenbruchs, die u. a. auch Henryk Grossmann herauslas (Grossmann 1929), kann man jedoch weder mit dem Marxschen Originalmanuskript zum dritten Buch noch mit dessen Engelsscher Version begründen, obgleich beide der Auffassung sind, dass der Kapitalismus nicht von ewigem Bestand ist. Früher oder später würde er seinen inneren Widersprüchen erliegen. Marx drückt diesen Gedanken an anderer Stelle viel grundsätzlicher aus: »Über einen gewissen Punkt hinaus wird (…) das Kapitalverhältnis eine Schranke für die Entwicklung der Produktivkräfte (…) und als Fessel notwendig abgestreift.« (MEW 42: 641f) Doch weder Marx noch Engels behaupten, dass es dazu automatisch wegen des Falls der Profitrate komme. Sie begreifen die Krise nicht nur als einen offenen Ausbruch der Widersprüche, sondern zugleich als die Art, sie für eine gewisse Zeit zu überwinden. Die Funktion der Krise ist nicht, die Endphase der kapitalistischen Produktionsweise einzuläuten, sondern deren Fortbestand zu ermöglichen. Die Aussagen dazu sind auch in der Engelsschen Edition eindeutig. (MEGA II/15: 251f, 255) Aber Heinrich wirft Engels vor, den Marxschen Ausdruck »Klappen« (»Dieser Proceß würde bald die capitalistische Production zum Klappen bringen«, MEGA II 4.2: 315) durch den Begriff »Zusammenbruch« ersetzt und damit den falschen Gedanken vom automatischen Ende verschärft akzentuiert zu haben. (MEGA II/15: 243) Wenn aber Menschen, Systeme o. ä. (zusammen)klappen, ist nichts anderes gemeint, als dass sie zusammenbrechen. Außerdem belegt auch dieser Satz die These vom Zusammenbruch nicht, denn man muss ihn zu Ende lesen: »wenn nicht widerstrebende Tendenzen beständig wieder decentralisierend neben der centripetalen Kraft wirkten« (gleichlautend bei Marx und Engels, vgl. MEGA II/4.2: 315 und MEGA II/15: 243) Den Satz kann man eher als Absage statt als Bejahung des Gedankens vom Zusammenbruch lesen.

Engels hat das Marxsche 3. Kapitel aus dem Manuskript 1864/65 über den Fall der Profitrate zwar nicht buchstabengetreu, aber authentisch in das dritte Buch des Kapital übernommen. Er hat dabei eine wissenschaftliche, redaktionelle und philologische Glanzleistung im Marxschen Geiste vollbracht. Der Versuch, Marx und Engels auseinanderzubringen, kann, nachdem nun die Originalmanuskripte der Öffentlichkeit vorliegen, endgültig als gescheitert betrachtet werden.

Marxisten, die glauben, wir brauchten den Fall der Profitrate, frage ich: Wozu sollten wir den Fall der Profitrate brauchen? Ist die Frage, so gestellt, überhaupt zulässig? Wissenschaftliche Analyse dient der Erkenntnis, nicht unseren Wünschen. Da hat Heinrich recht: Um über den Kapitalismus hinauszudenken, brauchen wir keinen tendenziellen Fall der Profitrate. Oder glaubt jemand, es könne gelingen das Ende des Kapitalismus mathematisch zu beweisen?

Tendenz

Schon die Vertreter der klassischen politischen Ökonomie des Bürgertums ahnten, dass die Profitrate fällt, wenn die Wirtschaft wächst. Sie sahen »das Phänomen und quälte(n) sich in widersprechenden Versuchen ab, es zu deuten. Bei der großen Wichtigkeit aber, die dies Gesetz für die kapitalistische Produktion hat, kann man sagen, dass es das Mysterium bildet, um dessen Lösung sich die ganze politische Ökonomie seit Adam Smith dreht, und dass der Unterschied zwischen den verschiedenen Schulen seit A. Smith in den verschiedenen Versuchen zu einer Lösung besteht.« (MEW 25: 223) Smith erklärte die Tendenz aus der Akkumulation und aus der Konkurrenz der Kapitale. Sie würden zu sinkenden Preisen und folglich auch zu sinkenden Profitraten führen. Ricardo glaubte, das Wachstum der Bevölkerung zwinge dazu, immer weniger fruchtbare Böden zu bebauen. Dadurch stiegen die Aufwendungen zur Produktion der Lebensmittel, folglich ihre Preise und mit ihnen die Grundrenten, aber auch die Arbeitslöhne. Da die Löhne im umgekehrten Verhältnis zu den Profiten stehen, müsste die Profitrate sinken.

Wie begründet Marx das Gesetz des tendenziellen Falls der Profitrate? Von welchen Annahmen geht er aus? Völlig anders als seine Vorgänger: Für Marx ist der Fall der Profitrate Ausdruck des immanenten Ziel-Mittel-Konflikts kapitalistischer Produktion. Die Profitrate falle nicht, weil Arbeiter weniger, sondern stärker ausgebeutet werden. »Nichts alberner daher, als das Sinken der Profitrate aus einem Steigen in der Rate des Arbeitslohns zu erklären, obgleich auch dies ausnahmsweise der Fall sein mag.« (MEW 25: 250) Und: »Die Profitrate fällt nicht, weil die Arbeit unproduktiver, sondern weil sie produktiver wird. Beides, Steigen der Rate des Mehrwerts und Fallen der Rate des Profits, sind nur besondre Formen, worin sich wachsende Produktivität der Arbeit kapitalistisch ausdrückt.« (MEW 25: 250)

Kurz gefasst, kann man Marx' Auffassung so ausdrücken: In einer wachsenden Wirtschaft steigt die von den Arbeitern geschaffene Mehrwertmasse absolut, geht aber im Vergleich zum Gesamtkapital zurück. Mit anderen Worten: Die Profitrate p' als das Verhältnis des Mehrwertes m zum vorgeschossenen Gesamtkapital C sinkt tendenziell, weil die Mehrwertmasse m und das eingesetzte Gesamtkapital C wachsen, das Gesamtkapital aber stärker als die Mehrwertmasse. Der Anteil des Profits bzw. des Mehrwertes am Neuwert bzw. Volkseinkommen m/v+m steigt, weil das Verhältnis von Mehrwert zum variablen Kapital – die Mehrwertrate m', d.h. der Ausbeutungsgrad m/v – zunimmt, und der Anteil des variablen Kapitals am Gesamtkapital v/c+v sinkt. Der Anteil des Lohnes am Neuwert bzw. am Volkseinkommen v/v+m sinkt. Die Profitmasse und der Anteil des Profits am Volkseinkommen wachsen, obgleich die Profitrate tendenziell fällt. Dem Fall versuchen die Kapitalisten durch eine verstärkte Akkumulation entgegenzuwirken, mit dem Effekt, dass sie ihn über die Erhöhung der organischen Zusammensetzung des Kapitals immer wieder neu begründen. Die wachsende organische Zusammensetzung ist die Schlüsselgröße für das Verständnis des Profitratenfalls. An dieser Stelle genügt es, darunter vereinfacht das Verhältnis des konstanten zum variablen Kapital, also c : v, zu verstehen. Weiter unten präzisiere ich den Inhalt der Kennziffer.

Profitgier und Konkurrenz regen die Kapitalisten an, die neue Technik zu nutzen, Technologie und Arbeitsorganisation zu verbessern, wirksamere Produktionsverfahren anzuwenden und so die Arbeitsproduktivität zu erhöhen. Dabei wird lebendige Arbeit durch vergegenständlichte Arbeit ersetzt. Ein und dieselbe Menge an Arbeitskräften, repräsentiert durch ein und dasselbe variable Kapital, bewegt in gleicher Zeit eine immer größere Masse an Produktionsmitteln, das heißt immer mehr konstantes Kapital. Die organische Zusammensetzung steigt und die Profitrate muss fallen. Marx begründet die Tendenz zum Fallen der Profitrate also aus dem Ziel-Mittel-Konflikt der kapitalistischen Produktion, ein weiteres Beispiel für die Emergenz des Systems.

Der Fall der Profitrate ist das ungewollte Ergebnis aller Bestrebungen, sie zu erhöhen. Immer mehr und bessere Produktionsmittel werden eingesetzt: Maschinen, Anlagen, Computer, Energie und Material, Verkehrsmittel, Bauten. Die Sachkapitalausstattung je Arbeitskraft steigt. Das Ergebnis ist zwiespältig: Zwar steigt die Profitmasse, die Profitrate aber geht zurück. Das folgende Zahlenbeispiel veranschaulicht die Grundannahmen von Marx. Es ist wichtig, sie sich einzuprägen, weil seine Kritiker wie Heinrich, es nicht tun und ihre Einwände somit ins Leere gehen. Wir beachten, dass nach Marx selbst bei steigender Mehrwertrate und größeren Mehrwertmassen die Profitrate zwingend fallen muss.

Profitrate und organische Zusammensetzung des Kapitals

Konstantes Kapital c	*Variables Kapital* v	*Organische Zusammensetzung* c : v	*Mehrwertrate in Prozent* m'	*Mehrwert- bzw. Profitmasse* m = m' v	*Profitrate in Prozent* p' = m / (c + v)
50	100	0,5 : 1	100	100	66,6
100	110	0,9 : 1	105	115,5	55
200	120	1,7 : 1	112	134,4	42
300	130	2,3 : 1	120	156	36,3
400	140	2,9 : 1	130	182	33,7

Wir sehen: Mit der Akkumulation wächst das Gesamtkapital, und zwar von 150 auf 540, wobei das konstante Kapital durch die Modernisierung stärker als das variable zunimmt. Es steigt von 50 auf 400, das variable nur von 100 auf 140. Die organische Zusammensetzung steigt von 0,5 : 1 auf 2,9 : 1. Trotz Erhöhung der Mehrwertrate von 100 auf 130 Prozent sinkt die Profitrate etwa um die Hälfte, während die Profitmasse deutlich steigt. Die Profitrate fällt nicht in dem Maße, wie sich die organische Zusammensetzung des Kapitals erhöht. Marx nennt Faktoren, die den Fall der Profitrate entgegenwirken, ihn nicht aufhalten, aber schwächen würden und dazu führen, dass er als Tendenz auftritt: die Erhöhung der Mehrwertrate, das Herabdrücken des Arbeitslohns unter den Wert der Ware Arbeitskraft, die Verwohlfeilerung der Elemente des konstanten Kapitals, die relative Übervölkerung und der Außenhandel, die Zunahme des Aktienkapitals. (MEW 25: 242-250)

Ein Steigen der Mehrwertrate wirkt dem Sinken der Profitrate entgegen. Wäre im Beispiel die Mehrwertrate nicht gestiegen, wäre die Profitrate stärker gefallen. Der Fall der Profitrate kann überkompensiert werden, wenn die Mehrwertrate schneller als die organische Zusammensetzung steigt. Dann wird die Profitrate größer. Dass dies kurzfristig möglich ist, war Marx klar, warum aber schloss er diese Konstellation langfristig aus? Die Gründe lägen im Dunkeln. Seine Kritiker sagen daher, ihm sei es nicht gelungen, das

Gesetz des tendenziellen Falls der Durchschnittsprofitrate schlüssig zu beweisen. Dazu wäre es nötig gewesen, zu begründen, dass der Mehrwert langfristig nicht so stark wachsen könne wie das konstante Kapital bzw. schlüssig zu zeigen, dass die Mehrwertrate nicht stärker als die organische Zusammensetzung steigen kann.

Natürlich wusste Marx, dass ein Quotient – die Profitrate – nur fällt, wenn der Zähler – die Mehrwertrate oder der Mehrwert – langsamer steigen als der Nenner – die organische Zusammensetzung oder das Gesamtkapital. Was könnte Marx bei der Begründung des tendenziellen Falls veranlasst haben, davon auszugehen, dass langfristig der Anstieg der Mehrwertrate den der organischen Zusammensetzung nicht übertreffen kann? Das ist die entscheidende Frage. Man kann es drehen und wenden wie man will: Wer behauptet, dass die Profitrate langfristig sinke, muss diesen Nachweis erbringen. Der Frage kann man sich nicht entziehen, indem man den prognostischen Gehalt des Gesetzes vom tendenziellen Fall der Profitrate bestreitet (Czasny 2018: 142) oder behauptet, Marx hätte gar nicht zeigen wollen, dass die Profitrate fällt, sondern nur die formallogischen Bedingungen formulieren wollen, unter denen dies passieren müsste. (Kliman et al. 2015: 123ff) Marx hatte durchaus gute Gründe für die Annahme, dass die dem Fall der Profitrate entgegenwirkenden Faktoren langfristig schwächer sind als die ihn begründenden, kurz der Einfluss des Anstiegs der Mehrwertrate auf die Profitrate kleiner ist als der der steigenden organischen Zusammensetzung.

Erstens lässt sich im Gegensatz zur Zusammensetzung des Kapitals die Mehrwertrate $m' =$ nur innerhalb enger Grenzen erhöhen. Diese sind physischer, sozialer und moralischer Art. Die Arbeitszeit kann über ein bestimmtes Maß hinaus nicht verlängert werden. Prekäre Beschäftigung zu niedrigen Löhnen, die damit verbundene Verarmung rufen Widerstand hervor.

Zweitens kann der Spielraum zur Erhöhung relativen Mehrwertproduktion und damit der Mehrwertrate nur durch Faktoren ausgedehnt werden, die den Fall der Profitrate gerade verursachen, wie zum Beispiel die Substitution der Arbeitskraft durch Sachkapital. Der Anstieg der Mehrwertrate ist quasi eine »Nebenwirkung« steigender organischer Zusammensetzung. Organische Zusammensetzung und Mehrwertrate sind nicht gleichwertig. Marx glaubte, dass die Fähigkeit der Mehrwertrate, die steigende Zusammensetzung des Kapitals zu kompensieren, im Zuge der Akkumulation abnehme. (Wagener 2010: 82f; Zeise 2009: 88)

Drittens entfachen Bestrebungen, die Löhne zu drücken, Gegendruck der davon Betroffenen. *Viertens* sind Einsparungen von konstantem Kapital c (geringere Sachkapital-, z. B. Materialkosten je Produkt) oft nur das Nebenprodukt einer steigenden Kapitalzusammensetzung, also der Anwendung technisch verbesserter Maschinen und Anlagen.

Fünftens mindert sich die profiterhöhende Absorbierung der Arbeitslosen in dem Maße, wie die Nachfrage nach Arbeitskräften steigt. Es existiert eine Grenze, von der ab die Zusatzbeschäftigung profitmindernd wirken kann. Zusammenfassend kann man sagen, dass die Faktoren, welche den Fall der Profitrate aufhalten, nur innerhalb eines engen Rahmens wirken. Kurzfristig können sie von stärkerem Gewicht sein. Langfristig unterliegen sie jenen Kräften, die den Rückgang der Profitrate hervorrufen. Die entgegenwirkenden Faktoren sind von abgeleiteter Art, weil sie dem Prozess entstammen, der den Fall herbeiführt. Sie sind Nebenwirkungen, die den Prozess, dem sie ihre Existenz verdanken, nicht umkehren können, ohne selbst zu verschwinden. Sie bremsen nur den Fall der Profitrate, verleihen diesem damit die Eigenschaft einer Tendenz. Marx zeigt dies im 14. Kapitel anhand der den Fall der Profitrate entgegenwirkenden Faktoren und fasst zusammen: »Und so hat sich denn im allgemeinen gezeigt, dass dieselben Ursachen, die das Fallen der allgemeinen Profitrate hervorbringen, Gegenwirkungen hervorrufen, die diesen Fall hemmen, verlangsamen und teilweise paralysieren. Sie heben das Gesetz nicht auf, schwächen aber seine Wirkung ab.« (MEW 25: 249)

Heinrich schreibt über den Ausgangspunkt seiner Kritik am Gesetz des tendenziellen Falls der Profitrate: »Wie Marx (…) sehen (wir) von fixem Kapital ab und unterstellen eine stets gleiche Umschlagszeit von einem Jahr.« (Heinrich 2018: 150) Hier irrt er, weil er Marx etwas unterschiebt, was dieser gerade nicht tut. Das hat Konsequenzen für seine Polemik gegen das Gesetz. Sie geht ins Leere. Heinrich glaubt, den Fall der Profitrate widerlegen zu können, indem er durchgängig mit Prämissen argumentiert, die abweichen von den Annahmen, die Marx traf. Marx sieht, wie weiter unten gezeigt wird, weder vom fixen Kapital ab, noch unterstellt er eine Umschlagszahl pro Jahr von 1. Zunächst erkennt Heinrich an, dass »der Mehrwert pro Kopf nicht beliebig groß werden (kann)«, um fortzufahren: »Nimmt die Zahl der beschäftigten Arbeitskräfte nur stark genug ab, dann nimmt irgendwann auch die von ihnen produzierte Mehrwertmasse ab, egal wie stark die Mehrwertrate steigt.« (Heinrich 2018: 151) Das ist unstrittig, doch Heinrichs Schluss daraus ist hanebüchen: »Mit dieser Überlegung glaubte Marx, das Gesetz vom tendenziellen Fall der Profitrate ausreichend bewiesen zu haben. Dies ist aber nicht der Fall«, so Heinrich, vor allem dann nicht, wenn auch das vorgeschossene Gesamtkapital sinkt: »fällt das vorgeschossene Kapital schneller, dann steigt die Profitrate trotz gesunkener Mehrwertmasse.« (Heinrich 2018: 152) Marx – man lese bitte oben nochmal nach –, teilte diese formallogische Überlegung, glaubte aber keineswegs, wie ihm Heinrich unterstellt, auf diese Art das Gesetz des tendenziellen Falls der Profitrate bewiesen zu haben. Er argumentierte genau andersherum: nicht sinkende, sondern steigende Zahl der Beschäftigten, nicht sinkendes, sondern steigendes variables Kapital, nicht kleineres, sondern größeres Gesamtkapital, nicht sinkende, sondern steigende Mehrwertmasse. Sicher muss erlaubt sein zu fragen, ob es Marx gelungen ist, dass Gesetz zu begründen. Und es ist legitim, nach Argumenten zu suchen, mit denen sich die Frage verneinen lässt. Doch glaubt Heinrich, er könne Marx widerlegen, indem er dessen Annahmen ins Gegenteil verkehrt?

Woraus könnte Heinrichs Irrtum resultieren? In einem grandiosen Satz bringt Marx »das eigentliche Geheimnis« des tendenziellen Falls der Profitrate auf den Punkt: »(…)dass die Prozeduren zur Erzeugung von relativem Mehrwert im ganzen und großen darauf hinauslaufen: einerseits von einer gegebnen Masse Arbeit möglichst viel in Mehrwert zu verwandeln, andrerseits im Verhältnis zum vorgeschossnen Kapital *möglichst wenig Arbeit überhaupt anzuwenden* (Hervorhebung K. M.); so dass dieselben Gründe, welche erlauben, den Exploitationsgrad der Arbeit zu erhöhen, es verbieten, mit demselben Gesamtkapital ebensoviel Arbeit wie früher zu exploitieren. Dies sind die widerstreitenden Tendenzen, die, während sie auf eine Steigerung in der Rate des Mehrwerts, gleichzeitig auf einen Fall der von einem gegebnen Kapital erzeugten Masse des Mehrwerts und daher Rate des Profits hinwirken.« (MEW 25: 243) Möglicherweise hat Heinrich an dieser Stelle einen kleinen, aber entscheidenden Aspekt übersehen. Ja: Marx sagt zwar, der Kapitalist sei bestrebt, möglichst wenig Arbeit anzuwenden, meint dies aber nicht im absoluten Sinn, sondern im Verhältnis zum konstanten Kapital. Relativ werden weniger Arbeitskräfte eingesetzt, absolut mehr. Das variable Kapital wächst, es wächst aber langsamer als das konstante Kapital. Schließlich fällt die Profitrate im Ergebnis der Akkumulation und nicht durch Schrumpfung und Desinvestitionen.

Strittige Zusammensetzung

Für die Erklärung des Falls der Profitrate hat das Verhältnis c : v entscheidende Bedeutung. Es muss stärker steigen als die Mehrwertrate. Steigt es langsamer, würde sich die Profitrate erhöhen. Das Verhältnis haben wir bisher die »organische Zusammensetzung des Kapitals« genannt. Wir müssen jetzt genauer werden. Mit der Kapitalzusammensetzung beschäftigt sich Karl Marx im ersten Band des Kapitals (MEW 23: 640f, 650-670). Er unterscheidet drei »Zusammensetzungen«: Technische Zusammensetzung nennt er das Verhältnis zwischen der Masse an Produktionsmitteln und der Menge an Arbeit oder Arbeitskräften. Es ist eine »stoffliche« Relation. Die Wertzusammensetzung ist das Verhältnis zwischen dem Wert der Produktionsmittel und dem der Arbeitskräfte, also konstantes Kapital c zu variablem Kapital v. Aber da ist noch die organische Zusammensetzung, auch sie ist ein Verhältnis zwischen c und v. Wäre es identisch mit der Wertzusammensetzung, bräuchten wir sie nicht und tatsächlich hat eine ganze Reihe von Ökonomen ihren Sinn bezweifelt. Für Marx ist die Erhöhung der technischen und organischen Zusammensetzung die Folge des der kapitalistischen Produktionsweise immanenten Zwangs zur Entwicklung der Produktivkräfte. Der Drang nach Extraprofiten regt die Kapitalisten an, die Produktivität zu steigern und die Kosten zu senken. Da das steigende Wachstum »des konstanten Kapitalteils im Verhältnis zum variablen« ein Gesetz sei (MEW 23: 651), müsse auch dessen Wirkung – der Fall der Profitrate – von Gesetzesqualität sein. Gelänge es, diese Annahme zu widerlegen, könnte man die Theorie des Profitratenfalls schon anhand ihrer Grundlagen erschüttern.

Joan Robinson behauptet, dass ein ständiger Anstieg der organischen Zusammensetzung nicht zwingend sei. Produktivitätssteigerungen verbilligten die Elemente des konstanten Kapitals. (Robinson 1966: 35) Die Wertzusammensetzung des Kapitals sinkt, wenn der Wert der Ware Arbeitskraft weniger stark zurückgeht als der des konstanten Kapitals. Dieses Argument stelle, wie Bertram Schefold schreibt, für einige die Hauptkritik an der These vom Fall der Profitrate dar. (Schefold 2008: 76) Dabei kannte Marx den Aspekt und berücksichtigte ihn auch. Die veränderte Zusammensetzung des Kapitalwerts »zeigt jedoch nur annähernd den Wechsel in der Zusammensetzung seiner stofflichen Bestandteile an (…) Der Grund ist einfach der, dass mit der wachsenden Produktivität der Arbeit nicht nur der Umfang der von ihr vernutzten Produktionsmittel steigt, sondern deren Wert, verglichen mit ihrem Umfang, sinkt.« (MEW 23: 651) Marx glaubte, dass die technische Zusammensetzung im Rahmen der Produktivkraftentwicklung stärker steige, als der Wert der Kapitalbestandteile sinke. »Das Wachstum der Differenz zwischen konstantem und variablem Kapital ist daher viel kleiner als das der Differenz zwischen der Masse der Produktionsmittel, worin das konstante, und der Masse der Arbeitskraft, worin das variable Kapital umgesetzt wird. Die erstere Differenz nimmt zu mit der letzteren, aber in geringerem Grad.« (MEW 23: 651f).

Nun muss man beachten, dass bei der Ermittlung der Profitrate die Mehrwertrate in das Verhältnis zur Wertzusammensetzung des Kapitals gesetzt werden muss, Marx jedoch mit der organischen Zusammensetzung eine spezielle, eingeschränkte Wertzusammensetzung betrachtet. Wäre die organische Zusammensetzung eine rein formale Größe, die man eigentlich nicht bräuchte, hätte sie Marx nicht eingeführt. Die Marx-Kritik geht ins Leere, wenn man den Unterschied zwischen der Wertzusammensetzung und der organischen Zusammensetzung übersieht. Kritiker und Zweifelnde verwechseln beide Kategorien, auch wenn sie Marx richtig zitieren. Für Joan Robinson ist die organische Zusammensetzung offenbar nichts anderes als die Wertzusammensetzung. (Robinson 1966: 35) Auch Georg Fülberth kennt nur die organische Zusammensetzung, unterscheidet nicht zwischen ihr und der Wertzusammensetzung (Fülberth 2008: 57; Fülberth 2011: 35). Heinrich gibt zwar die Unterschiede zwischen der wertmäßigen und der organischen Zusammensetzung des Kapitals korrekt wieder, versteht aber nicht, weshalb Marx den zweiten Begriff einführt. Vor der französischen Ausgabe des ersten Kapitalbandes hatte Marx noch nicht zwischen beiden Zusammensetzungen unterschieden. Dies habe, so Heinrich, »durchaus Sinn«. Der Versuch dagegen, »diesen Begriff auf Veränderungen einzuschränken, die nur von einer Ursache ausgehen, kann nicht überzeugen.« (Heinrich 2017a: 319) Sinn hätten demnach, so muss man Heinrich verstehen, zwei Begriffe für dieselbe Sache.

Betrachten wir das Problem näher: Die Wertzusammensetzung des Kapitals wird durch vier Faktoren bestimmt: den Umfang der eingesetzten Produktionsmittel, den Umfang der eingesetzten Arbeitskräfte, den Wert je Produktionsmitteleinheit und den Wert je Einheit Arbeitskraft. Die organische Zusammensetzung ist *die* Wertzusammensetzung, die durch Höhe und Veränderung der technischen Zusammensetzung bestimmt wird (MEW 25: 154f, MEW 23: 640). Damit wird der Einfluss der Wertveränderungen der

Produktionsmittel, der Konsumtionsmittel und der Ware Arbeitskraft auf die Wertzusammensetzung des Kapitals gedanklich ausgeschlossen. Und damit wird auch vom Einfluss dieser Veränderungen auf die Profitrate abgesehen. Marx weiß, dass dies eine Vereinfachung ist. Das Problem, vor dem er stand: Die technische Zusammensetzung kann aufgrund der unterschiedlichen Dimensionen der Produktionsmittel nicht direkt ermittelt werden. Die Positionen des Zählers kann man nicht einfach addieren. Drehmaschinen kann man nicht mit Werkhallen, Gabelstapler nicht mit Mähdreschern, Zement nicht mit Textilien, Stahl nicht mit Papier …, Stück nicht mit Kilogramm usw. zusammenzählen.

Marx, der der technischen Zusammensetzung eine zentrale Bedeutung in seiner Argumentationskette einräumt, macht dies indirekt. Er bewertet die Produktionsmittel und Arbeitskräfte zu konstanten Werten (hier Werte = Preise). Er nimmt damit vorweg, was die heutige Statistik genauso macht. Um den Mengeneffekt des wirtschaftlichen Wachstums aus dem Gesamteffekt zu isolieren, wird neben dem nominellen Bruttoinlandsprodukt BIP (BIP zu laufenden Preisen) auch das reale BIP (BIP zu konstanten Preisen eines Basisjahres) ermittelt. Marx führt die Kennzahl organische Zusammensetzung ein, weil er mit ihr die Veränderung der technischen Zusammensetzung zeigen will. Das sagt er klar: »Um diese auszudrücken, nenne ich die Wertzusammensetzung des Kapitals, insofern sie durch seine technische Zusammensetzung bestimmt wird und deren Änderungen widerspiegelt: die organische Zusammensetzung des Kapitals.« (MEW 23: 640; MEW 25: 155). Verkürzt: Die organische Zusammensetzung widerspiegelt Änderungen der technischen Zusammensetzung, bringt sie zum Ausdruck, misst diese. Alle Welt zitiert dies, um hinterher zu bestreiten, dass es so sei. Marx geht so vor, weil er überzeugt ist, dass die durch die Steigerung der Produktivität bewirkten Wertminderungen die Profitrate nicht so stark beeinflussen, wie die steigende technische Zusammensetzung. (MEW 23: 651f) Produktivitätsfortschritte minderten zwar den Wert je Einheit des konstanten und je Einheit des variablen Kapitals, aber sie könnten nicht entscheidend die Relationen zwischen den Werten der Kapitalbestandteile ändern. Marx' Reduktion der Wertzusammensetzung auf die organische Zusammensetzung ist somit berechtigt. Man kann nicht oder nur schwer begründen, weshalb der Wert der Produktionsmittel so viel stärker sinken soll als der Wert der Konsumtionsmittel und damit der Arbeitskraft, um den Einfluss der technischen Zusammensetzung auf die Wertzusammensetzung auszugleichen oder gar zu überlagern. Die für einen solchen Ausgleich notwendigen quantitativen Unterschiede im Produktivitätswachstum zwischen Konsumtions- und Produktionsmittelsektoren sind nicht plausibel. Wertsenkungen bei Produktionsmitteln, die für die Erzeugung von Konsumtionsmitteln benötigt werden, mindern auch deren Wert. Einzig das historisch-moralische Element könnte den produktivitätsbedingten Rückgang des Wertes der Ware Arbeitskraft bremsen. (MEW 23: 185)

Was man unterscheiden muss: Es kommt nicht darauf an, dass der Wert je Einheit des konstanten Kapitals, sondern das Wertverhältnis zwischen konstantem und variablem Kapital sinkt! Deshalb muss, wenn die technische Zusammensetzung steigt, auch die Wertzusammensetzung steigen – egal wie tief die Werte der PM und der AK sinken – (1000:1000 = 0,1:0,1, nämlich = 1). Bei veränderter technischer Zusammensetzung würde das Wertverhältnis zwischen konstantem und variablen Kapital nur dann dasselbe bleiben, »wenn der Wechsel in dem Verhältnis der angewandten Produktionsmittel und Arbeitskraft durch entgegengesetzten Wechsel in ihren Werten ausgeglichen wird.« (MEW 25: 155) Da das unwahrscheinlich ist, muss, wer den Fall der Profitrate ablehnt, der Meinung sein, die technische Zusammensetzung wäre nicht gestiegen. Oder er müsste in der Lage sein, nachzuweisen, dass der Wert je Produktionsmitteleinheit sehr viel stärker als der Wert je Konsumtionsmitteleinheit zurückgeht. Die technische Zusammensetzung des Kapitals hat sich, beginnend beim Handwerksbetrieb, über Manufakturen, industrielle Revolutionen bis zu den umfangreichen Mechanisierungen, Automatisierungen und Digitalisierungen der jüngeren Zeit, stark erhöht. Joan Robinson und andere Autoren irren, die einen ständigen Anstieg der organischen Zusammensetzung nicht für zwingend halten. Wer den Anstieg der technischen Zusammensetzung akzeptiert, kann nicht wie Robinson den der organischen Zusammensetzung ablehnen. Die organische Zusammensetzung ist die Kennziffer, mit der die technische Zusammensetzung gemessen und ausgedrückt wird.

Anders verhält es sich mit der Wertzusammensetzung. Sie kann fallen, wenn die Erhöhung der technischen Zusammensetzung durch entsprechende Senkungen des Wertes je Einheit des konstanten Kapitals überkompensiert wird. Die Veränderung der technischen entspricht immer der der organischen Zusammensetzung. Die Profitrate sinkt immer auf Basis der organischen Zusammensetzung, weil dabei Wertänderungen je Einheit des konstanten und variablen Kapitals ausgeschlossen werden. Man kann Marx nicht widerlegen, indem man seine Terminologie und seine Annahmen ignoriert. Die Profitrate auf Basis der Wertzusammensetzung sinkt, wenn der Einfluss der technischen Zusammensetzung von stärkerem Gewicht, als der der Wertveränderungen der Produktions- und Konsumtionsmittel ist. Die Profitrate bleibt konstant, wenn die Senkung des Werts der Produktionsmittel den Anstieg ihrer Masse aufhebt und bei unveränderter Masse und Wert der Arbeitskräfte sich die Wertzusammensetzung nicht ändert. Wenn, wie es Zeise plausibel erscheint, sich steigende technische Zusammensetzung und Sinken der Warenwerte längerfristig »eher ausgleichen« (Zeise 2010: 96), dann muss der Wert der Produktionsmittel umso viel mehr wie der Wert der Konsumtionsmittel und der Arbeitskraft sinken, wie der Umfang der Produktionsmittel stärker als die Masse der angewandten Arbeitskräfte steigt. Das ist zwar theoretisch möglich, wäre jedoch zufällig und ist damit praktisch belanglos. Die Profitrate steigt, wenn der Einfluss der Wertsenkungen von stärkerem Gewicht als der Einfluss der technischen Zusammensetzung ist oder wenn die Wertzusammensetzung weniger stark steigt als die Mehrwertrate. Sie steigt ferner, wenn die Wertzusammensetzung bei konstanter Mehrwertrate sinkt. Die Mehrwertrate steigt nur, wenn der Wert der Ware Arbeitskraft sinkt. Dazu muss die Produktivität in den Zweigen steigen, die Konsumtionsmittel produzieren und Produktionsmittel, die für die Erzeugung von Konsumgütern benötigt werden. »In Produktionszweigen dagegen, die weder notwendige Lebensmittel liefern noch Produktionsmittel zu ihrer Herstellung, lässt die erhöhte Produktivkraft den Wert der Arbeit unberührt.« (MEW 23: 334).

Die Frage ist offen geblieben, ob die Verbilligung der Produktionsmittel die Erhöhung der technischen Zusammensetzung wertmäßig ausgleichen kann. Dabei geht es um die Wertzusammensetzung, nicht um die organische Zusammensetzung! Es ist möglich, dass die Wertzusammensetzung bei steigender organischer Zusammensetzung sinkt, wenn die Erhöhung der Produktivität und Wertminderungen der Produktionsmittel die wachsende Differenz zwischen der Masse der Produktionsmittel und der Masse der Arbeitskraft überkompensieren. Die Profitrate auf Basis der Wertzusammensetzung steigt dann, während sie auf Basis der organischen Zusammensetzung sinkt. Mir scheint es plausibel zu sein, dass das relative Gewicht der physischen Änderungen das der Wertminderungen der Kapitalbestandteile übertrifft. Diese These konnte bislang weder widerlegt noch schlüssig bewiesen werden. Nimmt man die Kategorien so, wie sie Marx und Engels verstanden wissen wollten, muss man widersprechen, dass »die säkulare dauerhafte Tendenz der steigenden organischen Zusammensetzung des Kapitals nicht schlüssig begründet ist.« (Zeise 2010: 97). Die steigende organische Zusammensetzung ist eindeutig und schlüssig begründet, sofern es die technische Zusammensetzung ist. Scheinbar nicht schlüssig begründet ist die steigende Tendenz der Wertzusammensetzung des Kapitals. Allerdings hat auch noch niemand erklärt, aus welchen Gründen der Wert der Produktionsmittel so viel stärker als der Wert der Konsumtionsmittel und damit der Arbeitskraft sinken sollte, dass eine geringere Wertzusammensetzung den Einfluss der technischen Zusammensetzung auf die Profitrate mehr als ausgleicht. Das ist der Knackpunkt! Die Einwände gegen Marx' Annahme, dass im Laufe der kapitalistischen Entwicklung das Verhältnis des vorgeschossenen konstanten Kapital c zum variablen Kapital v zunimmt, überzeugen nicht. Mit ihnen kann man den tendenziellen Fall der Durchschnittsprofitrate nicht widerlegen.

Falsche Rate

Heinrich glaubt, es sei nicht möglich, nachzuweisen, dass die Wertzusammensetzung stärker als die Mehrwertrate steige und so die Profitrate falle. Die bisherigen Aussagen zum Problem machen deutlich, dass es mindestens (!) ebenso schwer sein dürfte, zu begründen, weshalb die Wertzusammensetzung weniger stark als dic Mehrwertrate steigen sollte. Heinrich glaubt diesen Nachweis umgehen zu können, da es andere Überlegungen auf Basis der Marxschen Logik gäbe, die darauf schließen ließen, dass sich die Profitrate langfristig erhöhe. Er knüpft an Nobuo Okishio an, der geschrieben hatte, »dass jede von Kapitalisten eingeführte Produktionstechnik die zu laufenden Preisen und Löhnen bewerteten Produktionskosten senkt. Wir müssen daher schließen, dass jede von Kapitalisten in Basissektoren eingeführte technische Neuerung zwangsläufig die allgemeine Profitrate erhöht, vorausgesetzt, dass der Reallohnsatz nicht hinreichend steigt.« (Okishio 1961: 182)

Hier handelt es sich um das sogenannte Kostenkriterium der Investition, das Marx im ersten und im dritten Band des Kapital beschreibt. Danach wird eine alte durch eine neue Maschine ersetzt, wenn der Produktivitätsanstieg die Produkte »verwohlfeilert«. Die Gesamtkosten zur Herstellung einer Produkteinheit sinken dadurch, dass die zusätzlichen Kosten, die aus dem vermehrten Maschinen- und Materialeinsatz resultieren, geringer sind als die Einsparungen an Lohnkosten. Neue Produktionsmethoden werden angewandt, wenn die Erhöhung der Kapitalkosten kleiner als die Verminderung der Lohnkosten ist. »Die Steigerung der Produktivität der Arbeit besteht eben darin, dass der Anteil der lebendigen Arbeit vermindert, der der vergangnen Arbeit vermehrt wird, aber so, dass die Gesamtsumme der in der Ware steckenden Arbeit abnimmt; dass also die lebendige Arbeit um mehr abnimmt als die vergangne zunimmt.« (MEW 25: 271) Heinrichs, von Wolfgang F. Haug »scharfsinnig« genannte, Analyse (Haug 2003a: 424, Fn 2) besteht darin, zu zeigen, dass der Quotient – die Profitrate $p' = \frac{m}{c+v}$ – größer wird, wenn der Zähler – der Mehrwert m – um den Betrag zunimmt, um den der Nenner – der Kostpreis c + v – abnimmt. (Heinrich 2017a: 337-340) Kein Zweifel, dass Marx – obwohl kein begnadeter Mathematiker – dies wusste.

Heinrich und Okishio sagen, die Profitrate steige zwingend, weil im Akkumulationsprozess das variable Kapital stärker abnehme, als das konstante Kapital zunehme und die Aufwandsminderung den Mehrwert erhöht. Ist damit die Begründung für die Umkehrung des tendenziellen Falls in einen tendenziellen Anstieg geglückt? Keineswegs. Heinrich und Okishio definieren die Profitrate als Verhältnis der Differenz zwischen unverändertem Güterpreis und Kostpreis zum Kostpreis. Dass unter diesen Bedingungen eine Senkung des Kostpreises zum Anstieg des Quotienten führt, ist logisch. Dass Heinrich und Okishio nur die kurzfristige Extraprofitrate betrachten, um Aussagen zu treffen über die langfristige Tendenz der Durchschnittsprofitrate, ist ein erster Mangel ihrer Argumentation, soll hier aber nicht diskutiert werden. Schwerwiegender ist der folgende Irrtum: Zwar kann man das Verhältnis des Mehrwertes zum Kostpreis der Waren als Profitrate bezeichnen. Nur ist das nicht *die* Profitrate, von deren tendenziellen Fall Marx und Engels ausgingen. Anders als Heinrich abstrahierten sie nicht vom fixen Kapital und so vom eingesetzten Gesamtkapital sowie von dessen unterschiedlichen Umschlägen. Sie bezogen die Profitmasse auf das *vorgeschossene* Gesamtkapital: »Es zeigt sich auch hier wieder, wie wichtig es ist bei der kapitalistischen Produktion nicht die einzelne Ware oder das Warenprodukt eines beliebigen Zeitraums isoliert für sich, als bloße Ware zu betrachten, sondern als Produkt des vorgeschoßnen Kapitals und im Verhältnis zum Gesamtkapital, das diese Ware produziert.« (MEW 25: 238f) Marx: »Berechnet man nun den jährlichen (oder sonst in einem bestimmten Circulationsabschnitt erzeugten) Mehrwerth mit Bezug auf das vorgeschoßne Gesammtcapital, welches aus der Summe des vorgeschoßnen constanten + vorgeschoßnen variablen Capitals besteht, so verwandelt sich der Mehrwerth in den Profit. Die Rate des Profits ist das Verhältniß des jährlichen Mehrwerths zum Gesammtcapital« (MEGA II/4.2: 8). Sie drückt »den Verwertungsgrad des ganzen vorgeschossnen Kapitals aus.« (MEW 25: 55) Umfang und Zusammensetzung des vorgeschossenen Kapitals müssen unterschieden werden von der Größe und Zusammensetzung des Kostpreises. »Es ist verschiednemal, besonders auch in diesem Abschnitt aufmerksam gemacht worden auf den Unterschied des Verhältnisses von konstantem Kapital und variablem, wie es sich im Fall der Profitrate ausdrückt, mit dem Verhältnis der Kapitalbestandteile, mit Entwicklung der Produktivität der Arbeit, wie es sich mit Bezug auf die einzelne Ware und ihren Preis darstellt.« (MEW 25: 270f).

Es gibt einen Kapitalvorschuss c + v und es gibt einen Kapitalverbrauch c + v. Marx und Engels beziehen den Mehrwert bzw. den Profit auf den Kapitalvorschuss. Sie betonen expressis verbis, dass, um die Profitrate auszudrücken, der Mehrwert nicht auf den Kostpreis bezogen werden darf. Okishio und Heinrich ignorieren den Hinweis. Sie berechnen ihre Profitrate auf der Grundlage des Kostpreises. Mühelos lässt sich zeigen, dass die auf den Kostpreis bezogene Profitrate steigen kann, während die auf den Kapitalvorschuss bezogene sinkt. Das im Anhang aufgenommene Beispiel zeigt es. Es ist kein Beweis, dass es so sein muss, aber so sein kann.

Ich habe an anderer Stelle die kritischen Kapitalumschläge und Mehrwertraten ermittelt, mit denen die mögliche Gegenläufigkeit der »Kostpreisprofitrate« und Marxens »Kapitalvorschussprofitrate« erklärt werden kann. (Müller 2010: 47-75 und Müller 2016: 111-124) Okishio und Heinrich ist es nicht gelungen, den Marxschen tendenziellen Fall der Profitrate zu widerlegen, einer ganz anderen als ihrer Profitrate. Nur dann, wenn der Umschlag des Kapitals gleich 1 ist, also Vorschuss und Verbrauch in der betreffenden Periode gleich sind, sind auch beide Profitraten gleich. Das bedeutet, dass vom Umschlag des Kapitals, genauer von dessen Umschlagshäufigkeit abstrahiert wird. Anders ausgedrückt: Das Verhältnis des Mehrwerts zum Kostpreis ist nur dann mit der »wirklichen Profitrate« (MEW 25: 237) identisch, wenn Kapitalvorschuss und Kapitalverbrauch gleichgesetzt werden oder, was auf dasselbe hinausläuft, wenn das Kapital einmal im Jahr umschlägt.

Heinrich weiß das, meint aber, dass sich durch diese Vereinfachung nichts grundsätzlich ändere. (Heinrich 2017a: 330) Da dies ein Sonderfall ist, muss unterschieden werden zwischen einer Kostpreis-Profitrate (Heinrich-Okishio-Profitrate) und der Kapitalvorschuss-Profitrate, die Marx und Engels betrachteten. Die Kostpreisprofitrate steigt, wenn bei gegebenem Kapitalverbrauch je Periode die Mehrwertmasse durch die Vergrößerung des Abstands zwischen Güterpreis und Kostpreis zunimmt. Gleichzeitig sinkt die »wirkliche« Profitrate, wenn ein entsprechender Anstieg des benötigten Kapitalvorschusses zu einem entsprechenden Rückgang der Umschlagshäufigkeit führt. Okishio und Heinrich haben gezeigt, dass bei Einhaltung des »Kostenkriteriums« die Kostpreisprofitrate steigt – wobei sie ihr Augenmerk nur auf den kurzfristigen Extraprofit richten –, nicht aber den tendenziellen Fall der (Kapitalvorschuss-)Profitrate widerlegt. Dass dieser existiert, ist damit nicht bewiesen. Dazu müsste man nachweisen können, dass die Verringerung der Umschlagszahl den Anstieg der Kostpreisprofitrate gesetzmäßig überkompensiert. Heinrich wollte zeigen, dass es eine konsistente Begründung des Gesetzes vom Fall der Profitrate nicht geben kann. (Heinrich 2003: 404, Fn 7) Er hat mit seiner Analyse eines Sonderfalls diesen Anspruch verfehlt.

Dass bei erweiterter Reproduktion und Technikwahl nach dem Kostenkriterium der Anstieg des konstanten Kapitals je Ware kleiner sein muss als der Rückgang des variablen Kapitals innerhalb des Warenwerts, ist nicht das Problem. Das Problem ist, wie groß der zusätzliche Kapitalvorschuss sein muss, um diesen Effekt zu erreichen. Man kann es drehen und wenden, wie man will: Die Entwicklung der »wirklichen« Profitrate hängt davon ab, ob der Mehrwert oder der Kapitalvorschuss schneller steigen oder – was auf dasselbe hinausläuft – die Mehrwertrate oder die Wertzusammensetzung, genauer: der Ausdruck WZ+1. Nur wenn Kapitalvorschuss und Kapitalverbrauch gleichgesetzt werden oder eine Veränderung ihres Verhältnisses ausgeschlossen wird, hat Heinrich recht, nicht jedoch, wenn man akzeptiert, dass der Kapitalvorschuss stärker steigen kann als der Kapitalverbrauch.

Grundrentenirrtum

Die Grundrente ist eine Erscheinungsform des Mehrwerts. Wie entsteht sie? Der Pächter zahlt dem Eigentümer des von ihm bewirtschafteten Bodens regelmäßig eine vertraglich festgesetzte Geldsumme. Dieser Geldbetrag, die

Grundrente, kann nur aus dem Wertüberschuss kommen, den die Produktion gebracht hat. Er kann aber nicht Teil des Durchschnittsprofits sein, den die Anleger von Geldkapital tendenziell beanspruchen. Andernfalls bliebe für die Pächter weniger als dieser. Das wiederum wäre ein Grund, in eine attraktivere Anlagesphäre zu wechseln. Die Grundrente – die Pacht – kann ihrem Wesen nach nur ein Extraprofit sein. Er entsteht dadurch, dass die individuellen Aufwendungen kleiner sind als die durchschnittlichen, die im Preis anerkannt werden. Der Extraprofit verschwindet wieder – und entsteht neu – unter der Voraussetzung, dass die Produktionsmittel beliebig vermehrbar sind. Nur dann können die Produzenten wissenschaftlich-technischen Fortschritt nachholen und den Kapitalfluss in andere Zweige lenken. Temporäre Extraprofite weichen so dem Durchschnittsprofit.

In der Landwirtschaft existieren die Voraussetzungen für den Abbau der Extraprofite nicht. Das wichtigste Produktionsmittel ist der Boden. Er ist nicht beliebig vermehrbar. Auch der jeweils schlechteste Boden wird für die Ernährung und die Gewinnung von Rohstoffen benötigt. Die Beschränktheit und Nichtvermehrbarkeit der Böden führt unvermeidlich zur Monopolisierung der Bodenbewirtschaftung. Dieses Monopol ist unangreifbar und verhindert den Einstieg neuer Interessenten in die Branche. Es lässt keine Kapitalwanderung zu. Zwar kann Boden verkauft werden, ist er aber einmal aufgeteilt, kann niemand zu dem Kreis der privilegierten Nutzer stoßen. Die Begrenztheit des Bodens bewirkt, dass die Bewirtschaftung einer Fläche durch einen Agrarkapitalisten andere davon ausschließt. Extraprofite werden nicht abgebaut. Sie bleiben stabil. Da auch der schlechteste Boden zur Deckung der Nachfrage gebraucht wird, bestimmt der höchste Aufwand den Preis landwirtschaftlicher Erzeugnisse. Daraus ergibt sich eine Differentialrente. Sie entspricht dem Unterschied zwischen dem höchsten Aufwand auf dem schlechtesten Boden und den betriebsindividuell niedrigeren Aufwendungen auf den besseren Böden. Die Differentialrente ist ein monopolisierter Extraprofit, der auf den besseren Böden erzielt wird. Der Pächter führt ihn an den Grundeigentümer ab.

Zur Einsicht, dass die Rente ein Teil des Mehrwertes und ein Überschuss über den Durchschnittsprofit ist, gelangte unabhängig von David Ricardo auch Johann Heinrich von Thünen (1783-1850), einer der damals begabtesten Analytiker in Deutschland: »Die Landrente eines Gutes entspringt also dem Vorzug, den es vor dem durch seine Lage oder durch seinen Boden schlechtesten Gute, welches zur Befriedigung des Bedarfs noch Produkte hervorbringen muss, besitzt.« (Thünen 1930: 230)

Welche Ursachen können zur besonderen Produktivität und damit zur Entstehung einer Differentialrente führen? Fruchtbarkeitsunterschiede der Böden bringen bei gleich großen Kapitalanlagen unterschiedlich hohe Erträge. Unterschiedlich große Entfernungen zum Markt begründen unterschiedlich hohe Transportaufwendungen, die in die Kosten der Waren eingehen. Der Preis für die Produkte der Landwirtschaft ergibt sich aus dem Aufwand, der auf dem am ungünstigsten gelegenen Boden erbracht werden muss. Die beiden Gründe der Differentialrente, Fruchtbarkeit und Lage, können sich sowohl verstärken als auch abschwächen, im Extremfall sich aufheben. Auch zusätzliche Kapitalanlagen in Form von Bewässerungsanlagen, Dünger, Maschinen usw. ermöglichen einen Extraprofit. Da er an den Grundeigentümer geht, ist es eine historische Tatsache, dass der Pächter nur begrenzt daran interessiert ist, die Fruchtbarkeit des von ihm bewirtschafteten Bodens zu erhöhen. Dass der Pächter alle Verbesserungen und Auslagen vermied, deren Rückfluss während der Dauer seiner Pachtzeit nicht zu erwarten war, erwies sich über lange Zeit als das Hindernis einer rationellen Agrikultur.

Die vertikale Integration hat dazu geführt, dass monopolistische Agrar-Industriekomplexe entstanden. Die Zusammenarbeit von Unternehmen aufeinanderfolgender Produktions- und Handelsstufen im Agrarbereich, oft unter der Regie monopolistischer Abnehmer ermöglicht es, die Vorteile der Arbeitsteilung besser zu nutzen, die Nahrungsmittelproduktion konzentrierter und rationeller zu betreiben. Nahrungsmittelkonzerne stellen über ein Vertragssystem oft Futter Geräte, Tierärzte u. ä. zur Verfügung. Sie bestimmen Abnahmepreise und Lieferbedingungen und sind zum Teil Eigentümer des Bodens geworden.

Die schon bei Ricardo vorgefundenen Einsichten hat Marx durch die Theorie einer absoluten Grundrente entscheidend ergänzt. Mit ihr erklärt er, weshalb auch der Eigentümer des schlechtesten Bodens eine Rente erhält. Die Differentialrente entsteht nur auf den besseren Böden, die geringere Aufwendungen erfordern als der schlechteste Boden. Aber auch der Eigentümer des schlechtesten Bodens, der für die Deckung des Bedarfs bestellt werden muss, ist kein Philanthrop, der den Gewinn verachtet. Der Pächter wird aber auf Dauer nichts von seinem Durchschnittsprofit abgeben. Wie kann dieser Widerspruch, den David Ricardo noch übersehen hatte, theoretisch gelöst werden? Michael R. Krätke, ein starker Ökonom, den ich sehr schätze, hält die Marxsche Theorie der absoluten Grundrente für veraltet. Die Bestimmung der Wertgröße in der Landwirtschaft widerspräche jener für alle anderen Produktionszweige. Die Existenz einer absoluten Grundrente hätte Marx an die Voraussetzung einer niedrigen organischen Zusammensetzung des Kapitals in der Landwirtschaft gegenüber der Industrie gekoppelt. Diese Voraussetzung sei mit der Industrialisierung in der Landwirtschaft entfallen. Damit sei die werttheoretische Erklärung, die Marx für die absolute Rente fand, nicht mehr haltbar. (Krätke 2017: 124)

Die Ursache dieser Rente ist nicht die niedrige organische Zusammensetzung des Kapitals, wie Krätke zu vermuten scheint. Die niedrige organische Zusammensetzung war die Ursache dafür, dass in der Landwirtschaft ein vergleichsweise hoher Wert, in ihm eingeschlossen Mehrwert, entstand. Der Mehrwert ist die *Quelle* oder die Substanz der Rente. Ein Teil davon wird kraft des juristischen Eigentums an Grund und Boden in eine absolute Rente verwandelt. »Das bloße juristische Eigentum am Boden schafft dem Eigentümer keine Grundrente. Wohl aber gibt es ihm die Macht, seinen Boden solange der Exploitation zu entziehen, bis die ökonomischen Verhältnisse eine Verwertung desselben erlauben, die ihm einen Überschuss abwirft« (MEW 25: 765) Das Monopol des Eigentums an Grund und Boden ist die *Ursache* der absoluten Grundrente. Sie garantiert dem Eigentümer des schlechtesten Bodens die Verwertung seines Kapitals. Das Monopol und mit ihm die Ursache der absoluten Rente existieren weiter, deshalb ist die Theorie über sie unter den Bedingungen der industriellen Landwirtschaft nicht überholt. Ob das das letzte Wort über »ein wissenschaftliches Problem ersten Ranges« ist (Krätke: 124), ist offen. Auch Ökonomen in den sozialistischen Ländern konnten sich nicht einigen. Einige meinten, dass die Angleichung der organischen Zusammensetzung des agrikolen Kapitals an die der Industrie dazu führe, dass die absolute Rente versiege, andere verneinten diese Tendenz und betonten, die absolute Rente bliebe so lange bestehen, wie es privates Grundeigentum gibt, es änderten sich nur die Quellen, wenn der Mehrwertüberschuss in der Landwirtschaft verschwinde. (Holzapfel, Klemm et al. 1981: 275-285)

IV. Modelle

1. Der Sinn

Ob die Kritik der Politischen Ökonomie des Karl Marx ein Modell ist oder ob sie Modelle enthält, ist eine Frage des Begriffs. Die Antwort hängt davon ab, was wir unter einem Modell verstehen. Was sind dessen typische Eigenschaften und Funktionen? Der Begriff »Modell« entstammt dem Italienischen, bedeutet Maß oder Maßstab und kann allgemein mit Muster, Entwurf oder Vorbild übersetzt werden. Er hat eine vielschichtige Bedeutung. Er benennt in der *bildenden Kunst* das gegenständliche oder lebende Studienobjekt des Künstlers, in der *Architektur* ein im verkleinerten Maßstab nachgebildetes Bauwerk, in der *Mathematik* die konkrete Interpretation eines Axiomensystems, in der *Mode* ein Muster für Bekleidungen, in der *Technik* einen Körper, der dazu dient, eine Gießform herzustellen. Modelle aus Holz werden in der Modelltischlerei hergestellt, in der *Medizin* Tiermodelle zu Forschungszwecken. Im Modellbau werden verkleinerte Nachbildungen von Industrieanlagen, Fahrzeugen, Maschinen und Geräten zum Studium ihrer Funktionsweise, besonders für Ausstellungen und Unterricht sowie als Spielzeug gefertigt. Kleinere Nachbildungen von realen Objekten sind die Modelleisenbahn, Modellschiffe, Modellautos oder Modellflugzeuge. In der *Wissenschaft* ist ein Modell das vereinfachte, auf übersichtliche Strukturen reduzierte Abbild[61] komplizierter und komplexer Strukturen und Funktionen der Realität. In verbalen und formalen Modellen wird das reale Objekt – das »Original« – auf einfache Beziehungen reduziert, meist, indem von »unwesentlichen« Merkmalen abstrahiert wird.

Was wichtig, unwichtig, wesentlich, unwesentlich ist, hängt dabei auch vom Erkenntnisinteresse ab, d.h. davon, welche Kausalitäten gerade untersucht werden sollen. Wollen wir herausfinden, wie beispielsweise der Preis

61 Von unterschiedlichen Interpretationen der Begriffe Modell und Abbild, die es auch gibt, wird hier abgesehen. (vgl. Klaus, Buhr 1974: 806)

die Nachfrage, die Kapitalzusammensetzung die Profitrate oder der Zins die Investitionen bestimmt, gelingt das nur, wenn wir von anderen Einflussfaktoren auf Nachfrage, Profitrate und Investition absehen. Physiker und Chemiker haben es da leichter, machen aber im Prinzip das Gleiche. Sie schalten in ihren Laboren die Faktoren aus, auf die es ihnen nicht ankommt. Wichtig: Auch in den Wirtschaftswissenschaften bedeuten Modelle eine Reduktion der Komplexität. Modelle sind Hilfskonstruktionen, mit denen wir quantitative und qualitative Beziehungen der wirtschaftlichen Realität auf vereinfachter Grundlage auf die Spur zu kommen versuchen. Sie sind »leichter zugänglich« als das Original. Zwischen dem Modell und dem Original bestehen Analogien, die Rückschlüsse auf das Original gestatten. Durch die Änderung der Daten, Prämissen oder Größen hilft das Modell, Erkenntnisse zu gewinnen. Experimente, z. B. Sensibilitätsanalysen ersetzen Operationen, die am Original entweder gar nicht möglich sind oder zu aufwändig wären.

Die Notwendigkeit, mit Modellen die objektive Realität schritt- und auszugsweise zu erfassen, ergibt sich daraus, dass die Komplexität der Realität nicht auf Anhieb vollständig erfasst werden kann. Man unterscheidet beschreibende Modelle mit vergleichsweise hohem empirischen Gehalt und erklärende Modelle, die formalisierte Theorien sind. Die Formalisierung und Vereinfachung mithilfe von Modellen kann helfen, sozialwissenschaftliche Theorien, das heißt, begründete Aussagen über die gesellschaftliche Realität zu formulieren. Formale Modelle helfen, die logische Struktur einer Theorie zu zeigen. Das Ziel der Modellierung besteht darin, Erkenntnisse über Strukturen, Funktionen und Verhalten des Originals zu erreichen. Modelle liefern Teilerkenntnisse. Sie gelten für einen bestimmten Ausschnitt der Realität und so lange, wie die getroffenen Annahmen erfüllt sind. Sie sind für das Verständnis des Ganzen unabdingbar. Nicht die Teilerkenntnisse sind das Problem, sofern wir uns ihrer Relativität bewusst sind. Das Problem ist ihre Verabsolutierung.

2. Unfertiges

Glasperlenspiele

Verbreiteter Reduktionismus, das Zurechtstutzen der Realität auf monokausale Modellannahmen bildet selbstverständlich das Original nicht angemessen ab, was die Modellkonstrukteure wissen. Selbst für die feiner und komplexer gewordenen Modelle trifft zu, dass sie die ökonomische Welt einseitig, vereinfacht, unvollständig widerspiegeln. Sind sie daher zu verwerfen? Untaugliche Instrumente der Theorienbildung und der Erkenntnisgewinnung? Ein solches Urteil wäre überzogen. Jedes Modell ist speziell zu prüfen. Generell können Modelle helfen, Teilerkenntnisse zu erzielen, die das Gesamtverständnis unterstützen. In gewissem Sinn trifft dies selbst auf den »Homo oeconomicus« zu, jener lächerlichen Kunstfigur der Mikroökonomik, die auch unter seinen Anhängern immer weniger ernst genommen wird. Danach maximiere ein allwissendes und rational handelndes Individuum unentwegt seinen Nutzen, löse so seine ökonomischen Probleme stets zum Besten, gleichsam wie Robinson Crusoe auf der Insel. Der Mensch, der alles weiß und, als sei es mit den Vereinfachungen nicht genug, auch alles goldrichtig voraussehen kann, ist eine Fiktion. Mit der Wirklichkeit hat sie nichts zu tun. (vgl. Müller 2019: 26, 176ff) Doch behauptet kaum jemand, dass es anders sei. Die Frage, »Was wäre, wenn …« ist durchaus erlaubt. Die Frage, welche ökonomischen Ergebnisse es brächte, verhielte sich der Mensch völlig rational, ist zulässig, obgleich wir wissen, dass es so nicht ist. Auch in der Mathematik beruhen viele sinnvolle Überlegungen auf der Voraussetzung nicht bewiesener Grundannahmen. (Freie Presse, 31.12.2016: 3)

Bedeutsamer ist der Einwand, dass die mit ökonomischen Modellen gewonnenen Erkenntnisse nicht als Möglichkeiten, Teilansichten oder Sonderfälle verstanden, sondern als absolute Wahrheiten verklärt werden. Vor allem ist die übertriebene, dem Gegenstand (soziale Beziehungen, Produktionsverhältnisse) nicht gerecht werdende Anwendung der Mathematik zu kritisieren. Einige Ökonomen befürchten, die mathematische Modellierung der ökonomischen Theorie führe zu ahistorischen Deutungen und weg von der sozialen Gebundenheit der ökonomischen Kategorien. Der Missbrauch der Mathematik durch die bürgerliche Ökonomie ist ihnen Warnung. Unsägliche Modellschreinerei, nichtssagende Modelle unterstellen, was sie beweisen sollen. Sie sind leere Formeln, deren sozial-historischer Inhalt gleich Null ist. Verbunden mit unrealistischen, »heroischen« Vereinfachungen, wie z. B. der unbegrenzten Teilbarkeit ökonomischer Größen, der Stetigkeit und damit Differenzierbarkeit von Funktionen u. a., täuschen die Modelle eine Exaktheit vor, die es in den Sozialwissenschaften nicht gibt. Die Volkswirtschaftslehre ist eine Sozialwissenschaft, die ohne formale Logik nicht auskommt und die nicht genug davon bekommen kann. Sie aber auf die formale bzw. mathematische Logik zu reduzieren, führt weg von ihrem Gegenstand. Völlig egal, ob das mit einer Absicht, welcher Art auch immer, erfolgt oder im einfach guten Glauben, es müsse so sein.

Ausgesprochen belustigend ist es, wenn in den Gleichgewichtsmodellen der Mikroökonomik der Schnittpunkt zweier nicht existierender Kurven, der Angebots- und Nachfragekurve, ermittelt wird. Dennoch ist es vorstellbar, dass Preisschwankungen eine Übereinstimmung des Angebots und der Nachfrage nach einem einzelnen Produkt herbeiführen können. Das setzt, was in den Gleichgewichtsmodellen der Mikroökonomik unterstellt wird, höchste Sensibilität der Preise, des Angebots und der Nachfrage voraus. Schon kleinste Änderungen der einen führen zu Anpassungen der beiden anderen Größen. Für eine ungehinderte, freie Konkurrenz – z. B. an der Börse – kann die Annahme durchaus realistisch sein. Für die Gütermärkte, auf denen Monopole und Oligopole dominieren und dank ihrer Macht die Preise weitgehend unabhängig von Angebot und Nachfrage setzen, ist sie es nicht. Die Logik des Zustandekommens eines Gleichgewichts für das einzelne Produkt ist dennoch kaum anfechtbar. Spannender ist die Frage, ob es ein Gesamtgleichgewicht auf dem Gütermarkt geben kann, d. h. das Gesamtangebot aller Güter nachgefragt und gekauft wird. Kann eine Volkswirtschaft, die gesteuert wird über private, weitgehend unabhängig voneinander getroffene Entscheidungen der Produzenten und Konsumenten, je zu einem makroökonomischen Gleichgewicht gelangen? Wenn ja, wie lauten die Bedingungen, unter denen es zustande kommt?

Gleichgewicht bedeutet, dass genau die Waren nachgefragt und gekauft werden, die produziert und angeboten werden. Karl Marx hat mit seinen Reproduktionsmodellen die Frage bejaht. Er hält ein solches Gleichgewicht für möglich. Von seinen Kritikern, so von Rosa Luxemburg, ist er missverstanden worden. Sie unterstellten ihm, die Wirklichkeit beschreiben zu wollen. Dabei war seine Absicht anspruchsvoller und bescheidener zugleich. Er wollte begründen, unter welchen Voraussetzungen das Angebot auf den Gütermärkten gleich ist der Nachfrage, die sich dort bildet. Keineswegs behauptet er, dass dies die Wirklichkeit oder gar der Normalzustand sei. Er fragt, in welcher wertmäßigen Struktur die Gesamtheit der Konsum- und Investitionsgüter am Ende einer Produktionsperiode vorliegen muss, damit die folgende Produktion der nächsten Periode in beiden Bereichen der Volkswirtschaft – Abteilung I: Investitionsgütererzeugung, Abteilung II: Konsumgütererzeugung – reibungslos stattfinden kann. Die Antwort, die er fand, ist an sich trivial, doch stellt sie nach dem fulminanten »Tableau économique« des Francois Quesnay (1694-1774) einen weiteren großartigen Erkenntnisfortschritt dar. Egal ob die Produktion auf dem bisherigen Niveau fortgesetzt oder akkumuliert und so auf einer höheren Stufenleiter produziert wird: Gleichgewichtige Produktion bedeutet, dass der Bedarf an Investitionsgütern, der im Konsumgüter produzierenden Bereich entsteht, wertmäßig dem Bedarf an Konsumgütern gleich sein muss, der sich bei der Erzeugung der Investitionsgüter bildet. Denn letztlich, wenn auch vermittelt über das Geld, werden Investitionsgüter mit Konsumgütern und Konsumgüter mit Investitionsgütern bezahlt. Das gesamte Angebot an Konsumgütern entspricht im Gleichgewicht der gesamten Nachfrage nach ihnen, die sich in beiden Abteilungen bildet. Das gesamte Angebot an Investitionsgütern entspricht im Gleichgewicht der gesamten Nachfrage nach ihnen, die sich ebenfalls zusammensetzt aus der sich in beiden Abteilungen bildenden Nachfrage.

Auch im von Keynes konstruierten Modell erscheint das Angebot Y – die produzierte Gütermenge – in Form von Konsumgütern C und Investitionsgütern I. Es wird nachgefragt von den Unternehmern (I), den Konsumenten (C), dem Staat und dem Ausland. Sieht man zunächst von der Staats- und Auslandsnachfrage ab, herrscht Gleichgewicht, wenn die volkswirtschaftliche Ersparnis (S) gleich ist den volkswirtschaftlichen Investitionen. $S = I$ lautet die keynessche Gleichgewichtsbedingung des Gütermarktes. Die Ersparnisse sind der Teil des Einkommens, den die Verbraucher nicht konsumieren: $S = Y - C$. Im IS-Modell wird ermittelt, wovon die Höhe des Konsums und damit auch des Sparens sowie die Höhe der Investitionen abhängen. Es wird angenommen, dass der Konsum abhängt von der Höhe des Einkommens und zwar positiv. Der Zusammenhang ist plausibel und durch Erfahrungen einigermaßen zuverlässig gestützt. Elementares Gesetz sei, so Keynes, dass mehr konsumiert werde, wenn das Einkommen steigt, dass der Konsum aber nicht so stark zunehme wie das Einkommen. Er werde größer, aber gemessen am Einkommen, also relativ, kleiner. Das ist gleichbedeutend damit, dass der Anteil des Sparens am Einkommen steige, eine These, die nicht immer und überall empirisch belegt ist und doch irgendwie einleuchtet. Berücksichtigt wird dabei, dass ein Teil des Konsums nicht von der Änderung des Einkommens betroffen ist. Die Leute halten an diesem »autonomen« Konsum unter allen Bedingungen fest, unabhängig vom Einkommen.

In der makroökonomischen Theorie wird beachtet, dass das Sparen außer vom Einkommen vom Zinssatz beeinflusst wird. Das Sparen ist eine Funktion des Einkommens und des Zinses. Die Investitionen hingen negativ vom Zins ab: Hoher Zins bewirkt, dass die Investitionen niedrig, niedriger Zins, dass die Investitionen hoch sind. Das Angebot und die Nachfrage auf dem Gesamtgütermarkt werden somit durch zwei Determinanten gesteuert: durch das Einkommen und den Zins. Während im mikroökonomischen Gleichgewicht der sehr bewegliche Preis den Ausgleich von Angebot und Nachfrage bewirke, spielen paradoxerweise im makroökonomischen Modell des Gleichgewichts Preisänderungen überhaupt keine Rolle. Im auf den ersten Blick faszinierenden IS-Modell wird in Form der IS-Kurve die Gesamtheit der Kombinationen des Zinses und der Einkommen gezeigt, für die die Gleichung S = I erfüllt ist, d.h. auf dem Gütermarkt alles nachgefragt, was angeboten wird. Ändert sich eine Größe, dann muss sich auch die andere ändern, um das Gleichgewicht zu wahren oder ein neues zu finden: Sinkt der Zins, dann werde mehr investiert. Das geht aber nur, wenn zugleich die Ersparnisse und das Einkommen steigen. Steigt der Zins, werde weniger investiert. Dann ist ein Gleichgewicht nur möglich, wenn Einkommen und Ersparnisse sinken. Eine Erhöhung des Einkommens führt dazu, dass mehr gespart wird. Damit auch mehr investiert wird, muss der Zins sinken. Eine Verringerung des Einkommens bewirkt, dass weniger gespart werde. Weniger investiert wird, wenn der Zins gleichzeitig steigt.

Weshalb den Ökonomen verübeln, sich vorzustellen, was geschehen müsste, wenn der Gütermarkt ausschließlich von zwei Determinanten – dem Zins und dem Einkommen – gesteuert würde? Es ist legitim, so stark zu vereinfachen, um im komplexen Dickicht der Elemente erst einmal Fuß zu fassen und zu beginnen, sich einigermaßen zu orientieren. Die Antworten auf »Was wäre, wenn …«-Fragen sind keineswegs sinnlos, der Glaube aber abwegig, mit ihnen hätte man die Wirklichkeit abschließend beschrieben. Reduktionen sind notwendig und sie sind unzureichend. Wichtig sind sie, weil sie erste Schritte darstellen hin zur Erfassung des komplexen Ganzen. In den solideren Lehrbüchern finden sich notwendige Relativierungen des IS-Modells. (z. B. Woll 2011: 322f, 330) Es wird richtig betont, dass der Konsum nicht nur abhängt von der Höhe des aktuellen Einkommens. So steigen die Konsumausgaben in der Volkswirtschaft, wenn die Einkommen gleichmäßiger verteilt werden, weil die Leute mit niedrigem Einkommen relativ mehr konsumieren, d. h. mehr Nahrung und lebensnotwendige Dinge kaufen, als die Bezieher von hohem Einkommen. Die Konsumausgaben steigen auch, wenn die Preise und Zinsen sinken oder wenn die Leute erwarten, dass sie steigen werden. Sie werden erhöht, wenn die Güter wegen ihrer besseren Qualität stärker begehrt werden, die Werbung die Verbraucher zum Kaufen animiert, neue Produkte angeboten werden oder das Sortiment sich erweitert. Auch wenn Versicherungsbeiträge und Steuern sinken und sich so das für den Konsum verfügbare Einkommen erhöht, oder wenn die Bevölkerung wächst, steigen die Ausgaben.

Auch hängen die aktuellen Konsumausgaben davon ab, welche Einkommen die Leute künftig erwarten. Rechnen sie mit stabilen Preisen und Einkommen, sind sie bereit heute mehr für den Konsum auszugeben, als wenn sie glauben, es stünden schlechte Tage bevor. Ebenso hängen die Investitionen nicht nur von der Höhe des Zinses ab. Sie werden vor allem bestimmt durch den Profit, den sie abwerfen. Getätigt werden sie, wenn die Aussichten auf Profit günstig sind. Die Bereitschaft zu investieren, wird – das hängt damit zusammen – auch von der Einschätzung diktiert, ob und inwieweit es gelingt, die Mehrproduktion absetzen zu können.

Das Absatzrisiko ist eine wichtige Bestimmungsgröße der Investition. Es gibt daher Investitionen, die entweder nicht oder nur sehr schwach von der Höhe der Zinsen beeinflusst werden. Vor allem trifft das zu auf Ersatz- bzw. Erhaltungsinvestitionen für das verbrauchte und verschlissene Kapital. Ebenso gilt das für Investitionen, mit denen neue Märkte erobert oder Steuern vermieden werden sollen. Zu beachten ist auch, dass Zinssenkungen die Beschaffung neuer Anlagen und Maschinen kaum anregen dürften, wenn – wie es in Rezessionen normal ist – die vorhandenen Kapazitäten in beträchtlichem Umfang unausgelastet sind. Und vergessen werden darf nie, dass zwischen den Elementen der Ökonomie keine naturgesetzlichen, vom Menschen unabhängige, Zusammenhänge wie in der Physik oder Chemie bestehen. Letztlich ist es die freie Entscheidung des Menschen, ob, wie viel und was er konsumiert und investiert. Sehr oft sind seine Entschlüsse irrational. Der Mensch ist sich seiner Sache selten sicher. Hingerissen zwischen Euphorie und Besorgnis verhält er sich oft wie das Gegenteil eines Homo oeconomicus, wie ein Anti-homo-oeconomicus. Mark Twain kannte reiche Engländer, die einen Wagen, gezogen von vier Pferden, »zwanzig bis dreißig Meilen an einem Tag kutschieren, weil dieser Spaß sie einen Haufen Geld kostet; bezahlte man sie aber dafür, so würden sie ihn als Arbeit betrachten und darauf verzichten.« Marx sagt, dass Stimmungen menschliches Verhalten mitbestimmen. Im Abschwung sei der »Unternehmensgeist gelähmt« (MEW 25: 502), »das Vertrauen gebrochen.« (MEW 25: 500) Bessert sich die Lage, wachse das Vertrauen. (MEW 25: 506) Optimismus und Pessimismus sind nicht die Ursachen für die Schwankungen der Investitionstätigkeit. Doch Stimmungswellen begleiten Investitionen, wie sie Auf- und Abschwünge der Wirtschaftsaktivität generell begleiten. Menschliche Stimmungen wirken zurück auf die Ursachen, aus denen sie resultieren. Für schlechte Laune kann es viele Gründe geben: Der Tag beginnt mit einem verdorbenen Frühstück, mit Leberwurst auf dem Brötchen, die schmeckt als wäre sie aus dem vergangenen Jahrzehnt oder einem zu hart gekochten Ei. Blieb obendrein der Partner des Nachts aus, ist man gereizt den ganzen Tag, hat zu nichts Lust, nicht einmal zu einer Investition. Keynes glaubte, dass die Bereitschaft zu investieren, auch abhinge von den Nerven, der Hysterie, der Verdauung oder der Wetterabhängigkeit derjenigen, die wirtschaftliche Prozesse in Gang setzen. (Keynes 1936/2009: 162)

Fraglich, weil im höchsten Maße vereinfachend, sind demnach die Anpassungen, die Ungleichgewichte in Gleichgewichte verwandeln. Etwas näher sei dies am Zinsmechanismus begründet, der auf den ersten Blick nicht nur logisch erscheint, sondern es auch ist. Zugleich aber gibt es Gründe, ihm zu misstrauen. Sind die Ersparnisse größer als die Investitionen einer Volkswirtschaft, übersteigt das Güterangebot die Güternachfrage. Das Geldangebot in Form von Ersparnissen ist höher als die Geldnachfrage für Investitionen. Die Differenz zwischen den Ersparnissen und den Investitionen ist eine positive Größe. Die Ersparnisse S sind gleich der Differenz zwischen dem volkswirtschaftlichem Einkommen Y und dem Konsum C. Zieht man davon noch die Investitionen ab – also S – I – und ist auch diese Differenz positiv, dann heißt das, dass ein Teil der volkswirtschaftlichen Produktion nicht konsumiert und auch nicht investiert wird, also quasi »übrigbleibt«. In dieser Höhe könnte jetzt Nachfrage des Staates oder/und des Auslandes bedient werden, aber davon sehen wir ab. Die Frage interessiert uns, was passieren müsste, damit aus dem Ungleichgewicht ein Gleichgewicht wird. Die Modellierer beschreiben drei Anpassungsarten: den Preis-, Einkommens- und Zinsmechanismus. Ich betrachte nur die Zinsanpassung. Ein Überangebot an Gütern, Ersparnisse, die höher sind als die Investitionen, bewirken, dass die Zinsen sinken. Der Rückgang der Zinsen ist eine Konsequenz des Angebotsüberschusses. In dem Maße, wie die Zinsen zurückgehen, wird das Sparen unattraktiv. Gleichzeitig beginnen sich die Investitionen wieder verstärkt zu lohnen, weil Fremdkapital günstiger zu haben ist und alternative, zinsbringende Anlagen ausscheiden. (Zu hohe) Ersparnisse sinken, (zu niedrige) Investitionen steigen. Es geht in Richtung Ausgleich.

Sind umgekehrt die Ersparnisse kleiner als die Investitionen, die Differenz S – I also negativ, ist die Nachfrage nach Konsum- und Investitionsgütern höher als ihr Angebot. Die Geldnachfrage ist größer als das Geldangebot in Form von Ersparnissen. Die Folge ist ein Anstieg der Zinsen, wodurch mehr gespart und weniger investiert werde. Auch jetzt mündet die Anpassung im Gleichgewicht. Die Erklärung dafür scheint logisch unanfechtbar zu sein. Doch darf man nicht vergessen, dass weder die Investition noch das Sparen – ich hatte es erwähnt – nur von den Zinsen bestimmt werden. Sind die Absatzmöglichkeiten einer durch Investitionen bewirkten zusätzlichen Produktion gering oder unsicher, werden auch sehr niedrige Zinsen keine nennenswerten Investitionen auslösen. Sind die Absatz- und Profitaussichten dagegen verheißungsvoll, werden selbst hohe Zinsen die Investitionen nicht zügeln, und schon gar nicht auf von Monopolen und Oligopolen beherrschten Märkten, die hohe Kreditkosten mühelos über steigende Verkaufspreise auf die Verbraucher abwälzen.

Die Zinshöhe beeinflusst auch die Bereitschaft der Banken, Kredite zu gewähren. Vor allem das Kreditangebot der Banken und die Kreditwürdigkeit der Bankkunden setzen Grenzen für die Investition, weniger der Zinssatz. Auch die Annahme, dass mit steigendem Zins mehr und mit sinkendem Zins weniger gespart werde, kann angezweifelt werden. Denn die Motive der Leute zu sparen, sind verschieden. Die einen wollen Vermögen bilden und reich werden, andere für das Alter vorsorgen, dem Risiko der Altersarmut entrinnen oder sich generell auf schlechtere Zeiten einstellen. Oder sie sparen für größere Konsumausgaben wie Haus, Auto, Weltreise – das sogenannte Ansparen. Manche sparen einfach aus Gewohnheit, egal wie hoch der Zins ist, oder weil die konsumtiven Bedürfnisse gesättigt sind, oder aus Geiz, wenn sie es nicht sind – eine Art Ersatzbefriedigung. Spart eine Familie, um in drei Jahren, wenn die Silberhochzeit ansteht, eine 47-tägige Weltreise zu unternehmen, und die Zinsen sinken, dann muss sie – entgegen der oben beschriebenen Logik des Zinsanpassungsmechanismus – mehr statt weniger sparen, will sie sich die Reise zum geplanten Zeitpunkt leisten. Bei allem darf nicht vergessen werden, dass die Gleichung S = I zwar eine auf höchstem Abstraktionsniveau gefundene notwendige Bedingung für das volkswirtschaftliche Gütermarktgleichgewicht ist. Keineswegs aber ist sie eine hinreichende Bedingung. Selbst wenn die Ersparnisse und die Investitionen rein rechnerisch übereinstimmten, würde das nicht reichen. Es bedarf auch der Übereinstimmung im Konkreten. Findet der Investor nicht genau die Maschine oder Anlage, die er sucht, der Konsument nicht den Wagen, den er will, wird nicht gekauft.

Trotz der beschränkten Aussagekraft des IS-Modells haben John R. Hicks (1904-1989) und Alvin H. Hansen (1887-1975) versucht zu zeigen, dass auch das Verhältnis zwischen dem Geldangebot M und der Geldnachfrage L bestimmt werde durch den Zins und das Einkommen. Die LM-Kurve gibt die Gesamtheit der Kombinationen von Zins und Einkommen an, bei denen die Gleichung L = M erfüllt ist, der Geldmarkt sich also im Gleichgewicht befindet, d. h. das Geldangebot vollständig nachgefragt wird. Das Geldangebot wird dabei vorgegeben; man sagt, es sei eine exogene Größe. Nachgefragt werde Geld, um spätere Käufe tätigen zu können und für unvorhergesehene Fälle finanziell gewappnet zu sein. Die Höhe dieser Umsatz- und Vorsichtskasse steigt mit zunehmenden Einkommen. Außerdem halten die Leute Geld, um mit ihm zu spekulieren. Dieser Teil der Geldnachfrage – die Spekulationskasse – hinge vom Zins ab. Im Gleichgewicht wird das Geldangebot M vollständig auf die einkommens- und zinsbestimmte Geldnachfrage aufgeteilt. Steigt das Einkommen Y, dann auch die Umsatz- und Vorsichtskasse. Damit die Gleichung L = M weiterhin erfüllt ist, muss die Spekulationskasse sinken. Sie sinkt, wenn der Zinssatz steigt. Dann sinken nämlich die Kurse der Wertpapiere und im Wissen, dass sie irgendwann wieder steigen werden, ist jetzt der Zeitpunkt günstig, die Spekulationskasse zu verringern und dafür Wertpapiere zu kaufen und zu halten. Einkommen und Zinsen müssen demnach beide steigen oder beide sinken, um das Gleichgewicht zu wahren. Zu Recht wird kritisiert, dass ein von der Geldnachfrage unabhängiges Geldangebot in der Realität nicht existiert. Vielmehr ist es so, dass jegliche Geldnachfrage das ihr entsprechende Angebot hervorruft, ein LM – Geldmarktgleichgewicht bedeutungslos ist, »da man sich nicht außerhalb des Gleichgewichts von Geldangebot und Geldnachfrage befinden kann.« (Peukert 2018: 39)

Da sowohl auf dem Güter- als auch auf dem Geldmarkt die Zins-Einkommens-Kombinationen das Verhältnis von Angebot und Nachfrage begründeten, war es naheliegend zu fragen, bei welchen Konstellationen von Zins und Einkommen sich beide Märkte gleichzeitig im Gleichgewicht befinden. Die Antwort auf diese durchaus spannende Frage wird gegeben im IS-LM-Modell, dem sogenannten Hicks-Hansen-Diagramm. Tatsächlich findet sich dort eine Verbindung von Zins und Einkommen, die sowohl auf der LM-Kurve als auch auf der IS-Kurve liegt. Während für jeden der beiden Märkte unendlich viele Gleichgewichtskombinationen von Zins und Einkommen existieren, sichert nur eine Kombination das simultane Gleichgewicht auf beiden Märkten – formallogisch dargestellt im Schnittpunkt der LM- mit der IS-Kurve. Das Modell ist ein Fortschritt, weil es ein kleiner Schritt hin zur Erfassung der großen Totalität ist, komplexer herangeht an die Untersuchung der Realität, indem es nach dem Zusammenhang zwischen Güter- und Geldmarkt fragt. Zugleich ist ein Rückschritt, weil es höchst vereinfachend die sehr komplexen Beziehungen auf den Einfluss von nur zwei Faktoren reduziert: des Zinses und des Einkommens. Ein Nachteil ist, dass im Modell von absolut starren Preisen ausgegangen wird, die Inflation keine Rolle spielt. Eine steigende Nachfrage bewirke keinen Preisanstieg, führe nur zu Anpassung der Gütermenge. Doch die Preise verändern sich in der Realität und diese Änderungen beeinflussen den Konsum, die Investitionen, die Geldnachfrage und das Geldangebot. Dadurch wie auch durch Staatsdefizite, die finanziert werden mit frischem Zentralbankgeld, verschieben sich LM- und IS-Funktionen gleichzeitig. Wo immer simultane Verschiebungen der beiden Kurven beachtet werden müssen, ist die ohnehin begrenzte Aussagekraft des Modells zusätzlich geschwächt.

Abhilfe schaffen sollte das AS/AD-Modell. AS steht für das aggregierte Gesamtangebot, AD für die aggregierte Gesamtnachfrage. Die Erweiterung geschah durch eine volkswirtschaftliche Produktionsfunktion, die den Zusammenhang zwischen der Gütermenge, die dem realen Volkseinkommen Y entspricht, und der Arbeitsmenge ausdrückt und es ermöglicht, den Arbeitsmarkt an das IS-LM-Modell anzudocken. Es existiere eine »natürliche Arbeitslosigkeit«. Wenn die tatsächliche ihr entspricht, befände sich der Arbeitsmarkt im Gleichgewicht. Das erweiterte Modell berücksichtigt zwar das Preisniveau, nicht aber die Inflationsrate. Einzelheiten erspare ich dem Leser. Nur so viel: Nach Peter Bofinger ist es ein »Modell-Oldtimer, der eigentlich ins Museum für ökonomische Modelle gehört« (Bofinger 2007: 532). Immerhin: Das Bemühen, komplex zu denken, ist erkennbar.

In einem weiteren Schritt wird auch die Zahlungsbilanz einbezogen. Robert Mundell (geb. 1932) und Marcus Fleming (1911-1976) übertrugen das IS-LM-Modell auf eine offene Volkswirtschaft. Das Mundell-Fleming-Modell berücksichtigt eine weitere Kurve, die ZZ-Kurve. Sie stellt alle Kombinationen von Zins- und Einkommen dar, bei denen es unter Beachtung des Wechselkurses zu einer ausgeglichenen Zahlungsbilanz kommt. Grundsätzlich sind die Bemühungen zu begrüßen, nach komplexen Wechselbeziehungen zwischen Gütermarkt, Geldmarkt, Arbeitsmarkt – und auch dem Wertpapiermarkt – zu suchen, dies sowohl für eine geschlossene als auch für eine offene Volkswirtschaft. Die Lehrbücher präsentieren als Ergebnis die IS-LM-AS-AD-ZZ-Modelle, ominöse Gleichgewichtskonstruktionen, die trotz aller Kritik zentrale Bausteine der Volkswirtschaftslehre geblieben sind. Ihre Darstellung gehört zum Standardrepertoire der Fachvorlesungen. Originell ist die Frage gewiss, ob diese Märkte im Gleichgewicht sein können, noch origineller, ob sie das gleichzeitig sein können. Die große Schwäche ist, dass, um sich die Beantwortung der Frage zu erleichtern, von vielen Einflussfaktoren auf das Angebot und die Nachfrage auf jedem der Märkte abgesehen wird. Der Preis spielt erst unzureichend im AS-AD-Modell eine gewisse Rolle, der Profit, die Kategorie, um die sich im Kapitalismus alles dreht und schlägt, taucht nirgendwo auf. Die mathematische Eleganz der Konstruktionen und die logische Verknüpfung weniger Elemente verdecken die Wirklichkeit und erwecken die Illusion, die beiden Faktoren Zins und Einkommen ließen sich so justieren oder regelten sich selbst so, dass es zu einem simultanen Ausgleich von Angebot und Nachfrage auf allen Märkten kommen könne. Ein Spiel wie mit Glasperlen, unterhaltsam und nicht ohne jeglichen Wert, doch für das Verständnis der komplexen Wirklichkeit weitgehend belanglos.

Belangloses

»Es gibt keine geschlossene, schlüssige und empirisch gültige Verteilungstheorie«, notiert Adolf Wagner (Wagner 2018: 245), obwohl Ökonomen sich seit Jahrhunderten um sie bemühen. Außer grandiosen Belanglosigkeiten, Selbsttäuschungen und Verklärungen ist nichts herausgekommen. In diesem Buch können Modelle zur Einkommensverteilung nicht umfassend und kritisch gewürdigt werden. (vgl. dazu Müller 1980: 44-187) Nur so viel: Mit der Grenzproduktivitätstheorie wird behauptet, dass jeder Produktionsfaktor entlohnt werde in Höhe seines Grenzprodukts, des zusätzlichen Ertrages der zuletzt eingesetzten Faktoreinheit, und damit indirekt in Abhängigkeit von seiner Seltenheit. Ihr Hauptmangel sei, so Erich Preiser, »dass sie die Einkommensverteilung primär als ein von natürlichen und technischen Momenten bestimmtes Phänomen ansieht und darüber die gesellschaftlichen Bedingungen vernachlässigt, unter denen die Einkommensverteilung vor sich geht.« (Preiser 1970: 267)

Das verteilungstheoretische Ergebnis der makroökonomischen Grenzproduktivitätstheorie besteht darin, dass die Verteilung durch die Produktionselastizitäten bestimmt sei. Die Produktionselastizität bezieht relative Veränderungen der Produktion auf relative Veränderungen der Einsatzmenge eines Faktors. Die »Faktorproduktivität« wird im Modell als konstant vorgegeben und behauptet, die Verteilung bliebe es auch. So werden die konstanten Anteile von Arbeits- und Kapitaleinkommen am Nettoprodukt der Volkswirtschaft nicht erklärt, sondern vorgegeben. Eine solche »Lösung« des Verteilungsproblems ist belanglos, ist keine ernst zu nehmende Hypothese, sondern schlichte Manipulation. Die Schwächen der Grenzproduktivitätstheorie führten dazu, dass im Rahmen der keynesianischen Verteilungstheorie die Distribution als Element des wirtschaftlichen Kreislaufs analysiert und versucht wird, die ökonomische Macht als Bestimmungsfaktor der Einkommensverteilung in Form von Monopolgradtheorien einzubeziehen. (Kaldor 1955/56: 83-100, Kalecki 1950: 217, Preiser 1970, Krelle 1973) Preiser maß der Bedeutung des Privateigentums für die Verteilung besondere Bedeutung bei und kam so nahe an Marx heran. Er vertrat eine Klassenmonopoltheorie, indem er die Verteilung als Ergebnis gesellschaftlicher, psychologischer und technischer Faktoren sah.

Hier ist nicht der Platz, den verteilungstheoretischen Wust aufzuarbeiten. Ein Aspekt soll aber noch einmal hervorgehoben werden. Er ist vortrefflich geeignet, die Irrelevanz des Theorienkonvoluts zu zeigen. Es fällt auf, dass sich die theoretischen Bemühungen darauf konzentrieren, die angeblich »gesetzmäßige« Konstanz der Einkommensanteile zu begründen. Den Betroffenen soll eingeredet werden, dass es keinen Zweck habe, sich für einen Anstieg der Lohnquote einzusetzen. Eine solche Korrektur könne nicht gelingen. Die Prämissen und Ausgangsdaten der Modelle werden so gewählt, dass das gewünschte Ergebnis eintritt. Die Grenzproduktivitätstheorie ist so konstruiert, dass das Verteilungsergebnis nur von den Produktionselastizitäten abhängt, die als konstant vorgegeben werden.

In der jüngeren Machttheorie ist es die vereinfachende Annahme eines Aufeinanderprallens von Macht und Gegenmacht, dessen neutralisierende Wirkung die Konstanz der Lohnquote bewirke, im kreislauftheoretischen Ansatz ist es die Lohn-Preis-Spirale, bei Krelle der Gegensatz von kurzfristigen und langfristigen Wirkungen, bei Kalecki die entgegengesetzte Entwicklung von Monopolgrad und Rohstoff-Lohnkosten-Verhältnis, die scheinbar Verteilungsstabilität begründen. Tatsächlich tritt das Verteilungsergebnis ein, weil die Prämissen subjektiv so bestimmt werden, dass keine andere Lösung möglich ist. Lässt man die willkürlichen Prämissen fallen, erkennt man, dass es viele Verteilungskonstellationen gibt, bei denen die kapitalistische Wirtschaft »funktioniert«. Ein abgegriffenes Argument gegen Verteilungskorrekturen ist die Behauptung, man könne nur verteilen, was vorher geschaffen wurde. Dem widerspricht niemand. Das ist nicht die Frage. Die Frage ist, ob die Gesellschaft in der Lage ist, alle ihre Mitglieder angemessen teilhaben zu lassen am Reichtum.

Fazit: Die Verteilungstheorien zeigen, wie Reduktionismus die notwendige, ganzheitliche Erfassung der ökonomischen Realität verhindern und zu skurrilen Ergebnissen führen kann. Dabei ist weniger etwas gegen die grundsätzliche Methodik einzuwenden. Ceteris-paribus-Annahmen – die temporäre gedankliche Ausschaltung zunächst nicht interessierender Faktoren – ist ein unverzichtbarer Erkenntnisschritt. Er wird erst dann zum Problem, wenn, wie in vielen Modellen der bürgerlichen Ökonomie, der Einfluss ausgewählter Faktoren verabsolutiert und der anderer dauerhaft unterdrückt wird. Die Grenzproduktivitätstheorie erklärt nicht die Unveränderlichkeit der Einkommensverteilung, sondern unterstellt sie. Das Harrod-Domar Modell des wirtschaftlichen Wachstums ist »von monumentaler Simplizität«. (Hofmann 1971: 252) Es unterstellt eine konstante Sparquote, konstante Kapitalkoeffizienten (Kapitalaufwand zu Outputeinheit), sieht ab vom technischen Fortschritt, der Einkommensverteilung und den Preisen. Im keynesianischen IS-LM-Modell von Hicks und Hansen werden die Investitionen ausschließlich als eine Funktion der Zinsen, das Sparen als eine des Einkommens, die Geldnachfrage als zins- und einkommensabhängig betrachtet und auf dieser Basis das Gesamtgleichgewicht auf Güter- und Geldmärkten definiert. In Transmissionsmodellen werden Übertragungswege nachgezeichnet, die ein Geldimpuls der Zentralbank bis zur Erzeugung der Waren zurücklegen kann. Dass die so konstruierten Wirkungsketten bei Akzeptanz der engen Modellprämissen existieren können, ist durchaus denkbar. Nur wenn die Prämissen erweitert werden und bedacht wird, dass die güterwirtschaftlichen die monetären Verhältnisse dominieren und nicht umgekehrt, sind sie aber alles andere als zwingend, ja sogar sehr unwahrscheinlich. Nicht zuletzt unterstreicht die anhaltende Wirkungslosigkeit der expansiven Geldpolitik der EZB dies. (vgl. Müller 2015: 467-473)

Umstrittener Ausgleich

Das berechtigte Unbehagen über den bürgerlichen Modellplatonismus hat dazu beigetragen, dass marxistische Ökonomen dem großen Werk ihres Meisters den Modellcharakter absprechen. Ist die Marxsche ökonomische Theorie eine Theorie ohne Modelle? Unstrittig sollte sein, dass das »Kapital« formale Modelle enthält. Was sind die Reproduktionsschemata im Band II anders als aggregierte Kreislauf- bzw. Verflechtungsmodelle? Sie zeigen die stofflichen und wertmäßigen Proportionen zwischen der Konsumgüter- und der Investitionsgüterproduktion, die eine reibungslose einfache und erweiterte Reproduktion ermöglichen. Rosa Luxemburgs Fehler ist, diese makroökonomischen Gleichgewichtsmodelle für die Wirklichkeit zu nehmen. Indem Marx notwendige, jedoch keine hinreichenden Bedingungen des volkswirtschaftlichen Gleichgewichts auf den Gütermärkten bestimmt, sagt er nicht, dass sich diese auch einstellen müssten. Seine Reproduktionsmodelle sind eine Weiterentwicklung des Tableau économiques von Quesnay, jenes ersten Kreislaufmodells in der Geschichte, das 100 Jahre unverstanden blieb und von Marx mit lobenden Worten gewürdigt wird, die er keiner anderen ökonomischen Denkleistung zollt. Sie sind die Vorstufe, ein Schritt hin zu den grandiosen Input-Output-Modellen Leontjews, in denen die Verflechtungen zwischen den Güterproduktionen einer Volkswirtschaft, die Primärverteilung der Produktionsfaktoren auf die produzierenden Bereiche und ihr Beitrag für Konsum, Investition und Export gezeigt werden können. Mit Verflechtungs- und Optimierungsmodellen ist in nahezu allen sozialistischen Ländern experimentiert worden. Erwähnenswert sind aus der Sowjetunion die Arbeiten von Strumilin, Nowoshilow und Nemtschinow, aus Ungarn die von Kornai, aus der DDR die Modelle meines Doktorvaters Hans Knop (Knop 1984), von Eva Müller und anderen.

Wie beeinflusst die organische Zusammensetzung des Kapitals die Profitrate? Die Frage kann man nur beantworten, wenn man von anderen, die Profitrate beeinflussenden, Faktoren absieht. Die Komplexität überschaubar zu machen, bedarf stets des Abstrahierens. Danach wird die zunächst unterstellte Bedingung – die Konstanz der Mehrwertrate – aufgehoben. Das Beispiel zeigt, dass die vorübergehende Ausschaltung von Einflussfaktoren auf eine bestimmte Größe nicht nur erlaubt ist. Sie ist ein notwendiger Schritt auf dem Weg zur Erkenntnis des komplexen Ganzen. Genau darin besteht die Funktion der Modelle bzw. des Modellierens in der Wissenschaft. Und genauso verfährt Marx. Ich zeige es im Folgenden an einem umstrittenen Problem der marxistischen politischen Ökonomie: am Ausgleich unterschiedlicher Profitraten der Zweige zu einer allgemeinen Durchschnittsprofitrate. Fritz Behrens hat in seiner vierbändigen Geschichte der politischen Ökonomie Karl Kautsky vorgeworfen, die ökonomische Theorie von Karl Marx zu verflachen und zu vulgarisieren. Kautsky hatte geschrieben: »Das Wirken von Nachfrage und Angebot muss auch jenen Ungleichheiten der Profitraten entgegenarbeiten, die aus der Ungleichheit in der organischen Zusammensetzung des Kapitals entstehen.« (Kautsky 1980: 91) »Nach Kautskys Interpretation«, schreibt Behrens, »fließt im entwickelten Kapitalismus Kapital von den Produktionszweigen mit höchster organischer Zusammensetzung, also höchster Arbeitsproduktivität, ab und Kapital (zu) den Produktionszweigen mit niedrigster organischer Zusammensetzung, also niedrigster Arbeitsproduktivität zu. Diese Interpretation der Marxschen Theorie ist nicht nur unzureichend und fehlerhaft, sondern falsch.« Sie sei »barer Unsinn«, so Fritz Behrens, weil sie den technischen Fortschritt im Kapitalismus nicht erklären könne. Es sei umgekehrt: Kapital fließe aus Zweigen mit niedriger in Zweige mit hoher organischer Zusammensetzung. (Behrens 1976: 160, 212)

Marx hatte geschrieben: »Das Kapital entzieht sich aber einer Sphäre mit niedriger Profitrate und wirft sich auf die andre, die höheren Profit abwirft. Durch diese beständige Aus- und Einwandrung, mit einem Wort, durch seine Verteilung zwischen den verschiedenen Sphären, je nachdem dort die Profitrate sinkt, hier steigt, bewirkt es solches Verhältnis der Zufuhr zur Nachfrage, dass der Durchschnittsprofit in den verschiedenen Produktionssphären derselbe wird und daher die Werte sich in Produktionspreise verwandeln.« (MEW 25, 206, vgl. auch 164ff, 182ff) Nach Marx verlässt Kapital die Zweige, in denen die Profitrate niedrig ist, um sich dort anzusiedeln, wo sie hoch ist. Wie groß die organischen Zusammensetzungen in den kapitalaufnehmenden und kapitalabgebenden Zweigen sind, geht aus dieser kaum strittigen Feststellung nicht hervor.

Kann nun begründet werden, dass die Profitrate in Zweigen mit *niedriger* organischer Zusammensetzung *hoch*, in Zweigen mit *hoher* organischer Zusammensetzung *niedrig* ist, und das ist die Marxsche Auffassung, muss Kapital auf der Suche nach den profitabelsten Branchen aus Zweigen mit hoher organischer Zusammensetzung – gleich niedriger Profitrate – abgezogen und den Zweigen mit niedriger organischer Zusammensetzung – gleich hoher Profitrate – zugeführt werden. Das ist die unbestechliche Logik! Nicht Behrens, sondern Kautsky stimmt mit Marx überein, dies nicht nur, was die Richtung der Kapitalwanderung betrifft, sondern auch in Bezug auf die durch die Kapitalwanderung ausgelösten Angebot- und Nachfrageänderungen in den Zweigen, in deren Ergebnis sich Produktionspreise und eine allgemeine Durchschnittsprofitrate bilden. Im kapitalabgebenden Zweig wird das Angebot unter die Nachfrage fallen, wodurch die Preise, Gewinne und Profitabilität steigen. In den Zweigen, denen Kapital zuströmt, wird das Angebot die Nachfrage übertreffen, wodurch die Preise, Gewinne und Profitabilität sinken. Veränderungen von Angebot und Nachfrage sind nicht nur Bestandteil der innerzweiglichen, differenzierenden Konkurrenz, so die Annahme von Behrens (Behrens 1976: 159), sondern können sich auch durch Kapitalzuflüsse und -abflüsse zwischen den Zweigen ergeben und damit Bestandteil der die Profitraten nivellierenden Konkurrenz sein. Dass Kautsky und nicht Behrens Marx richtig interpretiert, ist allenfalls am Rande wichtig. Gesagt ist damit noch nicht, wer von beiden *in der Sache* irrt und auch nicht, was trotz theoretischer Stringenz in der Praxis passiert. Interessant ist vor allem die Frage, aus welchen Gründen die Ökonomen oft gegensätzliche Ansichten vertreten und ob derartige Kontroversen produktiv genutzt werden können.

Auch der Ausgleich der unterschiedlichen zweiglichen Profitraten zu einer allgemeinen, überzweiglichen Durchschnittsprofitrate erfüllt die Bedingungen eines Modells. Im Marxschen Modell fließt Kapital aus Zweigen mit hoher organischer Zusammensetzung und niedriger Profitrate in Zweige mit niedriger organischer Zusammensetzung und hoher Profitrate. Dadurch nivellieren sich die Profitratenunterschiede. Das Profitratengefälle regt die Anleger an, ihr Geldkapital in Branchen zu bringen, in denen die Profite über dem Durchschnitt liegen. Entnommen wird es aus Zweigen, in denen die

Profitraten darunter liegen. Es kommt zu einer Kapitalwanderung zwischen den Zweigen. Das Kapital fließt zu den höchsten Profiten. Lohnt sich die Produktion von Streubomben mehr als die von Käsekuchen und Babywäsche, fließt Kapital in die Munitionsfabriken. Die zwischenzweigliche Konkurrenz dreht sich um die profitabelste Kapitalanlage. Sie führt dazu, dass sich die Unterschiede bei den Profiten und Profitraten langfristig und tendenziell ausgleichen. In Zweigen, aus denen das Kapital wegen der niedrigen Profitrate abfließt, steigen bei gegebener Nachfrage die Preise und die Profite. In Zweigen, die wegen hoher Profitraten neues Kapital aufnehmen, erhöht sich das Angebot, daher sinken die Preise und Profite. Wie lange wird die Übertragung von Geldkapital und damit auch von Ressourcen zwischen den Zweigen anhalten? Das geschieht so lange, bis das Gewinn- und Profitratengefälle beseitigt ist.

Über die Kapitalwanderung zwischen den Zweigen vollziehen sich Umverteilungsprozesse, die vom Einzelnen nicht gewollt, aber durch sein Verhalten ausgelöst werden. Sie bewirken, dass letztlich gleich hoher Einsatz von Geldkapital auch annähernd gleich belohnt wird. Karl Marx zeigt im 9. Kapitel des dritten Bandes an einem Beispiel, wie die unterschiedlich hohen Profitraten der verschiednen Produktionssphären sich zur allgemeinen Durchschnittsprofitrate ausgleichen. (MEW 25: 164ff) Dieses Beispiel ist ein Modell. Jedes Modell beruht auf Prämissen und widerspiegelt die komplexe Realität unvollkommen. Der Ausgleich der Profitraten zwischen den Zweigen der Volkswirtschaft ist nur eine Tendenz. Er kommt weder zu Ende noch kann er bedeuten, dass zu einem konkreten – oder gar zu jedem – Zeitpunkt Investitionen und Produktionen in den verschiedensten Bereichen dieselben Profit-Kosten- und Profit-Kapitaleinsatz-Relationen hervorbringen. Überholte Bereiche und Branchen sterben. Innovationen und neue Märkte bringen neue Profite. Volkswirtschaftliche Strukturen ändern sich. Nichts ist statisch. Kapitalflüsse strukturieren die Branchen und die Marktoberfläche um. Vereinfacht: Trikotagenhersteller brauen plötzlich Bier, aus Produzenten von Vierfruchtmarmelade werden Versicherungsagenten, Blumenzüchter schießen Satelliten hoch in den Schrottgürtel, der die Erde umkreist, Reiseunternehmen investieren in die Bio-Landwirtschaft, Erdölkonzerne steigen ins Bankgeschäft ein. Dieser Prozess setzt eine vollkommene, ungehinderte Konkurrenz zwischen den Zweigen und eine vollständige Überschaubarkeit der Märkte voraus. Weder das eine noch das andere lässt sich ohne weiteres unterstellen. Einmal kennen Anbieter und Nachfrager die Profit-Kostenverhältnisse der jeweils anderen keineswegs so genau, zum anderen ist vor allem dort, wo Großbetriebe dominieren, den kleineren, mittleren und neuen Betrieben der Zugang zum attraktiveren Markt oft verwehrt.

Das Marxsche Modell des Profitratenausgleichs beruht insgesamt auf folgenden Prämissen:

- Die Mehrwertrate in den Produktionszweigen wird als gleich angenommen. (MEW 25: 165)
- Die Größe des Arbeitstages ist in allen Produktionssphären dieselbe.
- Das Kapital geht überall gleichmäßig und ganz in das jährliche Produkt ein, es besteht kein Unterschied zwischen Vorschuss und Verbrauch. (MEW 25: 164)
- Von der Verschiedenheit der Umschlagszeiten des Kapitals wird abgesehen. (MEW 25: 164)
- Die Investoren sind über das Profitratengefälle informiert.
- Die Produkte werden zu Preisen verkauft, die ihren Werten entsprechen.
- Die Arbeitswerttheorie gilt: Wert entsteht durch lebendige Arbeit.
- Der Kapitalfluss zwischen den Zweigen kann ungehindert stattfinden. Die technische Übertragbarkeit des Kapitals ist gewährleistet; es existieren keinerlei Eintritts- und Austrittsbarrieren z. B. in Form von Monopolen.
- Die Höhe der Profitrate trifft das unternehmerische Ziel am genauesten und ist *das* Kriterium für Kapitalanlageentscheidungen.
- Die Preisbewegungen sind nicht monopolistisch deformiert, sondern widerspiegeln die Veränderungen im Verhältnis von Angebot und Nachfrage.
- Technischer Fortschritt, Produkt- und Technologieinnovationen bleiben unbeachtet.
- Erwartungen, Risikoüberlegungen und andere Einflussfaktoren haben keinen Einfluss.
- Vom Einfluss der organischen Zusammensetzung auf die Produktivität und so auf Mehrwert und Extramehrwert wird abgesehen.

Nur als Konsequenz dieser Gesamtheit an Voraussetzungen muss es zu einer Kapitalwanderung kommen, wie sie im Marxschen Modell des Ausgleichs unterschiedlicher Profitraten zur Durchschnittsprofitrate und der Herausbildung des Produktionspreises angenommen wird. Kapital fließt aus Zweigen mit hoher in Zweige mit niedriger organischer Zusammensetzung. Die Ergebnisse der Konkurrenz, welche die Unterschiede in den zweiglichen Profitraten ausgleicht, sind eine Folge dieser Prämissen. Heben wir diese Voraussetzungen der Reihe nach auf, um der Komplexität gerecht zu werden, kommen wir zu anderen Ergebnissen. Damit verbunden ist die Frage nach der logischen Konsistenz und dem Realitätsgehalt der Prämissen, auf denen Modelle beruhen. Eine Theorie muss sich auch an ihren Voraussetzungen messen lassen. Konkret geht es darum, ob die Annahme einer gleich hohen Mehrwertrate und Produktivität in den Zweigen mit unterschiedlicher organischer Zusammensetzung des Kapitals realistisch und hilfreich ist. Dies dürfte eher zufällig so sein. Die Produktivität dient nicht direkt als Kriterium für zwischenzweigliche Anlageentscheidungen. Produktivitätsvergleiche zwischen den Zweigen, nehmen wir den Produktivitätsbegriff korrekt, sind nicht sinnvoll. Welche Anlageentscheidungen soll die Kenntnis nach sich ziehen, dass die Anzahl der in einer Stunde behandelten Knochenbrüche höher ist als die Anzahl gefertigter Porzellantassen pro Stunde oder kleiner als die Summe geschlachteter Mastschweine in derselben Zeiteinheit?

Produktivitätsvergleiche sind nur innerhalb einer Branche möglich und sinnvoll. Und doch könnte die Produktivität über ihre positive Beeinflussung der Mehrwertrate von Bedeutung sein. Es kann als gesichert gelten, dass die Arbeitsproduktivität in Zweigen mit hoher organischer Zusammensetzung höher als in Zweigen mit niedriger organischer Zusammensetzung ist. Behrens nimmt an, dass aufgrund der in Zweigen mit hoher organischer Zusammensetzung auch höheren Produktivität die Mehrwertrate dort größer sein müsse als in Zweigen mit niedriger organischer Zusammensetzung, in denen die Produktivität unterdurchschnittlich ist. »Kautsky ignoriert«, schreibt er, »dass unterschiedliche organische Zusammensetzung des Kapitals unterschiedliche Arbeitsproduktivität bedeutet, weil unterschiedliches Niveau von Technik und Organisation der Produktion.« (Behrens 1976: 159)

Dieser Einwand ist gewichtig. Ein Zusammenhang zwischen der organischen Zusammensetzung und der Produktivität besteht. Er wird an der betreffenden Stelle im Marxschen Kapital – und dann auch durch Kautsky – ausgeblendet, weil allein der Einfluss der *organischen Zusammensetzung* auf die Profitrate gezeigt werden sollte. Dies erforderte, vom Einfluss anderer Faktoren zu abstrahieren. Zieht man aber solche, z. B. die Mehrwertrate, die

Produktivität, das Innovationsniveau, Erwartungen u.a. in die Betrachtung ein, lässt sich zeigen, dass es Situationen geben kann, in denen Kapital, anders als im Marxschen Modell, aus Zweigen mit *niedriger* organischer in solche mit *hoher* organischer Zusammensetzung fließt. Behrens hätte in der Sache, nicht aber gegenüber Kautsky Recht. Er argumentiert unter neuen Annahmen logisch. Sein Fehler: Nicht zu erkennen, dass er von anderen Annahmen als Kautsky ausgeht, von einem anderen Standpunkt aus argumentiert, und Kautskys Lösung auf diese Weise nicht widerlegt, sondern allenfalls – d.h. nur wenn die Annahmen richtig sind – ergänzt.

Behrens bereichert die Theorie, indem er irrt. Er vermutet, dass die produktivitätsbedingt höhere Mehrwertrate den *negativen* Einfluss der *höheren* organischen Zusammensetzung auf die Profitrate ausgleichen oder überkompensieren kann. Die produktivitätsbedingt niedrigere Mehrwertrate könnte umgekehrt den *positiven* Einfluss der *niedrigeren* organischen Zusammensetzung auf die Profitrate abschwächen oder aufheben. Das ist denkbar. Doch ist es auch realistisch? Behrens' Absicht ist zunächst zu begrüßen: Er will die Abhängigkeit der Mehrwertrate von der organischen Zusammensetzung zeigen und in das Modell einbeziehen. Doch sind seine Schlüsse zwingend? Keineswegs muss, wie er annimmt, die Mehrwertrate in Zweigen mit hoher organischer Zusammensetzung und hoher Produktivität unter allen Umständen höher sein als in Zweigen mit niedriger organischer Zusammensetzung und niedriger Produktivität. Wir sehen hier vom Extramehrwert ab, unterstellen eine einheitliche organische Zusammensetzung und Produktivität des Zweiges. Extramehrwerte entstehen bei Produktivitätsunterschieden zwischen den Betrieben eines Zweiges; sie interessieren an dieser Stelle nicht. Die Mehrwertrate ist ein volkswirtschaftliches Phänomen. Die notwendige Arbeitszeit, in der der Arbeiter ein Äquivalent seines Wertes schafft, wird nicht durch die Produktivität des jeweiligen Zweiges bestimmt, sondern durch die Zeit, die gesellschaftlich erforderlich ist, die Konsumtionsmittel zu produzieren, die er benötigt. Und für den Wert der Konsumtionsmittel ist die Produktivität in den Konsumtionsmittel erzeugenden Bereichen und die Produktivität bei der Herstellung der Produktionsmittel ausschlaggebend, die für die Erzeugung der Konsumtionsmittel benötigt werden. Zu berücksichtigen wäre auch, dass in Zweigen mit hoher organischer Zusammensetzung, in Zweigen, die modernste Technik nutzen, in der Regel besonders qualifizierte Arbeiter tätig sind, deren Wert vergleichsweise hoch ist. Ein hoher Wert der Arbeitskraft beeinflusst unter sonst gleichen Umständen die Mehrwertrate negativ. Dagegen spricht allerdings, dass komplizierte Arbeit in einer Stunde mehr Wert erzeugt als einfachere. Selbst wenn eine den Einfluss der organischen Zusammensetzung auf die Profitrate aufhebende Wirkung von Produktivitätsunterschieden für möglich gehalten wird, heißt dies keinesfalls, dass ein solcher Effekt auch zwangsläufig eintreten müsse. Was wirklich geschieht, hängt von vielen Einflussfaktoren, hängt, genauer ausgedrückt, vom Zustand des Gesamtgefüges ab.

Ohne wert- und preistheoretische Argumentationsebenen zu vermischen, muss auch beachtet werden, wie sich in der Praxis Veränderungen der Produktivität auf die Preise auswirken. Bei *gegebenen* Preisen der Absatzprodukte können durch die Erhöhung der Arbeitsproduktivität die wertmäßige Wirtschaftlichkeit, die Mehrwertrate und bei gegebenem Kapitaleinsatz auch die Profitrate steigen. Dann wird Kapital in Zweige mit hoher organischer Zusammensetzung, hoher Produktivität und hoher Mehrwertrate gelockt. Die Preise könnten im Ergebnis des Anstiegs der Produktivität und eines damit verbundenen Angebotsüberschusses sinken. Bei *sinkenden* Preisen können die Mehrwertrate und die wertmäßige Wirtschaftlichkeit gleich bleiben oder sinken, ebenso die Profitrate. Kapital fließt aus Zweigen mit hoher organischer Zusammensetzung, hoher Produktivität, aber niedriger Mehrwertrate ab. Der Einfluss der Arbeitsproduktivität auf die Profitrate und auf Kapitalanlageentscheidungen ist nicht eindeutig. In der Praxis sind die miteinander verbundenen innerzweiglichen und zwischenzweiglichen Kapitalanlageentscheidungen noch weitaus komplexer. Weitere Faktoren, so z.B. die Innovationen, Unsicherheit und Risikoabwägungen sowie Erwartungen über künftige Entwicklungen, nicht zuletzt über die der Profitrate, bestimmen das Anlageverhalten der Kapitalbesitzer. Auch sie müssten in ein komplexes Modell einbezogen werden. Anlageentscheidungen enthalten immer spekulative Momente. Sie sind ein Spiel mit der Unsicherheit. Aus diesem Grund kann man nicht ausschließen, dass im Gegensatz zu den Darstellungen bei Marx und Engels, Kapital aus Zweigen mit *hohen* in Zweige mit relativ *niedrigen Profitraten* übertragen wird. Investoren müssen nur damit rechnen, dass hohe Profitraten nachhaltig sinken und niedrige steigen werden. »Neue Firmen in jeder neuen Branche nehmen im Grunde an einer Lotterie teil«, schreibt Lester Thurow. »Die meisten neuen Firmen gehen Pleite, doch einige sind sehr erfolgreich.« (Thurow 2004: 275)

Vor 1929 wurden in den USA 2000 Autowerke gegründet, vor allem von Fahrradherstellern. In den fünfziger Jahren waren davon drei Konzerne übrig geblieben: Ford, der das Geschäftsmodell für die Automobil*produktion* revolutionierte – Fließbänder, Teilefertigung und Lieferkettenmanagement –, Alfred Sloan von General Motors, der das Geschäftsmodell für den Automobil*verkauf* änderte – »jährliche Modellwechsel, unterschiedliche Farben und die Ansicht, dass das Auto Teil der Persönlichkeit des Besitzers ist, weshalb es der Käufer nicht wie einen Kühlschrank behandelt und nur alle 25 Jahre ein neues erwirbt« (Thurow 2004: 276) und Chrysler, ein erfolgreicher Mitläufer, der 1998 seine Unabhängigkeit vorübergehend an Daimler-Benz verlor und sei 2014 dem Fiat-Konzern gehört. »Ein Anleger, der genug Glück hatte oder klug genug war, in diese drei Unternehmen zu investieren, wurde in den fünfziger Jahren märchenhaft reich, obwohl es 1929 zu einem Börsenkrach und in den dreißiger Jahren zur Weltwirtschaftskrise kam. Aber alle, die in die anderen 1997 Firmen investiert hatten, verloren ihr Geld.« (ebenda)

Hätte man 1983, zu Beginn der PC-Revolution, voraussehen können, dass im Jahre 2001 auf der Welt 140 Millionen PCs verkauft werden? Wenn ja, in welches Unternehmen hätte man dann investiert? »Wahrscheinlich in Commodore Computer«, vermutet Thurow, »den seinerzeit führenden PC-Hersteller, der einen Marktanteil von 33 Prozent aufwies und rasch wuchs. 1994 gab Commodore Computer das Geschäft auf. Damals hätte man nicht in den großen Sieger, nämlich Microsoft, investieren können, da es 1983 noch keine Aktiengesellschaft war.« (ebenda) Und bei der Telekommunikation stiegen ehemalige Stahlkonzerne wie Mannesmann, Energie-Unternehmen wie RWE, Veba und Viag (seit 2000 E.ON) in den 90er Jahren mit überschüssigen liquiden Mitteln in die fremde Branche ein, weil technische Innovationen wie Mobilfunk und Handys lukrative Profitaussichten verhießen. Kapital floss in eine Branche mit einer überdurchschnittlich hohen organischen Zusammensetzung. Nicht diese und auch nicht die gerade geltende Profitrate waren für die Anlageentscheidung ausschlaggebend gewesen. Der Neuigkeitsgrad des Marktes und die an das neue Produkt geknüpften Zukunftserwartungen bzw. unterschiedliche Innovations- und Sättigungsgrade in den Zweigen hatten die Kapitalumschichtungen ausgelöst.

Maßgeblich sind weniger die gegenwärtigen Konstellationen im Gefüge der ökonomischen Größen, sondern die Meinung, wie es um diese künftig bestellt sein könnte. Es ist nicht anzunehmen, dass eine Entscheidung langfristiger Art gefällt wird, wenn die Leute erwarten, dass die Gründe, die für sie sprechen, nur für eine kurze Zeit bestehen. Die hektische Ausdehnung der neuesten Hochtechnik führte zur Überakkumulation und in wenigen Jahren vom Boom zum Abstieg, ähnlich wie bei einer klassischen Wirtschaftskrise. Insgesamt zeigt sich, dass die Herausbildung der Durchschnittsprofitrate eine Tendenz ist. Es wäre eine große Überraschung, gelänge es, darüber den statistischen Nachweis zu erbringen. Empirische Untersuchungen widerlegen im Gegenteil scheinbar die Tendenz zur Herausbildung von Produktionspreisen und Durchschnittsprofitraten. (Farjoun, Machover 1983; Fröhlich 2009: 228ff, 234) Sie wirkt im Verborgenen und kommt nicht zum Abschluss. Sie ist empirisch nicht nachweisbar, weil der *tendenzielle* Ausgleich damit verbunden ist, dass die Profitraten zu jeder Zeit unterschiedlich sind. Der Ausgleich vollzieht sich tendenziell. Er vollzieht sich in einem komplexen System, in welchem sich ausgleichende und differenzierende Einflüsse überlagern. Ähnlich argumentieren Farjoun und Machover. Für die beiden israelischen Mathematiker existiert ein relativ stabiles Profitratengefälle in Form einer Gammaverteilung (rechtsschiefe Dichtefunktion). Nils Fröhlich bestätigt dies durch eigene Untersuchungen. (Fröhlich 2009) Eine Momentaufnahme – Fröhlich vergleicht die Jahre 2000 und 2004 –, die erwartungsgemäß ungleiche Profitraten zeigt, kann nicht widerlegen, dass eine Tendenz zum Ausgleich existiert. Ein längerer Zeitraum müsste betrachtet und untersucht werden, ob die Profitraten der einzelnen Branchen sich ändern. Der empirische Nachweis relativ stabiler Profitratenunterschiede über längere Zeiträume, eine im Zeitablauf konstante Dichtefunktion, besagen nur, dass ein konstanter Anteil an Sektoren unterdurchschnittliche und ein konstanter Anteil von Sektoren überdurchschnittliche Profitraten haben. Er besagt nicht, dass es sich um dieselben Sektoren handelt. Könnten wir nachweisen, dass die Sektoren mit unter- und überdurchschnittlichen Profitraten im Zeitablauf wechseln, wäre dies ein Indiz, dass es trotz eines stabilen Gefälles Ausgleichstendenzen gibt.

Ein »statistisches Gleichgewicht« ist mit dynamischen Prozessen kompatibel. Mit dessen empirischen Nachweis können Ausgleichstendenzen nicht ausgeschlossen werden. Selbst wenn die Verteilung relativ stabil bleibt, könnte es sein, dass in Zweigen hohe Profitraten gesunken, in anderen niedrige gestiegen sind. Dies wäre dann selbst bei ähnlichen Dichtefunktionen ein Indiz für die Tendenz zum unerreichbaren Durchschnitt. Der Prozess des Sichausgleichens muss nicht wie im Gedankenmodell erfolgreich enden.

Hinzu kommt, dass die Dynamik des komplexen Systems einen gleichgewichtigen »Ruhezustand« nur vorübergehend zulässt. Ausgleichende Faktoren bzw. Wirkungskräfte gibt es. Damit ist nicht gesagt, dass diese sich auch durchsetzen könnten. Unstrittig ist ferner, dass ein Ausgleich voraussetzt, dass Kapitale aus Zweigen mit niedriger in Zweige mit hoher Profitrate fließen. Wenn Investoren gegensätzliche Erwartungen haben, kann dieser Kapitalfluss stocken und sich sogar umkehren.

Wie steht es um die Behrenssche Behauptung, mit Kautskys Version des Problems könne der technische Fortschritt im Kapitalismus nicht erklärt werden? Diese These ist aus zwei Gründen falsch. Erstens bewirkt die nivellierende Konkurrenz um die profitabelste Kapitalanlage gerade, dass sich der technische Fortschritt allgemein, einigermaßen proportional über alle Zweige der Volkswirtschaft ausdehnen kann und sich nicht auf ausgewählte, ohnehin technisch bereits fortgeschrittene, Branchen beschränkt. Die organische Zusammensetzung in der Landwirtschaft war lange Zeit sehr niedrig. Dass sie sich seit dem 19. Jahrhundert bis heute deutlich erhöhte, war nur möglich, weil die Landwirtschaft neues Kapital aufnahm und weil die rasante Entwicklung der Landtechnik die Anlage lukrativ machten. Zweitens wird die zwischenzweigliche Konkurrenz ergänzt durch eine innerzweigliche Konkurrenz. Und der Produktivitätsvergleich ist ein Phänomen innerhalb des Zweiges. Dabei ist anzunehmen, dass sich Kapital im Sinne des Gesetzes vom Minimum dort ansiedelt, wo der Nachholbedarf und Veränderungsfortschritte am größten sind. Nur durch Imitation diffundiert technischer Fortschritt, für produktivitätsschwache Unternehmen wohl die einzige Überlebenschance. Kapital wird also nicht zwangsläufig in *die* Betriebe gehen, in denen die organische Zusammensetzung und die Produktivität bereits überdurchschnittlich sind, sondern dorthin, wo aufgrund der unterdurchschnittlichen Ausstattung das Steigerungspotenzial groß ist.

3. Wege zum Ganzen

Anreicherung durch Vereinfachung

Wo ist der Königsweg zur wissenschaftlichen Wahrheit? Wo sind die Auswege aus einer vermeintlich verfahrenen Lage? Einfache Rezepte gibt es nicht. Wenigstens sollte klar geworden sein, dass zwei zusammenhängende Aufgaben zu lösen sind: Die Wechselbeziehungen aller Erscheinungen Schritt für Schritt zu erkunden und das Wesen hinter den Erscheinungen aufzudecken. »Die Ökonomie als Totaltheorie« ist gezwungen, »nach letzten Ursachen und einer inneren Einheit der Volkswirtschaft zu fragen, mit diesen Problemstellungen« muss sie »aber die Grenzen der Erfahrungswissenschaft überschreite(n)«. (Backhaus 2018: 339) Marxscher und marxistischer Anspruch ist es, die Totalität der objektiven Realität zu erfassen. Das bedeutet nicht, dass Modelle ungeeignet wären für ein Denken, das orientiert auf die Abbildung des Ganzen. Die Erschließung der Totalität und einzelwirtschaftliche Analysen, auch mithilfe von Modellen, schließen sich nicht aus. Mehr noch: Letzteres – die Sammlung von Teilerkenntnissen, von begrenzten Einsichten in größere Zusammenhänge –, ist der mühevolle Weg zum Begreifen des Ganzen. Naheliegend ist es, eine komplexe Welt mit stets komplexeren Modellen erfassen zu wollen. Es wäre nur ein weiterer Irrweg. Peter Fleissner schrieb mir: »Es geht nicht um den Aufbau eines Modells für die gleichzeitige Beantwortung aller offenen Fragen, sondern um die Erstellung einer Reihe von Modellen, die jeweils eine spezielle Fragestellung beantworten können und unterschiedlichen Kompliziertheitsgrad haben. Ich stelle mir eine Art Baukasten oder Module von unterschiedlichen Modellen vor, die – wenn nötig – in komplexer Weise zusammengebaut werden können und dann auch komplexere Fragen zu untersuchen erlauben.« (Mail vom 11.3.2019) Der Widerspruch zwischen der Enge des Modells und der Weite der Realität lässt sich nicht überwinden, indem zusätzliche Komponenten aufgenommen werden. Am Ende besitzen wir Modelle, so komplex, bunt und undurchschaubar wie die Realität selbst, unbrauchbar wie eine Landkarte im Maßstab 1:1, wie das Joan Robinson ausgedrückt hat. Ein Maßstab von 1:100.000 kann gegebenenfalls mehr zeigen als einer im Verhältnis 1:1000. Die Kunst der Modellbildung besteht darin, die wesentlichen Beziehungen zu erfassen und sie zu analysieren, abzusehen von zufälligen und unwesentlichen Zusammenhängen.

Marx zeigt das Wesen der Erscheinungen. Zum Wesen zu gelangen, erfordert vom Unwesentlichen zu abstrahieren. Hat dieses Vorgehen nicht auch Modellcharakter? Auch wenn mir kräftiger Gegenwind der Kollegen droht, wage ich zu behaupten: Das im »Kapital« präsentierte Werk ist ein verbales, in Teilen formales Modell. Es ist das Modell der logisch und historisch dem Wesen nach begründeten kapitalistischen Produktionsweise, zeigt quasi ihren »idealen Durchschnitt«. Die Theorien der Marxschen Politischen Ökonomie sind Gesetzesaussagen, ihr Inhalt sind die allgemeinen, notwendigen, stabilen und wiederholbaren Zusammenhänge der ökonomischen Realität, aber nicht diese Realität in ihrer umfassenden Vielfalt.

Die Arbeitswerttheorie ist das Fundament, das alle anderen Theorien trägt. Die Aussage des Wertgesetzes, dass sich Waren tauschen entsprechend der in ihnen enthaltenen gesellschaftlich notwendigen Arbeitszeit, trifft aber nur zu für das Marktgleichgewicht, für die Übereinstimmung des Angebots mit der Nachfrage. Andernfalls weichen die Preise vom Wert ab, entspricht die Erscheinungsform – der Preis – nicht seinem Wesen – dem Wert. Mit seiner Wertformenanalyse begründet Marx logisch das historische Werden des Geldes. Das Logische ist die verallgemeinerte, die korrigierte Widerspiegelung des Historischen, es ist das Wesen der historischen Erscheinung, frei von Zufälligem der historischen Form, von Abweichungen, Ausnahmen, Verzögerungen, Überschneidungen, Rückfällen. Es ist das Vereinfachte, nicht im Sinne einer willkürlichen Reduktion, sondern einer Anreicherung, eines Aufstiegs zur Erkenntnis des Wesens. Die Wertformenanalyse besitzt somit die Eigenschaften eines Modells.

Die Begriffe, das logische System, das Modell, die Theorie müssen der empirischen Prüfung standhalten. Neoklassische Ökonomen unterlassen zuweilen die systematische Prüfung der Modellprämissen und Modellergebnisse. Aber es gibt auch Versuche, theoretische Aussagen durch empirische Analysen zu bestätigen oder zu widerlegen. Der Praxistest ist der Schlüssel für den Nachweis des Wahrheitsgehalts der Theorien. Die Praxis ist letztlich das Kriterium der Wahrheit. Die empirische Fundierung theoretischer Erkenntnisse ist nicht so einfach, wie manche es sich vorstellen. Sie bereitet Mühen aufgrund der Komplexität und der Dialektik von Wesen und Erscheinung. Ökonomen versuchen, über die Ermittlung von Korrelationskoeffizienten Kausalitäten empirisch zu »beweisen«. Der Korrelationskoeffizient ist ein Maß für die (vermeintliche) Stärke eines Zusammenhangs zwischen zwei Größen. Problematisch ist dies meist deshalb, weil eine beliebige Größe in der Realität stets Ergebnis des Einwirkens vieler Faktoren ist. Oft stehen wir vor scheinbaren Widersprüchen, die es gerade nicht erlauben, eine theoretische Aussage nur deshalb zu verwerfen, weil es Mühe macht, empirische Belege für sie zu finden. Ich habe oben Beispiele angeführt. (S. 90ff) Der gröbste Fehler ist, bei der Einzelerscheinung zu verweilen und sich einzubilden, sie erkläre alles. Die Synthese verbindet unterschiedliche Teilauffassungen zu qualitativ neuen oder vollständigeren Aussagen. Aus gegensätzlichen entstehen neue zusammenfassende Begriffe und Theorien. Man kann einen anspruchsloseren Synthesebegriff gelten lassen und darunter eine Vereinigung von Teilansichten verstehen, ohne dass es dabei zu einer neuen Qualität kommt. Eine eklektische Zusammenklitterung von Theoremen, die es auch gibt, ist damit nicht gemeint. Die Verknüpfung der als richtig erkannten Oberflächenzusammenhänge erfolgt nicht willkürlich und prinzipienlos. Eine logische Verbindung von Teilaussagen zu einer Gesamtaussage kann vielmehr als ein notwendiger Schritt hin zur vollständigen Erkenntnis der Wirklichkeit betrachtet werden. Sind die Teilansichten relativ wahr, d.h. gelten sie nur unter bestimmten Bedingungen, ist es notwendig, ihre begrenzte Bedeutung und Bedeutungslosigkeit unter ganzheitlichen Betrachtungen aufzulösen. Die Erfassung der Ganzheit kann nur dann wissenschaftlich begründet sein, wenn die Darstellung der Wechselbeziehungen bis zur Wesen-Erscheinung-Dialektik vordringt und so das ökonomische Gesetz, die tiefe, innere Ursache all dessen, was wir sehen und beobachten, aufdeckt.

Konjunkturtheorien zeigen, um ein Beispiel zu nennen, dass kontroverse Meinungen komplementär sein können und sich ergänzen. Es gab Zeiten, da musste sich jeder Ökonom, der auf sich aufmerksam machen wollte, mit den rätselhaften Schwankungen der Wirtschaftsaktivität befassen, die nie ein Ende haben. Das Bedürfnis, Originäres zu vermelden und sich von den Kollegen zu unterscheiden, hat zu zahllosen Theorien über die Konjunktur geführt. Alle nahmen für sich in Anspruch, die Ursachen der zyklischen Bewegungen entdeckt zu haben. Die wenigsten von ihnen sahen, dass ihre scheinbar konträren Auffassungen sich nicht nur widersprechen, sondern auch ergänzen. Ein weiterer Mangel, der sie alle trifft: Sie entnahmen nur dem Wahrnehmbaren diesen oder jenen Faktor und Teilzusammenhang, den sie beschrieben und fälschlicherweise, im Hang nach einfachen, Erklärungen, zur Ursache und Lösung des Ganzen erklärten. Das unter einem Wust von einzelnen Zusammenhängen verborgene Wesen des Problems entging ihnen. Sie verfehlten es, weil sie sich damit begnügten, die Erscheinungen zu beobachten. Dies aber taten sie akribisch. Ihren einseitigen, unvollständigen Krisentheorien verdanken wir wichtige Einsichten über den konjunkturellen Verlauf der kapitalistischen Reproduktion, über das wechselseitige Zusammenspiel der ökonomischen Elemente. Was sie sagen über die kausalen Beziehungen zwischen Produktion, Konsumtion, Investition und Sparen, über Lohn- und Gewinnquoten, über den Kredit und die Geldfunktionen, über die Preise der Investitions- und Konsumgüter, über Geldmengen und Zinsen sowie ihr Verhältnis, über die Rolle der Erwartungen und Stimmungen, über subjektiv-psychologische Faktoren generell, über den Drang nach Erneuerung usw. ist in den meisten Fällen schlüssig. (vgl. dazu Müller 2017: 46-96) Doch macht der Gesamtzustand der Krisentheorie einen konfusen Eindruck: Überinvestitionstheorien konkurrieren mit denen einer Unterkonsumtion, subjektiv-psychologische mit endogen-mechanistischen Auffassungen, güterwirtschaftliche mit monetären Erklärungen, politische mit ökonomischen Deutungen. Würde man näher hinschauen, könnte man erkennen, dass trotz aller Schwächen im Einzelnen, trotz allem Unausgegorenen, Teile eines zusammengehörigen Ganzen verhandelt werden. Die Konjunkturforschung hat im Laufe von vielen Jahrzehnten wichtige Bausteine zusammengetragen, die zerstreut herumliegen. Worauf es ankäme, wäre, aus ihnen einen geschlossenen Bau zu errichten und ihm ein festes Fundament zu geben.

In die Sprache der Ökonomen übersetzt: Erstens ist der Gesamtzusammenhang aller für das Konjunkturphänomen bedeutsamen Elemente und Kategorien zu erforschen, die bislang vereinzelt und losgelöst voneinander untersucht worden sind. Solange das ganzheitliche, komplexe Zusammenwirken aller Größen außen vor bleibt, muss der Erkenntnisgewinn der Modelle begrenzt sein. Und zweitens muss man sich klarwerden über die tiefer liegenden Ursachen des Krisenzyklus, dessen oberflächliche Erscheinungen Gegenstand der vielen Theorien sind. Es ist notwendig, von den äußeren zu den inneren Zusammenhängen vorzudringen. So stoßen wir auf den Grundwiderspruch der kapitalistischen Produktion, auf den Widerspruch einer dem Inhalt und Zweck nach gesellschaftlichen Produktion, die in privater Form geleistet und deren Ergebnisse von den Kapitalisten privat angeeignet werden. Die von Ökonomen beschriebenen Erscheinungen der Überinvestition, der Unterkonsumtion und des Übersparens, des Geldmangels und des Geldüberschusses, der Hoch- und Niedrigzinsphasen sind Merkmale der zyklischen Dynamik, sind nicht ihre Ursachen. Die Ursache ist der Grundwiderspruch der kapitalistischen Reproduktion, die zyklischen Schwankungen in der Wirtschaftsaktivität sind damit systemimmanent. Sie können durch die klügste Politik nicht aus der Welt geschafft werden, wiewohl die Politik durchaus den Verlauf und die Wirkungen des Krisenzyklus beeinflussen kann. Die Widersprüche zwischen der Organisation im Unternehmen und der Anarchie in der Volkswirtschaft, zwischen der Produktion und der Konsumtion, zwischen den Abteilungen und Zweigen der volkswirtschaftlichen Produktion und vor allem zwischen dem Streben nach maximalen Profit und dem durch rationales Verhalten der Kapitalisten begründeten Fall der Profitrate sind Merkmale des Kapitalismus und sie begründen den Krisenzyklus als die unvermeidliche Art seiner Dynamik.

Synthesen?

Falsch wäre es zu behaupten, es gebe keine Anstrengungen, der Komplexität irgendwie gerecht zu werden. Ausdruck dafür könnte die »Neoklassische Synthese« sein, ein Begriff, der in den 1980er Jahren noch nicht gebräuchlich war, aber inzwischen Einzug gehalten hat in die Lehrbücher. Er widerspiegelt, wenn auch unzureichend, die Einsicht, dass solche Anstrengungen notwendig sind und das Bemühen, theoretische Fortschritte zu erzielen.

Synthese der Neoklassik? Synthese mit sich selbst? Wie soll das gehen? Wenn schon, dann müsste es sich um eine neoklassisch-keynesianische Synthese handeln, um Modelle, die sowohl Elemente der keynesianischen als auch der neoklassischen Theorie enthalten. Üblich ist es, unter einer Keynesschen Version der neoklassischen Synthese ein Modell zu verstehen, wo bei konstanten Nominallöhnen Arbeitslosigkeit herrscht. Sie gebe es, weil sich Arbeiter Lohnsenkungen widersetzten. Würden sie das nicht tun, könnten die Löhne sinken und die Beschäftigung steigen. Keynes hält das neoklassische Dogma – sinkende Löhne führten zu mehr Beschäftigung – für richtig, behauptet, es könne sich wegen des Widerstands der Arbeitenden nur nicht durchsetzen. Deshalb empfiehlt er den Unternehmern die Reallöhne zu senken, indem sie die Preise anheben. Die sogenannte Keynessche Revolution besteht an dieser Stelle darin, den Nominallohn durch den Reallohn zu ersetzen, sonst aber alle Einseitigkeiten des neoklassischen Arbeitsmarktmodells zu übernehmen. Was für eine gewaltige intellektuelle Leistung!

Der originäre Keynesianismus kann im sehr großzügigen Sinne bereits als Synthese ausgelegt werden, weil er neoklassische Positionen gelten lässt. Im engeren Sinne wird als neoklassische Synthese die Verbindung des IS-LM-Modells – die keynessche Theorie der gesamtwirtschaftlichen Nachfrage – mit einem neoklassischen Arbeitsmarkt verstanden, auf dem die Preise und

Löhne vollständig flexibel sind. Die Höhe der Beschäftigung werde durch den Reallohn bestimmt und begründe selbst über eine Produktionsfunktion das gesamtwirtschaftliche Güterangebot. Vollbeschäftigung herrsche, wenn alle Arbeitswilligen zum herrschenden Reallohn Arbeit fänden. Ergänzt wird das Modell durch die monetäre Theorie der Preisniveauänderungen.

Klar ist, dass nur Unterschiedliches miteinander eine Synthese bilden oder zusammengefasst werden kann. Unterschiede zwischen den Hauptrichtungen der bürgerlichen Ökonomie sind zwar offensichtlich, aber sie bestehen nicht darin, dass die einen die wirtschaftliche Regulierung durch den Staat und die anderen die »Selbstlenkung« durch den Markt befürworteten. Sicher gibt es Differenzen über das Maß des einen oder des anderen, doch die Verteidiger der »freien Marktwirtschaft« sind nicht gegen staatliche Eingriffe, vor allem nicht, wenn sie dem Unternehmertum zugute kommen. Die Befürworter eines staatlich regulierten Kapitalismus widersprechen nicht den Grundsätzen des ökonomischen Liberalismus. In diesem allgemeinen Sinne sind die Theorien vom regulierten und deregulierten Kapitalismus nie starre Gegensätze gewesen, auch wenn der Streit zwischen ihren Vertretern mit scharfer Klinge geführt worden sein mag.

Das Zusammenführen gegensätzlicher Meinungen führt zu einem Mix an Theorien, worin unterschiedliche Auffassungen ihre Bedeutung bewahren und nicht in einer neuen Qualität aufgehen. Der Unterschied zum Zustand vor der »Synthese« besteht darin, dass eine gewisse Annäherung, ein gegenseitiges partielles Akzeptieren erfolgt. Wohlwollend kann das als eine erzwungene, im Theorienstreit erfolgende Hinwendung zum notwendigen Ganzheitsdenken interpretiert werden. Halbherzige Zugeständnisse, Gegensätzliches gelten zu lassen und Elemente oder Gedanken aus konträren Auffassungen miteinander zu verbinden, entspringt der Unzufriedenheit über die jeweils begrenzte Erklärungskraft der eigenen Theorie. »Nach dem augenblicklichen Stand der theoretischen und empirischen Forschung dürfte sich die Wirtschaftsentwicklung weder als zeitliche Abfolge temporärer Walras-Gleichgewichtszustände noch als zeitliche Abfolge temporärer Keynes-Ungleichgewichte beschreiben lassen.« (Schlesinger, Jahnke 1987: 586)

Dass Ökonomen bemüht sind, ihre Positionen zu befestigen, sich abzugrenzen und ihre Theorien als die jeweils beste Lösung zu empfehlen, ändert nichts daran, dass es Versuche der Annäherung gibt. Mitunter werden andere Auffassungen als ein Sonderfall der eigenen Position interpretiert. Das Attackieren des Kontrahenten entfällt. Bei aller Zerstrittenheit gibt es viel Übereinstimmung. Das betrifft nicht nur Theoreme, die wie die Lohn-Preis-Spirale hohe Ideologierelevanz besitzen, sondern, um willkürlich ein anderes Beispiel zu nennen, die Wirkungen von Erhöhungen der Geldmenge bei fixen Wechselkursen. Sowohl im keynesianischen Modell als auch im neoklassisch geprägten Neomonetarismus erscheint eine expansive Geldpolitik unmöglich. Eine überschüssige Geldmenge ließe den Zins zurückgehen, weshalb das Kapital in andere Volkswirtschaften abwandere. Oder die Zentralbank kauft die eigene Währung zurück, um ihre Abwertung zu verhindern. In beiden Fällen wird der Zirkulation das zusätzliche Geld wieder entzogen. Die Beispiele zeigen, dass es Sachverhalte gibt, wo keine Synthese stattfindet, weil ohnehin identische Auffassungen vertreten werden. Die Schulen unterscheiden sich oft nur dadurch, wie sie gemeinsame Standpunkte begründen.

Hinsichtlich der Aussagen über die interne Dynamik der kapitalistischen Wirtschaft, die Spezifik der Krisenerklärung und den Vorstellungen über die Gestaltung der Wirtschaftspolitik unterscheidet man drei große Richtungen der bürgerlichen ökonomischen Theorie: neoklassisch-marktdogmatische Positionen, die sich in wesentlichen Aspekten mit dem Monetarismus verbinden, neokeynesianische Richtungen und soziologisch-institutionelle Erklärungsmuster. Innerhalb dieser Theorien-Triade kann differenziert werden. Peukert zählt 23 Schulen der Volkswirtschaftslehre. (Peukert 2018: 12-14) In Krisendiagnose und anderen Grundfragen unterscheiden sie sich zum Teil erheblich. Für die neoklassisch-monetaristische Theorie ist die Annahme typisch, dass die kapitalistische Wirtschaft langfristig stabil sei bzw. stets zum Ausgleich strebe. Abweichungen vom Gleichgewicht – von gleichgewichtiger Beschäftigung, gleichgewichtigem Lohn usw. – werden automatisch durch Änderungen der Faktormengen und Warenpreise korrigiert. Das System reguliere sich selbst. Staatliches Intervenieren bedürfe es, wenn überhaupt, nur in Ausnahmefällen und in abgeschwächter Form. Es solle die Selbstregulierung unterstützen, sie nicht ersetzen. Ein Zuviel und eine falsche Wirtschaftspolitik destabilisiere die private Wirtschaft.

Nach keynesianischer Auffassung ist das privatkapitalistische Wirtschaftssystem grundsätzlich instabil. Die Erklärung dafür ist weniger ökonomisch. Sie wurzelt in anthropologisch-psychologischen Erscheinungen wie dem sinkenden Hang zum Verbrauch, der hohen Vorliebe für Geld und der

Befürchtung, Investitionen würden sich immer weniger lohnen, weil die Profitrate abnehme. Menschen würden, weil sie unsicher und risikoscheu sind, lieber Geld halten und sparen, statt zu konsumieren und zu investieren. So käme es zu einer permanenten Nachfragelücke und einer anhaltenden Wirtschaftsrezession.

Wie die Neokeynesianer sind die Institutionalisten der Ansicht, dass die kapitalistische Wirtschaft instabil ist. Die Instabilitäten sind nicht wie im Keynesianismus die Folge eines natürlichen, psychologischen Zusammenhangs von Einkommens-, Investitions- und Konsumverhalten, sondern das Resultat von Strukturfehlern der »bürgerlichen Demokratie«. Sie beruhten auf dem individuell-rationalen Verhalten der Regierungen und Parteien. In neoliberalen/neoklassischen Varianten der staatsmonopolistischen Regulierung wird der Staat verpflichtet mit Hilfe einer Wettbewerbspolitik und einer Regulierung der Geldmenge in die Wirtschaft einzugreifen. Die Wettbewerbspolitik habe das »freie Walten der Marktkräfte« zu sichern, was im Gegensatz zu den Ansichten der Freiburger Schule einschließt, Konzentrationen in der Wirtschaft anzuerkennen. Als angebotsorientierte Politik soll sie die Leistungskraft der privaten Investoren erhöhen. Die Geldmengensteuerung soll Inflation und Deflation verhindern und das Wachstum fördern. Im Gegensatz zu neokeynesianischen Ansichten soll die Fiskalpolitik – Einnahme- und Ausgabevariationen des Staatshaushalts (Leibiger 2010: 187ff, 399ff) – weniger antizyklisch eingesetzt werden. Sie solle sich auf ihre traditionelle Umverteilungsfunktion beschränken, die ihr alle Schulen zugestehen. Eine langfristig angelegte Steuerung der Geldmenge habe Vorzüge: Es entfielen die bei einer »Stop-and-go-Politik« notwendigen nachträglichen Korrekturen. Verzögerungen zwischen dem Entstehen und Erkennen von Krisen, dem Erkennen von Problemen und dem Treffen von Entscheidungen sowie zwischen dem Einsatz antizyklischer Maßnahmen und dem Beginn ihres Wirkens könnten vermieden werden. Ein Zuviel an sozialpolitischer Fürsorge, zu hohe Sozialleistungen minderten die Selbstverantwortung, die Arbeits- und Leistungsbereitschaft.

Im Mittelpunkt der neokeynesianischen Wirtschaftspolitik steht die Fiskalpolitik. Die Geldpolitik beschränkt sich weitgehend auf eine Steuerung des Zinses. Mit ihr sollen die Liquidität der Banken und die Kreditnachfrage beeinflusst werden. Der Vorrang der Fiskalpolitik wird damit begründet, dass ihr eine größere Kontrollierbarkeit und eine vermeintlich direktere Wirkung nachgesagt werden. Über die Verschuldung des Staates sollen die Akkumulation angeregt und die Erzielung von Profiten erleichtert werden. Der Keynesianismus setzt auf die Stärkung der Nachfrage, seine Wirtschaftspolitik ist nachfrageorientiert. Dem Institutionalismus sind fiskale und monetäre Maßnahmen zu wenig. Anstelle von Ausgabensteigerungen, Budgetdefiziten und Variationen der Geldmenge müsste eine gezielte Strukturplanung versuchen, Krisen zu bewältigen. Der regional und sektoral gespaltene Krisenverlauf erfordere die Ergänzung der keynesianischen Globalsteuerung durch eine detaillierte selektive Konjunktursteuerung.

Neoliberalismus/Neoklassik, Neokeynesianismus und Institutionalismus widerspiegeln auf verschiedene Weise den Widerspruch zwischen der zunehmenden Vergesellschaftung der Produktion, dem durch die regulierende Einbeziehung des Staates Rechnung getragen wird, und dem privatkapitalistischen Eigentum an Produktionsmitteln, das staatliches Intervenieren zu seinen Gunsten fordert und darin zugleich einen Angriff auf seine Souveränität sieht. Unterschiedliche Theoriensysteme reflektieren jeweils in spezifischer Weise die staatsmonopolistische »mixed economy«, die gemischte Wirtschaft.

Von vielen Ökonomen wird die Existenz einer neoklassischen Synthese mit dem Argument bejaht, dass die staatsmonopolistische Regulierung neokeynesianische und neoklassische wirtschaftspolitische Instrumente gleichermaßen nutzt. Samuelson glaubte, dass mit einer keynesianischen Fiskal- und Währungspolitik die Massenarbeitslosigkeit und die Inflation verhindert bzw. beseitigt werden könnten, so dass bei Vollbeschäftigung und Stabilität des Geldwerts die alten neoklassischen Verhältnisse und »Wahrheiten« wieder voll gelten würden: Mobilität der Güter und Produktionsfaktoren, eine wirksame Konkurrenz, Profitstreben und flexible Preise sicherten die eine sinnvolle Verwendung der Ressourcen. Es entsteht die Frage, ob die Kombination wirtschaftspolitischer Instrumente, die Kopplung der Angebots- und Nachfragepolitik dem Syntheseanspruch gerecht werden, zumal Gleiches – Lohndruck, Steuervergünstigungen u. a. – oft nur unterschiedlich begründet wird.

Neben einem Zwang zur »Synthese« gibt es auch einen zur Selbstbehauptung, um Erklärungen für wechselnde wirtschaftliche Zustände parat zu halten. Hinzu kommt, dass die Bedeutung der Instrumente für die Erreichung einzelner Ziele differenziert beurteilt wird. Ihnen werden verschiedene Plätze innerhalb der staatsmonopolistischen Regulierung eingeräumt. Wirtschaftspolitische Vorschläge der jeweils anderen Seite werden vorsichtig akzeptiert, zum Teil anders bewertet und eingeordnet. Unter dem Begriff der »Synthese« wird so die Tendenz zur Annäherung der wirtschaftspolitischen Standpunkte in der Theorie, der Rückgriff des Staates auf das Instrumentenangebot der unterschiedlichen theoretischen Richtungen und die Nutzung ihrer im Detail verschiedenartigen Argumente widergespiegelt. So werden keynesianische Instrumente – Fiskalpolitik, Zinspolitik – und neoklassisch-monetaristische Maßnahmen – Geldmengenpolitik, Offenmarktoperationen – gleichzeitig genutzt. Trotz Versuchen, der staatsmonopolistischen Wirtschaft eine wechselnde Mixtur aus keynesianischen und monetaristischen Drogen zu verabreichen, sollte die neoklassische Synthese nicht darauf reduziert werden. Fritz Behrens schreibt, was von der »vielgerühmten neoklassischen Synthese (geblieben sei), sind die beiden Alternativformen staatsmonopolistischer Wirtschaftspolitik: Monetarpolitik und Fiskalpolitik.« (Behrens 1981: 259)

Doch müsste eine Synthese, sollte es sie geben, nicht zuerst in der Theorie gesucht werden? Die Existenz einer »neoklassischen Synthese« auf theoretischem Gebiet wird oft verneint, weil der Kern einer solchen Synthese nur ein modifizierter Keynesianismus sei. Da Keynes sich nicht von neoklassischen Dogmen gelöst hat, sei der Keynesianismus per se die »neoklassische Synthese«. Keynes hat wesentliche Elemente der Neoklassik akzeptiert und übernommen. Das betrifft die Grundannahmen der Grenznutzentheorie und die auf ihrer Basis entwickelten Gleichgewichtsvorstellungen. Er wollte beweisen, »dass die Postulate der klassischen Theorie nur in einem Sonderfall, aber nicht im Allgemeinen gültig sind, weil der Zustand, den sie voraussetzt, nur ein Grenzpunkt der möglichen Gleichgewichtslagen ist«. (Keynes 1936/2009: 3) Den Keynesianismus als eine Abart der Neoklassik zu sehen, was man tun kann, ist aber keine Synthese von Unterschiedlichem. Er ist eine Weiterentwicklung der Theorie. Sie bedeutet in der Regel nie, sich völlig zu lösen von dem, was vorher als richtig galt. So gesehen könnte man grundsätzlich jede Entwicklung als eine Synthese von neuen und alten Gedanken auffassen. Unter der neoklassischen Synthese müsste der gelungene Versuch verstanden werden, Annahmen, die typisch keynesianisch sind, mit solchen zu verbinden, die Keynes ablehnte oder denen er kaum Bedeutung beimaß. Zwischen der neoklassischen Theorie von Lohn und Beschäftigung und der keynesianischen Darstellung des gleichen Zusammenhangs aber lässt sich keine Synthese herbeiführen, weil die letzte nur eine korrigierte Auffassung der ersten ist. Wie soll das korrigierte mit dem zu korrigierenden Modell vereint werden?

Etwas anderes ist das bei Problemlehren, die zunächst einseitig den Angebots- oder den Nachfrageaspekt betonen. Auf verteilungstheoretischem Gebiet beispielsweise wurden angebotsorientierte Modelle wie die Grenzproduktivitätstheorie und nachfrageorientierte Modelle erarbeitet, die sich der keynesianischen Kreislaufargumentation bedienen. Später hat man versucht, beide Aspekte in komplexeren Verteilungsmodellen gleichermaßen zu berücksichtigen.

Kontrovers stehen sich die inflationstheoretischen Auffassungen gegenüber. Im Keynesianismus wird es für möglich gehalten, Inflation und Arbeitslosigkeit gegeneinander »auszutauschen«. Inflation, also die Senkung der realen Löhne, würde die Beschäftigung erhöhen. In der neoklassischen Argumentation bedingten sich Inflation und Arbeitslosigkeit, weil sie beide die Wirkung aus zu hohen Löhnen wären. Durch einen Trick kann man zeigen, dass beide kontroversen Ansichten vereinbar sind. Die monetaristische Schule behauptet, die Austauschbeziehung zwischen Inflation und Arbeitslosigkeit sei kurzfristig möglich, und zwar so lange, wie sich die Lohnempfänger über die Preisentwicklung täuschten. Merkten sie, dass die Preise stärker gestiegen sind, als sie vermutet hatten, verlangten sie höhere Löhne. Dadurch müsste die Arbeitslosigkeit wieder auf ihre »natürliche Höhe« steigen, jetzt sei sie allerdings mit einer höheren Inflation verbunden. So gesehen erscheint die neoklassische Synthese nicht, wie oft behauptet wird, als modifizierter Keynesianismus, sondern als durch eine Aufnahme keynesianischer Elemente modifizierte Neoklassik. Sie bietet insofern neue Argumente, indem sie kontroversen Argumenten partielle Gültigkeit zugesteht. Die Vertreter der rationalen Erwartungen haben sich jedoch davon gelöst. Sie schließen selbst einen kurzfristigen Tausch der Arbeitslosigkeit gegen die Inflation aus. Das ist eine offene Kontroverse, keine Synthese.

Das eben dargestellte Beispiel steht im Mittelpunkt der Diskussion über die Wirkungen des Geldes. Kurzfristig bewirkten expansive Geldimpulse einen Anstieg der Konsum- und Investitionsausgaben. Die Wirkungen geringer Zinssätze und höherer Geldbestände verschwänden langfristig wieder, das Wirtschaftswachstum lasse nach, die Arbeitslosigkeit nehme zu.

Dies alles sei verbunden mit einer irreversiblen Erhöhung des Preisniveaus. Die Synthese laute: Kurzfristig habe Keynes, langfristig Walras recht. »Es hat den Anschein, dass neokeynesianische Strukturmodelle, wie sie u. a. von der deutschen Bundesbank und dem Federal-Reserve-System entwickelt wurden, die kurz- und mittelfristigen Entwicklungen plausibler erfassen, während neue klassische Modelle eher die langfristigen Entwicklungspfade abbilden.« (Schlesinger, Jahnke 1987: 579) Rational daran ist, dass kurzfristige Disproportionen der einzige Weg zur langfristigen Proportionalität sind. Für Marx existierte die letzte nur als eine Tendenz, als das Zentrum der Abweichungen, nie dauerhaft erreichbar. Für die Neoklassik ist das Gleichgewicht dagegen der Normalzustand und die Abweichungen das Flüchtige. Sieht man von der eigenartigen, sich des Zeitbegriffs bedienenden geldtheoretischen Synthese ab, ist festzustellen, dass andere Prämissen, vom Keynesianismus aus der Nachfragesicht, von der mit dem Monetarismus verbundenen Neoklassik aus Angebotssicht getroffen, direkt kontrovers sind. Das betrifft Interpretations- als auch Gestaltungsaspekte von Zins, Geldmenge und das Wechselspiel zwischen beiden ökonomischen Kategorien. Unklar und umstritten ist, ob der Zins und seine Entwicklung das Resultat wirtschaftlicher Depression oder Erholung ist (Monetarismus) oder wirtschaftspolitisches Instrument zur Beeinflussung güterwirtschaftlicher Zustände (Keynesianismus). Unklar ist, ob steigende Zinsen das Ergebnis einer restriktiven Geldpolitik (Neokeynesianismus) sind oder hohe Inflationserwartungen widerspiegelten (Neomonetarismus). Unklar und umstritten ist, ob und in welcher Weise der Zins, die Zinsstruktur, das Einkommen oder Einkommenserwartungen die Nachfrage nach Geld beeinflussen, ob die Geldnachfrage (Bedarf an Bargeld) als eine Funktion des Zinses (Neokeynesianismus) oder als eine der zu erwartenden Einkommen (Neomonetarismus) angesehen werden. Unklar und umstritten ist schließlich, ob die zirkulierende Geldmenge das Ergebnis wohlüberlegter Entscheidungen der Währungsbehörden ist oder aus endogenen Veränderungen der privaten Kreditausgabe resultiere. In diesen und anderen Fragen ist eine Annäherung kaum zu spüren. Sie ist ein Musterbeispiel dafür, wie die aus der Angebots- oder Nachfrageperspektive erkennbaren Einflussfaktoren auf monetäre Kategorien, die aus einer besonderen Sicht wahrnehmbaren Ursache-Wirkungsbeziehungen als Absolutes gedeutet und ihr Relativitätsgehalt nicht erkannt, zumindest bei der Formulierung theoretischer Schlüsse nicht beachtet werden.

Fazit: Es gibt keine Synthese im Sinne des Verschmelzens unterschiedlicher Theorien zu einer neuen Qualität. Mit dem Begriff der neoklassischen Synthese werden jedoch Prozesse erfasst, die von Bedeutung sind: Alle Schulen akzeptieren das Zusammenwirken von regulierenden staatlichen Einflüssen und der freien Entfaltung privater wirtschaftlicher Kräfte. In Wirtschaftspolitik und Theorie kommt es in begrenztem Maße zu einer Annäherung von Standpunkten, zu einem sich gegenseitigen Akzeptieren mit der Einräumung partieller Erklärungsmöglichkeiten, wobei nicht versäumt wird, sich gegenseitig die Begrenztheit der Aussagen vorzuwerfen. Problemlehren, die entweder nur Angebots- oder nur Nachfragefaktoren untersuchten, werden zunehmend zu Theorien und Modellen ausgebaut, die beide Faktoren im Sinne einer Gleichgewichtsanalyse zu berücksichtigen versuchen. Der Trend zu einem komplexeren Verständnis, zu einer pluralen Ökonomik und einer paradigmatischen Öffnung der Wirtschaftswissenschaften ist in Gang gekommen. (Krause 2013: 22f)

Plurale Ökonomik, das Nebeneinander unterschiedlichster Auffassungen, ist der begrüßenswerte Versuch, die Dominanz der herrschenden Neoklassik zu brechen. Sie ist aber nicht die Lösung des Problems, sondern erst dessen Formulierung.

V. Anhang

Der Fehler Okishios und Heinrichs: Produktivität, Kostenkriterium und Profitraten

1. Ausgangspunkt

Ein Arbeiter verarbeitet in einer Periode (ein Jahr) auf einer Maschine 1000 Mengeneinheiten Material. Er stellt 100 Produkte her. Sein Lohn (v) beträgt 1000 €/Monat bzw. 12.000 €/Jahr. Die Anschaffungskosten der Maschine C_{fix} betragen 100.000 €. Die Lebensdauer n beträgt 10 Jahre. Die Maschine wird linear abgeschrieben. Der Verbrauch des konstanten, fixen Kapitals pro Jahr beträgt c_{fix}= 10.000 €. Eine Mengeneinheit Material kostet 15 €. Damit ist der Materialverbrauch des Jahres c_{zirk} = 15.000 €. Die Mehrwertrate m/v sei 100 Prozent und der Preis entspreche dem Wert. Daraus ergibt sich:

$$W = c_{fix} + c_{zirk} + V + M = 10.000 + 15.000 + 12.000 + 12.000 = 49.000 \qquad (1)$$

W = Wert der 100 Produkte
V = Variables Kapital/Jahr
M = Mehrwertmasse/Jahr

$$w = c'_{fix} + c'_{zirk} + v + m = 100 + 150 + 120 + 120 = 490 \qquad (2)$$

w = Wert pro Produkt
c'_{fix} = konstantes, fixes Kapital pro Produkt
c'_{zirk} = konstantes, zirkulierendes Kapital pro Produkt
v = variables Kapital pro Produkt
m = Mehrwert pro Produkt

$$p'_{vor} = M / C + V = 12.000 / (115.000 + 12.000) = 0,0945 = 9,45\,\% \qquad (3)$$

p'_{vor} = Kapitalvorschussprofitrate
C = vorgeschossenes konstantes Kapital

$$p'_{kost} = M / c_{fix} + c_{zirk} + V = 12.000 / (10.000 + 15.000 + 12.000) = 0{,}324 = 32{,}4\,\% \quad (4)$$

p'_{kost} = Kostpreisprofitrate

$c_{fix} + c_{zirk} + V$ = Kosten pro Jahr

2. Neue Technologie

Ein Arbeiter verarbeitet in einer Periode (ein Jahr) auf einer leistungsfähigeren Maschine 1.200 Mengeneinheiten Material. Er stellt 120 Produkte her. Die Produktivität ist um 20 % gestiegen. Sein Lohn (v) beträgt 1000 €/Monat bzw. 12.000 €/Jahr. Die Anschaffungskosten der neuen Maschine C_{fix} betragen 125.000 €. Die Lebensdauer n beträgt 10 Jahre. Die Maschine wird linear abgeschrieben. Der Verbrauch des konstanten, fixen Kapitals pro Jahr beträgt c_{fix}= 12.500 €. Eine Mengeneinheit Material kostet 15 €. Damit ist der Materialverbrauch des Jahres c_{zirk} = 18.000 €. Die Mehrwertrate m/v sei 100 Prozent und der Preis entspreche dem Wert. Daraus ergibt sich:

$$W = c_{fix} + c_{zirk} + V + M = 12.500 + 18.000 + 12.000 + 12.000 = 54.500 \quad (5)$$

$$w = c'_{fix} + c'_{zirk} + v + m = 104{,}17 + 150 + 100 + 100 = 454{,}17 \quad (6)$$

Das Kostenkriterium der Technikwahl ist erfüllt: Infolge des Produktivitätsanstiegs geht der v-Verbrauch pro Produkt stärker zurück (um – 20) als der c-Verbrauch zunimmt (+ 4,17). Der Kostpreis sinkt in Höhe der Differenz – 20 + 4,17 = – 15,83. Heinrich und Okishio ziehen im Nenner die Kostpreisdifferenz ab und fügen sie im Zähler dem Mehrwert hinzu. Sie berücksichtigen damit nicht die eingetretene Wertsenkung des Produkts, sondern deuten die Änderung als Extramehrwert. 100 Produkte[62] werden mit 100 · 15,83 = 1583 geringeren Kosten erzeugt. Dadurch ergibt sich folgende Kostpreisprofitrate:

$$p'_{kost} = M / (c_{fix} + c_{zirk} + V) = 13.583/35.417 = 0{,}384 = 38{,}4\,\% \quad (7)$$

62 Werden die Berechnungen auf 120 Produkte bezogen, ergeben sich eine neue, höhere Kostpreisprofitrate von 34,2 % und eine neue, niedrigere Kapitalvorschussprofitrate von 8,97 %.

Die wirkliche Profitrate ändert sich so:

$$p'_{vor} = M/(C+V) = 12.000 + 1583/(143.000 + 12.000) = 13.583/155.000 \qquad (8)$$
$$= 0{,}0876 = 8{,}76\,\%$$

Ergebnis: Das teurere, produktivere Anlagekapital ermöglicht zwar eine Senkung des Kostpreises und einen Anstieg der Mehrwertmasse, so dass die Kostpreisprofitrate Okishios und Heinrichs steigt, zugleich aber die Marxsche Kapitalvorschussprofitrate sinkt.

Literatur

Die Werke von Karl Marx, Friedrich Engels und Wladimir I. Lenin sind unter den Siglen MEW, MEGA und LW nachgewiesen.

MEGA	Marx-Engels-Gesamtausgabe, Dietz Verlag, Berlin 1975ff (ab 1998 Akademie Verlag)
MEW	Marx-Engels-Werke, Dietz Verlag, Berlin 1956ff
LW	Lenin-Werke, Dietz Verlag, Berlin 1956ff

Adorno, Theodor W. (1969), Stichworte. Kritische Modelle 2, Frankfurt/M.

Althusser, Louis et al. (2015), Das Kapital lesen, Münster.

Backhaus, Hans-Georg (2018), Dialektik der Wertform. Untersuchungen zur marxschen Ökonomiekritik, Freiburg / Wien.

Barthel, Georg / Rottenbach, Jan (2017), Reelle Subsumtion und Insubordination im Zeitalter der digitalen Maschinerie. Mit-Untersuchung der Streikenden bei Amazon Leipzig, in: Prokla, Berlin, Heft 187, S. 249-269.

Beckenbach, Frank (2015), Marktpreis, in: Haug, Wolfgang Fritz / Haug, Frigga / Jehle, Peter / Küttler, Wolfgang (Hg.), Historisch-kritisches Wörterbuch des Marxismus, Band 8/II, S. 1784-1793, Hamburg.

Behrens, Fritz (1976), Grundriss der Geschichte der Politischen Ökonomie, Band II, Berlin.

Behrens, Fritz (1981), Grundriss der Geschichte der Politischen Ökonomie, Band IV, Berlin.

Bieberstein, Ingo (2001), »Dienstleistungsmarketing«, 3. Aufl., Ludwigshafen.

Binus, Gretchen / Landefeld, Beate / Wehr, Andreas (2014), Staatsmonopolistischer Kapitalismus, Köln.

Bloch, Ernst (1977), Tübinger Einleitung in die Philosophie, Frankfurt/M.

Böhm-Bawerk Eugen von (1902), Positive Theorie des Capitals, III. Buch, Innsbruck.

Brentjes, Burchard (1981), Handel und Verkehr, in: Radandt, Hans / Musiolek, Peter et al. (Hg.), Handbuch Wirtschaftsgeschichte, Band 1, Berlin, S. 338-345.

Braun, Christina von (2012), Der Preis des Geldes, Eine Kulturgeschichte, 2. Aufl., Berlin.

Bruschi, Valeria / Muzzupappa, Antonella / Nuss, Sabine / Steckner, Anne / Stützle, Ingo (2012), PolyluxMarx. Bildungsmaterial zur Kapital-Lektüre, Berlin.

Busch, Ulrich (2012), Anthropologie statt Ökonomie, Z. Zeitschrift Marxistische Erneuerung, Nr. 91, S. 201-205, Frankfurt/M.

Busch, Ulrich (2017), Aspekte der Geldkritik von Aristoteles bis heute, Philosophische Gespräche, Heft 45, Helle Panke e. V., Berlin.

Cassel, Gustav (1923), Theoretische Sozialökonomie, 3. Aufl., Erlangen / Leipzig.

Conrad, Otto (1934), Die Todsünde der Nationalökonomie, Leipzig / Wien.

Czasny, Karl (2018), Kritik des Arbeitswerts. Zum zentralen Begriff der ökonomischen Theorie von Karl Marx, Köln.

Dath, Dietmar (2018), Karl Marx, 100 Seiten, Ditzingen.
DB 2017: Deutsche Bundesbank (2017), Geld und Geldpolitik, Frankfurt/M.
Dunkhase, Helmut (2016), Zu Klaus Müller, Historizität und Messbarkeit abstrakter Arbeit, in: Z. Zeitschrift Marxistische Erneuerung, Frankfurt/M., Heft 108, S. 195-198
Dörner, Dietrich (1975), Problemlösungen als Informationsverarbeitung, Stuttgart.
Dörner, Dietrich (2007), Die Logik des Misslingens. Strategisches Denken in komplexen Situationen, 6. Aufl., Reinbek bei Hamburg.
Eberle, Ute (2013), Die Insel des Vergessens, in GEOkompakt, Hamburg, Nr. 37, S. 134-137.
Ehlert, Willi / Hunstock, Diethelm / Tannert, Karlheinz (Hg.) (1985), Geld und Kredit in der DDR, Berlin.
Elbe, Ingo (2001), Marx vs. Engels – Werttheorie und Sozialismuskonzeption, in: http://www.rote-ruhr-uni.com/cms/texte/Marx-vs-Engels-Werttheorie-und, (2.9.2018)
Elbe, Ingo (2008), Marx im Westen. Die neue Marx-Lektüre in der Bundesrepublik seit 1965, Berlin.
Fabiunke, Günter (1975), Geschichte der politischen Ökonomie, Berlin.
Farjoun, Emmanuel / Machover, Moshé (1983), Laws of Chaos. A Probabilistic Approach to Political Economy, London.
Fehlberg, Frank (2017), Arbeitswert und Nachfrage. Die Sozialökonomik von Karl Rodbertus zur Einführung, Marburg.
Filc, Wolfgang (1992), Theorie und Empirie des Kapitalmarktzinses, Stuttgart.
Fleissner, Peter (2013), »Anwendungen der Marxschen Arbeitswerttheorie auf moderne Volkswirtschaften«, in: Busch, Ulrich / Krause, Günter, Theorienentwicklung im Kontext der Krise. Abhandlungen der Leibniz-Sozietät der Wissenschaften, Bd. 35, Berlin, S. 83-109.
Franz, Wolfgang (2003), Arbeitsmarktökonomik, Berlin / Heidelberg / New York.
Friedell, Egon (1998), Kulturgeschichte Ägyptens und des alten Orients, München.
Fritsch, Bruno (1968), Die Geld- und Kredittheorie von Karl Marx, Frankfurt/M. / Wien.
Fröhlich, Nils (2009), Die Aktualität der Arbeitswerttheorie. Theoretische und empirische Aspekte, Marburg.
Fröhlich, Nils / Fabian Richter (2018), Measuring price-value deviations in the light of dimensional analysis, in: Gischer, Horst / Hartwig, Jochen / Sahin, Beda (Hg.), Bewegungsgesetze des Kapitalismus. Festschrift für Fritz Helmedag, Marburg, S. 77-93.
Fülberth, Georg (2008), G Strich. Kleine Geschichte des Kapitalismus, 4.Aufl., Köln.
Fülberth, Georg (2011), »Das Kapital« kompakt, Köln.
Fülberth, Georg (2013), Marx auf der Suche, in: Z. Zeitschrift Marxistische Erneuerung, Nr. 94, Frankfurt/M., S. 195-199.
Görgens, Egon / Ruckriegel, Karlheinz / Seitz, Franz (2014), Europäische Geldpolitik, 6. Aufl., München.
Graeber, David (2012), Die falsche Münze unserer Träume. Wert, Tausch und menschliches Handeln, Zürich.
Graeber, David (2012a), Schulden. Die ersten 5.000 Jahre, 7. Aufl., Stuttgart.
Grierson, Philip (1976), Münzen des Mittelalters. Übersetzung ins Deutsche von Alfred P. Zeller, München.
Grossmann, Henryk (1929), Das Akkumulations- und Zusammenbruchsgesetz des kapitalistischen Systems, Leipzig.
Grünert, Heinz (1981), Austausch und Verkehr, in: Radandt, Hans / Musiolek, Peter et al. (Hg.), Handbuch Wirtschaftsgeschichte, Band 1, Berlin, S. 275-280.

Grunert, Günther (2002), Mehr Beschäftigung durch mehr Ungleichheit?, WSI-Mitteilungen, Düsseldorf, Heft 2, S. 77.

Harari, Yuval Noah (2013), Eine kurze Geschichte der Menschheit, München.

Harbach, Heinrich (2011), Wirtschaft ohne Markt. Transformationsbedingungen für ein neues System der gesellschaftlichen Arbeit, Berlin.

Harvey, David (2011), Marx' »Kapital« lesen, Hamburg.

Haug, Wolfgang Fritz (2003), High-Tech-Kapitalismus. Analysen zu Produktionsweise, Arbeit, Sexualität, Krieg und Hegemonie, Hamburg.

Haug, Wolfgang F. (2003a), Wachsende Zweifel an der Monetären Werttheorie, in: Das Argument, Nr. 251, Hamburg, S. 424-437.

Haug, Wolfgang F., (2004), Zur Kritik der monetaristischen *Kapital*-Lektüre (II), in: Das Argument, Nr. 258, Hamburg, S. 865-876.

Haug, Wolfgang Fritz (2006), Neue Vorlesungen zur Einführung ins »Kapital«, Hamburg.

Haug, Wolfgang Fritz (2008), Kategorie, in: Historisch-kritisches Wörterbuch des Marxismus, Bd. 7/I, Hamburg, Sp. 467-486.

Haug, Wolfgang Fritz (2013), Das Kapital lesen – aber wie? Materialien zur Philosophie und Epistemologie der marxschen Kapitalismuskritik, Hamburg.

Haug, Wolfgang F. (2015), Marktwert, in: Historisch-kritisches Wörterbuch des Marxismus, Band 8/II, Berlin / Hamburg.

Hecker, Rolf (1997), Einfache Warenproduktion, in: Historisch-kritisches Wörterbuch des Marxismus, Band 3, Sp. 119-126, Hamburg.

Hecker, Rolf / Stützle, Ingo (Hg.) (2017), Karl Marx, Das Kapital 1.5, Die Wertform, Berlin.

Hecker, Rolf (2018), Springpunkte. Beiträge zur Marx-Forschung und »Kapital«-Diskussion, Berlin.

Hegel, Georg Wilhelm Friedrich (1830), Enzyklopädie der philosophischen Wissenschaften im Grundrisse, hg. von F. Nicolin und O. Pögeller, Hamburg 1959.

Heinrich, Michael (2003), Geld und Kredit in der politischen Ökonomie, in: Das Argument, Nr. 251, Hamburg, S. 397-409.

Heinrich, Michael (2016), Wie das Marxsche »Kapital« lesen?, 3. Aufl., Stuttgart.

Heinrich, Michael (2017), 150 Jahre »Kapital« – und kein Ende. Unsystematische Anmerkungen zu einer unendlichen Geschichte, in: PROKLA 188, Münster.

Heinrich, Michael (2017a), Die Wissenschaft vom Wert. Die Marxsche Kritik der politischen Ökonomie zwischen wissenschaftlicher Revolution und klassischer Tradition, 7. Aufl., Münster.

Heinrich, Michael (2018), Kritik der politischen Ökonomie. Eine Einführung, 14. Aufl., Stuttgart.

Heinrich, Michael (2018a), Karl Marx und die Geburt der modernen Gesellschaft. Biographie und Werkentwicklung, Band I: 1818-1841, Stuttgart.

Heinsohn, Gunnar / Steiger, Otto (1996), Eigentum, Zins und Geld, Reinbek bei Hamburg.

Helmedag, Fritz (1992), Warenproduktion mittels Arbeit, Marburg.

Helmedag, Fritz (2006), Erkenntnis und Interesse, in: WiSt, Wirtschaftswissenschaftliches Studium, München, Heft 10, S. 541, 547.

Herrmann, Ulrike (2017), Kein Kapitalismus ist auch keine Lösung, Bonn.

Hildebrand, Bruno (1922), Natural-, Geld- und Kreditwirtschaft, in: Sammlung sozialwissenschaftlicher Meister (hg. von Heinrich Waentig), Band 22, Jena, S. 325-373.

Hörz, Herbert (1987), Zeit in der philosophischen Diskussion, in: Deutsche Zeitschrift für Philosophie, Berlin, Heft 3, S. 195.

Hofmann, Werner (1971), Sozialökonomische Studientexte, Bd. 3, Theorie der Wirtschaftsentwicklung. Vom Merkantilismus bis zur Gegenwart, 2. Aufl., Berlin.

Hofmann, Werner (1971a), Wert- und Preislehre, Sozialökonomische Studientexte, Band 1, 2. Aufl., Berlin.

Holbach, Paul-Henri Thiry (1960), System der Natur oder über die Gesetze der physischen und moralischen Welt, Berlin. [Systéme de la nature ou des lois de monde physique et du monde moral, Paris 1770.]

Holzapfel, Fritz et al. (1981), Mehrwert heute. Der Mehrwert und seine Erscheinungsformen im Monopolkapitalismus, Berlin.

Holze, Rainer (2011), Halbzeit der MEGA: Bilanz und Perspektiven. Manfred Neuhaus und Gerald Hubmann im Interview, in: Z. Zeitschrift Marxistische Erneuerung, Nr. 85, Frankfurt/M., S. 94-104.

Huber, Joseph (2018), Monetäre Souveränität. Geldsystem im Umbruch, Marburg.

Hummel, Heerke (2014), Nichts ist Nichts, auch nicht das Geld. Anmerkungen zu Ulrich Buschs Verständnis vom Geld, in: Das Blättchen, 17. Jg., Nr. 4, 17. Februar, Berlin

Jahn, Wolfgang (1988), Die Stellung der beiden Grundformen der Konkurrenz in der Struktur des »Kapitals« und die spezielle Lehre von der Konkurrenz. Zur Diskussion der Begriffe Marktwert, Marktpreis, Produktionspreis (Marktproduktionspreis). Beiträge zur Marx-Engels-Forschung, Band 25, Berlin

Jameson, Fredric (2012), Eine neue Kapital-Lektüre, in: Das Argument, Hamburg, Nr. 297, 54. Jg. (Heft 3), S. 337-346.

Kahan, Gerald (1997), Einsteins Relativitätstheorie zum leichten Verständnis für jedermann, 10. Aufl., Köln.

Kalecki, Michael (1950), The Distribution of National Income, in: Readings in the Theory of Income Distribution, London.

Kaldor, Nicholas (1955/56), Alternative Theories of Distribution, Review of Economic Studies 23, Cambridge, S. 83-100.

Kautsky, Karl (1980), Karl Marx' Ökonomische Lehren, 26. Aufl., Nachdruck der 1922 erschienenen 22. Aufl., Berlin / Bonn.

Keynes, John M. (1983), Vom Gelde, Berlin (3. Aufl. von 1931), Berlin.

Keynes, John M. (1936/2009), Allgemeine Theorie der Beschäftigung, des Zinses und des Geldes, Berlin / München / Leipzig (1936), 11. Aufl., Berlin (2009).

Klaus, Georg / Buhr, Manfred (1974) (Hg.), Philosophisches Wörterbuch, 2. Band, 10. Aufl., Leipzig.

Klein, Dieter et al. (1982), Monopolprofit und Wertmodifikation heute, Berichte der Humboldt-Universität zu Berlin, Berlin.

Klemm, Peter / Bartsch, Horst (1983), Die Entdeckung des Landes Nirgendwo, Berlin.

Kliman, Andrew / Freeman, Alan / Potts, Nick / Gusev, Alexey / Cooney, Brendan (2015), Als hätte es ›Das Kapital‹ nie gegeben. Michael Heinrichs Versuch, die Marx'sche Krisentheorie zu eliminieren, in: Marxistische Blätter, Essen, Heft 3, S. 123-132.

Knop, Hans (1984), Volkswirtschaftliche Vorausberechnungen mit dem »Planprojekt-4«. Entwicklungsstufen des Modells, Gleichungssystems, Ergebnisse der Variantenrechnungen, Forschungsbericht an der Hochschule für Ökonomie, Berlin.

Köhler, Johann (1974), »Zur Problematik der produktiven und der unproduktiven Arbeit sowie der Dienstleistungen«, in: wirtschaftswissenschaft, Berlin, Heft 6, S. 852-886.

Köhler, Johann (1982), Zu Grundfragen der marxistisch-leninistischen Rententheorie, Freiberger Forschungshefte, D 151, Leipzig.

Köhler, Johann (1986), Antwort an Wolfgang Jahn, in: Arbeitsblätter zur Marx-Engels-Forschung, Heft 21, Martin-Luther-Universität, Halle-Wittenberg.

Krätke, Michael R. (2007), Das Marx-Engels-Problem: Warum Engels das Marxsche »Kapital« nicht verfälscht hat, in: Marx-Engels-Jahrbuch 2006, Berlin, S. 142-170.

Krätke, Michael R. (2017), Kritik der politischen Ökonomie heute, Hamburg.

Krause, Günter (2013), Wirtschaftstheorie im Kontext der jüngsten »großen Krise«, in: Ulrich Busch / Günter Krause, Theorienentwicklung im Kontext der Krise, Abhandlungen der Leibniz-Sozietät der Wissenschaften, Band 35, Berlin, S. 11-37.

Krelle, Wilhelm (1973), Macht und ökonomisches Gesetz in der Verteilung, in: Schneider, Hans K. / Watrin, Christian (Hg.), Macht und ökonomisches Gesetz, Berlin, S. 77-127.

Kreschnak, Horst (2011), Karl Marx und der Weg in die Zukunft. Zwischen sowjetischem Sozialismusmodell und Marktfundamentalismus, Köln.

Krugmann, Paul (1998), Schmalspurökonomie. Die 27 populärsten Irrtümer über Wirtschaft, Frankfurt/M. / New York.

Krüger, Stephan (2012), Politische Ökonomie des Geldes. Gold, Währung, Zentralbankpolitik und Preise. Kritik der Politischen Ökonomie und Kapitalismusanalyse. Band 2, Hamburg.

Kuczynski, Thomas (2009), Eine historische Hierarchie von Wirtschaftssystemen – in »wilder Analogie« zu einer Hierarchie kosmischer Systeme, in: Sitzungsberichte der Leibniz-Sozietät der Wissenschaften zu Berlin 101, Berlin.

Kuczynski, Thomas (2011), Was wird auf dem Arbeitsmarkt verkauft?, in: Marcel van der Linden / Karl Heinz Roth, Über Marx hinaus, 2. Aufl., Berlin / Hamburg, S. 363-377.

Landau, Lew D. / Rumer, Juri B. (1985), Was ist die Relativitätstheorie? 11. Aufl., Leipzig.

Lederer, Emil (1931), Aufriß der ökonomischen Theorie, 2. Aufl. Tübingen.

Leibiger, Jürgen (2010), Reclaim the Budget. Staatsfinanzen reformieren. Eine Einführung in eine alternative Finanzpolitik, Köln.

Lemmnitz, Alfred et al. (1980), Lehrbuch Politische Ökonomie, Berlin.

Leverkus, E. (1990), Freier Tausch und fauler Zauber, Frankfurt/M.

Lips, J. E. (1951), Vom Ursprung der Dinge, Leipzig.

Locke, John (1980), Abhandlung über den Staat, in: Locke, J., Bürgerliche Gesellschaft und Staatsgewalt, Leipzig.

Luxemburg, Rosa (1975), Gesammelte Werke, Band 5, Ökonomische Schriften, Berlin.

Mahrenholtz, Katharina / Parisi, Dawn (2018), Luftikus & Tausendsassa: Verliebt in 100 vergessene Wörter, Berlin.

Mainzer, Klaus (2008), Komplexität, Paderborn.

Martin, Paul C. (1990), Der Kapitalismus. Ein System, das funktioniert, Frankfurt/M. / Berlin 1990.

Marx, Karl (2017), Das Kapital 1.5, Die Wertform, Berlin.

Mayntz, Renate (2009), Individuelles Handeln und gesellschaftliche Ereignisse: Zur Mikro-Makro-Problematik in den Sozialwissenschaften, in: dieselbe, Sozialwissenschaftliches Erklären. Probleme der Theorienbildung und Methodologie, Schriften des Max-Planck-Instituts für Gesellschaftsforschung Köln, Bd. 63, Frankfurt/M. / New York, S. 123-132.

Mayntz, Renate (2011), Emergenz in Philosophie und Sozialtheorie, in: Greve, Jens / Schnabel, Annette (Hg.), Emergenz. Zur Analyse und Erklärung komplexer Strukturen, Berlin, S. 156-186.

Menger, Carl (1892), Geld, in: Handwörterbuch der Staatswissenschaften, IV. Bd., 2. Aufl., Jena 1900.

Mitchell, Sandra (2008), Komplexitäten. Warum wir erst anfangen, die Welt zu verstehen, Frankfurt/M.
Müller-Bülow, Klaus (1981), Philosophie – politische Ökonomie – Naturwissenschaft, in: Deutsche Zeitschrift für Philosophie, Berlin, Heft 1/1981, S. 29-40.
Müller, Ernst / Schmieder, Falko (2016), Begriffsgeschichte und historische Semantik. Ein kritisches Kompendium, Berlin.
Müller, Klaus (1980), Irrwege der Verteilungstheorie, Berlin.
Müller, Klaus (2010), Tendenzieller Fall oder Anstieg? Zur Komplexität ökonomischer Erscheinungen am Beispiel der allgemeinen Durchschnittsprofitrate, in: Marx-Engels-Jahrbuch 2009, Berlin.
Müller, Klaus / Müller Ehrhard (2012), Arbeitskoeffizienten, in: das wirtschaftsstudium, Düsseldorf, Heft 11, S. 1484-1493.
Müller, Klaus (2015), Geld – von den Anfängen bis heute, Freiburg.
Müller, Klaus (2016), Profit, Köln.
Müller, Klaus (2016a), Historizität und Messbarkeit der abstrakten Arbeit, in: Z. Zeitschrift Marxistische Erneuerung, Frankfurt/M., Nr. 107, S. 146-160.
Müller, Klaus (2017), Boom und Krise, Köln.
Müller, Klaus (2018), Lohnarbeit und Arbeitslohn, Köln.
Müller, Klaus (2018a), Merkantilismus, in: Wolfgang Fritz Haug / Frigga Haug / Peter Jehle / Wolfgang Küttler (Hg.), Historisch-kritisches Wörterbuch des Marxismus, Band 9/I, Hamburg, 633-647.
Müller, Klaus (2019), Mikroökonomie. Eine praxisnahe, kritische und theoriengeschichtlich fundierte Einführung mit Aufgaben, Klausuren und Lösungen, 7. Aufl., Chemnitz.
Myrdal, Gunnar (1932/1962), Das politische Element in der nationalökonomischen Doktrinbildung (Neudruck 1962), Berlin.
Neffe, Jürgen (2017), Marx. Der Unvollendete, München.
North, Michael (2009), Kleine Geschichte des Geldes. Vom Mittelalter bis heute, München.
Nyikos, Emmerich (2010), Das Kapital als Prozeß. Zur geschichtlichen Tendenz des Kapitalsystems, Frankfurt/M.
Okishio, Nobuo (1961), Technische Veränderungen und Profitrate, in: Hans G. Nutzinger / Elmar Wolfstetter, Die Marxsche Theorie und ihre Kritik. Eine Textsammlung zur Kritik der Politischen Ökonomie, Marburg 2008.
Petersen, Thomas / Faber, Malte (2015), Karl Marx und die Philosophie der Wirtschaft, Freiburg im Breisgau / München.
Peukert, Helge (2018), Makroökonomische Lehrbücher: Wissenschaft oder Ideologie?, Marburg.
Philippovich, Eugen von (1919), Grundriß der Politischen Oekonomie, Erster Band. Allgemeine Volkswirtschaftslehre, 13., unveränderte Aufl., Tübingen.
Phillips, Alban W. (1958), The Relation Between Unemployment and the Rate of Change Money Wage Rates in the United Kingdom, 1861 – 1957, in: Economica, Vol. 25, London, S. 283-299.
Planck, Max (1948), Wissenschaftliche Selbstbiographie, Leipzig.
Porsch, Peter (2016), Vom Schicksal der Wörter, in: neues deutschland, 31.12.2016/1.1.2017, S. 18.
Preiser, Erich (1970), Bildung und Verteilung des Volkseinkommens, 4. Aufl., Göttingen.
Quaas, Georg (1992), Dialektik als Philosophische Theorie und Methode des »Kapital«, Frankfurt/M.

Quaas, Georg / Klein, Mathias (2011), Die Phillipskurve und ihre Gültigkeit für Deutschland, in: WiSt, München, Heft 7, S. 360-366.

Quaas, Georg (2016), Die ökonomische Theorie von Karl Marx, Marburg.

Quaas, Georg (2018), Relationale Geldtheorie, Marburg.

Reichelt, Helmut (2008), Neue Marx-Lektüre. Zur Kritik sozialwissenschaftlicher Logik, Hamburg.

Reitter, Karl (2009), Logisch oder historisch? Einführende Bemerkungen zu einer Kontroverse zwischen Michael Heinrich, Hans-Georg Backhaus und Wolfgang Fritz Haug, in: http://www.trend.infopartisan.net/trd0104/t200104.html, Zugriff 22.9.2018.

Ricardo, David (1959) [1817], Über die Grundsätze der politischen Ökonomie und Besteuerung, hg. von Gerhard Bondi, Berlin.

Riese, Hajo (1995), Geld: Das letzte Rätsel der Nationalökonomie, in: Schelkle Waltraud / Manfred Nitsch (Hg.), Rätsel Geld, Marburg.

Riese, Hajo et al. (2000), Geld – die unverstandene Kategorie der Nationalökonomie, in: Ethik und Sozialwissenschaften, Stuttgart, Band 14, Heft 4, S. 487-498.

Robinson, Joan (1965), The Accumulation of Capital, 2. Aufl. (englisch), London.

Robinson, Joan (1966), An Essay on Marxian Economics, Second edition, London.

Röpke, Wilhelm (1937), Die Lehre von der Wirtschaft, Bern.

Röpke, Wilhelm (1944), Civitas humana, Erlenbach-Zürich / Stuttgart.

Rose, Klaus / Sauernheimer, Karlhans (1999), Theorie der Außenwirtschaft, 13. Aufl., München.

Roth, Karl Heinz (2005), Der Zustand der Welt. Gegen-Perspektiven, Hamburg.

Ruben, Peter / Wagner, Hans (1980), Sozialistische Wertform und dialektischer Widerspruch. Überlegungen zur entwicklungstheoretischen Auffassung des Arbeitswerts in der sozialistischen Produktion, in: Deutsche Zeitschrift für Philosophie, Berlin, Heft 10, S. 1218-1230.

Ruben, Peter (2015), Bemerkungen zu ›Dialektik, Arbeit, Gesellschaft‹, in: Philosophische Gespräche, Heft 36, Helle Panke e. V., Berlin.

Sachse, Reiner (2014), Manipulation und Selbsttäuschung. Wie gestalte ich mir die Welt, so dass sie mir gefällt: Manipulationen nutzen und abwenden, Berlin.

Sawicki, Czeslaw, (1990), »Dienstleistungen«, in: Sandkühler, Hans Jörg (Hg.), Europäische Enzyklopädie zu Philosophie und Wissenschaften, Hamburg, S. 573-578.

Sawyer, R. Keith (2011), Emergenz, Komplexität und die Zukunft der Soziologie, in: Greve, Jens / Schnabel, Annette (Hg.), Emergenz. Zur Analyse und Erklärung komplexer Strukturen, Berlin, S. 187-213.

Schäfer, Klaus (1973), »Zur Stellung der Dienstleistungen im System der gesellschaftlichen Teilung der Arbeit«, in: wirtschaftswissenschaft, Berlin, Heft 3, S. 375-386.

Schefold, Bertram (2008), Die Bedeutung des Problems der Wertformenlehre und der Transformation von Werten in Preise für das Kapital, in: Marx-Engels-Jahrbuch 2007, Berlin, S. 34-91.

Schlesinger, Helmut / Jahnke, Wilfried (1987), Geldmenge, Preise, Sozialprodukt: Interdependenzzusammenhänge im Lichte ökonometrischer Forschungsergebnisse für die Bundesrepublik Deutschland, in: Jahrbuch für Nationalökonomie und Statistik, Stuttgart, Bd. 203/5-6, S. 576-590.

Schmidt, Johannes (2018), Streit um's Geld – und ein Versuch der Klärung, in: Gischer, Horst / Hartwig, Jochen / Sahin, Beda (Hg.), Bewegungsgesetze des Kapitalismus. Festschrift für Fritz Helmedag, Marburg, S. 131-149.

Schmölders, Günter (1955), Konjunkturen und Krisen, Hamburg.
Schopenhauer, Arthur (2014), Die Kunst, recht zu behalten, Ditzingen.
Schumpeter, Joseph A. (1965), Geschichte der ökonomischen Analyse, Göttingen.
Schumpeter, Joseph A. (1997), Theorie der wirtschaftlichen Entwicklung. Eine Untersuchung über Unternehmergewinn, Kapital, Kredit, Zins und den Konjunkturzyklus, 9. Aufl., Berlin.
Sedlácek, Tomáš / Graeber, David (2015), Revolution oder Evolution: Das Ende des Kapitalismus?, München.
Sellnow, Ingrid (1977), Weltgeschichte bis zur Herausbildung des Feudalismus, Berlin.
Seppmann, Werner (2017), Computerkapitalismus. Über die Digitalisierung des Sozialen, in: Z. Zeitschrift marxistische Erneuerung, Frankfurt/M., Heft 112, S. 144-153.
Simmel, Georg (1900), Philosophie des Geldes, Berlin. Nachdruck Köln 2009, S. 156ff.
Smith, Adam (1976), Eine Untersuchung über das Wesen und die Ursachen des Reichtums der Nationen, Erster Band, 2. Aufl., hg. von Peter Thal, Berlin.
Stavenhagen, Gerhard (1951), Geschichte der Wirtschaftstheorie, Göttingen.
Szepanski, Achim (2018), Kapital und Macht im 21. Jahrhundert, Hamburg.
Thal, Peter (Hg.) (1976), Adam Smith gestern und heute. 200 Jahre Reichtum der Nationen, Berlin.
Thünen, Johann Heinrich von (1930), Der isolierte Staat in Beziehung auf Landwirtschaft und Nationalökonomie, Jena.
Thurow, Lester (2004), Die Zukunft der Weltwirtschaft, Frankfurt/M. / New York.
Vester, Frederic (2007), Die Kunst vernetzt zu denken. Ideen und Werkzeuge für einen neuen Umgang mit Komplexität, 6.Aufl., München.
Wagener, Klaus (2010), Der ewige Phoenix? Anmerkungen zu Lucas Zeise und dem tendenziellen Fall der Profitrate, in: Marxistische Blätter, Essen, Heft 1, S. 80-86.
Wagner, Adolf (2018), Einige Anmerkungen zur geldwirtschaftlichen und güterwirtschaftlichen Evolution von Volkswirtschaften, in: Gischer, Horst / Hartwig, Jochen / Sahin, Beda (Hg.), Bewegungsgesetze des Kapitalismus. Festschrift für Fritz Helmedag, Marburg, S. 231-249.
Wagner, Hans (1982), Zur sogenannten »Wertmodifikation« und ihrer Begründung, in: Monopolprofit und Wertmodifikation heute, Berichte der Humboldt-Universität zu Berlin, Nr. 22, S. 77-86.
Wagner, Hans / Mondelears, Rudolf (1986), Grundfragen der Kredit- und Kreditgeldzirkulation. Zur Diskussion um den Charakter des heutigen Geldes, 25. Lehrbrief für das Hochschulfernstudium, Berlin.
Weber, Max (1919), Politik als Beruf, Zweiter Vortrag einer Vortragsreihe »Geistige Arbeit als Beruf«, München / Leipzig.
Wendt, Holger (2017), Das richtige Buch im falschen Verlag, in: Marxistische Blätter, Essen, Heft 3, S. 180-182.
Wendt, Holger (2018), Authentischer Marxismus als Programm. Ein Essay, in: Marxistische Blätter, Essen, Heft 3 S. 26-38.
Wendt, Holger (o. J.) Der lange Marsch der »Neuen Marxlektüre«, Essen.
Wieser, Friedrich von(1884), Über den Ursprung und die Hauptgesetze des wirtschaftlichen Wertes, Wien.
Wilsdorf, Helmut (1981), Bergbau, in: Radandt, Hans / Musiolek, Peter et al. (Hg.), Handbuch Wirtschaftsgeschichte, Band 1, Berlin, S. 324-327.
Woll, Artur (2011), Volkswirtschaftslehre, 16. Aufl., München

Zagalow, N. A. et al. (1972), Lehrbuch Politische Ökonomie. Vorsozialistische Produktionsweisen, Übersetzung aus dem Russischen, Berlin.
Zeise, Lucas (2009), Nicht säkularer Trend, sondern zyklische Erscheinung. Zur Interpretation des Gesetzes vom tendenziellen Fall der Profitrate, in: Marxistische Blätter, Essen, Heft 6, S. 86-91.
Zeise, Lucas (2011), Geld - der vertrackte Kern des Kapitalismus. Versuch über die politische Ökonomie des Finanzsektors, Köln.
Zeise, Lucas (2019), Finanzkapital, Köln.